孟广均，男，1934 年 2 月出生于北京市。1954 年毕业于军委外国语学院（现南京解放军国际关系学院）。1960 年毕业于中国科学技术大学科技情报系图书馆学专修科。1984—1985 年在美国多米尼克大学图书馆与情报学研究生院做访问学者。2004 年前为中国科学院文献情报中心研究员、博士生导师；中国科学院研究生院教授；《图书情报工作》主编；曾任国务院学科评议组 3 届成员、国家社科基金 3 届评委、国家自然科学基金通讯评审专家等；曾为多所大学兼职教授、台湾《资讯传播与图书馆学》刊物顾问、国际图书馆协会联合会（IFLA）分部执委、美国纽约科学院会员、美国全国科学促进会会员等。曾赴美国、澳大利亚、新西兰、土耳其、泰国、韩国等国和中国港、台地区参访、开会、讲学。2004 年退休后曾担任湖南吉首大学特聘教授等。

出版《信息资源管理导论》《国外图书馆学情报学最新理论与实践研究》《孟广均文选》等专著 10 余种（含合著）；编译、翻译、校订赫胥黎、李约瑟、托夫勒等人专著和英文会议论文集等 10 余种（含合译）；发表论文 250 余篇（包括中英文）。主持的省部级课题曾获国家科技进步奖和中国科学院科技进步奖。主编的学术刊物《图书情报工作》曾获全国优秀科技期刊评比一、二等奖。曾被表彰为中国科学院优秀教师、优秀科技情报工作者。1992 年起享受国务院特殊津贴。2001 年被中国科协授予“全国优秀科技工作者”荣誉称号。

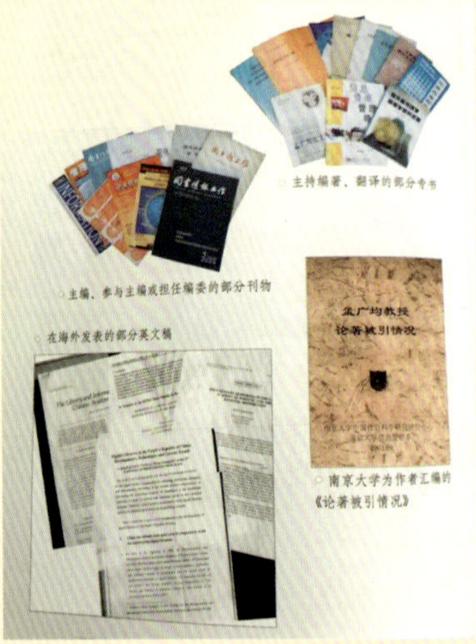

部分重要编著译成果

部分重要获奖证书和政府特殊津贴证书

应邀参加武汉大学信息管理学院博士生毕业答辩（2013 年）

应邀为中国人民大学信息资源管理学院信资班做讲座（2014 年）

中国科学院文献情报中心党委书记何林到作者家中看望（2015 年）

参加《图书情报工作》创刊 60 周年庆并在大会发言（2016 年）

孟广均国外图书馆与情报学研究文选

孟广均　著
初景利　王传清　编

海洋出版社
2017年 · 北京

图书在版编目（CIP）数据

孟广均国外图书馆与情报学研究文选/孟广均著；初景利，王传清编. —北京：海洋出版社，2017. 3

ISBN 978-7-5027-9730-0

Ⅰ. ①孟… Ⅱ. ①孟… ②初… ③王… Ⅲ. ①图书馆学研究-国外-文集②情报学-国外-文集 Ⅳ. ①G250-53

中国版本图书馆 CIP 数据核字（2017）第 155651 号

责任编辑：杨海萍　张　欣
责任印制：赵麟苏
海洋出版社　**出版发行**

http：//www. oceanpress. com. cn
北京市海淀区大慧寺路 8 号　邮编：100081
北京朝阳印刷厂有限责任公司印刷　　新华书店发行所经销
2017 年 7 月第 1 版　2017 年 7 月北京第 1 次印刷
开本：787mm×1092mm　1/16　印张：24. 25
字数：423 千字　定价：88. 00 元
发行部：62132549　邮购部：68038093　总编室：62114335

序

《孟广均国外图书馆与情报学研究文选》即将出版发行，这是孟广均教授对国外图书馆学情报学研究的重要成果，也是我国图书馆学情报学界的一件可喜之事，在此对孟广均教授表示热烈的祝贺和崇高的敬意。

孟广均教授是中国科学院文献情报中心的老前辈，也是我国图书馆学情报学领域的著名学者和领军人物之一，在我中心从事图书情报业务、学术研究和编辑出版46年，为我中心的事业建设、科学研究、人才培养做了大量卓有成效的工作，赢得了中心员工和国内外学界业界的高度评价。他曾为国务院批准的图书馆学情报学四位博士生导师之一、国务院学科评议组成员、国家社科基金规划评审专家、中国科协全国优秀科技工作者等。

孟教授1958年来中国科学院图书馆工作，2004年退休，今年已82岁高龄。我2015年6月到文献情报中心任职，此前与孟教授并不相识，未有机会成为同事。到中心后，对孟教授有了一定的了解，知道他为人真诚、谦逊，无论做什么工作都兢兢业业，在中心德高望重，是一位令人敬仰的长者和学者。他不仅熟悉图书情报业务，也曾做过多种类型的业务工作，而且多年在学术研究上笔耕不辍，发表和出版了大量的图书馆学情报学研究论文和著作，尤其在国外图书馆学情报学研究上独树一帜，研究成果在业界学界产生了广泛的学术影响力，对我国图书馆学情报学理论研究、专业教育和业务实践均具有十分积极的推动作用。他多年担任《图书情报工作》主编，为期刊的质量与影响力提升奠定了良好的基础，赢得了良好的声誉。孟教授作为我中心最早的博导，培养了一大批高水平的专业技术人才。他的学生们都已成为国内学界业界的重要骨干。他还积极参与多项社会学术工作，指导和推动国内图书情报工作的开展，履行一名学者的社会责任。孟教授对我中心和我国图书情报事业做出了卓越的贡献，对我国图书馆学情报学理论、教育与实践的创新发展具有重要的影响。

孟教授退休多年，但仍然关心我中心的建设和发展，心系国内图书情报事业。这本书的编辑与出版，既是他多年对国外图书馆学情报学研究的一次总结，也是他对图书情报事业感情至深的一种体现。每一个字都凝聚孟教授对国外图书馆学情报学的研究心血，每一篇文章都饱含孟教授对中国图书情报事业的一往情深。通过这些文章，我们不仅能感受到孟教授广阔的学术视野、独特的研究眼光、敏锐的分析理解，还能感受到孟教授深邃的思维洞察力、前瞻性判断力、对发展动态的把控力。应当承认，我国图书馆学情报学无论在理论研究、专业教育，还是业务实践，与欧美发达国家的差距还是非常明显的。孟教授多年来致力于国外图书馆学情报学思想、观点、理论、方法、技术的引进，关注图书馆学情报学新思想、新理论、新方法，并努力与中国图书情报事业的现实需求紧密结合，这种努力是难能可贵的，也付出了孟教授无数的心血和劳动。我们应对他表示最真挚的感谢和敬意。

孟教授注重运动，目前身体康健，我们都非常欣慰。孟教授为我中心、为我国图书情报事业辛苦一生，成绩显著，理应安度晚年，享受天伦之乐。真诚希望孟教授保持愉悦的心境，多关心自己的身体，颐养天年，健康长寿。

我也期待着早日拜读孟教授新的大作。

黄向阳

2016 年 10 月 19 日

（黄向阳　中国科学院文献情报中心主任、研究员）

前　言

孟广均先生的大作《孟广均国外图书馆与情报学研究文选》即将出版问世，作为先生的学生、晚辈和同事，首先表示热烈的祝贺！

知道先生的名字是从阅读《图书情报工作》这本期刊开始的，也曾在学术会议上领略先生的风采。但第一次真正打交道是1992年，当时我在辽宁师大信息管理系担任副主任，邀请先生（时任国务院学科评议组成员）到大连为我系硕士点申请把关评审。1993年我接到先生发来的信件，欢迎我报考他的博士研究生（先生第一年招收博士生）。因为特殊原因没有报考，但激发了我报考中科院文献情报中心的热情。2000年9月终于实现了愿望，成为中科院文献情报中心的博士研究生，尽管这一年先生已经不再招收博士生。现在想想，无论是我在大学求学、攻读硕士，还是在辽宁师大教书、在中科院读博、在文献情报中心工作，先生的论文、专著、报告，都对我有非常重要的影响。因此，我自认为是先生的学生。

在中心攻读博士学位期间，恰逢中科院知识创新试点工程改革，文献情报中心也进入创新试点序列。2012年1月，我攻读博士学位一年半，有幸通过公开招聘，担任重组的部门——教育与研究发展部主任，成为先生的同事，与先生一起开会、讨论、交流的机会很多。继2006年我担任学科咨询服务部主任后，2010年又担任编辑出版中心主任，2011年开始兼任《图书情报工作》杂志社主编，来到先生曾经工作过的部门和杂志社。先生虽然于2004年正式退休，但作为部门和杂志社的前辈，我也几次去先生家中探望，也多次在外地的学术会议上见到先生。因此，我是先生的同事。

我想说的是，我的学生生涯、职业生涯和学术生涯，受到先生诸多的教导和影响。先生在文献情报中心、在国内学术界就是一面旗帜，通过他自身的人格魅力，通过他丰硕的学术成果，通过他主编的《图书情报工作》，深深影响和感染着图情从业人员、教师，特别是年轻学人。这种作用是潜移默化的，影响是长远的。在我的职业生涯和学术追求中，总能耳濡目染以先生为代表的老一辈学者那种谦逊平和、淡泊名利、敬业执着的精神品质，总能得到先生诸多的教诲、提携和指点。每每想起先生，总能给我激发拼搏向上的动力。先生是我人生和学术成长的楷模。

大约半年前，先生联系我谈到准备出版他的国外图书馆与情报学研究文选，我很钦佩。先生在耄耋之年，心里仍想着图书馆学情报学理论研究，仍始终抱有图书馆学情报学学术情感，让我十分感动。得知先生联系的出版社需要自费出版，我与海洋出版社科教图书出版中心的高显刚主任说明情况。高主任也为先生的精神所感动，肯定了该书的出版价值并慷慨允诺免费出版。

这本书凝聚了先生自20世纪60年代以来近50年对国外图书馆学情报学研究的心血。它记录了国外图书馆学情报学研究的主要成就和发展轨迹，也是我国学人了解和跟踪国外图书馆学情报学研究的一个窗口。虽然，这些论文基本都在海内外学术期刊上发表过，但今天能集辑成册，有助于从总体上把握国外图书馆学情报学发展历程和学术脉络，仍然具有重要的历史意义和现实意义。

先生嘱我为他的文选写“前言”，我作为学生和晚辈，心中甚觉惶惶。这点儿文字主要表达我对先生的尊敬和感谢。祝愿先生健康长寿。

初景利于中关村

2016年10月18日

（初景利　中国科学院文献情报中心出版运营总监、《图书情报工作》杂志社社长、主编、博士生导师）

自　序

说起来不怕大家笑话，作为一个已进入暮年的“80”后，竟然还要出书——《国外图书馆与情报学研究文选》。其实这事还是有由头的：

一是，程焕文教授曾提到我对图书馆学基础学科研究的成绩，王子舟教授曾肯定我对国外图书情报学研究的成绩，陈传夫教授给我带了个“资深专家”的帽子并作为主编赞许我为中国大百科全书写的有关国外图书情报学词条认真严谨，马费成教授至今仍让我做《信息资源管理学报》刊物顾问，靖继鹏教授至今仍让我当《情报科学》刊物编委，苏新宁、刘东维等教授确认我为被引率较高的作者之一，霍国庆教授曾论述我是“从实践中走出来的图书馆学家”（应是图书馆人），徐引篪教授说我“对事业热爱，对研究执着，40余年一步一个脚印，取得了丰硕的成果，很不容易”等，为此，想对他们的提法、看法提供一点佐证。

二是，很多人知道我的本科是外语专业，但1958年到中国科学院图书馆（中科院文献情报中心前身）3个月后领导又派我去当年成立的中国科技情报大学（后并入中国科技大学成为情报系）图书馆学专修科脱产学习了图书情报专业。从此时起至2004年退休，40余年始终不渝地坚守在图书情报工作阵地上，服从领导的安排，一次次转移到工作需要的岗位上，正好一步一台阶地从事了一、二、三次文献情报工作——借阅、典藏、分类编目、参考咨询等；编制激光、地震、仿生学、火星等国外专题文献资料目录；翻译、编译、撰写国外仿生学资料汇编、地震预报译文集、核酸研究资料、国外科学报道等专题资料和调研报告。后来单位又让从事图书馆与情报学刊物编辑、研究生教育和学术研究工作。由于有各方面业务长期实践的基础，再加上能将外语同图书馆与情报两个专业充分结合起来，并且心无旁骛、耐守寂寞、甘于清贫、满怀激情，兴趣盎然、苦中作乐、乐在其中地坚持了下来（虽一度乐极生悲，但仍不改初心），边工作边学习研究，发表了不少论作，才造就了一个有“学术特点”（王子舟教授语）的图书馆人。为此，近些年，一些老中青朋友徐引篪、沈迪飞、杨华、杨文祥、刘泳洁等研究馆员、馆长、院长和李敏编审等，觉得我的这些业务经历对业内中青年朋友和未来从业者可能会有一点启示，都鼓励我出一本反映本人“学术特点”的书，这样才复苏了我的热情和信心，拖到现在才有此想法。

三是，我大概回顾、统计了一下，从1963年至2015年发表了约250篇文章，其中与国外图书馆学情报学有关的文章约为130多篇。总的感觉是，其中内容大都是调研当时比较新的理论、实践与方法，如“文革”期间即疾呼国外图书馆已融入information，在图书馆中也做情报工作，因此是“图书情报一体化”的鼓吹者之一，并将其写入教材；1981年在北京大学图书馆学系讲座中即推介了“图书馆是人类社会交流系统的子系统”、“图书馆是由管理部门将采访（发展资源）、组织（加工资源）、服务（利用资源）3个互相关联、互相依赖的部分组成的一个综合系统，……从某种意义讲，管理具有关键性作用”等；如一些论作提到的，较早引进了情报爆炸（激增）、情报洪流、信息资源、信息资源管理、信息职业、信息社会等提法和概念（以前用“情报”一词多了点）；较早组织或参与组织翻译国外文献资源建设、图书馆自动化、收费信息服务、信息资源管理等方面的论著；中国大百科全书图书馆学卷第一版责任编辑一再加码，让着眼当时世界图书馆的情势，以国际性高度撰写、修订39个词条；学生毕业论文选题和做研究课题也是瞄着国外最新的发展——信息主管（CIO）、信息资源管理（IRM）、全面质量管理（TQM）、合作藏书发展（cooperative collection development）、电子图书馆（e-library）、电子文献（e-book，e-journal）、信息战（e-war）、经济信息资源管理等。这些在本书的文章中多多少少都能看出来或察觉到。能够亲自见证、亲身经历图书情报事业和学科50多年来的发展，真是一份荣幸！能够记录下50多年事业和学科发展历程中的一些点滴事物（肯定是挂一漏万的），自觉地尽一份责任，也感到有点欣慰！因此从这个意义上说，觉得如真能成书，对后来人可能也会有一点可供参考的史料价值。

四是，在科图几十年的工作之余，总要如饥似渴地借阅大量外文图书情报期刊，经常在夜晚在节假日刻苦研读，从而对国际图书馆学界的大概情况有一定的了解。后来在1984年在领导的支持下有机会到美国芝加哥精美的教会大学Rosary College（现Dominican University）的图书馆与情报学研究生院做访问学者，在院长、美籍华人图书馆员协会首任会长李志锺教授、原辅仁大学教务长伏神父（Father Fu）等的关照下，聆听好几门课的教授讲课，与教授们交流请教，参加师生研讨，参加一些学术会议，利用学校的图书馆搜集资料、研读，撰写文章，访问不同类型的图书馆等，同时作为自费公派者依法在校图书馆和 Oak Park 公共图书馆每周打工 20 小时（维持生计），分别做分类编目和借阅服务等，有点休息时间还会去利用 China Town 的图书馆，借阅各地的中文刊物等。在一年多的时间里，只是住处-研究生院-图书馆三点一线，真可以说是分秒必争，与时间赛跑。这样，即在研究生院学习了理论知识，又在大学和公共图书馆进行了业务实践，真的是感触很深，收获很大。在几次接受访谈时访问者都说这样勤奋学习的态度和理论联系实际的方法还是有一点现实意义的，写出的东西也会是有实际内容的。

初景利教授和王传清博士得知我的想法后便积极策划、联络，最后在海洋出版社高显刚主任等领导和老师们的大力支持下很快即促成（可能是认同上述“一点佐证”、“一点启示”、“一点史料价值”、“一点现实意义”吧）。在此，对海洋出版社的义举善行深表钦敬！对初教授、王博士的热情支持和帮助表示衷心的感谢！

但是，我一定要说：

（1）上面提到的什么一体化、交流说、管理说、信息资源、资源建设、资源管理、自动化等，都是人家的原创。我所做的事情只是引进、推介别人的好东西，说得好听一点是属于学科调研之类，但内容都是最基本的东西，都是面向广大图书情报人员的很基础、很实际的“下里巴人”的东西。

（2）我也确实想到，引进、推介别人的东西进来是一个方面，另一方面也应尽微薄之力把中国业界、学界的好东西宣介出去。如用英文发表了中国科学院文献资源合理布局（《Library Acquisition》1993（17））、中国科学院图书情报系统（《Libri》1996（1））、中国科学院图书馆研究生教育 20 年（台湾地区《资讯传播与图书馆学》2001（1））、中国大陆图书馆学情报学期刊研究（《IFLA RTELJ Newsletter》1995（2））等。回想起来还有一件有意思的事：作为现代技术的门外汉，1981 年竟参与组织将英文《计算机化图书馆系统引论》译为中文并由北京书目文献出版社出版（被认为是国内此领域的第一本），1999 年竟应邀去韩国用英语给他们的国际学术会议介绍中国数字图书馆的发展、技术与趋势（英文文章全文发表在《Proceeding of the Second Conference on Digital Libraries》），2008 年还应邀在台湾大学召开的国际图书馆自动化研讨会介绍中国大陆图书馆自动化概况等。但其实这些对外宣介也都是实践经验介绍，或最基础的调查研究。

（3）我还确实想到，与中青年朋友一起做点努力把学科建设往高里提，为促成一级学科的整合做点贡献。如试图构建文献信息管理学（如《图书情报工作》1997（7））、信息资源管理理论（如《信息资源管理导论》，科学出版社，（第一版）1998年、（第二版）2003年、（第三版）2008年）等，但限于能力和水平，都未能形成气候。

因此，自己只能给自己定位为一名学科调研员、一名学科情报员。这也就是为什么这么多年来再未曾想汇编成册的主要缘由。现在勉强为之，也是为了抛砖引玉，寄望于后来人——广大的中青年专家学者：以我之愚尚能有本“特点”文选，新时代的中青年才俊一定能有卓越的建树，为事业发展和学科建设做出更大的贡献！

本书全文收入的为49篇，其余的限于篇幅只列出目录，凡合作但非我执笔的不收全文也只列出目录。这些文章很明显可划分为理论（17篇）、业务（16篇）、事业（16篇）3部分。大部分是发表在刊物中的文章，也有大百科全书的词条——所花费的时间和精力大都超过撰写文章（遗憾的是一些编辑部为节约篇幅将人名、书名、机构名等的英文原文删去了。此次出书也曾想对这些词条等做点更新，但考虑到第三版已有人在做，就放弃了），还有出访观感节选和书中的章节。因跨越年代较长，各刊编排体例、格式不尽一致，参考文献著录格式也未能符合现在的标准，如无大碍，基本上都保留原貌，只将每篇的本作者姓名、单位、中英文摘要、本作者简介等删除。按责编的意见，一些同义字尽可能做了统一，如存储（贮）、报道（导）、制定（订）等。对个别专业名词，如资讯、情报、信息，也按现在的通行做法做了适当的处理。有的词条所附图片缺文字说明，感谢本书张欣责编做了更换或增补。衷心感谢杨绥华社长、高显刚主任、杨海萍、张欣、朱亚琴等责任编辑和校、印等有关同志的辛勤劳动！也感谢吴贵飙馆长、刘泳洁馆长、王宇馆长、于媛博士、王传清博士、李士卿和张洪峰主管等在百忙中为本书搜集原件或提供扫描件、复印件等。

最后，还想利用这个难得的机会，表达一下我感恩中心、感恩所有助我者之情。从20几岁的大学生到古稀之年的研究员的一路前行，主要靠的是中心的教育和培养，众多领导的爱护、提携，众多同事的合作、支持，甚至到耄耋之年也仍然受到关心和照顾，这些都让我终生难忘。助我颇多的范新三、蔡国铭、顾家杰、赵继生、喻季姜、罗淑静、宋筠、佟曾功、史鉴、白国应、彭克明、徐德林、沈颖、徐引篪、周金龙、黄向阳、何林……都是令我尊敬的老师和领导同志。为了表示对中心和为其工作多年的《图书情报工作》的真诚尊重，特请中心主任黄向阳研究员和社长兼主编初景利教授两位中年专家写序。他们的过誉让我感到惭愧和不安，但是他们对自己却又过于自谦，黄主任是著名计算机网络专家、科技管理专家，曾任中国科学院计算机网络信息中心主任、中国互联网络信息中心（CNNIC）主任等，可是只让署名中国科学院文献情报中心主任；初教授、博士是有为当红的图书情报专家、博士生导师、几个刊物的主编等，仍自称是学生，老朽我实不敢当。衷心感谢他们在百忙中写序，为书增光。

真诚感谢武汉大学、北京大学、南京大学、南开大学、台湾政治大学、美国多米尼克大学等20多个图书情报教育单位；国家图书馆、中国科技情报研究所、湖南省科技情报研究所等图书情报事业单位；中国图书馆学会、中国科技情报学会、国际图联图书情报期刊主编圆桌会等图书情报学术团体；《中国图书馆学报》、《情报科学》、《信息资源管理学报》、《资讯传播与图书馆学》（台湾）等10多个图书情报刊物编辑部；国务院学位委学科评议组、国家社科规划与评议组、国家自然科学基金委等国家、部委评议组织等对我的抬举。彭斐章、严怡民、马费成、陈传夫、胡昌平、邱均平、李纲、方卿、王万宗、周文骏、吴慰慈、王余光、王子舟、秦铁辉、倪波、沈固朝、孙建军、苏新宁、张志强、朱庆华、徐雁、王西梅、程焕文、柯平、靖继鹏、霍国庆、谢阳群、刘泳洁、郑会钦、杨华、杨文祥、李景峰、黄长著、秦麟征、王锐聪、王世伟、李哲民、沈迪飞、吴晞、张欣毅、邹荫生、胡述兆、李德竹、赖鼎铭、顾敏、王梅玲、李炳穆、李志锺、汪引兰、李华伟等学界领军人、著名教授对我的真诚相助和深情厚谊，永志难忘。衷心感谢吉首大学和刘泳洁馆长在我退休后仍让一起做些教研工作，又度过了几年充实、愉快的时光。衷心感谢多年来一大批年轻朋友们与我教学相长，特别是助我颇多的霍国庆、谢阳群、罗曼、汪冰、王进孝等博士，他们不愧是德才兼备的杰出人才，他们的突出成就引人瞩目。

感谢生我养我和令我敬爱的严父慈母，他们高贵的传统美德和言传身教是遗留给我的宝贵财富。遗憾的是我无能、无力完整地整理父亲同盟会员

——北伐革命军人——抗日爱国军人——起义革命军人——民主人士的传奇人生。感谢一生相伴、助我颇多、心地善良、勤劳朴实的好老伴，多年来她除了工作还要为琐碎家务和子女教育操劳，才使我这书呆子能够专心致志。感谢能够自立、自尊、自爱，有较好的文化道德素质，能够让我们放心的子女和他们优秀的爱人与可爱的后代（还有忠厚传家、精明能干的亲家）。

最后想说，能够在生前借此机会对提到和未及提到的所有助我者表达感激之情，是很感高兴和荣幸的！能够在有生之年看到此书也是很幸运的。谢谢大家！

孟广均

2017 年 1 月于北京

目　次

理论调研

业务调研

事业调研

理论调研

国外图书情报工作概况

为了对照国外图书情报工作的现状和水平，找出我国的差距，学习人家的长处，把适合我国的先进技术和先进方法拿来为我所用，从而进一步做好工作，本章将介绍国外图书情报工作的基本情况和发展趋势（新技术应用方面将专门在下章论述，这里不再赘述）。

第一节　图书情报工作管理体制

从20世纪50年代起，世界大多数国家的政府逐渐认识到图书情报工作的重要性，从而增强了对图书情报工作的重视和关心，总的发展趋势是：

（1）国家设立职能机构，对图书情报工作实行集中管理。

（2）建立全国和地区文献情报中心，积极开展和推动图书情报业务工作。

（3）建立全国图书情报体系，促进图书情报部门间的协调与协作。

苏联科技情报工作采取的总方针是："由政府一级集中管理国家的情报工作"，"来满足国家对科技情报的需要"。苏联科技情报工作的最高职能部门是国家科学技术委员会科技情报与宣传管理局。它的职能是：根据政府的决定，制定全苏科技情报工作的方针、政策和计划，包括参加国际情报系统和活动的政策；分配和调整情报预算；领导和协调全国情报机构和业务的发展；决定是否创造新型的情报服务系统以及是否采用现代化情报加工的新技术；颁布系统互联和情报加工的统一标准和规范；培训情报人员等。苏联是世界上第一个制定全面情报政策的国家，数十年来一直为建立一个统一、有效的国家科技情报系统而不懈地努力。

苏联科技情报与宣传管理局下属的国家情报事业中心是1952年建立的全苏科技情报研究所（原属科学院）。它是全苏基础科学和工业技术情报的主要集中单位，在情报业务方面起着国家中心的领导作用。其任务为：收集、加工"世界情报流"（包括128个国家和地区68种文字的文献），提供信号情报

(72种)、文摘数据库(239个分册，每年约120万条题录)、卡片文摘(125种)；编辑出版各专业领域的学科总结和综述(123种)、快报(31种)；向全国提供复制资料；研制自动化器件和文献情报设备；负责全国情报自动化系统的设计和实施以及某些业务工作的组织和协调。所本部是情报加工和情报研究的基地，有2 000名专业人员，另聘有1.7万名编外人员。所属生产出版公司是将所本部成果全部变为产品的经营性机构，包括计算机中心、复制车间、出版部门、照相制版部门、电子制版部门、印刷部门等，也有2 000人。

1966年在科技情报与宣传管理局的领导下，建立了全苏情报网——苏联“国家科技情报体系”。它包括全苏性情报机构、中央专业部门情报系统和地方情报系统3个部分。在这个全国情报网中，全苏一级情报机构有12个，中央专业部委所属的情报机构和研究所86个，各加盟共和国情报中心14个、大经济区情报中心113个，基层情报机构近7 700个。此外，全国图书馆网络是由5.3万个大小图书馆组成的，仅轻工业系统就有6 000个。科技图书馆约有1.6万个。苏联最大的科技图书馆——国家公共科技图书馆是12个全苏一级情报机构中的一个，文献收藏范围较宽，目前总数达900万出版单位(国内文献400万，国外文献500万)，为全国科技图书馆和各类用户提供服务，每天接待读者2 000~2 500人，借阅文献1万出版单位，全年复制文献达9 000万页。此外还负责编制出版国内外科技期刊和国内外科技图书的联合目录，目前已生产出书目磁带。

日本的科技情报职能机构是首相府科学技术厅所属的调查局，它的任务是：①制定情报工作的方针和政策。②协调各情报部门的情报业务计划和活动。③调研全国科技情报工作，听取意见，提出解决问题的方案。④负责对外联系事务。⑤制定培训政策，培训情报人员，组织有关情报工作现代化的研究。

为了推进国家科技情报系统(NIST)计划，科学技术厅会同文部省、通产省等14个省厅以及学术会议和国会图书馆的代表于1973年成立了NIST联络会议。

科学技术厅调查局负责联系和协调下属5个情报系统的活动，日本的国家科技情报系统就是以此5种情报事业机构为基础的，它们是：

(1) 中央综合情报中心。即日本科技情报中心(JICST)。成立于1957

年，是日本科学技术厅领导下的全国综合性科技情报中心，现有职工 300 多人，业余文摘员 4 000 人。业务范围是出版刊物（包括 12 种理工科速报、专利速报等）、阅览、文献服务、提供检索磁带、自动化检索等几个方面。馆藏文献以理工专业为主，期刊约 8 000 种，专利数十万件。该中心 20 世纪 60 年代开始用计算机加工情报，70 年代在联机系统建设方面发挥了重要作用，80 年代又率先向网络化方向发展。

（2）中央专业情报中心。如环境、食品、原子能、灾害等专业都建立了国家一级专业情报中心。

（3）地区情报中心。主要是国家直属市、县的科技情报机构，为各地区的科技情报服务中心。

（4）国家数据中心。在特定专业范围内，专门从事专业技术基本数据资料的搜集、审核、存储和检索服务等，如物理、海洋、地震、气象、天文等科技数据中心。

（5）中央存储中心（科技图书馆）。日本把科技图书馆作为科技情报工作的一翼，将科技过刊和陈旧资料的服务工作由分布在各地区的几个科技图书馆来做，让科技情报机构集中精力做最新情报的报道和研究工作。

法国经过几番争论和实践后才于 1973 年正式成立法国科学技术情报局（BNIST），它隶属于法国工业与研究部，是科技情报指导委员会的常设机构。指导委员会由 7 名官方代表和 16 名科技团体的代表组成。主要负责人由总理任命，其他成员则分别由国防部、外交部、财政部、工业与研究部和教育部指派，每届任期两年。1979 年 9 月又建立了直属总理管辖，由科研国务秘书处领导的新的科技情报领导机构——科学技术情报部际代表处，取代了法国科学技术情报局，其任务是：为国家制定情报政策，协调有关部的活动；支持加强科技情报手段的一切活动（如采用新技术、新设备等）；鼓励情报科学研究；促进科技情报的标准化（如编制词表、制定系统互联规范）等。

法国全国的科技情报网包括专业部门情报网、地区情报代办处、国家科技情报服务处和图书馆网。

法国的情报业务中心是法国国家科学研究中心（CNRS）的文献中心，这是法国成立最早，也是发达国家中最大的一个国家情报中心。它的任务与全苏科技情报所很相似，也出版一种百科全书性质的文摘杂志《文摘通报》，共有 99 个分册，每年报道 50 万篇文章。其他服务项目有：定题服务、翻译、编制检索目录、复制等。该中心于1939年成立，现有工作人员700多人，绝大多数为专家，其中大约一半为文摘编辑人员，其次为图书管理、复制和翻译人员。主要搜集期刊（1.6万种），此外还有学位论文、会议录、科技报告、图书等。

美国的科技情报系统被称为“众多和分散的科技交流综合体”，这和苏联的严格集中管理正好形成鲜明的对比，并形成了各自的特点。但是近些年美国历届政府也采取了一些措施，力图朝着加强图书情报工作的集中管理和统一协调的方向发展，这是美国图书情报工作的主要发展趋势之一。

目前美国对情报服务系统起协调和规划作用的主要是国家科学基金会（NSF）和全国图书馆与情报科学委员会（NCLIS）。国家科学基金会法规定，它应“促进美国与外国科学家之间的情报交流”，并“有权发表或安排出版科技情报”。全国图书馆与情报科学委员会是1970年建立的，任务是就政府内外可能改善图书馆与情报活动的政策和规划，向总统与国会提供咨询。它在1976年发表了一份“关于全国图书馆与情报服务规划”，并促成了1979年美国图书馆与情报服务白宫会议的召开。美国总统认为它“在国家一级的图书馆与情报科学方面具有重要的领导和协调作用”。

美国的情报机构大体上可分为以下几类：

（1）政府情报机构。主要有商务部所属国家技术情报所、国防技术情报中心、能源部技术情报中心、国家航空与航天局、国会图书馆、国家农业图书馆、国家医学图书馆、国家科学基金会等。此外还有一些专业情报中心。其中国家技术情报所建于1970年，原为商业部技术服务局，其任务是：①收集国内外情报资料并加以系统整理。②出版并发行二次文献。③发行一次文献，特别是科技报告。它又是政府部门和私营机构完成的科学技术译文的登记中心和收藏中心。

（2）工商业情报机构。美国各大工业公司和商业机构都有自己的情报部门，数量很大，规模不一。

（3）专业学会的情报机构。美国许多科学技术杂志、文摘杂志、目录索引大都是由专业学（协）会出版的，如美国的《化学文摘》就是由美国化学学会出版的。

（4）高等院校的情报机构。美国的高等院校除教学任务外，都从事大量的科研工作，为此不少院校建立了技术情报机构。

除上述国家外，其他许多国家也走上了集中领导与协调的道路。据1976年统计，联合国教科文组织的82个成员国中，已有52个国家响应该组织关于各国建立科技情报工作管理机构的呼吁，先后建立了国家一级的职能机构，负责制订科技情报政策和协调本国的科技情报工作，同时还普遍建立了相应的科技情报事业机构。

第二节 图书情报工作机构设置

国外图书情报工作机构是多样化的，主要类型有：

一、图书馆

图书馆是传统情报源（图书、期刊、会议录、科技报告等）的主要提供者。有人对某些学科的情报存取作了现状和回溯调查，发现书刊资料仍占第一位。但是，近些年来国外大部分图书馆还承担了非书资料的服务工作。因此图书馆服务在整个情报体系中占有非常重要的地位。

从国外来看，特别是在一些发达国家，情报工作与图书馆工作联合作业的趋向是比较明显的，如在美国，几乎都是图书馆做情报工作。英国的不列颠图书馆、澳大利亚的国立图书馆、西德汉诺威工学院技术情报图书馆、荷兰的乔瑞联邦工学院图书馆等都是各该国的重要情报机构。苏联的索引、目录工作均由图书馆承担，图书馆是苏联国家情报系统的组成部分。波兰的情报网则是以各地科技图书馆为基础组成的。

以美国为例，世界最大的图书馆美国国会图书馆，既是美国全国性的图书馆，又是美国最大的情报中心。它是美国国会、政府、学术界和一般读者的主要参考咨询中心。该馆最大的部门之一国会研究服务部实际上是一个情报机构，设有美国法律、国会参考、经济、教育与公共福利、环境与自然资源、外事与国防、政府、图书馆服务、科学政策研究、高级专家等处，工作人员达1 000人。其任务是：①经常与国会各委员会联系，使它们了解并利用该馆的服务和藏书。②应国会各委员会的要求，对它们的立法建议或对总统以及行政部门向国会提出的意见进行分析、鉴定和评价。③在历届国会开会之前向各委员会提供联邦政府计划表和本届国会的活动计划。同时向各委员会提供各种评价资料，以帮助各委员会确定这些计划是否改变、继续或中止。

④在历届国会开会之前，为各委员会准备并提出其所需实施的立法问题，即利用国会研究服务部的资料，以拟定议事日程计划。⑤应国会议员的要求提供关于目的、效果和立法史的简明备忘录。

1962年该馆在全国科学基金会的资助下，在科技部之下成立了全国查询中心。该中心的任务是向用户介绍情报源，即提供能解答用户所查询问题的情报服务机构和个人，不直接回答技术问题，因而它只是在用户与情报源之间起个桥梁作用。用户一般是通过写信、打电话、到馆、填写查询表等方式查询。从1963年至1974年，该中心共接办了查询问题3.12万余件，当天能回答的占22.9%。该中心有教授20人，其他人员12人，专业范围涉及整个科技领域和社会科学。它对作为情报来源的美国政府机构、工业部门和学校的情报工作状况进行了普查，已掌握8 000多个情报机构的情况，并将这些资料用电子计算机照相制版成册，其总名称是《A Directory of Information Resources in the United States》（美国情报资源指南），内容包括各机构的专业范围、资料收藏情况、出版物、情报服务情况、地址与电话等，按类分册出版。

美国国家医学图书馆是美国医学方面最大的国家情报中心，有工作人员400多人，收藏文献350多万出版单位，每年定期收到期刊2.4万种，增加图书2万册，被称为世界3大医学情报组织中最大的一个（另两个是欧洲的医学文献基金会和苏联的全苏医学情报研究所）。该馆除一般图书馆业务外，主要情报业务是出版世界医学期刊论文索引。以该馆为核心的医学图书馆网由分布在美国11个大区的医学图书馆组成，包括大小单位5 000个，是美国各学科情报网中组织最完善的。世界上最大的文献检索系统MEDLARS（医学文献分析与检索系统）就是该馆搞起来的。MEDLARS于1964年建立，1971年进一步建成联机检索系统MEDLINE。该系统共有20个联机数据库，其中包括《Index Medicus》（医学索引），每年报道题录30万条，这些情报资料的来源主要是2 700种医学期刊以及专题论文、学位论文和会议论文。该系统累积的情报资料已有600多万条。大约有300万医学工作者是这个系统的用户，1985年检索量达300万次。1986年有终端5 556个，其中在国外设置的有200个，不仅形成了全国性的检索网络，而且形成了国际性的网络。

1862年建立的美国国家农业图书馆是美国农业方面最大的国家情报中心，有工作人员200人，收藏文献200万出版单位。其农业联机存取（AGRICOLA）数据库（现有250万条农业文献引文）和欧洲共同体农业局

（CAB）、联合国粮农组织所属国际农业情报系统（AGRIS）数据库，构成了世界上主要的农业书目文档。它与农业部合作建立了农药情报中心、食物与营养情报中心和粮食防尘情报中心等，该馆通过这些专业情报中心和图书馆服务（文献检索、书目与参考服务、借阅、馆际互借和文献复制等）提供文献情报。

英国不列颠图书馆是英国的国家图书馆，也是英国最大的情报中心，是全英图书馆和情报系统的中心。它目前设有参考、外借、书目服务、研究发展和中央管理5个部。参考部下又分印本书、写本、东方写本与印本、科学参考图书馆4部分。该馆在1976年建立了不列颠图书馆自动化情报服务系统（BLAISE），包括数据库和联机检索。数据库已输入英、美MARC和美国MEDLARS的书目记录900多万条供用户检索。该系统是世界主要联机情报检索系统之一，它与欧洲经济共同体的网络连接工作已经完成，于1979年9月正式交付使用。这两个系统的连接成功给欧洲广大用户带来了好处，费用降低了，可靠性显著增加了。该馆书目服务部通过编制英国国家书目、提供印刷卡片和英国MARC磁带为国内外服务。该馆的自动化系统开始工作后，即把图书馆的日常工作和情报检索工作结合起来。不久，英国将可利用自己生产的软件建立自己的新系统MERLIN（机器可读图书馆情报网）。该馆的研究发展部除从事图书馆业务研究外，还负责对全国图书馆和情报工作进行调查、研究、协调和提出改进意见等。

澳大利亚政府在1973年根据科技情报服务调查委员会的建议，修订了1960年制定的国家图书馆法，赋予国家图书馆以情报职能，目的在于建立一个以图书馆为基础的新型情报机构。该馆根据新法改组了体制，扩大了收藏范围，增加了工作内容，大力开展了电子计算机情报检索服务工作。

二、综合性或专业性情报中心

这些中心主要进行科技文献的搜集、整理、存储、检索和报道工作。前面提到的全苏科技情报研究所、日本科技情报中心和法国国立科学研究中心的文献中心就是国外3大著名的综合性情报中心。它们分别编辑出版的《文摘杂志》、《科学技术文献速报》和《文摘通报》等全套文摘被认为是世界3大套综合性文摘。其他著名的综合性或专业性情报中心有：美国的国防技术情报中心、欧洲的宇宙研究组织、西德的格梅林无机化学研究所等。

三、文摘索引机构

国外除了情报中心编制文摘索引外，还有许多专门的文摘索引机构，以书本、磁带或缩微胶片形式提供二次情报，指明原始情报的来源。美国的化学文摘社、生物科学情报社、工程索引社和英国的电气工程学会情报服务部等都是此类著名的机构。

四、数据中心

数据情报是情报专家对科技人员的科学实验成果进行精密加工、周密推理、详细运算的结晶，被称为“浓缩的情报”。它不仅包括传统数字形式的科学实验和工业技术数据，还包括“非数字形式的数据”，如化合物分子式、化学结构式、工业技术产品的名称、规格等，对解决科研人员的研究课题和设计项目中的重大问题，具有巨大的作用。数据中心就是搜集、整理、研究、评述和提供各种数据资料的机构。如美国的化学文献社存储并可提供300多万种化合物的三维结构式。法国建筑协会文献中心的ARI-ANE（利用计算机存储和检索建筑数据的自动化处理）系统可为8万个建筑承包商提供一般建筑、地下施工、桥梁、建材产品型号、规格说明等多方面的数据。

五、专利情报中心

专利是国外新发明、新技术、新产品、新设备的记录，内容具体、详细，附有图表，对生产和科研有直接参考价值。专利中心就是专门搜集、整理、收藏、提供利用专利文献和从专利文献中研究科技发展水平与趋势的机构。1962年苏联建立的中央专利情报与技术经济研究所是世界最大的专利情报中心，现有工作人员2 500人，收藏6 400万件专利资料，负责管理和通报苏联的发明创造资料，引进与翻译国外的专利资料；对重要的发明编写专题述评，向有关部门推荐；进行参考咨询工作，介绍查找方法等。专门从事专利情报工作的英国德温特出版公司以出版专利检索刊物闻名于世，仅1970~1975年就连续创办了《中心专利索引》、《世界专利索引》、《世界专利索引文摘杂志》等刊物。

六、正在进行中的科研项目情报中心

这类情报工作最早是美国史密逊科学情报交换所（SSIE）在20世纪50

年代初开展起来的。该所是美国政府设立的全国正在进行中的科研项目的登记机构和情报服务中心。70 年代中期建立了自动化情报资料存储与检索系统，用计算机可读磁带取代了原印刷版的《SSIE 研究项目通告》。在美国国家科学基金会的支持和联合国教科文组织的世界科学情报系统的合作下，不断扩大国内外正在进行中的科研项目的情报网，输入数据库的近期情报达 30 万件，平均每年增加 10 万件。1981 年底，它将此项业务移交给商务部的国家技术情报所办理。这项业务主要是搜集、加工、分析和报道正在进行中的科研项目的有关情报，如研究课题名称、目的、研究单位与协作单位、研究人员、进展情况与预期成果、资金、方法、设备等，定期出版正在进行中的研究项目通告等情报刊物，还通过联机答复咨询，使有关部门和人员可及时了解国内外科研领域谁在什么地方做什么、进展如何、有什么成果可望在工业中应用。这项工作对制定科技政策和计划，确定和协调研究项目，合理分配人力、资金，促进情报交流，避免科研工作中不合理的重复和浪费，都有很大作用。苏联在 1968 年也成立了一个"全苏科技情报中心"，它主要负责全国各领域科技成果的登记、管理、推广等，还搜集各生产、研究单位、大专院校正在进行的研究工作情况，搜集研究总结报告和学位论文，出版目录并答复咨询，一年约处理咨询 25 万件。

七、科技文献翻译中心

专门从事代译和译文登记等服务工作的机构。为了避免重复，科研人员和科技情报人员可先向翻译中心查询了解是否已有译文和保存在什么单位等。例如法国科学研究中心的文献中心目前已存储 36 万篇译文，用户可通过终端与计算机对话进行查找。如果需要，可索取复本。苏联也于 1972 年建立了全苏译文中心，主要负责代泽（业余代译人员有 9 000 多人）、译文登记、译文收藏（现有 70 万件）、译文通报、机器翻译研究工作。美国国家技术情报所既是政府的情报服务机构，也是政府部门和私营机构完成的科技译文的登记中心和收藏中心，目前已收藏 90 多万篇有关研究、研制报告和国外技术文献资料方面的译文，全部可供出售。

八、全国书刊统一编目中心

这是负责统一编制本国书刊资料目录的机构，如法国几年前在巴黎成立的国家统一编目中心（DICA）。它引进美国国会图书馆和其他国家的书刊目录磁带。法国各图书馆、情报单位进口书刊，需按书刊原有的国际统一书号（ISBN）向编目中心报告。该中心从磁带中查出它的书目内容，做成卡片和磁带，提供给买进该书刊的图书情报单位，这就省去了各单位自做卡片的工作。凡是磁带上没有的，由进口单位编制书目，输入到编目中心的计算机中。别的单位再进口时，就不必做编目制卡工作了。因此，该中心可提供各图书情报单位的馆藏目录和全国统一目录，也便于掌握和协调国外书刊订购工作，读者也可就近借到所需书刊。

九、情报销售公司

即20世纪70年代兴起的人们常说的“情报中间商”行业，如美国洛克希德公司的DIALOG系统、系统发展公司（SDC）的ORBIT系统、书目检索服务公司（BRS）的STAIRS系统等。它们从数据库编制者那里批发来数据（磁带），通过自己拥有的大型计算机、设施和公用数据传输网向用户提供联机情报服务。

十、咨询服务公司

咨询服务在图书馆和情报部门被称为参考咨询，侧重于文献咨询。目前已深入到学科内容，扩大为科学、技术、经济等情报咨询，并进而侧重于情报检索、情报分析和调研，提供文摘、研究报告、情报综述，甚至提供规划、方案等。如英国的阿特金斯咨询公司、美国的兰德公司、西德的费希勒咨询公司等。

此外还有视听资料中心、联机检索与分时公司、缩微应用与服务机构、定题情报服务机构等。

第三节　图书情报基础工作

在国外，即使是一些科学技术较先进的国家，以手工操作为主的图书情报基础工作仍然占有相当重要的地位。它们对于文献搜集、整理、服务等方面的基础工作，都要求完善细致，井井有条，讲究高效率、高质量，一切从方便读者出发。

（1）许多国家高度重视藏书建设。他们认为藏书是图书馆为读者提供文献服务的基础，藏书质量的高低直接影响各项图书情报工作的开展。为了保证藏书建设的质量，国外图书馆馆长除负责全面工作外，一般还亲自抓藏书建设工作。藏书建设部门的负责人都由高级馆员担任。他们十分注意利用国外各种书目及时掌握出版动态。对于复本量的控制都采取比较严格的方针。苏联进口国外期刊1.6万种，图书每年7万种，复本平均仅为4种。民主德国总共才进口国外期刊8 000种，作为国家情报中心的中央情报文献研究所仅收藏500种（文献采购费只占本所经费的5%）。他们认为文献情报源应靠近用户，先满足专业文献情报单位，后满足中央文献情报中心。

由于经费都比较紧张，任何一个图书情报单位也不可能收藏全部出版物，因此不少国家的图书情报单位在采购方面进行分工、协作，以增加全国总的收藏品种。如美国国家医学图书馆、国家农业图书馆和国会图书馆在收藏书刊资料时，按学科分工。也有几个国家联合起来，各有侧重地收集资料。如北欧四国的协作计划就是丹麦、瑞典、芬兰和挪威在采购北欧以外国家的出版物时，按照地区、主题或语文分工。分工时既照顾到各馆的历史情况和实际需要，也要考虑到藏书的系统和完整。有了分工，就要协作，通过双边或多边协议开展馆际互借，满足用户的需求，还编制各种类型联合目录，互通有无；通过缩微复制互相弥补馆藏的不足。总之，文献情报资源共享的观念在图书情报界已深入人心。

近些年来，国外大大加强了国际书刊交换工作，自从联合国教科文组织把国际交换工作作为它的重要任务之一以后，大多数成员国都在本国国立图书馆设立了国际交换中心。一般公共图书馆、科研机构图书馆和高等院校图书馆等也都各自同国外有关机构进行交换，不少图书馆的馆藏约有1/3是通过国际交换得来的。

现在国际图书情报界开始实施国际图书馆协会联合会（IFLA）在20世纪70年代中提出的“出版物的普遍可得”（Universal Availability of Publications，UAP）规划，其宗旨是使世界上各种出版物能为任何个人和团体在任何地方都可获得和利用。只要其他国家有要求，当事国的中心机构就用国际互借或照相复制的办法提供所需资料，为此需由各国的国家图书馆等国家中心组成国际网络，并建立国际范围的馆际互借制度、国际书刊交换制度、法定出版物呈缴制度等。

（2）编目方面的最大事件是，国际图书馆协会联合会主持制定了《国际标准书目著录》（初稿）（ISBD）。其目的是为各国图书馆目录和各种书目提供统一的文献著录形式；解决图书著录中的语文障碍，协助语文转换工作；便于普通书本目录著录转换为机器可读目录（MARC）的记录。这套标准包括 ISBD（M）（专著）、ISBD（S）（连续出版物）、ISBD（A/V）（声像资料）、ISBD（CM）（图谱）、ISBD（Music）（乐谱）、ISBD（Old Books）（古书）、ISBD（G）（总则）等。

编目方面的一个总趋势是集中编目事业发展很快。美国是 1850 年开始的，英国是 1872 年开始的，苏联、东欧等国也有了几十年的集中编目史，澳大利亚、加纳等第三世界国家的集中编目事业在最近一些年里也在迅速发展。这几年英、美又合作编制并发行销售记录英、美图书的 MARC 磁带。国外采用电子计算机编目比较普遍，联邦德国的德国图书馆早在 1966 年就用计算机编制国家书目了。

编目中另一个值得注意的趋向是前面已提到的许多国家在实施的“在出版期间编目”计划。此计划部分地解决了图书和卡片不能同时到馆的矛盾，同时也有助于目录著录的统一。

目前国际图书情报界也开始实施国际图联在 20 世纪 70 年代中期提出的“世界书目控制”（Universal Bibliographic Control，UBC）规划。其宗旨是采用国际通用的规格，准确而迅速地提供世界各国各种出版物的印刷目录或机读目录。为此，各国需要有一个全国性机构来掌握本国出版的各种书目，以免其他国家再浪费人力重新编目。这样各国的全国性机构共同组成了世界性的编目网络。

（3）在服务方面，设置分科开架阅览室是当前阅览工作中的发展趋势。国外许多图书馆已采用此种方式为读者服务，他们认为这是提高读者服务工作的有效措施。开架阅览可使常用的书接近读者。在分科开架阅览室内一般都放有 10~15 年内出版的有关图书，这样可满足读者需要的 60%~80%。在管理方法中，他们允许读者履行简便手续后把自己的书带进开架阅览室；允许读者随意把开架书拿到馆内任何一个开架阅览室去看，但不允许读者自己归架（因馆员归架量比整架量小得多）。

现在不少图书馆还实行自由入库制度，读者可直接入库浏览和提出借走。他们这样做是立足于方便广大读者，不为防止个别窃贼而捆起大多数读者的手脚，但是他们也采取各种方法做到安全保管。

国外图书馆开放时间很长，美国和欧洲许多国家的一些图书馆实行昼夜24小时开放制。

在图书流通方面也是想方设法方便读者，如个人借书证多处通用，还书不限地点。有些国家，一个地区里各馆所发的借书证可在全区范围内通用。而且借书还书可不在同一地点，一切借还手续都由各馆去做。

国外图书馆以利用率高、流通量大为光荣。英国的不列颠图书馆文献供应中心工作效率很高，他们一共700人，每天收到借书单1.2万份，当天收到当天寄出的为60%，两天内借出的达80%，一些外国人反映，向该馆借书比向本国图书馆借书还快。该馆是世界上利用率最高的图书馆之一，英国人也以此为荣。

还有一些国家的图书馆特别强调开放性。如荷兰的阿姆斯特丹国际社会史研究所的书刊不但向本国，而且向世界各国的研究人员开放。进入该所图书馆，任何人无需办任何手续。瑞士社会档案馆的任何资料，包括珍贵的历史照片都可以借出馆外。列宁曾把瑞士图书馆的开放性称赞为“瑞士文化”，他在20世纪初就曾充分利用瑞士的图书馆，写出了不少光辉的著作。

国外图书馆普遍重视开展参考咨询工作，一般都设立参考咨询中心（被人们称之为读者服务的心脏），担任参考咨询工作的一般都是高级馆员和各学科的专家，中心集中了丰富的参考专藏和各种书目，包括传统的卡片目录和现代化的缩微平片目录、外国的国家书目、联合目录和专科书目等。其任务是利用这些情报源解答用户有关事实和数据（如科技数据、时事新闻、天气资料、统计资料、人员机构资料、市场信息、名词术语等），以及文献检索方面的咨询性问题。除当面咨询还有大量的电话咨询。

各馆都把指导读者利用图书馆作为一项基本职责。在图书馆的阅览室、借书处、咨询中心等处陈列着如何使用图书馆、图书馆指南、怎样利用缩微平片阅读器等各种说明书，使读者对图书馆的组织、工作内容、规章制度、各种现代化设备的利用有一个初步的了解，以便利用图书馆和各种现代化设备，检索所需的文献。一些图书馆还利用录像设备录制怎样利用图书馆、怎样利用电子计算机终端检索文献的录像磁带，向用户进行形象化的宣传。

第四节 情报报道

图书情报工作的基本职能是传递文献情报，而传递文献情报的重要形式之一就是报道工作。通过报道国内外科技成果和发展动向，传播最新的科学技术，促进科学交流，从而不断推动科学技术的发展。报道的形式大体上有3种，一是文字报道（出版物）。二是口头报道（讲座、专题报告等）。三是直观报道（展览会、现场会等）。

图书情报部门的出版物一般有检索类、译报类和研究类刊物。共中编制各类型检索刊物，为各行各业工作人员提供各门学科的文献线索，是文献情报服务工作的一项十分重要的基础工作，是图书情报部门的根本任务之一。

国外一般将检索刊物分为：①目录类出版物。②文摘刊物。③索引刊物。④目次页出版物。

目录类出版物是传统的检索类报道刊物，包括登记性书目、通报性书目、推荐性书目、专题目录等。国外的登记性国家书目比较著名，如英国国家书目、法国书目、日本国家书目、澳大利亚全国书目、联邦德国的德国书目等。在法兰克福的德国图书馆编制的德国书目是世界上最早采用电子计算机编制的国家书目。它出版每周新书目录和半年、五年累积本书目。由于是在版编目，一般在新书出版前两个月该馆就能得到新书样本，因此报道比较及时。苏联则十分重视编制推荐性参考书目，以配合思想政治和文化科学技术等教育任务。

文摘刊物是历史上出现最早的检索类刊物，如1830年的《Chemisches Zentralbatt》、1898年的《Science Abstracts》、1907年的《Chemical Abstracts》等。综合性文摘刊物以苏联的《文摘杂志》、法国的《文摘通报》和日本的《科学技术文献速报》等最为著名。专业文摘刊物著名的有美国的《化学文摘》(Chemical Abstracts)、《生物学文摘》(Biological Abstracts)、荷兰的《医学文摘》(Excerpta Medica) 等。

索引刊物以报道迅速而深受大家欢迎。著名的有《医学索引》（Index Medicus)、《化学题录》(Chemical Titles)、《杂志记事索引》（日本）等。有些名为索引，但实际上含有文摘，如《工程索引》(Engineering Index)、《化学索引》 (Index Chemicus)、 《国际核情报系统原子索引》 (INIS

Atomindex）等。

目次页出版物是比索引刊物更具速报性的简便的检索刊物。它是将一些一次资料的目次页照原样复制提供的刊物，许多系统在自己内部出版发行。市售的有日本的《目次页》、美国的《近期期刊目次》（Current Contents）等。

检索类出版物从形式上可分为：①书本式。②卡片式。③缩微胶片式。④磁带式。上述出版物除书本形式外，现在大都还有磁带式的。

随着科学技术的发展，一次资料的数量激增，以它们为素材的二次资料（即检索类刊物）的数量也大大增加，因而以人工方式从事资料的整理、编辑、标引、印刷等日益困难。为此，大约从1965年起，各国的图书情报服务机构便开始研究将二次资料（文摘、索引等）的数据输入计算机，用计算机处理装置进行编辑加工。目前世界上一些主要图书情报机构都在大力进行这项工作。

磁带之所以作为复制存储设备广为利用，是因为它价格低廉而且易于处理，能够输入大量的信息。在最新的高密度磁带上，幅宽13毫米，长730米的面积能够存储15 600万字。磁带服务的特点是：①因为能够在二次资料数据编辑处理后直接复制提供，所以能够比需要印刷出版的书本式二次资料更快地到用户手中。②除供专门的检索外，还可使用户多方利用。

目前较出名的磁带有美国工程索引社的《工程索引磁带版》（COMPENDEX）、美国化学文摘社的《化学题录》（Chemical Titles）、美国科学情报所的《化学登记系统索引》（Index Chemicus Registry System）、日本科技情报中心（JICST）的文献检索磁带、英国电气工程师学会（INSPEC）的磁带等。

第五节　图书情报工作的标准化

图书情报工作标准化是实现情报科学管理和现代化的先决条件。技术上的现代化和组织上的网络化都离不开标准化。图书情报工作标准化的范围很广，标准项目很多，比如文字代码、著录格式、磁带记录格式、主题词表、标引方法、分类法、文献术语等都是需要标准化的项目。

以图书馆工作的标准化为例，从19世纪50年代美国实行统一编目开始，到20世纪70年代初期《国际标准书目著录》（初稿）和美国图书在版编目的出版为止，在国际上已经历了120多年的发展过程。从使用范围来看，图书馆工作的标准可分为 4 种类型：

一、国际标准

经国际标准化组织（ISO）通过，适用于国际间的标准。例如 1971 年国际图书馆协会联合会编目委员会在伦敦发布的《国际标准书目著录》(ISBD)，以及近年来又出版的《著录总则》（ISBD〔G〕）、《专著的著录规则》（ISBD〔M〕）、《连续出版物著录总则》（ISBD〔S〕）、《图谱资料著录规则》（ISBD〔CM〕）等，对目录著录形式初步做了国际性的标准化规定，构成了目前世界各国所能接受的统一著录规则，也为编制统一的国际机读目录创造了条件。为了给图书资料以统一编号，国际标准化组织还订出了《国际标准书号》（ISBN）和《国际标准连续出版物编号》（ISSN），用于书刊资料的出版、征订、管理、加工和查目。

二、区域性标准

经区域性标准化组织通过，适用于世界某一区域的标准，例如，20 世纪 20 年代和 30 年代，欧洲大陆各国图书馆基本上采用的《普鲁士规则》和英国、美国等地区大体采用的《英美编目条例》。1949 年美国图书馆协会出版的《英美编目条例》临时修订补充本、1967 年的《英美编目条例》(AACR)，特别是 1978 年的《英美编目条例第 2 版》（AACR2）对著录方法，主要是对著录标目的选择做了区域性的标准化规定。《国际标准书目著录》(初稿）就是在此基础上产生的。

三、国家标准

经全国性标准化组织通过、批准，适用于一个国家所有图书馆的有关标准。例如 1971 年美国国会图书馆开始试行在版编目，对出版商送来的新书校样，首先由该馆加以著录，然后将著录内容（包括著录标目、书名、附注事项、补充著录、标题、分类号、国际统一书号）寄回出版商，出版商再将收到的著录项目一一印载于图书版权页，各图书馆收到正式出版的新书时，即可按照版权页所载的著录项目直接编目，解决了图书馆在集中编目过程中新书和统编卡片难于同时收到的矛盾，大大提高了图书著录标准化的水平，成为编目工作标准化的一项新发展。

四、各馆标准

经一个图书馆或图书馆一个部门通过、批准，用于本馆或本部门实施的标准。例如《×××图书馆工作条例》、《×××图书馆书刊采购办法》、《×××图书馆书刊借阅规则》等。这些标准是本馆或本部门共同遵循的工作依据，也是制订国家标准的重要参考材料。其发展方向是在总结经验，日益完善的过程中，逐步向国家标准过渡，最终为国家标准所代替。

图书馆工作的标准从内容来看，大致可分为3种类型：

一、图书资料科学管理方面的标准

如全国图书资料统一的分类法、汉语主题词表、全国图书统一著录条例、全国统一著者号码表、全国统一书号、期刊登记条例、图书加工的统一程序、图书馆业务通用技术规格以及术语、符号、标志和定义等方面的标准。

二、图书馆现代化设备和现代化技术方面的标准

如数据库的建立、资料档的设计标准、磁带和磁盘的规格、机读代码、文献主题分析、检索语言、机读著录格式标准、计算机硬设备标准、声像设备标准、缩微复制品标准等。

三、图书馆行政管理方面的条例和标准

如各类型图书馆工作条例、图书馆人员编制标准、图书馆统计标准、馆舍使用标准、图书馆设备与用品规格等。

世界上一些国家虽然早就开始了图书情报工作标准化的工作，但是由于社会制度等方面的原因，仍然存在着许多问题，比如一些国家的文献工作自动化是在全国无统一规划的情况下搞起来的，技术虽先进，但由于标准不统一，现在到了很难收拾的地步。如英国图书馆自动化工作搞了很多年，但是到了今天，发现标准不统一，难以形成统一的图书情报网络，因而不得不停止各自为政的做法，重新考虑设计标准化的自动化系统。美国、法国在建立文献工作自动化联机网络的过程中，也出现了类似的情况，因此都认为标准化是一个迫切的问题。

第六节　图书情报工作人员的培养

在国外，一般都很重视培训工作，如联合国教科文组织就把培训图书情报人员列为“综合情报计划”的4大任务之一，而且是优先项目。他们大都抓3种人的培养，一是图书情报专业人员，二是读者或情报用户，三是图书情报机构的领导人员。

培养图书情报机构领导人员的办法，主要是办各种短期训练班，使他们通晓现代图书情报工作的各个环节和流程，了解现代图书情报工作的方法与技术，掌握图书情报工作的发展水平和趋势。比如教科文组织近两年在波兰，泰国等地分别举办了情报机构管理人员的培训班和经验交流会，还出版了《情报机构领导人培训指南》。

近年来特别强调培训读者或情报用户的问题。如联合国教科文组织已召开了几次培训用户的学术讨论会、经验交流会，编辑出版了《情报用户培训指南》。许多国家普遍在大学进行文献情报资料查找方法的教育，设有学习查找文献和情报资料方法的课程。例如南斯拉夫卢布尔雅那大学中心技术图书馆多年来一直从事科技情报用户的培训工作。他们为大学生和生产、研究单位的有关人员每周讲一两次课，内容是如何利用和查找科技文献。有时给某系学生作专门报告，介绍专业文献的出版情况和查阅方法。

关于图书情报专业人员的教育和培训，有以下两个方面：

一、学校教育

据1972年联合国教科文组织出版的材料很不完整的《世界图书馆学校与文献工作训练班指南》介绍，全世界这方面的学校共有306所，其中236所的教学大纲完全是图书馆学的，38所是图书馆学和情报学结合的，只有32所的教学大纲纯粹是情报学的。

随着科学技术的发展、科技文献的激增、现代化工作手段的广泛采用和读者需求的日益提高，国外对图书馆工作者的要求也越来越高。不仅要求图书馆工作者必须具备图书馆的基本知识和图书馆工作的基本技能，还要求掌握某个学科的专业知识和新的情报技术手段。

目前在美国近4 000所大学中，约有500所大学设有图书馆学研究所或学系，这500所中只有64所得到美国图书馆协会的认可。64所均以硕士学位课程为主体，此外有12所还开设学士学位课程，22所还开设博士和（或）硕士后学位课程。64所学校共有教师1 148人，其中专职682人，兼职466人。教师与学生的比例大约为1：8。64所中有46所开设各种形式的进修课程，一般是在晚上，主要为在职人员知识更新而设。有40所设有独立的专业图书馆，64所共出版刊物24种，大多数为学术研究刊物，也有简报、校友通讯等。

美国的图书馆学情报学课程设置由各学校自己确定，分必修课和选修课。一般必修课有1~5门，选修课有9~20门不等。多数学校必修课包括图书馆学情报学基础、图书情报资源的组织和参考咨询服务3部分。针对情报技术和系统的发展，一些学校对必修课做了新的规定，有的增加了计算机程序编制、图书馆管理、研究方法等，有的设置了信息经济学、情报结构和战略、情报处理现代技术等。

选修课分为几大部分：①图书馆业务，包括编目、藏书发展与采购、读者服务、读者指导、索引文摘编制、计算机文献检索、声像资料服务等。②各大类专业文献，主要按专业划分，如社会科学、自然科学、人文科学。③图书馆情报机构服务管理，有管理学基础、图书馆网与管理、人员与财务管理、系统分析、研究方法等。④情报学，有情报学基础、情报系统、系统设计、图书馆自动化、计算机技术及其应用、计算机语言等。⑤图书馆保护和档案管理。⑥实习作为选修课的一部分。

近几年美国图书馆教育有两个显著的变化：一是传统的课程内容大大压缩，增加了电子计算机在图书馆的应用、缩微复制技术、声像资料和情报科学等新理论、新技术方面的内容。二是普遍增设硕士后和博士课程，如前所述，目前美国64所中，已有22所设置博士和（或）硕士后学位。

如宾夕法尼亚州的哈里斯堡大学图书馆学和情报学高等学校设有硕士和博士学位，课程有：图书馆工作概论、图书馆的采访工作与馆藏利用、藏书组织、机械化情报检索、图书馆工作的指导原则、交流概论、交流的理论基础、图书馆在社会中的作用、图书馆史、研究工作的方法学、国际图书馆机构及其藏书、图书馆儿童与少年读物的藏书、儿童文学史、作为教育要素的学校图书馆、口头宣传、政府出版物、定期刊物与连续出版物、医学文献与医学图书馆、法律图书馆工作、人文科学、社会科学、自然科学与技术科学文献源、拉丁美洲书目、图书馆作业、编目、分类理论、珍本图书、评论性书目、图书馆系统分析、机械化情报检索、专业情报中心、情报存储与检索用数学、计算机与情报检索逻辑、数据处理与图书馆、图书馆学中的语言学、图书馆学与情报科学的语言、情报网络、大学图书馆与科学图书馆的领导、公共图书馆的领导、专门图书馆与情报中心的领导、载体中心的领导、专科学院图书馆的领导、图书馆建筑、图书馆对自修者的服务、教学过程的服务组织、社会科学、图书馆教育、研究基督教起源的书目学问题、神学图书馆的馆藏、神学文献来源的考证。

此外，印度 1981 年共有图书馆学系 42 所，仅次于美国，其中可授予学士学位的有 31 所，硕士学位的 9 所，博士学位的 9 所。苏联共有 27 所高等院校设有图书馆学系或专业，其中 5 所培养硕士研究生，另外还有 130 所中等专业学校培养初中级图书馆员，每年毕业生有 2 万多人。澳大利亚有 15 所大学设图书馆学系，一般都设有学士、硕士学位，有些还设有博士学位。

在专门的情报学教育方面，国外几乎还没有一个国家把情报学教育体制最终固定下来，一般都是把情报人员和图书馆工作人员的教育结合起来，这是由情报工作这门职业自身的历史发展条件决定的，培养情报人员的事业是从培养图书馆工作人员的范围里孕育起来的，但同时也由于它们之间确实有一些共同性。

根据美国《情报科学教育计划指南》的资料，美国和加拿大主要是由综合性大学设立的图书馆学系培养情报工作人员。美国有声望的专门培养情报人员的高等学校是 1963 年建立的佐治亚州工学院的情报科学与计算技术学院，设有科学学士、科学硕士和哲学博士学位。取得学士资格的学制为 4 年，培养目标是在情报系统的设计方面取得必要的知识和技巧，并在情报学、计算技术和系统设计方面做好从事科学理论工作的准备。取得硕士学位的学制为 1 年，招收已在大学其他专业毕业的学员。取得此学位者可在情报机构担任管理职务。取得博士学位的学制为 3 年，须写出并答辩学位论文。独立从事研究或实验，其结果能使此科学领域有新的发展并能得到广泛应用者，可授予哲学博士学位称号。

此外如西方准备大学图书馆学系、马里兰州立大学图书馆和情报服务学系、宾夕法尼亚州匹兹堡大学图书馆学与情报学高等学校都是培养高级情报人员的学校。

美国情报科学教学大纲中最重要的部分有：情报科学导论（情报分析、情报的存储与检索、标引工作、内容分析、情报处理、书目查找、图书馆学与情报检索、情报传递、情报中心与群众性交流、情报库、情报需求）、系统理论及其应用（系统分析、工序研究与情报系统、系统设计、情报系统的设计、系统效率的评价、情报系统的控制、情报的存储与检索、情报系统的应用、情报的传递、评价方法、效率指标）、情报学中的数学方法（数学逻辑、集合论、概率分布、图论、算法、统计分析）、电子计算机结构及其数学保证（电子计算机的程序设计、数据处理、机器语言、存储装置的组织、情报的存储与检索、编码、算法）、文摘—标引—目录工作（标引工作、文摘工作、内容分析、分类工作、自动标引、摘录与提要的编撰、检索词典、坐标标引法、自由标引法、情报的存储与检索、书目学检查、标引程序、主题法、引文法标引工作）、研究工作（研究方法、决策过程、实验工作的计划、研究结果的评价方法）等。

二、在职培训

国外对在职人员的继续教育也非常重视，特别强调让他们从使用传统的方法转到应用新技术方面，经常组织他们学习自动化和情报科学等课程，举办各种形式的座谈会、讨论会、讲习班、短训班、研究会，以及组织参观、考察、留学等，使他们不断提高专业水平，以适应信息社会的需要。

以澳大利亚为例，澳大利亚国家图书馆设有培训科专管在职人员的培训工作。教育方式有：①参加讨论会，给图书馆工作人员一定时间参加专业讨论会，如声像服务工作讨论会、特藏保护工作讨论会等。②举办讲座，如讲图书馆各部门的方针政策和作用，还根据需要给一部分人上打字课、照相课、公务管理课，介绍英美编目规则、杜威十进分类法、美国图书馆协会排片规则等课程。③进修，允许部分人员到有关大学听课，让高级职员攻读博士学位课程等。

日本国会图书馆一般是在在职人员中进行培训，新到人员首先接受1~2个月的培训，而后分配到图书馆各部门去工作。

苏联重视对已受过专门训练的图书馆员提供高等训练，高等训练的内容包括科学、技术、经济和文化发展的基本趋势以及苏联和国外图书馆学、目录学理论与实践的革新。高等训练采用的方法有：讨论会、短训班、参观、研究会、外文与苏联各种语文的学习、独立进行图书馆学和目录学领域中的文献工作等。

苏联为了提高情报工作人员的工作技能和情报部门负责人的管理水平，经常由全苏科技情报所负责，举办为期 2 个月或 6 个月的情报知识短训班，讲课内容有科技情报理论与管理方法、咨询服务与检索方法以及情报工作的自动化和机械化等。1971 年这个训练班正式改名为情报干部进修学院，直接由国家科学技术委员会领导。培养高水平的情报专家是通过全苏科技情报所的研究班进行的，研究班建于 1959 年，已有毕业生 267 名，其中 107 人获得了副博士学位。该所的训练班和研究班还兼为经互会的其他成员国培训一些情报专家。

除了各国自己举办的培训活动外，近几年来，联合国教科文组织也不断举办国际性的图书馆讲习会，如 1966 年、1968 年在丹麦皇家图书馆学院先后举办了学习班，吸收亚非拉学员参加。1967 年在塞内加尔的达喀尔大学成立了图书馆学院，吸收法语非洲国家图书馆员参加。在英国威尔士图书馆学院每年都举办国际图书馆与情报学暑期研究班，学员多数来自英语国家。

国际文献工作联合会也经常举办情报学、文献学教师夏季学习班、情报科学工作者讨论会等。联合国工业发展组织在培训情报人员方面也做了一些工作，如每年为发展中国家组织工业情报训练班等。

第七节　图书情报工作的科学研究

国外图书情报部门（包括高等学校有关院系和工作机构）都把科学研究作为一项重要任务，但高等院校所占比例更大。他们强调，教师既要有实践经验，又要进行科学研究。不研究，知识没有补充，就要老化、过时；不研究，专业和课程也不能保持高水平，经不起竞争。他们认为，一个学校，一位教授的水平，不仅要看教学效果，而且要看能否适应实际工作的需要，总结新的经验. 提出新的理论。

美国在 1959~1964 年间有 902 个图书馆学研究项目，侧重于概论（包括图书馆原则、目的；图书馆史，图书史；出版史；图书馆在社会中的地位等，占 25%）、组织管理（占 21%）、技术加工（占 20%）、图书馆资源（占 12%）、馆员和培训（占 8%）、读者服务（占 7%）、各国图书馆学和图书馆工作（占 6%）、研究方法（占 1%）。到 1974 年研究项目下降到 800 个，侧重于自动化、组织管理等问题，目的是力图使情报传递与交流方式最优化。分编、藏书组织与保管、读者服务等相对较少，主要原因是这些方面已基本上规范化，一般理论研究更少，因美国明显注重实用。20 世纪 80 年代美国瓜特拉公司承担了教育部委托的重点研究项目，包括 5 个领域、9 个方面、20 个具体项目：①情报的产生和图书馆与情报服务的提供，包括：情报；电子生产、存储与传递；参考服务的自动化。②情报用户与情报利用，包括：情报需求、情报检索行为、情报检索、情报的利用。③情报与图书馆经济学和情报服务，包括：图书馆与情报服务的费用、公共图书馆的资金筹措、情报的价值。④教育与专业问题。⑤求知自由。从美国图书馆学情报学刊物来看，近几年主要研究自动化，侧重于应用计算机进行情报处理、图书馆和情报网络的发展、经济分析（如成本—效益分析等）、用户研究（侧重对“处于弱势地位者”，即未成年者、老年人、非讲英语者等的服务）、对科学技术的情报服务和情报科学等。

苏联的图书馆学研究也实行集中化管理，由文化部负责组织、协调，主要研究图书馆理论与实践中的迫切问题。在 80 年代最初几年，苏联着重研究图书馆学的以下几个问题：①图书与阅读在工农劳动者和青少年生活中的作用。②不同类型图书馆之间的协调协作。③图书馆事业管理的改进。④藏书合理布局与利用。⑤发达社会主义社会中，居民阅读变化情况及其规律。⑥如何完善图书馆的科学情报和思想教育工作，提高其效率、质量和评估标准。⑦图书馆工作的标准化、机械化、自动化。当前，苏联图书馆学主要研究以下几个问题：①图书馆在社会、经济、文化发展中的作用。②现代社会的读者和阅读指导。强调对不同层次和专业读者群情报查询行为的调查。③图书馆和情报。包括适合未来不同类型图书馆及其藏书的定义、国外文献和综合性学术文献的采编、回溯性书目和当代书目情报研究、图书馆服务系统的发展、利用电子技术的最有效方法、建立最佳联合目录、为自动化管理和当代国内外文献建立回溯性专业情报系统。④图书馆服务系统的一体化，包括高度集中的图书馆结构效果和图书馆及其书目服务一体化系统的创建与研究。⑤图书馆在促进科技发展方面的职能，包括有关图书馆投资的各种经济问题。

苏联科技情报工作的一个重要特点是非常重视情报工作基础理论的研究，

这是世界公认的，因此全苏科技情报研究所在长时间里都负责国际文献工作联合会所属情报理论基础委员会的领导工作。最近几年来苏联的情报学研究主要集中在以下几个方面：情报学理论，如情报学的对象、方法、科学技术发展与情报交流的关系、科学情报的结构与性质等；情报工作的一般流程、规律、理论、方法、组织和历史；情报用户研究；文献加工和情报检索；情报活动的效率；计算机和其他信息设备在情报活动中的应用；情报语言学和情报心理学问题等。

为了开展情报理论研究，全苏科技情报研究所还出版了一些情报理论刊物：①《科技情报》汇编，1961 年创刊，月刊，有两个分册：《情报工作组织和方法》和《情报过程和系统》。②《国际情报和文献中心》，季刊，是 1957 年与国际文献工作联合会签订合同，用英、俄文出版的。③《情报理论和实践问题》汇编，1965 年创刊，是专题译文汇编，每年 4 期。④《情报学文摘》，1963 年创刊，从 1967 年以来也用英文出版。

法国科技情报局在研究方面投入了大量资金，他们当前主要研究：①二次文献工作的方法研究，如关键词法、摘要法、自动标引法等。②计算技术在情报工作中的应用，包括有关的标准化、应用程序的改进、网络技术等。③情报工作中的心理学和社会学研究。④情报工作中的经济核算和经济效果研究。

联合国教科文组织为促进情报文献理论的研究和有关的学术交流，在“综合情报计划”的范围内，与国际文献工作联合会合作，建立了“国际文献工作研究情报系统”（ISORID），创办了专门的理论刊物来介绍这方面的研究成果。

为了给图书馆和情报科学研究提供资料，一些国家都注意本身的情报工作。如加拿大国立图书馆非常重视收藏图书馆学资料，他们的图书馆学资料室被称为“图书馆的图书馆”，闻名国内外。目前该室有工作人员 7 人，负责收集国内外出版的图书馆学文献，包括书籍、小册子、会议录、期刊、剪报等，并进行分类排架。该室还担负着保存国际图书馆协会联合会会议录和教科文组织出版的有关图书馆学方面的资料，以及进行图书馆学资料交换的任务。

关于图书馆学、情报学的专业刊物，据《乌利希国际期刊指南》（1977～78 年）的材料，全世界共有 885 种刊物（未包括中国）。其中美国 432 种，英国 70 种，加拿大 42 种，印度 25 种，西德 21 种，日本 18 种，澳大利亚 16 种，巴西 13 种，捷克 12 种。到 1984 年美国图书馆学、情报学专业刊物减少到 312 种，占全世界该专业刊物的 27.3%，其中季刊 62 种，双月刊 11 种；商业性出版社出版的 40 种，图书馆协会出版的 15 种，学校出版的 7 种，图书馆出版的 5 种；订购量上万的 9 种，5 000 以上的 16 种，1 000 以上的 45 种，1 000 以下的 14 种。

（原载《图书情报工作概论》（修订）。北京：中国科学院文献情报中心，1990. 此文为其中一章）

从国际图书情报发展趋势所想到的

欧洲、北美、大洋洲和日本等国家的“图书”和“情报”在工作、机构设置、刊物、高等教育等方面都在向联合的方向发展。如，绝大多数图书馆不仅进行传统的图书馆工作（出借、阅览、复制等），提供一次文献服务，而且进行情报工作，提供二次文献服务；联合国教科文组织不仅在《科学技术统计工作》中把“科学技术情报和文献”作为科学技术活动的一大类，把科技情报部门、科技图书馆、科技博物馆、其他文献服务部门等都归入此类，而且将其杂志从《图书馆通报》改为《情报科学、图书馆工作和档案管理杂志》；美国图书馆协会承认的加上“情报学”名称的图书馆学校1970年为10%，1980年即增加到34%；学校的图书馆学专业和情报学专业一般都不分家，共同学习图书馆学、情报学和现代化技术3大类课程；等等。尤其值得注意的是，新技术的发展极大地影响着图书馆和情报工作的开展。国外已出现计算机加光盘技术，可高密度地存储二次文献和一次文献，并可从中迅速、全面、准确地检索出所需要的资料，从而进一步把图书馆工作和情报工作完美地结合了起来。可以预期，这又会推进图书馆科学和情报科学统一成一门新的科学。有些人称它为“图书情报学”，我看不大合适，还是改个名称好，如“资讯学”之类。

反观我国，在全国范围内，“图书”和“情报”在工作、机构设置、刊物、教育等方面，基本上仍是分立的，没有形成多方联合的局面。当然，人们会说，我们应该走自己的路嘛！但是我想问问，为什么不研究一下国际上的发展趋势呢？为什么不探讨一下国际上为什么会出现这种发展趋势呢？为什么我们不能顺应国际潮流而动呢？

人家这样做肯定是有许多道理的，如可减少重复浪费等，但在这里只想谈一点。我认为我们与国际上对图书馆工作和情报工作的基本概念的认识有些不同。照我的理解，在国际上，图书馆工作是提供一次文献服务，即原始文献服务或全文服务，主要是收集、整理、保管和流通以图书、期刊等传统印刷出版物以及缩摄、声像等全文文献资料的。情报工作主要是提供二次文献服务，即检索服务的，包括编制各种检索工具，生产各种数据库，建立起检索系统，并利用这些检索系统提供答复咨询、定题服务等。只有把图书馆工作和情报工作结合起来，才能既为用户提供所需要的资料的线索，也为读者提供所需要的全文。因此，“图书馆工作和情报工作一起体现了一个连续的领域，一个连续的统一体”（福斯凯特语，见《加拿大图书馆杂志》1979 年第 3 期）。

国际上认为情报工作主要是检索服务，而我们一般却认为情报工作主要就是情报调研。其实情报调研包括对各种文献资料的综合、分析和对各种现场的实地调查研究。这类工作在国际上不是在图书情报机构由图书情报人员进行的，而是在专门的情报分析中心由学科专家进行的。我们从文献到文献地搞些翻译、编译、专题综述、述评等，实际上是三次文献服务，或文献调研（以文献为手段进行的调研）。它只能起通风报信的作用，起开阔人们思想和眼界的作用，根本不可能为领导决策提供切实的依据。根据我国国情，文献调研也是需要的，但如认为这就是“情报调研”，那未免是“以偏概全”了。从我国实际情况看，一些图书情报机构搞文献调研还可以，而搞情报调研，则绝大多数还不能胜任。即使有些人具有搞情报调研的素质和能力，客观条件也不见得能保证。因此，把情报工作看成是情报调研，把情报调研放在图书情报机构里进行，是一场“历史的误会”。

我设想：最好把现有情报机构的文献部门与同级的图书馆合并为文献中心，开展一次、二次和三次文献服务（搞文献调研的部门集中到此中心）；有条件搞情报调研的情报机构改组为情报分析中心或咨询公司，配备多学科的专家，集中力量专门开展情报调研（文献中心应保证提供一切方便）。

总起来讲，在解决我国的图书馆和情报工作的关系问题上，我设想最好搞“阶段发展论”，先联合起来，加强分工协作，减少重复浪费，然后根据各自的条件先后进入结合阶段——主要是统一领导和管理。至于何时发展到统一阶段，则取决于“生产力”——技术的发展。如前所述，当技术手段将图书馆和情报工作统一起来后，自然就成了一家。这是不以人们的主观意志为转移的。“冒进”不易使人接受；反对也是不现实的。还是为促进这一有利于各项事业的新的美好事物贡献力量吧！

由于《情报科学》坚持百家争鸣的方针，提倡对有争议的问题展开讨论，我才不揣浅陋和谬误，简述一下己见，供大家“笑议”。

（原载《情报科学》1982（6）：2-3）

国外图书馆学研究方面的一些情况

1 关于图书馆的性质

根据牛津英语词典（1374 年）library 一词在英语中的意思是“保存图书”，以便“阅读、研究或参考”的地方。到 19 世纪，图书馆还是“收藏图书，为公众，或部分公众，或学会会员利用的地方；……是负责保护藏书的公共机构或设施”。到 19 世纪末 20 世纪初，才把藏书的流通和管理的概念加进去，成了“是保存、流通和管理藏书的地方或机构”。

现在，在国外，强调从现代方法论和系统科学的观点看待社会机构，认为凡是由相互作用、相互依赖的若干组成部分（或要素）构成的，具有特殊功能的有机整体，就是一个系统。他们根据这样的观点看图书馆，认为图书馆是保管记录情报和促进记录情报利用的组织或系统。这个系统又是交流系统中的一环，或者说一个子系统。交流系统对任何社会都是至为重要的。没有交流就没有社会。而没有记录情报和保管记录情报的手段，就不可能有持久的文化。因此，以保管文字记录为主要任务的图书馆在交流系统中有着十分重要的作用。

有人讲随着科学技术的发展，我们将走向电子情报系统，文字记录的作用会日益削弱，甚至快淘汰了。然而确凿的统计数字表明，全世界科技杂志从 1960 年的 18 180 种增加到 1974 年的 49 000 种，每年增长率为 7.1%。科技图书，全世界的不知，但美国从 1960 年的 3 379 种增加到 1974 年的 14 442 种，每年增长率为 10.9%。他们研究文字记录不断发展的原因，主要是在现代社会，人们日益信赖情报，而这些情报是大量的，又是很复杂的，很难记忆和进行口头传递，因此，人们仍更多地依赖记录的情报，目前主要是印刷出版物形式的情报。相当时期内还得以此形式为主。与此相适应，图书馆也不仅不会消亡，还会不断发展。以美国为例，据《American Library Directory》报道，1948～1978 年美国公共图书馆从 7 172 所增加到 8 455 所，增长了

18%。同一时期，大学图书馆从 1 547 所增加到 2 850 所，增长了 84%。专业图书馆从 518 所增加到 5 287 所，增长了 920%。

西方国家认为现代化图书馆是由管理部门将 3 个互相关联、互相依赖的部分组成的一个综合系统。管理部门的目的是使这 3 部分的组合保持和谐的平衡，并使目标充分地实现。这 3 部分加上管理是：

(1) 采访（发展资源）。要求图书馆员知道获取什么资料来充分满足读者（或可能的读者）的合理的需要，要求图书馆员知道如何获取这些资料。书目是采访工作的基础，因为从书目能知道将获取的资料。

(2) 组织（加工资源）。是将资料或这些资料的代表放在一起，按照"需要时即可利用"的方式组成整体——目录或其他有次序的资料档。组织工作还包括按照学科、主题或对读者有用的其他方面来分析资料，即编制分类目录或主题目录等。次序（条理）在图书馆是最重要的原则，是第一准则。只有通过次序、相互关系，才能了解文字记录的知识状况和其他情况。

(3) 服务（利用资源）。这是整个图书馆的基础，是上面两项工作存在的目的。不管搜集资料、整理资料工作做得多么好，如果这一系统不被利用，也就没有什么价值。这对任何图书馆都是真理，因此是基本原理。阮冈纳赞图书馆学 5 条法则的头 3 条是"图书是供利用的；每本书都有其读者；每个读者都有其书"。这些实际上是格言，但在西方被奉为法则。

最近看了一些国外资料才了解，"为读者服务是图书馆最主要的任务"这一观念，在西方是在 20 世纪才发展起来的。19 世纪以前，甚至今天在不少国家，还认为图书馆是储藏所、收藏所（repository），图书馆员是管理员（guardian）。他们认为提出为读者服务、为用户服务的观念是图书馆学进步的一个标志，是一次革命。

(4) 管理（管理资源）。管理工作在图书馆是一项重要的工作，因为图书馆必定得有一个业务中心、一个当局来做出决策，提出标准。管理是非生产性的，不创造任何东西，不搜集资料，不分析资料，不向读者提供直接的、有形的服务。尽管如此，在某种意义上讲，它具有关键性作用。管理得好，可在最不利的条件下取得令人满意的结果。管理得不好，可使最好的图书馆系统崩溃。管理方面的关键问题是管理人员和管理工作都应减到最小程度，最少的管理是最好的管理。

2 关于图书馆的职能

职能是人、事物、机构应有的作用。

图书馆是人类文明史的一个组成部分，是为了满足社会的需要、人民的需要而产生、发展起来的。图书馆发展中所处的环境是形形色色的，因此图书馆必须满足的需要也是形形色色的。但是，某些反复产生的需要可确定为基本的、普遍的、持续的需要。为了满足这些需要就产生了不同类型的图书馆，具有不同职能的图书馆。这些反复出现的需要是：

（1）保存政府文件

这一需要具有最悠久的历史，直到今天仍然如此。在整个历史上，主要由档案馆为这一需要服务，但同时，国家图书馆和地方图书馆也为这一需要服务。这些图书馆除了保存政府文件外，还保存有关地方史、国家史方面的资料。

（2）促进正规教育

过去是由书院来为这一需要服务的，书院是社会文化与学习中心、创作中心，过去的文人在其中学习，并写出作品。今天，所有学校图书馆和高等院校图书馆都继承了这一职能。

（3）为严肃的学术活动提供资料和设施

过去学术研究和文学活动在希腊人的生活中占有重要的地位，他们认为学术、文学能深刻影响社会。由于图书馆支持他们的努力，这些努力又支持了图书馆，才使古代希腊学术、文化活动达到光辉的高度。今天，全世界的国立图书馆、大学、大型公共图书馆都以更快的速度、更广泛的规模继承了这一职能。

（4）进行社会教育

公元1世纪时，朱丽叶·凯撒就提出要建立公共图书馆教育人民，以便明智地参与国家事务。他的建议死后才实行，在罗马建立了29个公共图书馆。西方国家认为，民主社会要求公民博学多闻，见多识广。个人为了提高竞争的能力，也有极大的自我提高和自我教育的愿望与需要。满足这些需要已成为公共图书馆服务的目标之一。

（5）消遣阅读

随着物质生活的提高，人们日益把消遣阅读作为精神生活的一部分，国外许多外借图书馆就是为此目的建立的。当然，这些图书馆也还为正规教育和社会教育、为学术研究提供资料。

总之，各馆各有侧重。

以前，在国外，一些人认为图书馆的基本职责就是上面这几点，这些已经足够了。但是今天，更多的人认识到，图书馆以传统方式进行的活动已经太狭窄了，满足不了现代社会种种日益发展的需要了。他们正在以各种方式加强图书馆的社会职责，其目的是使图书馆成为改善社会的活跃的工具。现在，他们强调：

（1）“达到所有人”。意思是使图书馆为所有人服务，实际上是为人口中的绝大多数服务。他们认为，履行社会职责的第一步是从图书馆大楼走出去，不光等人来馆，还要把情报和资料给人们送去。因此，他们不仅考虑为到馆读者服务，现在侧重研究如何为经常不是图书馆读者的人服务。美国全国图书馆咨询委员会报告说，美国公共图书馆只为1/3的人服务，2/3的人没有利用图书馆。他们分析，这2/3的人一般都是没有受过良好教育的人，或生活比较贫困的人。在西方，不少人已认识到情报是改善社会的力量，甚至是一种权力。因此，具有责任感的图书馆员正想方设法把情报送到这2/3的人口中去。

把情报送到这部分非用户群的手段仍处于形成阶段。送去的资料为影片、唱片、报纸、小册子，还有口头交流等。美国政府在这方面有专门的经费，因此开展这种活动还是有保证的。

（2）提供挑战性的和往往是非正统的，即“异端”的资料。美国提出“intellectual freedom”，意思是个人可自由表达思想，自由吸收各种知识、观念。他们认为知识、思想、观念无国界，图书馆应提供反映各种观点的资料，不得因不赞成某种学说而排除有关的任何资料，不得对读者进行限制。图书馆不仅应提供大多数人的观点的资料，还应提供正在兴起的、正在变革中的概念的资料。

（3）建立面向社会的情报系统。英国图书馆协会主席桑德斯教授说，1980年图书馆界首先使他感动的是，广泛提供情报服务，同图书馆其他作用比起来，很明显已进入支配地位。现在，美国具有社会责任感的图书馆员认为，大半图书馆还没有认识到传播情报应是主要的职能之一。图书馆应加强合作和协作，面向社会，积极提供情报服务。美国国家医学图书馆

MEDLINE，俄亥俄学院图书馆中心 OCLC 等都是著名的例子。

（4）美国等国家，不仅以各种方式加强图书馆的社会职能，它们还以立法的形式把图书馆和情报服务固定下来，即给图书馆和情报服务立法。

美国全国图书馆咨询委员会曾提出一项建议，由总统把这一点宣布为国策，并由国会制定为法律：应向美国人民提供适应其需要的图书馆和情报服务，联邦政府应与各州政府、地方政府和私营机构合作，在保证提供这些服务方面实行领导。报告确定了在此方针下应寻求的一些目标，包括：①为各级正规教育和整个公众提供适宜的图书馆和情报服务。②提供支持所有领域各种程度的研究所需的资料。③提供利用全国研究资源和情报资源的书目工具。④在全国提供利用所需资料的适宜的物质手段。⑤提供足够的受过不同程度训练的工作人员。

为了实现这些目标，又提出许多具体建议：如建议加强学会组织；建立一个作为全国性计划机构的永久性的国家图书馆委员会；建立一个作为研究中心的全国图书馆学研究所；以各种方式加强国会图书馆、美国教育办公室和州立图书馆机构。不久就开始研究采纳这些建议，如 1970 年建立了永久性的全国图书馆和情报学委员会，1971 年任命了第一批委员。

上面讲了图书馆的性质和职能，在这里还应指出，图书馆不是自己单独作用的，是依靠图书馆工作人员发挥作用的，因此也必须考虑图书馆员的概念。过去词典的编纂者把图书馆员看做是看护图书馆的人——keeper，意思是看守人、管理员、保管员。现在，他们认为“图书馆员是管理图书馆的专家”，如韦氏新国际词典（第 3 版）等就是这样定义的。但多少又被第二个意思冲淡了：“其职业是借助目录处理图书馆藏书的人”，范围较狭窄了。有些词典还加上这一定义：“受过图书馆训练的人”，不是受过教育的人，这是有区别的。有些书刊作者认为图书馆员一词未包括这一职业应具有什么教育程度、受过多少教育和所需要的其他准备情况等概念；也未指出责任的数量概念和多样性。如教师，可以是大学、中学、小学、幼儿园教师。而图书馆员在外行看就是图书馆员，不了解图书馆员需接受什么教育，能够做什么，应该做什么，不同类型图书馆的活动有什么不同等。

3 其他一些动向

这里主要介绍一下美国的情况。我们在 20 世纪 70 年代初曾在《Libri》

等有关的资料上发现，美国1959~1964年这5年有902个图书馆学研究项目（包括个人、图书馆学院、学会、基金会等方面的），其中2/3是高校人员进行的。当时主要偏重：①概论（包括图书馆学原理、图书馆史、图书史、出版史、图书馆的社会地位等），占25%。②组织、管理，占21%。③技术加工，占20%。其他还有人员培训、读者服务、各国图书馆工作等。看起来是传统性的。

近些年的研究情况，根据IFLA 1981年大会论文中的材料介绍，美国在1976年只有55个研究项目，大多数是图书馆学院做的，内容大致是：①职能的发展（functional development），占51%。②技术，占29%。③教育和训练，占13%。④其他，占7%。

具体地说，主要侧重于：

（1）情报的结构

这方面的问题很多。如：①情报所有权问题，照相复制和版权法的关系。如金氏研究所研究了图书馆照相复制的情况，搜集了全国300家图书馆的照相复制数据，然后考虑提出可供选择的支付方案。②记录情报的各种不同的版式，研究哪些版式对哪些类型情报最合适，哪些版式对哪些类型用户最合适等。比如期刊这一类型的资料，究竟选择哪种版式最好，是缩微胶卷、缩微胶片、硬拷贝（供人阅读的手抄件或打印件）还是其他版式？专家们对机读目录的反应如何？非专家对机读目录利用的情况如何？③争论最激烈的问题是谁为情报传递支付费用？向谁支付？1978年公共图书馆协会向930个公共图书馆进行调查，了解公共图书馆的收费问题，结果发现提出的问题比答复的问题还多。

（2）用户行为

如：①他们认为，用户研究的老的模式是鉴别“哪些人利用图书馆”、“利用率多少”，现在应转移到“为什么利用图书馆”、“图书馆提供的哪些东西有用”等问题上面来。在他们看来，现在重要的问题已不是图书馆的利用问题，不是图书馆利用者问题，而是图书馆的效益问题。②另一类应该研究的问题是“人口中的最大多数在何处获取情报”、“图书馆怎样才能够使大多数人受益”、“为什么大量人口不利用图书馆”。匹兹堡大学1975~1978年进行了一项研究，调查图书资料的利用情况。最后的报告长达272页。它们分析了该校中心研究图书馆1968~1975年90%以上的外借情况，发现1969年入藏的40%的专著，到1975年为止一直未流通。流通的22 000册中，16 000册是入藏当年或第二年借出的。这些情况表明，一本书流通的机会在入藏后随着时间的推移而迅速减少。

(3) 决策研究和管理图书的方式

包括为了搜集情报和为用户服务而建立起来的组织、政策、程序和方法。如：①他们认为按照“提供情报”的考虑设计情报系统是老一套。“提供情报”是在情报缺乏的基础上出现的概念。在现在“情报洪水”泛滥的情况下应该考虑的是如何把大量情报抑制住。图书馆员应该是人和情报流之间的“过滤器”。按照这样的观点、思想方法考虑问题，专业书图书馆就应该经常问：“我们馆应该多小”？“做出一项决定，搞一个科研课题，需要多么少的情报”？这样考虑问题，才接近成熟了。②利用率，美国一些图书馆长期以来致力于建设更多、更好的藏书，更多、更好的目录，但是对于采、编、流通等方面的政策研究得不够。现在他们明确认识到，判断采、编、流通方面的任何决定是否有效，就看是满足了读者的需要，还是使读者遭到拒绝。凯斯西方准备大学研究了流通中的一些因素所造成的影响。这些因素有：因在流通而架上无书；由于遗失、上错架、未上架、修补等而未能找到所需资料（这属于图书馆的失职）；由于用户错误而未能找到所需资料，如未在目录中查到、抄错索书号等。在调研的基础上，他们考虑，如是由于用户错误而使利用率降低，就应安排某种用户教育。如是图书馆失职而造成拒绝，那就可能需要增加典藏员，或需要好的、高水平的典藏员。③今天国外讨论“资源共享”是很普遍的，这是个热门题目。人人都认为，在资源共享方面的决定会影响图书馆工作的所有方面，但很少有人解释怎样发挥影响，比如，有人研究学术杂志的出版，结论是，图书馆在采购、外借、复制等方面的馆际合作会影响出版商，但是需要更多的数据来确定是否对整个出版商有影响。还有些人在调研各图书馆参加合作和网络的动机是什么。

(4) 成绩评定

现在国外一方面在研究、鉴定有关的统计，从统计中可了解一个图书馆做了什么工作，有什么成绩。另一方面，他们也在研究使定义和评定方法标准化，以便能统一比较不同的经验结果，即不同的成绩。如果没有标准和方法，就不是一门科学。美国的公共图书馆和高校图书馆对这些问题特别关心，有的研究“公共图书馆的成绩测定”，有的搞了“统计格式汇编”。

日本文部省从1970年起才支持一系列情报研究计划，第一个是为期两年的情报处理的基础研究，22人参与，主要研究在大学图书馆及其情报服务中应用计算机。然后是为期3年的对大量情报的远距离处理。第三个项目是情报系统的形成过程和科学情报的组织，1979年完成。后两者主要是侧重情报科学的，特别是对计算机和远距离通信技术的研究。

后来文部省认识到有必要进一步研究图书馆学，特别是图书馆自动化，于是在1978年支持了一项为期两年的专门研究项目——大学图书馆的自动化。补助了3 700万日元（30多万人民币），51名研究人员，其中30人是大学图书馆员。这是日本图书馆员第一次参与政府资助的研究项目。

图书馆自动化第一批试验在日本是1966~1967年在几个大学开始的，有东京大学医学院图书馆、庆应大学医学院图书馆等。20世纪70年代文部省开始资助国立大学的图书馆自动化，每年资助1~2个。到1978年为止，总共有11所国立大学图书馆有了自动化系统。

偏重理论研究方面的有：

（1）庆应大学图书馆和情报科学系：1980年有6个专职教师，也从事研究。13名学生攻读硕士学位，6名学生攻读博士学位。研究项目有：①在政府部门中开展图书馆和情报服务的用户研究。②书目计量学。③图书馆和情报研究课程的开展情况。④东京都地区公共图书馆的利用。⑤自动化标引。

（2）东京大学教育系：有3位专职教师，也搞研究。4名学生攻读博士学位，2名学生攻读硕士学位。主要研究：①大学图书馆日文参考资料研究，目的是建立标准的参考藏书。②日本公共图书馆用户服务调查。

（3）东京大学情报和图书馆研究中心：1976年建立，第一个研究项目是建立期刊联合目录数据库，搞了3年，1979年完成。有2名专职研究人员参与文部省的“图书馆自动化”专门研究项目。

（4）京都大学教育系：有1名专职教师，1名学生攻读博士学位。研究主要围绕公共图书馆系统。

从上面的情况看，我认为对我们会有一些启发。比如，我们应该用发展的眼光看图书馆工作、图书馆学，不要静止地、孤立地看待它们。只有不断发展它们，它们才有生命力。今天，图书馆既应继续保持传统的职能，也应不断赋予新的内容，加强社会职能。说实话，一般地履行职责，完成任务，也能过得去，谁来就为谁服务，有就有，没有就没有，谁不来就不来，落得个清闲。但是，一切立志改革的人，决心为新长征、为“四化”事业奋斗的人，对这种状况是不满意的。同志们希望从领导做起，自上而下，加强使命感、紧迫感，恢复文化大革命前那种全心全意为人民服务的精神，具有强烈的事业心。多关心人，用党的政策调动群众的积极性。多关心工作，专心致志、全力以赴地搞事业。只有这样，大家才愿付出更多的劳动，研究问题，解决问题。图书情报界有多少老问题需要解决，又有多少新问题需要我们探讨啊！

比如，目前我国已有上百个学会，有些学会学风不正，把官场上的一套拉帮结派的做法带到了学术界，渗透到学术活动中。我们图书馆学会多少也存在一些问题。有的学会负责人只挂名不干事，自己不搞学术研究，也不组织学术活动。把学会搞成荣誉机构，给一些已经名声显赫的人再加上一顶桂冠。理事、委员似乎也成了“官”，官上加“官”。学会会议成了头头碰头会、馆长协会。这些做法使不少同志退避三舍，敬而远之。图书馆学界论资排辈、压制群众积极性、忌妒等缺乏学术道德和精神文明的事也是不少的。我们应该真正开展学术活动，把学会办成名副其实的学术性机构。多研究些学术问题！看到人家天天有新花样、新苗头、新理论、新观念、新方法、新技术、新成就……咱们大家都很着急。我们不能搞几十年一贯制。我们应进一步发挥社会主义制度的优越性，把图书情报工作再往高里提！

（原载北京大学图书馆学系编《1981 年学术报告集》，1982 年）

国外图书馆学的发展趋势

1 苏联

在苏联，自18世纪初图书馆学思想产生以来，到20世纪60年代，图书馆学研究才得到国家重视。1967年，苏联文化部颁布了《有关图书馆学和书目理论科学研究活动的组织》这一法令性文件，它的颁布标志着国家开始注重图书馆学研究领域，并对图书馆学研究起了指导作用，自此，图书馆学研究机构也开始逐渐增多。

1970年，苏联有近20个机构，首先是大型图书馆和文化学院等从事图书馆学现状的研究。1971年，苏联文化部又颁发了《关于图书馆学和目录学领域科学研究组织水平的规范》这一法令性文件。它的颁布又使苏联的图书馆学研究进一步得到加强。

到1980年，参与图书馆学和目录学研究的机构已超过300个。

这一时期研究活动特点是：研究地区扩大了，苏联各加盟共和国、各省甚至各区都在进行研究工作，科学研究活动已成为全国图书馆事业的一个有机组成部分，70年代初，很多省图书馆都设立了专门的图书馆学研究机构；过去单纯按部门进行研究的组织形式正在消失，跨部门进行研究的组织形式已占据优势，这种组织形式可把国家图书馆、中心专业图书馆和部门图书馆等力量联合起来，这就保证了为满足读者的需求和图书馆为公众服务所需的多方面的知识，从而提高了研究效果。

目前，苏联的图书馆学方面的中心研究机构有8个，它们是：全苏科技情报所、国立公共科技图书馆、国立列宁图书馆、国家萨尔特科夫—谢德林公共图书馆、基辅文化学院、苏联科学学会图书馆、莫斯科文化学院、克鲁普斯卡娅文化学院。这8个机构是决策单位，宗旨是指导各地研究部门。这些研究机构大都设置在莫斯科，所以这方面的学术活动都在莫斯科举办。

苏联政府对图书馆学研究活动也实行集中化的管理。一方面，苏联文化部下设一个跨部门的图书馆委员会，由设置图书馆系统的管理部门的著名科学家和副部长组成，是一个主要的协调机构。设置这样一个机构就能在跨部门的基础上根据国民经济的主要状况和对各经济、科学、文化领域的科学家提供图书馆书目或服务的观点，来解决图书馆学研究方面的问题。另一方面，文化部又下设一个协调图书馆学和目录学研究活动的理事会，它吸收一些著名图书馆学、目录学、情报学专家以及图书馆界、各州局机关、图书馆学教育机构的代表和领导以及其他高级人员参加。理事会下设许多专门委员会，它主要进行研究课题的准备、控制、指导，并解决图书馆学的共同研究分散在不同的专家和研究机构问题以及与此有关的组织方面的问题。理事会也是决策单位，负责指导各地研究部门。

苏联的图书馆学研究颇有计划性。为了组织、协调全国的图书馆学研究，苏联制定了第 11 个五年计划时期的协调计划和“1981～1985 年和直到 1990 年全国图书馆事业发展的主要动向”的文件。这个纲领性的文件系统阐述了图书馆发展的主要趋向和图书馆理论与实践的最迫切的问题。从协调计划和文件的相互关系中可挑选出需要立即研究的具有重要实际意义的课题。他们认为第 11 个五年计划时期的主要课题应是：

(1) 阐明图书馆的社会作用，及其在文化和社会生活中的地位的研究，具体包括社会各阶层的阅读习惯和兴趣、阅读在某些地区的普及程度、图书馆在业余时间和群众性宣传网中的地位、图书馆传递形式和方法的改进、如何把书刊送到读者那里等。

(2) 图书馆学的一般问题、图书馆事业史、术语和标准化等方面的研究。

(3) 图书馆公众服务系统的改进。

(4) 跨部门集中化的发展。

(5) 图书馆系统各部门的作用和任务，以及它们相互作用的原则和形式。

(6) 图书馆和书目资源的合理利用与分配。这是帮助改进未来的计划和预测图书馆事业发展的一项措施。

在第十二个五年计划中，集中了以下几个综合性研究课题：

(1) 图书馆帮助加速科技进步和社会生产集约化。

(2) 促进经济、文化发展和共产主义教育。

(3) 以现代技术与组织方法为基础的图书馆过程质量和效果提高问题。

(4) 图书馆统一系统的形成与职能，统一图书馆藏书，统一书目工作体系，图书馆事业整体化发展的现实问题。

（5）图书馆学问题的探讨，历史、发展的内部逻辑、方法基础，提高效果途径等。

另外，苏联各图书馆学研究机构分工明确，研究方向各有侧重。如克鲁普斯卡娅文化学院研究范围主要集中在以下几方面：从社会学、技术、哲学角度探讨图书馆教育的改进，图书馆的社会作用，图书馆在科技发展中的职能，图书馆网及其最大效益。

苏联图书馆学研究机构虽各有侧重、各具特点，但在理论上一致强调图书馆学是一门社会科学，并注意理论与实践的相互作用。

在20世纪80年代最初几年，苏联着重研究图书馆学以下几个问题：①图书与阅读在工、农劳动者和青少年生活中的作用。②不同类型图书馆之间的协调协作。③图书馆事业管理的改进。④藏书合理布局与利用。⑤发达社会主义社会中，居民阅读变化情况及其规律。⑥如何完善图书馆的科学情报和思想教育工作，提高其效率、质量和评估标准。⑦图书馆工作的标准化、机械化、自动化。

当前，苏联图书馆学主要研究以下几个问题：①图书馆在社会、经济、文化发展中的作用。②现代社会的读者与阅读指导。强调对不同层次和专业读者群对情报查询行为的调查。③图书馆与情报。包括未来不同类型的图书馆及其藏书定义、国外文献与复杂学术文献的采编、回溯性书目与当代书目情报研究、图书馆提供系统的发展、利用电子技术的最有效方法、建立最佳联合目录、为自动化管理和当代国内外文献建立回溯性专业化情报系统。④图书馆服务系统的一体化。包括高度集中的图书馆结构效果和图书馆及其书目服务一体化系统的创建与研究。⑤图书馆在促进科技发展方面的职能。包括有关图书馆投资的各方面经济问题。

目前，苏联图书馆学已“逐步形成了以马克思列宁主义文化理论为基础，以马克思主义哲学方法论作指导，以列宁制定的图书馆为人民群众服务的组织纲领为依据的完整的图书馆学理论体系。”，图书馆学的研究已“由对图书馆事业个别、局部问题的研究向促进图书馆事业理论基础完善的综合性研究发展。”并且“加强图书馆学研究与实践的联系，不断提高图书馆学研究的质量与效果。”但是，当前，苏联图书馆学研究仍面临许多问题，如很难组织复杂课题的集体研究；怎样汇集各种科研力量，避免课题重复和集中在小课题上；如何挖掘高校科研潜力等。

2 英国

20 世纪 20 年代出现了数量分析方法，并应用到了英国图书馆研究中。当时，公共图书馆专家萨瓦基在《图书馆协会纪事》杂志上呼吁把分析性研究应用于图书馆。在 30 年代和 40 年代，布拉德福论述了文献的分散问题，他的方法后来成为著名的“布拉德福分散律”，并发展为若干原理，全国科技外借图书馆就是根据这些原理成立的。这些原理是采用简单而又符合成本效益的方法建立全国外借文献藏书。

自 50 年代以来，历届英国政府对图书馆的研究与发展都采取了积极的态度。教育与科学部内设有艺术与图书馆办公室，主管公共图书馆事务，包括研究与发展工作。但这段时间的研究多以分散研究形式进行，缺乏横向联系。

到 60 年代，英国图书馆事业发生了明显变化，从而使图书馆学研究也受到了重视，这一时期的重大研究项目有兰开斯特大学学术图书馆进行的运筹研究，达勒姆等大学图书馆进行的成本效益研究，公共图书馆研究小组研究的公共图书馆业务要达到的目标等。

70 年代初，政府在大量削减公共开支时仍表现出对图书馆的重视，宣布在伦敦开始建造不列颠图书馆的新馆舍，它的建成不仅改善了英国图书馆的服务工作，而且大大推动了英国图书馆学的研究。1974 年，该馆设立了研究与发展部，对图书馆事业进行研究。从 1974 年起，该部每年出版《不列颠图书馆研究与发展部消息》6 期，专门报道国内图书馆学研究动态，也对图书馆学的研究工作起到了协调和指导作用。英国很重视图书馆学研究投资，以 1975~1977 年两个年度的财政计算为例，该研究与发展部为 180 个科研项目提供了 200 多万英磅的科研经费。该部的研究内容是：电子计算机在图书馆的应用与发展、技术过程与管理的最优化问题、藏书保管的有效措施等。其中重点课题有：藏书相对饱和研究、藏书利用研究、藏书剔旧方法研究、藏书利用最优化方法、区域分藏可行性研究等。还有大型科研课题，如读者及其需求研究、读者利用图书馆的训练等。

近几年来，英国图书馆学、情报学的研究内容包括以下几方面：

（1）图书馆和情报过程的自动化。如自动化联机书目情报网络等。

（2）传递工具、非书资料、复制等问题。

（3）图书馆管理。

（4）资料登录与剔旧。

（5）大学图书馆与情报服务保证。

（6）公共图书馆科学研究工作。

（7）基础情报研究。

（8）用户研究。如改进为各类用户服务的问题，为地方政府提供情报服务问题。

（9）政策研究。如提供资料协助各级政府进行决策等。

（10）服务管理研究。

（11）基本通讯研究。

（12）情报经济效益研究。

（13）公共图书馆研究。

（14）馆际协作。

（15）藏书发展现状与前景。

（16）基础情报研究。

研究中存在的主要问题是：在研究工作迅速开展、工作量增加的情况下，没有对出现的各种问题进行规划、评价和回顾，对经费使用情况未能进行详细的审计，对研究成果的应用注意不够。

3 美国

美国图书馆学研究起步很早，并且对世界图书馆学的发展作出了突出贡献。自 19 世纪以来，杜威的实用主义、巴特勒的纯理论研究乃至后来的应用研究都对世界图书馆和图书馆学界产生了深刻影响。

据 20 世纪 70 年代初《国际图书馆评论》等资料报道，美国 1959～1964 年 5 年间有 902 个图书馆学研究项目，其中三分之二是图书馆学院等高校人员进行的，当时主要侧重：概论，占 25%；组织、管理，占 21%；技术加工，占 20%。另外，还有人员培训、读者服务、各国图书馆工作等。在研究方法上，60 年代后期，颇流行非传统的定量研究方法。

到 70 年代初期研究项目曾达 902 个，到 1974 年，研究项目只剩下 800 个。这一时期的图书馆学理论研究选题面宽泛，但侧重研究自动化、组织、管理等问题，相较而言，分编、藏书组织与保管、人员配备、读者服务等方面研究不多，尤其是一般理论问题的研究量甚小。据统计，60~70年代，应用研究占90%，理论研究占4.3%。这一时期研究目标是“力图改进交流方式（最优化），以便用户在需要的时候接收到相关而又准确，迅速而又费用适宜（对用户和系统双方都适宜）的事实或观点。在我们领域内，研究的是所拥有的情报的传递，而不是知识的增值。”可见，美国的研究倾向于实际方面。在研究方法方面，广泛采用运筹学、历史、数学、调查、分析、统计模拟、实验、模型等。70年代末以来，美国图书馆界主要探讨图书馆学地位、研究对象、内部结构，图书研究的世界观与思想政治倾向性，图书馆道德。

80年代，美国瓜特拉公司与美国联邦教育部图书馆与学术技术办公室签订合同，承担“80年代美国图书馆与情报科学研究重点”的专题研究，并于1982年2月提出正式报告，确定了所研究的重点，包括5个领域，9个方面，20个具体项目。即：

（1）情报的产生和图书馆与情报服务的提供。包括情报；电子生产、存储与传递；参考服务的自动化。

（2）情报用户与情报利用。包括情报需求；情报检索行为；情报检索；情报的利用。

（3）情报与图书馆经济学和情报服务。包括图书馆与情报服务的费用、公共图书馆的资金筹措、情报的价值。

（4）教育与专业问题。

（5）求知自由。

由此报告的研究重点可以看出，美国图书馆学研究注重实际方面，理论探讨很少。

近些年来的研究内容含以下几个方面：

自动化，侧重于应用计算机进行情报处理；图书馆和情报网络的发展；经济分析，如成本—效益分析等；用户研究，侧重于对“处于弱势地位者”（未成年者、老年人、非讲英语等）的服务；对科学技术的情报服务；情报科学等。由此也可窥见出，美国的图书馆学研究偏重实用。

总之，美国图书馆学研究具有自发性，重实用而轻理论，且选题分散又具体，理论缺乏深度。

4 日本

20世纪50年代，日本图书馆学界的理论探讨是寻求图书馆学成立的理论基础，他们在研究中形成了两种不同的观念，一种观点认为图书馆学研究应集中在图书馆经营管理上，另一种观点认为应研究藏书技术。50年代末至60年代，图书馆学又遭受了文献资料工作尤其是情报学的冲击，由于图书馆的存在和能否满足新的情报需求受到怀疑，进而使图书馆学受到质疑。如加藤一英1965年撰写的《图书馆学能够作为学科成立吗?》，就认为通讯理论是图书馆学的基础。

到70年代，图书馆学等的研究才开始被重视。1977年设立了“情报学”类目，反映文部省终于承认该领域研究的重要性，其中包括图书馆、情报检索、计算机科学和所有与情报有关的研究项目。以前，图书馆或情报研究被归入教育或电气工程以及有关的医学、农业、经济等学科类目中，没有为其提供单独的类目。

1980年在此类目中总共支持了59个研究项目1亿4千万日元，约为该年补助金总支出的0.5%。此类目中的研究项目大部分与计算机科学有关。与此相对照，在图书馆、一次和二次文献、通讯等方面的研究则非常少。

日本文部省支持的一般研究项目主要集中在大学图书馆学系和有关的研究机构，偏重于理论研究。

文部省除了支持一般的研究工作外，还为许多特别项目提供资金。它在70年代末才认识到有必要进一步研究图书馆学，特别是图书馆自动化。

80年代以来，图书馆学研究主要侧重在现代化技术的应用研究上，而“关于图书馆学的基础理论和该学科的学术核心仍很少有一致的意见”，“关于图书馆学和情报学以及它们的相互关系的定义也还有争论”（松村美多子：日本图书馆研究现状，《第47届国际图书馆协会联合大会论文译文集》，中国科学院图书馆译，1982年）。

5 联邦德国

多年来德国高等学校图书馆的研究人员不足，研究课题不多，有些是初级业务人员研究的。为了促进图书馆学研究，联邦德国近几年建立了3个有关机构：

（1）德意志图书馆研究所：是联邦政府和各州政府联合出资建立的，其职责是研究、发展和传播图书馆的技术与方法，并对其进行分析、发展和标准化；介绍和推广图书馆的系统和程序；收集、评价和处理有关图书馆事业的情报；发展自动化数据处理系统，如书目数据库等；发展和出版有关联合目录的出版物；为缩微胶片统一编目；发展图书馆公共服务系统的概念和方法。

（2）德意志研究学会：推动高等院校图书馆和研究图书馆的研究项目，侧重于行政管理和用户研究。

（3）情报文献学会：主要从事情报科学和情报应用领域的研究与发展、技术服务、咨询服务、情报服务等。

联邦德国近些年在下列课题的研究方面取得了进展：

（1）藏书的预算模型。如进行了外国文献的发展和比较价格的研究。

（2）工作程序研究。如关于高等院校图书馆和研究图书馆的合理化、高等教育机构内图书馆工作程序的研究和图书加工所需人员的确定等问题。其主要目标是发展一种模型，使整个工作程序所需的时间减少到最低限度；提出图书馆各工作组之间最经济合理分工的设想，发展标准化程序；对现有各种工作进行比较；为定量定性计划所需人员提供统计数据。

（3）对人员需要的调查。

（4）成本核算。

（5）图书馆使用调查。如关于读者利用图书馆的一些数据、读者利用报道性工具的情况、外籍客座人员使用图书馆的问题、读者利用主题目录进行检索的方式、参考咨询服务、读者教育等。

（原载《图书馆学引论》北京：学苑出版社，1989：282~292）

当前国外图书馆学情报学研究重点概要

近些年，随着经济、社会、科技和文化的蓬勃发展，图书情报事业和图书馆学情报学学科建设也受到了党和政府越来越多的关怀与重视。就学科建设来说，国务院学位委员会将图书馆学情报学列为一级学科，成立了专门的学科评议组；中共中央宣传部领导的全国哲学社会科学规划领导小组也将图书馆、情报与文献学单独列为一大学科，并设立了图书馆、情报与文献学临时学科规划、评审小组。我国图书情报界欣逢大好时机，深感大有希望。现将国外（侧重技术经济发达国家）图书馆学情报学研究现状与发展趋势作一简要介绍。因为图书馆学情报学是实践性很强的学科，侧重实践研究的内容非常丰富，研究项目的数量也远较基础理论为多，所以本文自然也就体现了这一特点。由于资料有限，难免有遗漏和不当之处，祈请同志们批评指正。

1 发展战略研究

现手头只有世界最大的图书馆——美国国会图书馆制订的“1993～2000年发展战略规划”、世界最大的图书馆与情报网络系统——OCLC（美国联机计算机图书馆中心）的战略计划与发展方案和美国政府的美国国家信息基础结构：行动计划等资料，但从这一个馆、一个网络系统和一个政府的发展战略与有关规划中，也可看出当今世界图书情报事业发展水平最高的国家的一些发展趋势，供我们参考借鉴。

（1）美国国会图书馆馆长詹姆士·H. 比林顿向美国国会提出的该馆“1993～2000年发展战略规划”的中心内容是大力加强维护保存工作和建设未来的电子化图书馆。规划分成两个阶段实施，在第一阶段（1993～1996年）主要使该馆现有业务操作现代化，加强现有基本服务，提高内部工作效率，并开始将该馆收藏的资料转化为数字形式，即用数字化技术将图书、手稿、图画、照片、声像资料等以数字形式表达、浓缩、存储和传递，使其成为“信息高速公路”中最广泛的信息来源。这实际上是在创建一个庞大的数字化图书馆——虚拟图书馆、电子图书馆。美国和世界各地的用户，通过高速信息网络如 Internet（国际互联网络），可在计算机或显示屏上获得与原件一样的图文和声音。目前它已将 21 万件文献资料数字化，但有不少技术、政策和法律问题（如版权、计算机安全、入网费用、保护系统用户隐私、电子图像质量标准等）有待进一步研究解决。第二阶段（1997~2000 年）的中心任务是为国会提供全面的电子化信息服务，并为广大公众获取各个领域的全球最新信息和美国全国的文献资料，提供更方便的服务。该规划提出的目标是将国会图书馆建成一个采用新式思想与崭新技术和具有比目前高得多的服务水平的图书馆。

（2）OCLC 原是美国最大的计算机联合编目系统，现在已成为世界最大的联合数据库网络系统，一个综合性信息网络系统。它为了成功地进入 21 世纪，最近制订了一个将 OCLC 的活动推向全世界的未来战略计划，为此也提出了雄心勃勃的 14 项发展方案。前 10 项在 1992~1995 年完成，后 4 项在 1995~2000 年实施。方案的要点有：继续对 Internet 网络的应用研究提供指导；继续参与 MARBI（机读书目情报）委员会的 MARC 标准的研究工作，以便在 Internet 网上进行文本编目；继续参与 NTTF（联网与远程通信工作中心）从事的 NREN（美国全国研究与教育网络）的建设工作；继续参与 CNI（联网情报联盟）正在进行的有关 NREN 网络标准、网络服务、收费价格、网络资源和网络管理等方面的研究工作，努力实现在全网范围内建立 10 亿比特超大型国家数据库网络的计划；促进和发展 OCLC 网络的局域性、地区性、全国性和世界性连接；寻求一种最简易有效的途径将全球图书馆纳入一个计算机网络之中等。

（3）1993 年 9 月美国克林顿政府公布了国家信息基础结构：行动计划（NII 行动计划）。此计划有 3 个要点：铺设覆盖全国的光纤网络；用光纤网络连接政府部门、企业、学校、研究机构、医院、图书馆和家庭；光纤网络传输视频、声频、数字、图像等多媒体。同时提出了推动国家信息基础结构应遵循的 9 条政策原则：鼓励民间企业投资 NII 行动计划；保证信息资源能公平、廉价地提供给全体公民；促进信息科技的创新和应用；保证信息保密和网络安全；保护知识产权等以及多达 24 项的行动方案。其目的不仅在于促进以信息为基础的经济形态早日实现，而且也为美国长期困扰的社会、政治问题提出解决办法，正如该计划中所说的“美国的命运和我们的信息基础结构联系在一起”。与此相联系，美国政府制订的情报政策也提出了一些新举措，如着手建立一部国家级大型数据库目录总索引，并建立一种可与国会图书馆卡片目录相媲美的全国性电子卡片目录；着手建立有关数据库系统结构、服务规约、命令语言、操作规程和专业用语的国际标准，以便处理全世界数以千计的各种数据库；在国家一级研究开发超级计算机硬件和超级计算机软件，并着手建立一个国家数据图书馆和一个国家数据库；通过“联邦资源管理法案”，大力加强国家情报事业基础结构建设和政府统计资料数据库的建设；着手建立一个权威性的国家情报资源管理部门协调全国的情报业务工作；着手建立一个联邦情报委员会专门研究联邦情报事业的发展问题等。

2 一般理论与应用研究

美、英、德、俄等国近期的研究重点主要有：

（1）图书馆学情报学的原理和基础理论研究，包括基本概念、方法论、图书馆学与情报学和其他学科的关系等；图书馆和图书馆员与社会的关系；图书馆的社会地位、作用和社会职能等。

（2）比较图书馆学与国际图书馆学，包括定义、范围、目的、意义和方法论等。

（3）图书馆经济学，包括图书馆在国民经济中的地位与作用；资金来源、性质、分配、投入产出、经济效益等；开发和利用智力资源、创造价值与使用价值以及生产、消费、交换、分配等；分布与配置、基本建设、新技术设备利用等。

（4）图书馆史。

（5）图书馆未来学，侧重研究图书馆在未来将遇到的技术、社会、服务等方面的新问题，诸如如何采集更多的信息，如何具有更多的信息处理功能，如何以新的方式为社会服务（如通过计算机辅助教学方法支持远距离学习活动，为远离本地区的联机使用者提供服务）以及未来图书馆的形态变化（突出的是对虚拟图书馆、电子图书馆的研讨）等。研究图书馆的未来还必须研究图书的未来，包括电子图书、电子出版物等的发展问题。

（6）情报交流传播中的障碍问题，包括语言障碍、智能障碍、政治思想障碍、专业术语障碍、法律障碍、技术障碍、时间间隔障碍、财务障碍、产权障碍、存取利用障碍等。

（7）用户研究，包括用户态度、情报需求分析、情报社会化与社会情报化等。

（8）新型情报系统的分析与设计，包括先进性、科学性、可行性、适用性和效益性等分析与评定。

（9）文献语言（主题词表、分类表）研究、设计的一致性与通用性原则。

（10）文献情报工作标准化问题。

（11）情报经济学，包括情报业经济学、情报服务经济学、情报的价值和所有权问题、公共情报的可得性、知识产权在情报系统经济学中的地位、信息高速公路的社会和经济价值等。

（12）情报政策研究，侧重研究各方面的发展对图书情报工作的影响或可能的影响等。

（13）人文科学情报处理研究，特别是使用新技术、方法的研究。

（14）情报技术应用，包括图书馆自动化等。

3 馆藏建设

国外图书情报界对馆藏建设这一最基本的问题一直是十分重视的，从来都将其作为研究重点之一。这里仅择要介绍其中几点：

（1）采集方针。有些国家的图书情报机构对文献情报资料的采集实行集中化方针，组织结构具有复杂的等级和并列从属性，苏联科学院自然科学图书馆系统（由约300个图书馆组成）即包括中心图书馆、分部和分院所属主导图书馆、科研机构图书馆等3个主要层次，采取自上而下的管理方式，集中化地完成主要的工作过程（集中化采访、集中化分编等），特别强调建设统一的图书馆馆藏。有些国家的图书情报机构采取分工负责专业归口的方针，如前联邦德国在负责全国情报文献工作协调与指导的机构——情报文献协会的协调与指导下，3个国家一级大型图书馆、4个国家一级专业中心图书馆和20个专业情报中心或专业情报系统各有分工和采集重点，从而一起覆盖了几乎所有重点的学科。这些似已成定论，但至今各国图书情报机构仍在经常根据各种情况的变化，借鉴其他国家的先进经验，修改、更新采集方针，因此这方面的研究一直持续不断。

（2）采集原则。国外图书情报机构不论采取什么采集方针，它们的采集原则都具有极大的共同性和相似性。例如国际化原则（与世界大多数国家建立订购和交换关系）、英语为主原则（除本国资料外，英语资料占第一位）、经济技术发达国家为主原则（国外资料中美、日等国资料所占比例最大）、核心期刊和重点期刊为主原则（公认的专业核心期刊和重点期刊必须采集齐全，其他期刊则视经费和需要等情况酌定）、完整性、系统性和连续性原则（确定为收集对象的资料应保持完整性和连续性）、动态采集原则（根据资料的质量变化等情况，不断予以筛选、淘汰和补充）。即使这些原则被普遍认为是合理的、行之有效的，国外图书情报机构仍经常研究如何继续充实、完善采集原则和如何具体、切实贯彻这些原则等。

（3）馆藏发展。近些年国外一些学者开始全面研究馆藏发展的理论与实践，力图从理论高度总结20世纪50年代以来图书情报界在馆藏发展方面的努力。他们一般认为馆藏发展实质上是一个包括分析社区与读者、确定选择政策、具体选择与采访、进行馆藏评价与剔除等要素的系统，与图书馆的公共服务部门和技术服务部门都有密切的关系。但迄今为止，在馆藏发展的概念，馆藏发展与馆藏管理、情报资源管理的关系，馆藏发展与选择、采访的关系，馆藏发展的组织模式、制定馆藏发展政策的必要性和政策的基本内容等方面都有不同的观点，因此有关馆藏发展的问题也成了国外图书情报界的一个重点论题。

（4）资源共享。国外图书情报界认为资源共享不仅从经济上考虑是绝对必要的，从合理利用图书情报资源考虑也是至关重要的。实行资源共享的方法和手段主要有馆际互借、合作采集、合作编目与编制联合目录、建立资源共享网络等。IFLA（国际图书馆协会联合会）理事会在1983年通过远景规划确定了几个核心项目，都与资源共享有关，如：①UBCIM（国际书目控制和国际机读目录）计划，它是1987年由UBC（世界书目控制）计划和International MARC（国际机读目录）计划合并而成的。目的是促进各国图书馆之间特别是国家书目机构之间统一书目记录的交换和利用。其活动领域包括标准书目著录、书目和著者姓名的形式与结构、机读型记录的国际交换等。②UAP（出版物普遍可得）规划，其指导原则是各国应他国之请必须出借本国的出版物或供应其照相复制件。规划的内容包括馆际互借系统、出版物交换、法定呈缴本、版权本、合作采集计划、建立保存库等。③UDT（国际数据流和远程通信）规划，旨在促进各国图书馆之间数据资料的电子传输，增强图书馆界对资源共享的兴趣，内容涉及制定政策、规定准则、改善计算机数据库的存取、加强与有关组织和个人的合作等。这些规划都在进行试验研究或实施中。

（5）文献信息载体。国外图书情报界对文献信息载体的研究、开发十分重视，除传统的印刷出版物外，唱片、录音带、幻灯片、电影片、录像带、缩微品等都已成为图书情报机构的馆藏。以磁盘和光盘形式出现的电子出版物又使图书情报机构增加了新的馆藏类型。在国外，CD-ROM（只读光盘）的主要市场是学术和专业图书馆，目前已普及到学校和公共图书馆，因此CD-ROM 已成为图书馆增加最快的收藏品。国外有些人的研究表明，CD-ROM 将代替印刷型文献和联机资源，因为磁性载体只能存储题录、文摘等二次文献数据库，而光盘的存储密度高于它两个数量级，所以图书情报机构利用它可大力开发全文数据库；还因为国外出版商大量采用 CD-ROM 形式发行检索类工具和参考类工具，所以图书情报机构可以利用 CD-ROM 开展定题服务和回溯检索，开展咨询服务，开展开题、立项、专利与成果申请查新等服务。但也有的研究结果表明，联机数据库的数据修改、信息传递更为及时，因此更受需要快速传递信息的公司企业和专业图书馆的欢迎。20 世纪 80 年代末美国又研制出超级载体——多媒体，它融多种传媒手段为一体，可同时处理文字、声音、图像等多种信息形式，可将书报、电视、电话和音响的功能集于一身，更是开辟了新天地。目前国外图书情报界对这些电子出版物或新型信息资源的采集、处理、利用，它们的优越性和不足之处，它们对图书情报工作的影响等研究正方兴未艾。人们普遍认为在相当时期内，各种文献信息载体将共存、并举。

4 文献标引

国外目前在这个领域侧重对机编索引技术的研究。机编索引技术主要包括标引与款目生成、编辑整理与索引生成两大部分，根据自动化的程度，可分为自动标引和机助标引（半自动标引）。目前国外自动标引的方法主要有统计法（包括词频统计法、加权统计法、分类判别统计法等）、语言法（包括句法分析法和语义分析法等）、概率法、书目引文法（包括引文代码法、相关参考文献法、引文标题关键词法和引文聚类法等）、人工智能法。应该肯定国外自动标引研究取得了很大的进展，但绝大多数仍在试验室中。我国一些留美攻读图书馆学情报学博士学位者都曾研究自动标引问题。目前机编索引系统基本上是人机结合形式，国外主要的机编索引系统有：关键词索引（包括KWIC、WADEX、DKWIC、KWAC、KWWC、KLIC 等）、引文索引（包括引证索引、来源索引、机构索引、轮排索引等）、选择组配索引、挂接主题索引、保留上下文索引系统、基于假设的轮排主题索引、嵌套短语索引系统等。现阶段国外在这一领域关注的问题有：自动标引技术；自动语言规范技术；自动分类；检索方法学（包括聚类检索等）；自动提问式构造；用句法、语义学方法和推理技术分析信息需求，确定提问的内容和重点；知识库的建造；其他与情报检索（IR）有关的自然语言处理（NLP）等。目标是向事实检索（问题求解）方向发展，向建立在专家系统（ES）基础上的智能情报检索发展。

5 情报资源管理（IRM）

IRM 是 20 世纪 80 年代以来国外图书情报界的一个研究热点。目前国外 IRM 的研究侧重在：完善组织机构的情报管理问题（包括机构的情报环境分析、信息构架、情报资源与组织结构、情报管理如何更有效地支持战略决策等），情报管理中的技术因素和人文因素的结合问题（包括情报技术的综合管理、新的情报系统和新的系统设计思想、情报政策、情报法律、人的情报行为和情报心理分析等）；从经济的角度促进情报资源的开发和利用问题（包括情报资源的合理配置、情报的成本价格研究、情报市场和情报业的发展、情报生产、流通和利用中的经济关系与经济利益问题、情报经济学的学科发展等）。尤其是围绕着这些问题在公司企业、公共政府部门中具体实施 IRM 的问题和 IRM 实际运作的个案研究等。

为适应 IRM 的需要，近些年国外出现了一种引人注目的新职位——CIO（信息主管），它既不同于现在的图书情报专家，也不同于信息系统专家，而是一种技术与人文相结合的高层次的情报主管。不少人以很大热情投入对 CIO 的研究，包括 CIO 的性质、职责、管理方式方法、任职资格和培训等。

6 数据库建设

在数据库发展进程中，20 世纪 60 年代初到 70 年代初，数据库多为科技方面的，面向大学、科研机构和企业中的科研人员。70 年代中到 80 年代中，商业、金融、事务数据库迅速增加。80年代后数据库技术和载体发生了重要变化：由于图形与图像数据库的发展和通信技术的提高，出现了联机图像数据库服务；特别是光盘技术和多媒体数据库技术的发展，使数据库进入了声、图、文一体化的发展新时期。目前国外在数据库领域的研究热点是：①数据库发展方向研究，如文献数据库正朝大型化、综合化和小而专的个人数据库方向发展。一方面国外以DIALOG联机检索系统为代表的几个大型数据库久负盛名，情报用户愿意利用这些情报比较集中又有权威性的大型综合性数据库。另一方面用户利用计算机管理资料，用软盘将新的检索结果拷贝带走，转入自用数据管理系统，逐渐形成个人专用数据库。②数据库软件研究。随着情报管理工具的发展，将有更多的软件工具提供给数据库软件使用，如多媒体软件工具、多媒体程序设计、多媒体交互式用户界面生成工具等的出现，使数据库程序设计人员不必再去学习各种复杂的语言、窗口系统等知识，只需在计算机前用视听等方式即可设计出所需的数据库和界面。还有智能检索系统、智能机器翻译、自然语言处理等都是数据库软件的研究内容。

7 自动化网络建设

从20世纪60年代中期至今，美国图书馆经历了单机脱机批处理、联机处理和联机网络化处理3个阶段，完成了由传统图书馆向现代化图书馆的转变。美国从70年代开始发展图书馆自动化系统和网络系统，1971年OCLC开始提供书目数据库的联机查询服务，成为世界第一个提供联机服务的图书馆自动化网络。现在OCLC是世界最大的图书情报网络系统，主要服务项目有：①联机编目，包括生产、提供编目卡片，提供各种书本式图书联合目录和光盘、磁带等形式的机读目录。②采购系统。③馆际互借系统。④期刊管理子系统。⑤提供单个图书馆自动化系统IS/2000。它还将开展OCLC中心网络检索服务和Compuserve网络检索服务以及当地的电话传呼检索服务，为各成员馆参考咨询工作提供其他局域网络检索服务，如EPIC服务和FirstSearch目录等。英国不列颠图书馆创办的“不列颠图书馆自动化情报服务系统”(BLAISE)把联机情报检索与联机图书编目结合在一起，同时实行文献资源的共享。目前世界主要国家都有了联机网络。联机网络的发展使图书情报工作出现了全新格局：加工更深化，资料流通更快速，服务形式更多样，服务质量更高效，服务范围更广阔。目前的发展趋势是图书馆自动化网络和联机情报检索网络的差异将缩小，前者的检索技术将逐步接近后者；两者之间将互相渗透，如美国国会图书馆的机读目录数据库已成为一些联机检索系统的数据库。现有主要的图书馆自动化网络在继续保持大型集中式书目数据库提供联合编目、馆际互借等服务的同时，将进一步把多种功能向地方性网络分散，大型集中式网络将向小型分布式网络发展。技术的进展，特别是微型计算机功能的极大加强和光盘与光纤通信的应用，有助于这种分散处理。在具体网络建设上则注重研究用户的需求、计划、规范化和技术管理等问题。

8 事业管理

主要涉及图书馆和情报机构管理体制、图书情报工作管理方法、图书情报人员管理和图书情报成果管理等。如管理体制，国外基本上有集中型和分散型两种。前者有便于控制、协调性好等优点，有利于全国图书情报工作有序化和图书情报系统的网络化，有利于充分发挥图书情报系统的整体功能，但易产生统得过死，地方缺乏积极性的弊端。后者由于是按社会需求自发地进行协调，重视经济效益，图书情报系统效率较高，能及时满足用户需求，服务质量高，但因缺乏统筹安排、全面规划，自行其是，存在较大的盲目性，所以不利于事业发展。当前许多国家都认识到这两种管理体制的利弊，已经或正在采取措施研究改进管理体制和管理方法，弥补各自的缺陷，加强对图书情报活动的组织与协调，这已成了各国的共同点。

就具体图书馆和情报机构而言，涉及的问题有：①图书情报资料的管理。②图书情报产品的管理。③技术资料和设备的管理。④资金和财务的管理。⑤人员及其绩效的管理。⑥图书情报产品的质量管理和销售经营管理等。还应提及，全面质量管理（TQM）本是产业部门旨在降低生产中的差错、提高生产率的措施，近年来逐渐被银行、航空公司、保险公司等许多行业采用，现在图书情报界也将其引入本行业的管理。以上这些可以说是所有图书馆和情报机构都经常调查研究的项目，以便使工作不断迈上新台阶。

9 图书情报立法

图书情报立法是图书情报政策研究中的热点。图书情报政策是图书情报立法的重要依据，图书情报立法是保障图书情报政策得以贯彻与实施的重要法律手段。目前，国外关于图书情报立法的讨论主要集中在：①情报保密问题。美国一向标榜确保情报流的自由传递和自由的情报市场，但为了保护本国利益，保持竞争地位，也对高科技情报的传递加以限制。除国家机密外，个人隐私问题也是图书情报立法中的一项重要内容，因此美国和欧洲一些国家制定了多项法规，保护自动化系统中存储的个人数据。②知识产权问题。为了规范社会情报活动，保证一切情报活动正常开展而不致侵扰国家、团体、个人的利益，不少国家研究和制定了一系列的情报法规，包括专利法、版权法、商标法等。现在，版权法已由原来对印刷形载体的保护扩大到对广播、电影电视、磁带、计算机软件和数据库等的版权保护，形成了知识产权概念。一些发展中国家由于知识产业薄弱，过去为廉价获取外部情报，对知识产权的保护采取了消极态度，这种做法不利于先进技术情报的引进，不利于国际合作与交流，因此也在权衡长、短期利益，参考国际惯例，逐步加强知识产权保护法规的研究与制定工作。新近的重点是文献工作中的复制与版权、计算机软件保护研究、电子版权（electronic copyright）研究等。

10 社会科学情报政策研究（略）

参考文献

[1] 陈民. 美国国会图书馆制定 1993~2000 年发展战略规划. 世界研究与发展，1993，(3)：61

[2] 刘新华. 世界上最大的图书与情报网络系统. 中国信息报，1994，(11)：35，34

[3] 李伟. 不列颠图书馆的研究重点. 世界图书，1990，(7)：36

[4] 周俊，贾晓斌. 美国政府情报信息政策的新走向. 图书馆杂志，1993，(5)：55~56

[5] 吕海洋. 美国政府的信息战略. 中国信息导报，1994，(11)：32~33

[6] 金铭. 美国国会图书馆的图书资料数字化计划. 高校文献信息学刊，1994，(2)：62

[7] 汤兆魁. 浅述前联邦德国的科技情报政策. 国外图书情报工作，1991，(4)：12~17

[8] 赵晖. 国际图联及其核心项目简介. 图书情报知识，1994，(4)：48~49，43

[9] 张锡高. 陈富娴. CD-ROM 在美国图书馆界的应用. 现代图书情报技术，1993，(4)：54~57

[10] 戚其秀. 光盘对文献数据库及科技信息机构的影响. 中国情报信息，1993，(5)：26~27

[11] 王能琴. 朱书汉. 信息需求变化及其对策. 现代图书情报技术，1993，(4)：40~43

[12] 戴维民. 国外机编索引发展概述. 中国图书馆学报，1994，(1)：38~45

[13] 卢太宏. 孟广均. 信息资源管理专辑. 国外图书情报工作，1992，(3)

[14] 陈通宝. 数据库服务业的现状与发展. 中国情报信息，1993，(3)：9~12
[15] 王俨. 沈迪飞. 图书馆自动化网络. 图书馆学百科全书. 北京：中国大百科全书出版社，1993：506~508
[16] 董秀敏. 美国图书馆联机网络系统的发展. 图书馆工作与研究，1994，(4)：46~48
[17] 肖希明. 国外信息政策研究综述. 图书馆学情报学研究与发展报告. 武汉大学，1994（油印）
[18] 孟广均. 我国图书馆中期未来展望. 见：周文骏. 图书馆学研究. 1995

（原载《高校文献信息学刊》1996（1）：1~6）

美国图书馆与情报学研究领域分类表简要评介

美国图书馆与情报学教育协会（ALISE）发布的图书馆与情报学研究领域分类表（LIS Research Areas Classification Scheme），在我看来，有助于大体上确定图书馆与情报学学科建设范围和事业建设范围，广大从业者和教师与学生的兴趣领域和学习与研究领域，从业者和教师专门化的类别，编著教科书的类别、主题等，很有参考价值，现先译成中文予以介绍。

LIS 发展/原理

1 图书馆与图书馆学史
2 情报学史
3 作为一门学科的 LIS（as a discipline）
4 作为一门职业的 LIS（as a profession）
5 LIS 哲学、价值和伦理学
6 对 LIS 的评论性观点
7 图书馆和社会/文化
8 情报和社会/文化
9 社会/社区综合情报学（informatics）
10 情报政策
11 情报政治经济学（political economy of information）
12 版权/知识产权
13 图书、印刷、出版
14 求知自由和审查制度

LIS 教育

15 LIS 教育和计划

16 LIS 教师、学生
17 LIS 教学法
18 研究方法
19 LIS 远程教育
20 LIS 继续教育
21 国际/比较图书馆学

馆藏发展

22 馆藏发展
23 采集理论与实践
24 馆藏保存
25 许可（licensing）
26 档案收藏
27 特藏/珍本书
28 科学技术文献
29 艺术/人文文献
30 社会科学文献
31 政府文件
32 连续出版物
33 书画资料：地图、艺术品等
34 音乐
35 电子文献
36 其他类型资料

用户服务

37 参考和情报服务
38 电子参考服务
39 成人服务
40 青年服务
41 儿童服务
42 老年人服务

43 多元文化人群服务
44 残疾人群服务
45 阅读咨询服务
46 儿童/青年文学
47 讲故事
48 阅读和文化素质
49 情报素质和指导
50 情报需求和行为/实践
51 情报需求/公众行为
52 情报需求/专门群体的行为
53 学术和科学交流

情报组织

54 情报组织
55 描述性编目/AACR
56 档案著录/RAD
57 分类和主题分析
58 标引和摘要
59 元数据和语义网
60 知识/情报资源管理
61 记录管理

情报系统和检索

62 情报系统和技术
63 情报检索理论和实践
64 联机目录检索系统
65 数据库和其他检索系统
66 情报构建（information architecture）
67 情报可视化
68 计算机/情报网络
69 情报技术管理

70 用户和情报系统利用
71 人机交互
72 书目计量学/情报计量学/网络计量学
73 卫生情报学

图书馆和情报提供者类型

74 数字/虚拟图书馆
75 公共图书馆
76 高等学校图书馆
77 学校媒体中心/图书馆
78 专门和公司图书馆
79 医学图书馆
80 法律图书馆
81 政府图书馆
82 档案馆和记录中心
83 社区情报中心
84 其他提供者

管理/行政

85 行政和管理
86 人员
87 建筑/设施
88 资金
89 战略计划、推广、游说（lobbying）（游说各界支持等——作者注）
90 服务评价

这里想做些简要分析：

（1）开头已提到，这里愿强调一下，此分类表包括的8大领域90个主题可被视为我们所从事的图书馆与情报学学科/事业的专门研究对象，它们共同组成了图书馆与情报学学科/事业的特定的研究领域。据此可大体确定图书馆与情报学学科建设范围和事业建设范围。这个领域是特有的，不可被替代的，也是“永生不灭”的——只要有人类存在、社会存在，这个领域就是不可或缺的，决不能少的。因此这个领域是大有用武之地的，足够一切有识之士纵横驰骋了。因此到别的领域“移民”或让这个领域“殖民地化”都是缺乏远见的。

（2）从此表也可看出，LIS 是一门有别于纯科学（pure science）的实践性很强、应用性很强的学科，国外 LIS 教育的培养目标非常明确，主要就是培养技术、技能型应用人才，即处理各种情报、资料、数据、记录的技术人才和管理人才，想方设法让学生多掌握各种有关技能和相关知识，而不是以理论研究为主的学术型人才。许多大学就是以培养出大批优秀的高层次的 LIS 技能型人才而受到社会欢迎和重视的。因此，说 LIS 教育主要是职业教育丝毫无损它在学科之林中的重要地位。也因此，写论文（包括学位论文）追求大、玄、空不是应有的方向。

（3）应该说这个分类表本身就是一项在多年实践、研究的基础上完成的杰出成果，颇具学术指导意义，很值得我们参考。这里先说几点

①坚持维护和加强 LIS 的基干、主体——馆藏发展、用户服务、情报组织、情报系统和检索等，既保留许多“传统”的主题——名称未变，但内容不断更新，走内涵发展的道路；也有不少现代的主题，如电子文献、电子参考服务、元数据和语义网、知识/情报资源管理、情报构建、情报可视化、网络计量学、数字/虚拟图书馆、社区情报中心、知识产权等。

②学科与事业两方面结合得较完美。从学科来讲，就学习、研究这些主题；从事业来讲，就做这些。大家可通用。也可以说体现了理论与实践研究的紧密结合。

③真正体现了图书馆学、情报学、档案学的融合。可以说，它们的共性是主要的，绝大多数主题对它们来说都是相同、相通、相近的，对有特性的也另设主题，如档案学中的档案收藏、档案著录、记录管理、档案馆和记录中心等。

④“用户服务”领域有 17 个主题，是 8 个领域中主题最多的，体现了我们这个“学术性服务”职业/学科的宗旨。联想到我们的某大型分类法中有关图书馆的部分，只有“读者工作”类目，连“服务”字眼都没有，真感到遗憾。

⑤将综合部分作为“发展/原理”领域放在最前面，包括本学科的历史、哲学、伦理等，也包括与本学科/事业密切相关、大家都很关注的社会/文化、版权/知识产权、图书、印刷、出版业，甚至求知自由和审查制度等，可以说比较全面。

⑥专门将“教育”作为一个领域表明他们很重视教育。包括学历教育和继续教育。

⑦“图书馆和情报提供者类型”中，既有“传统的”公共图书馆、高校图书馆、专门图书馆和档案馆，也有数字/虚拟图书馆、社区情报中心，还有“其他提供者”，很好地体现了LIS学科的包容性。

（4）但是也肯定有需要商榷之处，如：

①“情报系统和检索”下的“73 卫生情报学”，不如为“学科情报学（如卫生情报学、化学情报学等）”，在“学科情报学”下再细分学科为好。

②“21 国际/比较图书馆学”、“53 学术和科学交流”的类目归属问题也需进一步研究。

③“图书馆和咨询提供者类型”中，只突出地列出了“社区情报中心”，据了解，美国许多新闻传播机构都设有 information center，是不是这些情报中心被认为是“专门和公司图书馆”了，不太明确。

最后还想再强调一下，LIS领域是大有可为的领域！国外许多有识之士都指出，情报社会最需要的人才就是能够处理各种巨量的情报、资料、数据、记录的人才，也就是我们所归属的图书馆与情报学学科所应承担的崇高而艰巨的任务。许多大学如 Rutgers State University 提出的LIS方面的教育任务就是“可为政府机构（中央情报局、劳工部、国家档案馆、国家科学基金会、全国电信与情报管理局、小型企业管理局、美国之音等）、私营与非营利机构（广告业、计算机公司、社区组织、咨询公司、教育机构、娱乐公司、卫生组织、医院、投资公司、劳工联盟、管理/顾问公司、制造公司、媒体公司、报社、专业协会、非营利组织、公关公司、出版公司、无线电台、研究机构、电信公司、电视台等）培养高层次人才”。总之，图书馆与情报学学科和职业是大有用武之地的，是极有前途的，我们对它应有充分的信心。

参考文献

[1] LIS Research Areas Classification Scheme [EB/OL]. 〔2007-03-14〕. http://www.alise.org.

[2] School of Communication, Information and Library Studies, Rutgers State University. 〔2005-06-19〕. http://www.scils.rutgers.edu.

（原载《图书馆论坛》2007（3）：1~3）

关于图书馆学研究对象的随想录

——从 IFLA 2003 年年会的主题谈起

1. 20 年前在教材中，6~7 年前在文章中，迄今在授课中，我一直都坚持了这样一个观点：图书馆学的研究对象，不论是机构、过程，还是资源、事业，归根结底都是研究对它们的管理。这就是事物的本质、事物的核心。有些学者将我归入“管理说”学派，可能源起于此。

2. 我还借用现代管理学的思想，进一步提到：关于管理，国内外专家对它的含义做了许多解释，有的把它作为一种工作，因为它包括技能、工具和技术；有的把它作为一种过程，因为它包括决策、计划、实施、监督和评价；有的把它作为一门学问，因为它是一门到处都可运用的系统化知识；有的把它作为一种文化，因为它包含在价值、风格、信仰之中；有的把它作为一种任务，因为它不仅在于知，更主要在于行；等等。还有些从系统论、信息论、数学和物理学等不同的角度给出其内涵和外延。我看，在我们这个领域就是对由人、物（文献、信息）、事等组成的整个文献信息系统的运动和发展进行有目的、有意义的控制，使整个环境和所有对象有序化、确定化、科学化的过程。因此将我们这个学科置于管理学门类之下是比较适宜的。

3. 对“机构”管理的研究，意指研究对各类型图书馆的管理。如国际图联（IFLA）2003 年年会的 6 大主题之一是各类型图书馆的发展。此次会议研究了国家图书馆、国会图书馆、政府图书馆、大学与研究图书馆、法律图书馆、儿童与青少年图书馆、公共图书馆、学校图书馆、地理与地图图书馆、艺术图书馆、盲人图书馆、社会科学图书馆、监狱图书馆、生物科学图书馆等 10 几类图书馆的发展规划、策略等。许多国家不同类型的图书馆分别在各组做了交流，表明它们已有良好的基础，并对未来发展有了认真的思考。

4. 对“过程”管理的研究，意指研究对各种业务工作的管理。如 IFLA2003 年年会的 6 大主题之一是图书情报工作，约 10 几个专题，包括采访与馆藏发展（如研讨了合作馆藏发展的经验与现状、对捐赠资料的处理等）、编目与书目控制（如研讨了英美编目规则、书目控制现状等）、分类与标引（如研讨了如何在电子环境中应用 DDC〔杜威十进分类法〕第 22 版、英国将 UDC〔国际十进分类法〕应用于编制索引语言的经验等）、参考工作（如研讨了虚拟参考服务的发展现状等）、文献传递与馆际互借（如研讨了集中式和分散式联合目录的优缺点、馆际互借的绩效评估等）、营销（如研讨了如何将图书馆“推销”到学术社团等）、信息技术与保存保管（如研讨了从人工到自动化的保存机制、数字化保存研究现状、如何将 RFID 应用于图书馆系统等）、信息素质（如研讨了信息素质评估的理论与实践问题）、专业继续发展与教育培训（如研讨了如何在网上对馆员进行专业继续发展教育等）。

5. 对“资源”管理的研究，意指研究对文献、信息等的管理。如 IFLA 2003 年年会 6 大主题之一是各类型资料的发展现状与未来趋势，包括对电子书目、善本、音乐手稿、连续出版物、视听资料与多媒体、报纸、政府信息与出版物、族谱等的处理问题。例如，交流了挪威和芬兰的电子国家书目现状，电子期刊对图书馆业务的影响，通过图书馆、档案馆、博物馆的合作进行族谱与地方志的数字化等。

6. 对“事业”管理的研究，意指研究对图书馆事业、情报事业和相关事业的管理。如 IFLA 2003 年年会 6 大主题之一是研究各洲的图书馆事业/活动。非洲的专题是研究数字时代非洲图书馆面临的冲击、挑战与机会；亚洲的专题是交流公共图书馆作为学习资源中心的经验。另一专题是研讨与图书情报相关产业的现状，OCLC、Elsevier、Springer 等推介其新的研究方向。

7. 对上面这些对象的管理，整合起来，实际上就体现了对整个文献信息系统的运动和发展进行有目的、有意义的控制，使整个环境和所有对象有序化、确定化、科学化。

8. 在上述 4 个方面的管理中，应该说，对“过程”的管理是核心，因为图书馆业务工作是图书馆得以运行的一个基本条件。图书馆得以运行的另一个基本条件是“人”，这是大家都公认的，印度图书馆学家阮冈纳赞也说过，不论图书馆坐落在何处，开馆时间和设备如何，也不论图书馆的管理方法怎样，一个图书馆成败的关键还在于图书馆工作者。IFLA 将专业继续发展与教育培训专题列入“过程”管理主题中，表明它将“人”作为“过程”管理的重要组成部分，因为一切业务工作都是由图书馆员运作的。

9. 我认为我们必须牢记，我们管理好这一切，归根结底都是为了更好地为用户服务。工作做得再多再好，没有用户，一切都“白搭”。国外图书馆非常重视用户研究，总要深入了解用户是如何查找信息、利用信息的，总要掌握这些方面的有关数据，以便为设计更好的查找、检索、连接和显示信息的系统创造条件。他们强调：在如何组织、标引和展示快速增长的信息，如何使用户了解不同类型的信息、这些信息之间的关系和利用这些信息的工具，如何使用户了解我们能提供什么、怎么找到我们能提供的东西和如何利用它们等方面，图书馆员还必须做大量的研发工作。有些学者的提法比这更进一步，他们认为只应求为用户提供所需的信息还不全面。图书馆不能再只满足于以图书馆为中心，将信息作为一种物件使用户获得，而应做一个范式转变，转向以用户为主体，图书馆主动为他们提供个性化服务。我看这些论点应是我们的共识。在数字化时代，图书馆只有千方百计地使用户真正感到满意，甚至满足，才能生存与发展。

10. 从 IFLA 2003 年年会的主题来看，正印证了我一直强调的图书馆学中的主题，如不是永久性的也是长久性的，但其内涵则随着经济、社会、科学、技术的进步而不断发展的论点。还可看出，IFLA 2003 年年会所研究的主题内容如同国外图书馆学期刊的内容，都是很“实”的，一是现实，二是实际，三是实在。

参考文献

[1] 孟广均. 为“文献信息管理学”鼓与呼〔J〕. 图书情报工作，1997，(7)：1-2

（原载《图书馆论坛》2003（6）：33，72）

关于公共图书馆发展的随想录

尽管身在专门图书馆，但作为一名图书馆学教育工作者和刊物编辑，对公共图书馆事业的发展也还是比较关注的。我喜欢公共图书馆的那种文化环境、文化氛围。我喜欢看到人们在书架间徜徉。我总是怀着敬佩的心情看着阅览桌旁全神贯注的男女老少读书人。我为我国公共图书馆的进步由衷地感到高兴。我也为国外公共图书馆的活跃、“热闹”而激动。我深信公共图书馆永远会受到人们的青睐，人们永远都需要图书馆。

通过阅读外文文献和参访海外公共图书馆，我对我国公共图书馆事业的发展多少也有一些随想、一些思考，很零碎，不够成熟，甚至不见得合适。《江西图书馆学刊》主编、副主编盛情邀请我写点什么，我就将一些随想奉献出来，请大家批评指正吧！

1 重大而崇高的职业使命

《国际情报与图书馆学百科全书》（*International Encyclopedia of Information and Library Science*）（第2版）说，公共图书馆能对 democracy、citizenship 即对民主和公民权做出贡献，我的体会是因为设立公共图书馆体现了让所有公民享有知的权利，让人们多知。该书又说公共图书馆对 literacy、productivity 至关重要，即对提高全民的文化素质和生产能力也至关重要。这是业界经常提到的。我还很欣赏其中的一句话，意思是公共图书馆“为教育、终生学习、研究与休闲”，“选择、保存和传递资料”，以此“为个人和社会提供发展的机会”。

我认为这些话言简意赅地指明了公共图书馆的职责和作用！从表面看，图书馆年复一年、日复一日地从事着选择、保存和传递资料的平凡而琐碎的工作（事实上这些工作要真正做好谈何容易——需要与时俱进的技术、技能、理论与方法），但其背后的意义重大，所担负的责任重大，我甚至要说是具有战略意义的。一个人民多知、全民文化素质高、生产能力强的民族，绝对是强大的，不可战胜的！同时，由于公共图书馆要面向所有人——联合国教科文组织于1995年发布的《公共图书馆宣言》宣告公共图书馆在平等的基础上对所有人，不论年龄、种族、性别、宗教、国籍、语言和社会地位，提供服务，对全民开放（open to all），为所有人和整个社会服务，因此，我认为公共图书馆的使命不仅是重大的，而且是崇高的。

2 提高全民基本素质（literacy）的基本任务

例如国外许多图书馆都把促进阅读（promoting reading）作为自己的主要职责之一。我认为，广泛的和长期的阅读会使人多知、多慧、更明智、更有教养；沉湎于DVD、游戏机、卡拉OK、网吧、牌类的人不会有大的作为。美国芝加哥公共图书馆是软、硬件均为一流的州级、大型公共图书馆。成立于1987年的芝加哥公共图书馆基金会是个独立的、非营利的、免税的教育组织，其宗旨是确保芝加哥公共图书馆的藏书、项目和服务持续优秀。它通过许多热心公益的公司、基金会和个人的慷慨支持，为许多项目提供了资助。我发现它近期支持的项目全是与提高全民基本素质有关的启蒙性、打基础的项目，而且是“从娃娃抓起”，十分关注少年和青年的成长。例如：①暑期阅读和识字项目：促进5~12岁学童识字、阅读的为期8周的项目。②让儿童与自然联系起来：通过专门藏书、讲座、教学计划、参观动物园等，将科学奇观和自然史带给孩子。③图书馆中的教师：该项目始于2000年9月，芝加哥公共图书馆雇用合格的小学教师在6个分馆为7~12岁儿童提供课后指导和家庭作业辅导。④MIND项目——满足大众对信息的需求：帮助芝加哥公共图书馆为全市78个点提供对电脑和Internet的利用。⑤赛伯导航员：雇用熟练的大学生指导读者成功利用电脑和Internet。纽约皇后区图书馆有1个中心馆和67个分馆，一年举办活动1 000多次，其中很多是为儿童、老人、残疾人、新移民等弱势群体举办的，包括讲座、展览、培训（有许多课程，如互联网、电脑基础、文字处理、书目检索等，再如为移民办的英语班等，全部由志愿者免费讲授）、讲故事、音乐会……千方百计吸引读者，传播知识，弘扬文化，大兴文明之风。这样也相应地扩大了图书馆的影响，提升了图书馆在社会中的地位和作用。

3 举办主体的多元化

我在不同场合都提到，图书馆特别是公共图书馆应提倡大家办。公公部门合作办，公私部门合作办，私私部门合作办（私营部门也可办公共图书馆啊！公共与公立还是有区别的）。即除了各级政府义不容辞外，全社会应共襄义举。中外大学都有个长期形成的传统——建立公私部门的合作伙伴关系（public/private partnership），确保有价值的、宝贵的教育机构持续发展。作为教育机构的公共图书馆也应遵循这一传统。1986 年美国一场大火摧毁了洛杉矶中心图书馆，洛市的一些公司和社区领导人立即发起拯救图书运动，筹款数百万元美元替换 40 多万册被毁图书。事后以一家私营公司行政主管为首的运动领导人联合社会各界领导人借此东风，遵循传统，对也属于教育机构的图书馆施以援手，于 1992 年设立洛杉矶图书馆基金会，大大提升了私营部门的支持力度，施惠于整个图书馆系统——67 个分馆、流动书车、中心馆，头 10 年该基金会即筹集了 4 000 万美元支持该系统的藏书、项目和服务。美国纽约公共图书馆是个公立图书馆，主要依靠政府的拨款，但也有私营部门的支持，它的收入来源由 6 部分组成：市政府、州政府、联邦政府、个人、基金会、公司。该馆设有董事会，其成员名单被认为是纽约社会名人录和公司名录，董事长兼任首席执行官，他的大部分时间都用于同人打交道，多数谈话都是为了筹集资金，其“战果辉煌”，仅 2002 年一次“图书馆运动”即筹得资金 7.8 亿美元。

4 无所不在的服务

公共图书馆似应更重视流动图书馆服务，把服务扩大到远离图书馆或不便于到馆的尽可能多的读者和潜在读者中。即使在网络化时代，汽车图书馆仍很流行（包括儿童汽车流动图书馆、音乐汽车流动图书馆、录像汽车流动图书馆等），如香港地区康乐及文化事务署有 8 辆流动图书车、73 个流动图书馆服务站，最近 5 年香港利用流动图书馆服务的人次约 300 万。北欧沿海地区还出现了图书船、图书艇，向渔民和沿岸居民提供阅览和借书服务。我国和一些国家的一些图书馆在交通不便的地区，利用畜力车、人力车甚至背篓进行巡回流通。此外，还有很多好的做法，如在一些厂矿、农村、牧区、学校、军营、居民点设立流通站，将书刊资料借给流通站，再由流通站借给读者；在学术会议现场设立临时阅览点，将有关专业文献在现场陈列供与会者阅览；设家庭文库、学校文库等。崇高的服务精神支持着崇高的服务行为，公共图书馆千方百计地吸引读者，传播知识，弘扬文化，大兴文明之风，也相应地扩大了图书馆的影响，提升了图书馆在社会中的地位和作用。任何人看到这一切都会肃然起敬。当然，社会各界特别是各级政府有关部门对这种服务意义的认识和实际支持是至关重要的。

5 “图书馆运动”的牵头者

图书馆学（协）会应当仁不让地牵头组织“图书馆运动”。2001 年 4 月 1~7 日，美国图书馆协会和美国各地图书馆举办了“美国全国图书馆周”。这是一种公共教育运动，通过此运动向人们宣传图书馆和图书馆员的价值，宣传图书馆在社会中的重要作用和能够为人们提供什么帮助，可让人们了解图书馆和图书馆员。我们常说图书馆不受重视，地位不高，我看首先应该检查自己，我们的工作做得不够多，不够好，其次我们的宣传也不够积极、主动。我一直认为公共图书馆是我国三大图书馆系统的“第一系统”，有条件的省、市公共图书馆可当仁不让、义不容辞地牵头组织图书馆运动。

6 兼顾现代信息工作

有条件的公共图书馆可兼顾原有的文献工作和现代的信息工作。美国国家农业图书馆（NAL）下设多个信息中心：农业贸易与市场销售信息中心、农业系统信息中心、畜牧业信息中心、水产养殖信息中心、生物技术信息中心、食品营养信息中心、植物基因组数据库与信息中心、农村信息中心、技术转让信息中心、水质资源信息中心、青年发展信息中心等。这些中心提供图像数据、软件、专利、目录和资源指南等的数字化信息，同时也开展广泛的协调、合作活动。我想，我国有条件的图书馆为什么不可以根据本馆的特色和优势办若干个信息中心呢？我早就说过，信息、情报不是任何单位和个人的“专利”，图书馆之下设信息中心是完全可行的。当然要考虑：①当地用户有需要。②本馆有意愿。③有相关资源基础。④有合适的工作人员等。选对了人，两个人就能办起来。这也是利业利民的好事啊！

7 读者权利深入人心

我们最好应告诉读者在图书馆可享有什么权利。美国芝加哥公共图书馆在公之于众的“读者权利法”（*Customer Bill of Rights*）中一下子提出来十几条，不然读者是不会想到能享有这么多权利的，感受到被推崇为“上帝”不是说说而已的。为便于大家参考，这里可列举一些：①读者可指望殷勤有礼的接待。②求助于图书馆员。③打电话或到馆要求提供参考和信息服务。④核对流通的书和其他资料。⑤利用馆际互借。⑥建议提供新的资料和服务。⑦指望登记为读者获得图书馆卡。⑧指望图书馆购买新近的畅销书和大众喜爱的资料。⑨指望诉求和问题可能的话在48小时内解决。⑩指望工作人员使图书馆系统为你工作。⑪了解这一点：图书馆的儿童读者与成人读者有同样的权利和责任。⑫指望馆舍清洁、安全、安静。

8 管理制度的广泛宣传

我们也应告诉读者在图书馆不能做什么。我们要提倡人性化、以人为本的服务，这是理所当然的方面，但同时也应对影响大多数人的不良行为提出忠告，这么做也是为了更好地提供服务，提供更完善的服务。有权利必有义务，两者相辅相成。芝加哥公共图书馆在“图书馆利用的管理准则”（*Guidelines Governing Use of the Library*）中所提的“请勿”也有十几条，为便于我们参考也列举一些：①参与任何非法活动或行为。②破坏图书馆设施、设备或资料。③不穿鞋或衬衫入馆。④带入动物（导盲犬除外）。⑤骚扰图书馆其他用户或工作人员（身体的、性的或语言上的凌辱）。⑥售物、诱惑、乞讨或游荡。⑦未经图书馆管理部门许可散发传单或通告。⑧吃食、喝酒、吸烟或睡觉。⑨置儿童于不顾。⑩大声说话或发出噪声使图书馆其他用户能听到。⑪洗澡、刮脸或洗衣。⑫带人大型物件占据过多的空间。⑬未经登记将图书馆资料拿出馆外。⑭忽视身体卫生进入馆内而使其他用户不愉快或对他们造成妨碍。

参考文献

[1] 孟广均. 谈出访体会　论业界发展. 图书馆理论与实践，2002（3）

[2] The Chicago Public Library Foundation. http：//cpllib. vic，edu/003cpl/projectmind，html，2003-10-31

[3] Library Foundation of Los Angeles——A brief history. http：//www. libraryfoundationla. org/foundation/history. php，2003-09-15

[4] Library Foundation of Los Angeles——mission. http：//www. libraryfoundationla. org/foundation/index. php，2003-09-15

[5] Key NAL personnel and services. http：//peachesn. alusda. gov/nal/key. asp，2003-09

-22

[6] Chicago Public Library——Customer Bill of Rights. http：cpl. lib. vic，edu/003 cpl/customerrights. html，2003-10-31

[7] Chicago Public Library——Guidelines Governing Use of the Library. http：//cpl. lib. vic，edu/003cp1/guidelines，html，2003-10-31

[8] 孟广均. 流动图书馆服务. 中国大百科全书图情档卷. 北京：中国大百科全书出版社，1993

（原载《江西图书馆学刊》2004（4）：1-2）

强化公共图书馆理念

2003 年年底经不住邹主编的多次电话催稿，交差了一篇关于图书馆学研究对象的短文，没想到 2004 年底他还是紧追不放（真佩服他的敬业精神和锲而不舍的韧劲），只好再献上一篇短文（我习惯写短文）。近两年业内数刊都盛情邀请我写稿，连起来一看都是省立公共图书馆办的刊物，于是想把我对公共图书馆的看法整理一下，一篇关于公共图书馆发展的随想录献给了江西省图的刊物，这篇就侧重谈谈公共图书馆的理念吧！也是随想性的。

我认为公共图书馆员都应建立一种从事公共图书馆职业的崇高使命感、自豪感。从我来说，我一直认为公共图书馆是每个国家图书馆体系中的主体和领军者，担负的使命重大，因此对它们总是怀有敬爱之情。说公共图书馆使命重大，是因为：

1. 公共图书馆是面向全社会所有人的！联合国教科文组织于 1995 年发布的“公共图书馆宣言”宣告公共图书馆在平等的基础上对所有人，不论年龄、种族、性别、宗教、国籍、语言和社会地位，提供服务，即对全民开放（open to all）。能够为所有人和整个社会服务，不是值得自豪、令人尊重的事吗？看到深圳市馆、纽约皇后区图书馆等许多公共图书馆门庭若市的景象，谁能不激动不已呢？谁能不为从事图书馆职业感到欢欣鼓舞呢？

2. 公共图书馆能为“民主”和“公民权”做贡献！《国际情报与图书馆学百科全书》（*International Encyclopedia of Information and Library Science*）（第 2 版）说，公共图书馆能对 democracy、citizenship 即对民主和公民权做出巨大贡献。我的体会是，这样说，是因为设立公共图书馆体现了让所有公民享有知的权力，让人多知。多知的人才会有强烈的公民意识，懂得“民主”啊！

3. 公共图书馆能为提高全民的“文化素质”和“生产能力”做贡献！《国际情报与图书馆学百科全书》又说公共图书馆对 literacy、productivity 至关重要，即能对提高全民的文化素质和生产能力做出巨大贡献。我认为应该非常明确地认识到这一点：为提高全民的文化素质和生产能力做贡献是公共图书馆的基本任务，否则就会迷失方向（如办成研究性图书馆等）。中国的未来要依靠具有高文化素质和生产能力的人。明智的从政者总是把发展公共图书馆作为办教育和加强精神文明建设、提高全民文化素质和生产能力的一个重要组成部分，加大投入，使公共图书馆服务扩展到每一个社区、每一个乡村，甚至每一个人。我甚至想说，这是具有战略意义的：一个人民多知、全民文化素质高、生产能力强的民族绝对是强大的、不可战胜的！

我还认为，提高民主、公民权意识，提高文化素质和生产能力的基本途径就是学习！而公共图书馆就是"学习中心"。

1. 促进所有人学习的中心。前面已谈及面向所有人，为所有人服务。在这个原则指导下，国内外许多公共图书馆都想方设法创造各种条件为到馆和不到馆的，为现有的和潜在的，为健康的和有残疾的……提供服务，帮助他们学习。每当看到有些公共图书馆员利用图书汽车、图书船、图书艇、畜力车、人力车，甚至背篓，在厂矿、农村、牧区、学校、军营、居民点设立流通站、阅览点等等，千方百计传播知识，弘扬文化，大兴文明之风，促进人们健康成长的情景时，谁能不对他们肃然起敬呢？

2. 促进"阅读"学习的中心。我认为公共图书馆根据其性质和特点，主要应通过促进阅读，即通过"阅读"学习，提高民主、公民意识，提高文化素质和生产能力。一本书、一本刊就是一方天地、一道风景、一个小世界，使人开阔，引人思考，让人有收益。广泛和长期的阅读会使人多知、多慧，更明智，更有教养。沉湎于 DVD 、游戏机、卡拉 OK 的人不会有多大作为。公共图书馆千方百计吸引人们到图书馆来，或送书上门，促进人们多读书、读好书，是对社会做了大好事。

3. 促进终生学习的中心。学习是无止境的，不天天学就不能与时俱进。不与时俱进，不终生学习，在现代社会就很难生存与发展。公共图书馆凭借其学习资源、指导人员和环境条件等，完全可以成为帮助各个年龄段、不同能力层的人终生学习的中心。

以上所说仅是点到而已，道理显而易见，用不着赘述。而且许多公共图书馆已经在实际行动中做出了很大贡献，成绩有目共睹。这里不过是期望年轻馆员和学生强化理念而已。

（原载《图书馆论坛》2004（6）：15）

《网络时代大学图书馆的建设与发展》序言

8年前即1995年，台湾《资讯传播与图书馆学》的书评编辑李志钟教授（美国罗萨里大学图书情报学研究生院院长）约我评一本当年的新书《*Academic Libraries: Their Rationale and Role in American Higher Education*》（高校图书馆的基本原理和在美国高等教育中的作用——他特地从美国寄来的一本论文集），后发表在该刊1996年第3卷第2期上（据了解，该刊在内地极少）。在书评中，我归纳了其中一些主要问题。现在应高凡副馆长之约为其馆主办的论文集《网络时代大学图书馆的建设与发展》写序，回顾上述书评，发现正应了我一直说的："许多研究主题如不是永久的也是长久的，但其内涵则是不断发展的"；很明显这些主题至今仍然是需要研究的主题，但其内涵则应与时俱进。这里不妨重新整理一下，将它们中的一些主要论点分别简明地列出来，在我看来这些论点至今对我们仍有启示。

1 高校图书馆在学校中的地位和作用

- 应经常探讨图书馆在支持教学、科研和为社区服务中的作用。
- 图书馆仍应坚持其从文明世界开始时即已做的采集、组织和传递智力产品的宗旨。
- 不少校长了解并欣赏他们的图书馆，认为支持图书馆的预算是他们支持图书馆工作的首要任务，但又难于确定在多大程度上给予这种支持。有些校长认为图书馆应更多地参与教学、科研过程，但又很少与图书馆馆长一起研究图书馆到底应在其中起什么作用。

2 图书馆的经费

- 收入来源必须多元化，经常性的来源有：图书馆之友筹资；个人对图书馆服务付费；学术单位对图书馆服务付费；发展与企业的合作，企业对图书馆服务付费等。

- 更严格地控制经费，合理地分配经费。
- 更审慎地研究预算问题（如用于图书馆资料与人员的经费怎样才是合理的、这些钱是否用在了行将被取代的方面、是否应为存取技术提供更多的经费等）。

3　图书馆的组织

- 图书馆如被认为是有机体，则在周围环境变化时也必须变化。
- 有些学校认为应将图书馆与其他学术部门（如计算中心）合并，一是可解决经费不足的问题，二是更有效地利用人力资源和技术，三是可为用户提供更好的服务。
- 图书馆的组织应能促进图书馆同其他学术机构的交流与合作。

4　图书馆管理

- 馆长应拥有“系主任”的学术地位。
- 管理者必须有职业发展的机会，以便更尽责。
- 管理者在任用前必须有管理方面的训练和经验。

5　图书馆的馆藏发展

- 印本资料不会消失，未来图书馆馆藏将有多种媒体。
- 应想方设法应对学术刊物的激增。
- 在书与刊之间确定一个适宜的经费分配比例。
- 应融入“电子工作站”的概念。
- 应协调好图书馆既要为教学服务又要为科研服务的双重任务。
- 发展全国性甚至世界性的书目控制，更充分地促进资源共享。

6　图书馆学教育

- 图书馆学院应为学生提供一个坚实的基础，包括计算机应用、管理、编目、书目指导、交流、组织行为、预算、论文写作、研究方法等，并提供更多的实习机会。
- 图书馆主要应在工作岗位上，通过继续教育，为馆员提供图书馆学专业教育。

- 图书馆对图书馆员的培训应经常进行，以便能及时引进日新月异的信息资源。
- 管理者对馆员培训计划的支持至关重要。

7 信息技术

- 高校应成为 e 大学，使“集成学术信息管理系统”把图书馆和其他学术机构的信息资源整合在一起，为师生和管理者提供所需的所有信息：电子邮件、远程存取信息、人工智能利用、笔记本电脑等都应包括在内。
- 应关心信息技术利用中所涉及的道德问题。

8 高校图书馆的未来

- 战略规划十分重要。
- 重点应从拥有信息转向存取信息。
- 应在工作中融入技术，承认图书馆需要依靠技术。
- 评价图书馆时主要看输出而不是看输入，如是否提供了更多的信息服务，是否能使全校师生不论在何处都可利用，等等。
- 图书馆应成为大学权力结构中的一部分，图书馆员应成为教师队伍中的一部分。

可能由于侧重点的原因，该书未重点论述印本资料和信息资源的组织与检索、信息服务、事业管理等。

我认为，我国高校图书馆和图书馆学系在图书馆学研究中，总体来说在国内居于领导地位，其研究领域之广、人数之众、论作之多，即使在国际上都可以说是首屈一指的。我国图书馆学特别是其中基础理论方面的很多研究主题、论点和内容是先进的。但也不必讳言，我国图书馆界在理论研究和应用研究的深度方面，在创造性地应用新技术，提出新方法的力度方面，还存在不足。我们（包括图书馆和个人以及整个系统）可参考上述研究主题，确定自己的研究领域，充实和深化更多的研究主题、论点与内容。

与此相关的是，最近看到一份材料，其中提到瑞典 Karolinsk 大学图书馆自 1997 年以来进行了 60 多项课题研究，包括建立具有主题检索功能的导航系统，对印本资料、电子期刊、虚拟资料的统一组织和充分揭示，电子期刊的采购政策，基于 web 的教学资料，促进知识发现、体现当今最先进的信息检索技术的文本挖掘技术的应用，学位论文数据库，用户教育（其 80 多名工作人员中约一半参与用户教育，仅 1999 年一年就开设了 262 门课）等。这些研究成果都用到了实际工作中，从而使该馆达到了“国际先进”。从中又可得到一个启示：要想使图书馆持续发展，并争创一流，就必须推动图书馆员经常结合工作进行理论与应用研究，研究的目的主要还应在于使工作质量和水平全面提升。

让我们共同努力建设高质量、高水平的图书馆吧！

（原载西南交通大学图书馆：《网络时代大学图书馆的建设与发展》．成都：西南交通大学出版社，2003）

情报概念管见

关于情报的概念，多年来国外一直进行着热烈的讨论，并发表了许多论著。近年来国内图书情报界也在讨论这一问题，提出了不少看法。这里先概述一下国内外，主要是国外的有关论点，然后谈谈个人管见，最后简要地谈谈科学情报和情报学。

1 国内外有关情报概念的论述

国外有关论著从各种角度，如语义学、通信科学、控制论、决策论、经济学、社会学、文献学，甚至哲学的角度对情报的概念进行讨论，真是五花八门，洋洋大观；涉及的面很广，又较深奥，往往还很抽象，因此有时容易使人糊涂。这里仅就个人所能理解的，择要概述一下。

（1）从语义学的角度

《辞海》：情报是“对敌情和其他有关对敌斗争情况进行研究的成果。是军事行动的重要依据。亦泛指一切最新的情报报道，如科学情报。”《现代汉语词典》：情报是“关于某种情况的消息和报告，多带机密性质。”

《牛津英语词典》：情报是“某种事实或事件的知识或消息的传达”；“被传达的有关特殊事实、问题或事件的知识”；“被通知或被告知的知识。”

《韦氏第三版新国际词典》和《韦氏第七版新学院词典》的情报定义均为：“知识或消息的传达或接受”；“由其他人传达的或得自调查、研究或教育的知识”；“特殊事件或情况的知识”。

《拉鲁斯插图国际百科全书和词典》：情报是“消息、知识等的传达”；“告知的或传达的事实”等。

还有一些与上述定义大同小异，不再赘述。

（2）从信息论的角度

在英文里，信息和情报是一个字“information”，说明关系很密切。国内外从信息论角度讨论情报概念的较多，因此应重点介绍一下。

我们知道，不同的事物有不同的特征，这些特征会给人带来某种信息。比如声音就会带来一种信息。人发出声音有一定的音调，也就是说有一定的频率，如果这个声音的频率不变，基本上就没有信息。只要频率起了变化，就会产生信息。不同的频率变化，带来不同的信息。此外，图像、电磁波等都是信息。我们正是通过获得和识别自然界、社会的不同信息来区别不同的事物，从而认识世界、改造世界的。

信息是可以度量的。如果收到的消息的内容是事先未曾预料的，就是“信息量”很大；如果事先预料到所收消息的内容，“信息量”就是零。因此古典通信理论宣称，信息量与事情发生的可能性（或概率）有关。

1948 年香农（Shannon）和韦弗（Weaver）在《通信的数学理论》中定义“信息量”用下列公式表示：

$$I = -\sum p\log p$$

其中，$\sum$表示“总和”。p 是收到消息以前消息中所指各事件可能发生的概率。概率总是小于 1 的数。如果事件不发生，概率即为 0；如事件一定发生，概率即为 1。概率的对数 $\log p$ 是个负数，为了使信息量是个正数，所以上式冠以负号。通常对数取 2 为底数，这时信息量的单位简称为“比特”①。

（3）从决策的角度

有人认为情报可广义地、通俗地理解为“关于判断、意志、行动的方向的知识”；“用以判断行动的前提就是情报”；“有关计划的实行或变更的消息也是情报。不需要的消息或知识不能称为情报”②。

有人则从决策论观点概述情报的概念。我们知道，行政、军事、科学技术、工商业等各部门的决策者在作出决策或决定的过程中，希望得到的是有价值的数据或资料；同时也希望得到有助于减少不确定性的东西。因此，惠特莫尔（Whitemore）和尤维茨（Yovits）把情报定义为“对决策有价值的数据（或资料）”③。也有人把情报定义为减少一定情况的不确定性的东西④。这两个说法是一个问题的两个方面，是相辅相成的。

---

① 冯秉铨. 现代科学技术中的信息科学. 百科知识，1980，（5）：46~48

② 侯汉清，肖自力译. 情报管理入门讲座. 1980

③ J. E. Rowley，C. M. D. Turner. The Dissemination of Information. 1978

④ M. Osinga：Some fundamental aspects of information science. Int. Forum on Inf. and Doc，1979. 4（3）

不言而喻，决策者不确定性的程度不同，所需要的情报量或从情报系统得到的情报量就不同。

改变决策者知识结构，或改变他的了解水平所需的情报量，显然是数据（资料）的最小量。情报的这一最小量因人、时间、地点而不同。但是事实上，由于情报的大量流通，对决策者出现了许多“消极的”情报，反而增加了决策者头脑中的不确定性。

（4）从知识结构的角度

有些人认为知识结构是确定情报概念的关键。例如，为什么不同的用户对同一套数据（或资料）的响应（即学习）不同？为什么同一用户在不同的时间对同一套数据的响应不同？根本的原因在于知识状态。由于两个人不会有完全相同的知识状态，同一数据就决不会对这两个不同的人有同样的影响；既然一个人的知识状态随着经验的增加而不断变化，同一数据在两个不同的时间对同一个人就绝不会有完全相同的影响。因此，布鲁克斯（Brooks）提出了情报理论的基本方程式：

$$\Delta I + (S) \rightarrow (S + \Delta S)$$

即（S）是现有的知识结构，ΔI 是情报的输入，（$S+\Delta S$）是新的知识结构。

由此，情报就是 $\Delta I \rightarrow (S+\Delta S) - (S)$，即新增加的知识。或者说，使一个人的知识结构发生变化的那些东西（数据等）对于他来说就是情报①②。

有人还提到知识有主观知识和客观知识之分。每个人的主观知识通过演说、写作等方式公开发表，转化为客观知识。客观知识基本上是档案馆、图书馆等搜集在一起的先人的智慧结晶。客观知识可受到所有人的公开注意。因此，他们认为，情报学的真正作用就是学习如何更有效地利用我们的客观知识③。

（5）从认识论的角度

有人认为，认识是客观存在的物体和现象的规律与性质在人类意识中的反映过程。认识的结果即为知识。为了使人能把事物在他头脑中的反映传达给其他人，他的知识应具有使感觉器官理解的形式。因此，知识应借助具有特定意义并表示明确的物体、事件和现象的语言符号来表示。知识存在的物

① J. E. Rowley, C. M. D. Turner. The Dissemination of Information. 1978

② N. J. Belkin. Information concepts for information science. J. Docum, 1978, 34 (1): 55~85

③ J. E. Rowley, C. M. D. Turner. The Dissemination of Information. 1978

质形式即为情报。换言之，情报就是借助感觉器官能理解的自然语言或其他符号系统表达的明确的知识①。

(6) 从符号学的角度

有人认为今天的日常生活或科学都是通过报纸、杂志、书籍以及广播、电视、数据库等将各种符号，即声音、印刷字符和映像等传达给接受者的。因而情报就是“人与人之间传播的一切符号系列”。

(7) 从文献检索的角度

有人从文献检索的角度提出情报概念。如萨尔顿（Salton）认为文献检索系统的基本成分一是构成将予处理的情报档的对象（即文献或其他记录），二是标识符、术语、索引词、关键词等。这些东西都具有记录的特征，并且在每一情况下都是揭示情报内容的。因此这些供检索的记录知识就是情报②。

(8) 从出版的角度

一些出版工作者把情报看做是资料，可在个人之间传播的记录文献，是可供所有人利用的一种客观知识的形式③。

(9) 苏联的米哈依洛夫等人认为情报学中的情报概念应只限于科学情报

它有12个基本特征（不可与物理载体分开、存在价值、公共性、词义性、语言性、累积性、同情报产生者无关、易老化、分散性等），这些特征是从观察和分析科技情报活动中归纳出来的④。

联合国教科文组织的《用于发展的科学技术情报系统》一文中也持这种观点。其中说，“社会发展活动，除需科技情报外，还需要经济情报、社会情报和文化情报，如人口统计、商业统计等。这些情报通常包括在科技情报中。特别是，用情报一词来代替‘科技情报’时就更包含这些情报。”

2 个人管见

对于情报学范围内的“情报”的概念应下一明确的定义。只有确定了适宜的基本概念，情报科学才是有效的。但是，越是基本的概念越难有明确的

① Jiri Fogl. Relation of the concepts “information” and “knowledge”. Int. Forum on Inf. and Doc, 1979, 4 (1)

② N. J. Belkin. Information concepts for information science. J. Docum, 1978, 34 (1): 55~85

③ J. E. Rowley, C. M. D. Turner. The Dissemination of Information. 1978

④ N. J. Belkin. Information concepts for information science. J. Docum, 1978, 34 (1): 55~85

定义。准确地讲明情报的定义是极其困难的。因此这一必要而又困难的工作有待我们大家共同努力，不断进行研究探讨。

所谓概念是指客观事物的一般的、本质的特征。应以最简单、明确的语句科学地、朴实地说明，便于人们理解和接受。比如“人”是“能制造并使用工具进行劳动的动物”；“力”是使“物体运动，或使运动的物体静止，或改变物体的运动速度的作用”。

关于情报的概念，看来国内外不论从什么角度探讨，基本的看法还是一致的，即情况的报道，或知识的传递。因此，情报的基本要素，用情报学的术语说，应该是一为知识，二为传递。即凡是传递（或报道、传达、交流、介绍、报告……应广义地理解，下同）的知识（或消息、情况、动态、变化……应广义地理解，下同）都是情报。这是情报的最本质的特性。不言而喻，凡是从事知识传递的人都是情报工作者。

我们知道，国外一些技术先进的国家一般把整个经济划分为 4 大门类：农业、工业、服务业和情报业。根据波拉特（Porat）的看法，它们的情报业包括：①情报和知识的产生，他进一步把它分为短暂的“宣传工具”情报和较为“持久”的情报，后者也可称为各种科学情报、技术情报、经济情报和社会情报，即最广义的科技情报。②“智力投资”和教育，连同它的所有部门（大学、各种训练机构、初等教育等）。③传输和通信，连同它存储情报、“加值”显示情报（编目、标引等）和传播情报等各种功能；还必须区分宣传工具（报纸、无线电和电视）和主要是为了传输较持久的情报而建立的设施（专业图书馆、情报中心，现在还有数据库供应和操作中心）。④支援功能，如与这些支援功能有关的造纸业、电子数据处理和通讯业①。一言以蔽之，情报业和其他 3 大门类不同之处就在于它是从事知识传播的行业。这一行业随着社会的发展，在国民经济总产值中所占的比例必然越来越大；从事情报业的人口在整个参加工作的人口中所占的比例也越来越大。因此，这一定义既符合语义，又具有国际通用性，是可以为国内外普遍接受的。

有些人狭隘地看待情报的概念，认为只有军事方面才有情报，而且“多带机密性质”。这是不恰当的。情报中可有军事情报，军事情报中可有机密的军事情报，若认为情报就是具有机密性的军事情报，则是以偏概全。同样，

① 辛希孟，孟广均. 图书情报工作概论（油印本）

那种认为情报应限于科学情报的看法也是站不住脚的。任何一门学科或部门都有自己的专业情报，都要进行本学科、本部门各种知识的传播和交流。我们确定总的情报概念时不能只针对个别的、特定的情况，必须超脱个别、特定的情况而一般化、普遍化。

凡是传递的知识都是情报。狭隘地看待情报的概念不利于工作的开展。比如，科技情报是科技知识的传递；凡是从事科技知识传递的工作都是科技情报工作。科技情报工作应包括科技资料的搜集、整理、检索、流通；科技知识普及、教育；科技档案；各种科技学术活动；有关科技的大众宣传工具（电影、电视、广播等）和科技出版等。不应狭隘地认为只有编制二次、三次文献或分析、综合科技情报等工作才是科技情报工作。从这个意义上讲，我们所说的情报概念同图书馆、情报、资料的一体化是完全一致的，是实行一体化的一个有力根据。

还有些人过泛地看待情报的概念，认为情报不仅是人类专有的，其他生物也有，不只生物有，计算机等机械中也有；人为地把问题复杂化了，而且说动物之间、机械之间进行“情报交流”也未免有点令人发笑。我们是否可以为信息和情报大致划个范围？可否把普遍存在于自然界和人类社会的信息总称为信息，而把人类之间进行社会交流的一切信息称为情报？前面提到，情报就是知识的传递。人类之间进行社会交流的一切信息必然含有能为人类感官接受的、能为人们理解的知识内容，因此这部分信息即为情报。凡是没有知识内容因而人类感官不能接受，人们不能理解的信息都不能称为情报，仍为信息。概言之，经过人工选择的信息才是情报。

有些同志用信息论的观点说明信息和情报不同，更加强了这一论点。信息是杂乱无序的，情报则是分布有序的。无序变为有序的过程就是信息变成情报的过程。而这个转变是人的智力劳动的结果，人的干预和选择的结果，没有人的因素，信息永远是没有实际意义的信息。

除了知识和传递这两个基本属性外，还有一些附加属性，如新颖性、针对性、累积性、分类性等。所谓附加属性，是相对不可缺少的性质，含有相对意义。比如新颖性，情报接受者一般都需要有关事物的最新的知识、消息、动态、情况等，但最新是相对的，可因人、时、地而异，因此应为附加属性。再如针对性。这里所说的针对性是指人们通常讲的有用性。诚然，有用性也是情报的一个重要属性，但也是可因人、时、地而异的，因此也应为附加属性。有人说，从整体看，凡是情报都是有用的，因此应为基本属性。但如从整体看，一般地说，凡是存在的事物都是有用的，没有用的事物就会被淘汰。如此每一存在的事物的基本属性是否都要加上一条有用性呢？显然是不必要的。对于情报，“针对性”比“有用性”更确切，也更有意义。试想，谈“提供有针对性的情报”（既然有“针对性”的情报，就有“非针对性”的情报，因此是附加属性！）是否比“情报是有用的”更有意义？

3 关于情报学和科技情报

最后，想简要谈一下科学情报学的问题。我们发现，不少文章没有注意科学情报和情报学之间的区别，因而在论述时有点“概念混乱”。例如，有人说“科技情报工作要研究针对什么需要，搜集什么科技知识（情报），研究如何去搜集，如何整理，如何存储，如何检索，研究科技知识本身的历史、现状以及未来的发展，研究传递什么情报，用什么手段、方法来传递情报，研究如何使传递的情报起到应有的、预期的作用”，似乎是“无所不包”、“一包到底”，忽略了必要的“分工”。

“情报学”这一名词自米哈依洛夫开始使用以来，得到全世界的普遍采用，但是情报学的概念至今仍是个有待确定的问题。国外许多人都试图对情报学概念进行解释，韦利希（Wellisch）甚至论述了39个定义。但是据说被普遍接受的定义是米哈依洛夫等人的情报学定义。他们认为情报学是“研究有关科学情报的记录、分析—综合加工、存储、检索和传播的过程、方法与规律的科学”①。

但是，正如上面已提到的，米哈依洛夫等把情报限于科学情报，这里自然也就专门指科学情报了。人们在肯定其主要方面时，还提到应该不仅限于“科学情报”。我们看，只要把“科学”去掉，即“情报学是研究情报的记录、分析—综合加工、存储、检索和传播的过程、方法与规律的科学”，这个概念就更能为人们接受了。

至于科学情报，在上面情报的概念部分我们已参照大多数定义定义为“知识（消息、情况……）的传递（报道、传达……）”，依此类推，科学情报也就是科学知识（消息、情况……）的传递（报道、传达……）。同样，

---

① M. Osinga: Some fundamental aspects of information science. Int. Forum on Inf. and Doc, 1979.4(3)

经济情报就是经济知识（消息、情况……）的传递（报道、传达……），等等。关于这一点，和国外一些看法也是一致的，也具有国际通用性。

不仅如此，米哈依洛夫等还谈到科学情报的“内容结构”，这是很有意义的。他们认为科学情报的“内容结构”、“从有关科学事实的情报开始，这部分情报被用来建立有关假设、概念和理论的情报，然后这两者由形成科学或学科基础的情报结合起来。所有这3部分情报合而构成决策的情报”①。我们搞科学情报，不仅要从“有关科学事实的情报”开始，还要用此来建立“有关假设、概念和理论的情报”等，这对于我们具有现实意义：即不能只满足于提供一般的科学事实，还应使我们的科学情报工作不断深化，传播和交流更广泛的科学知识。从这个意义上也可以证明：科学情报工作是科研工作的一部分。

综上所述，可以看出，情报学是“研究情报记录、分析—综合加工、存储、检索和传播的过程、方法与规律的科学”。这些过程、方法和规律可通用于各门学科。各门学科情报工作的重点是充分利用情报学的过程、方法和规律来传递（报道、传达……）本学科的知识（消息、情况……）。因此，我们既应加强情报学的研究，也应加强专业情报的研究。我们既需要大批情报学家，也需要大批情报工作者，共同组成浩大的情报事业大军。

参考文献

[1] Edward C. Weiss ed. The Many Faces of Information Science. 1977

[2] Oxford English Dictionary

[3] Webster's Third New International Dictionary

[4] Webster's Seventh New Collegiate Dictionary

[5] 王锐聪. 什么是科技情报. 科技情报工作，1980，(2)：12~13

[6] 李大年. 信息与情报. 科技情报工作，1980，(2)：17

[7] 陆保全. 对情报概念中价值和使用价值的商榷. 科技情报工作，1980，(3)：20

[8] 李毅. 也谈情报的基本概念. 科技情报工作，1980，(3)：21

[9] 李志生. 试论情报的构成与属性. 图书情报工作，1980，(5)：11~13

[10] 何吉成. 情报与情报熵（待发表）

[11] 杨沛霆. 科技情报工作讲义（油印本）

（原载《情报科学》1981年第1期：15~20）

① N. J. Belkin. Information concepts for information science. J. Docum, 1978, 34 (1): 55~85

目前国外关于情报理论几个问题的讨论

国外有关情报学理论方面的研究、探讨是个有待我们了解和借鉴的领域。他们研究的课题范围很广，目前我国图书情报工作者关心的情报、文献、资料的定义和相互关系；图书馆工作、情报工作和文献工作的关系；图书情报工作在社会中的地位和作用等，他们至今仍在不断地研究、探讨，我们经常可在有关的书刊上看到这方面的论著。这里仅简要介绍一下国外目前正热衷于探讨的几个问题，这些问题对于我们可能是新鲜的，有启发作用，因此乐于与大家共享。

1 关于“情报社会”

目前国外流行情报社会的说法。什么是情报社会呢？

1977 年美国波拉特博士在他的一项研究报告《情报经济：测定主要情报部门的来源和方法》中指出：美国 19 世纪的经济以农业为基础，20 世纪初的经济以工业为基础，20 世纪中的经济以服务业为基础，现在的经济则以情报业为基础。这种分别以农业经济、工业经济、服务经济和情报经济为基础的社会就分别被称为农业社会、工业社会、服务社会和情报社会。

波拉特将美国农业、工业、服务和情报 4 类经济门类的劳动力作了调查分析，其估计数见表 1。

表 1 4 类经济门类劳动力百分比变化

	1880 年（百分比）	1980 年（百分比）
农业	41	3
工业	37	22
服务业	16	29
情报业	6	46

由于现在美国从事工作的人口中，约有一半与情报业有关，情报业成了社会的主要经济门类，以这一主要经济门类为基础的社会自然就是情报社会了。

波拉特还对国民生产总值中情报业所占的比例作了调查分析。他指出，1973 年美国国民生产总值约为 13 000 亿美元，而情报业即占了三分之一以上，约 5 000 亿美元，因此他认为美国已进入情报社会。

经济合作与发展组织（OECD）对其一些成员国作了调查，发现除了美国，其他一些国家也有类似的发展趋势。

表 2 情报职业人员占经济职业人员的百分比

	1950/51	1960	1970	1975/1976
美 国	30.5	34.7	41.1	—
加拿大	29.4	—	39.9	—
日 本	—	17.9	—	29.6
西 德	18.7	—	—	34.1

但是，欧洲共同体委员会科技情报和情报管理理事长雷蒙德·K·阿普尔亚德认为波拉特的划分是不合理的，波拉特将整个公共行政机关都算到情报部门中，从而把美国 1980 年从事工作的人口中近一半都列为情报工作者。他还不同意马克卢普在 1962 年提出的观点，马克卢普不仅把研究和教育列入情报部门，还把建筑和银行服务也列入情报部门，因此按照这一观点计算，使 1970 年美国情报业扩大到占该年度国民生产总值的 40%。

他认为情报业应包括以下几方面：

（1）情报和知识的产生。他进一步把它分为短暂的“宣传工具”情报和更为“持久”的情报，后者也可称为各种科学情报、技术情报、经济情报和社会情报，即最广义的科技情报。

（2）“智力投资”/教育。连同它的所有部门——大学、各种训练、初等教育。

（3）传输/通讯。连同它存储情报、“加值”（value-adding）、显示情报（编目、标引等）和传播情报等各种功能，还必须区分宣传工具——报纸、无线电和电视以及主要是为了传输更持久的情报而建立的设施——专业图书馆、情报中心，现在还有数据库供应和操作中心。

（4）支援功能。如与这些支援功能有关的造纸业、电子数据处理和通讯业。

1979 年 9 月欧洲经济共同体在伦敦举行的讨论会确定情报业包括：原著出版、专题报告出版、数据库生产、联机数据库销售、根据需求零售情报的服务、视听资料情报供应者、计算机、缩微出版、咨询等。

2 关于“情报时代”

目前国外也经常谈论“情报时代”。美国一家管理顾问公司 A. D. 利特尔公司最近完成了一项改善科技情报传递的研究——《进入情报时代，联邦政府对情报服务措施的透视》（美国图书馆协会，芝加哥，1978）。报告指出：“我们正在跨过门槛，进入情报时代。正因为（在美国）过半数的就业人士都从事情报处理活动，所以这种情况是不能改变的”。报告书将情报时代划分为 3 个时代①：

第一代是以学科为基础的情报系统，在过去 30 年一直处于支配地位，主要依靠书刊传播和专业会议得到情报。在这一时期，研究图书馆起主要作用，把传统用户和情报供应者连结在一起。

第二代是以任务为基础的情报系统，这一时期的特点是组织巨大的财力资源执行特定的任务，如 20 世纪 60 年代的国家航空与宇航局（NASA）和原子能委员会（AEC）等。研究图书馆仍起主要作用，但又补充了将情报再组合的机构，即二次文献机构。3 000 种左右文摘、索引的发展即为此时代的创造物。

第三代是以通过多学科研究解决社会问题为基础的情报系统，致力于解决目前的社会问题，如能源、污染、卫生、环境保护、提供较佳的住房和交通、改善城市生活素质、保障作业安全和职工健康等。要解决这些广泛的课题，就需要多学科通力合作。

这一时期的特点是提供的情报高度适用（但往往昂贵）；出现了情报经纪人；特别重要的是开创了联机服务，任何人都可利用终端装置查阅网络内任何部门的情报资料。这一新技术的出现使情报的存储、检索、传递和利用达到了新的高度。人们现在所说的情报时代通常就指这一时期。

---

① Vincent E. Giuliano：A manifesto for libraries. Library J., Sept. 15，1979，1837~1842

研究图书馆在这一时期的作用是人们热烈探讨的课题。A. D. 利特尔公司的文森特·E. 朱利亚诺说"图书馆的相对重要性和绝对重要性都减少了"。他认为图书馆虽然是个情报机构，但不是情报时代的机构。它的道德标准、管理方式和组织原则仍来源于工业化初期，而不是起源于情报时代本身。因此，图书馆若适应情报时代的发展，就必须改革机构，从以相对静止的形式（如书刊）组织和保管情报转移到利用任何适宜的方式、媒介或结构向委托人提供当前所需要的情报服务。换句话说，就是从重点为"搜集"、"保管"转移到重点为"交流"、"传播"和"快速存取"的轨道上来，从"静态服务"转向"动态服务"。

丘锡拉兹大学情报研究学院院长罗伯特·S. 泰勒也认为需要转移，但他所说的转移是从"托勒密宇宙"（"Ptolemaic" universe）（以图书馆为中心）转移到"哥伯尼世界观"（"Copernican" world view）（以情报为中心，图书馆只是卫星之一）①。他认为社会上流动的情报数量（包括图书和其他信息组合）正在"爆炸"，但相对说，传统图书馆处理的情报只是越来越小的一部分。过去10年书店与家庭录像系统、情报热线、定题情报提供系统、情报商议（information counseling）与参考服务、计算机会议（computer conferencing）和联机参考检索的"爆炸性"增长，都是在图书馆以外发展的。今后10年将看到通过电视机的家庭情报系统的快速发展、联机科学期刊和百科全书的开创、专业化的新闻和情报服务、无纸办公室和通过计算机商议等。这些也都将在图书馆以外发展。图书馆有效变化的关键是使自己同其他情报系统一体化的程度；一体化程度越高，图书馆的服务就越有效，在情报时代中的作用也就越大。

3 关于"情报爆炸"

近些年来，美国、欧洲、日本的报章杂志连篇累牍地宣传什么"情报爆炸"、"情报危机"等。他们主要指的是情报数量成倍地增长，速度令人吃惊。

乔治·安德拉设想世界科技文献每年增长8%。在其他人对这一设想有争议时，化学文摘社的戴尔·贝克在1976年的一篇论文中指出，化学文献（至少《Chemical Abstracts》《化学文摘》）报道的文献仍以不到10年就翻一番

① Georges Anderla: The growth of scientific and technical information——a challenge. Information, 1974, 2~3 (3): 1~52

的速度增长着。这一设想和安德拉的设想是一致的。贝克报告说，1975 年，《化学文摘》收录了 32 万多篇论文和书的文摘，再加上专利，总共超过了 45 万多篇文献，是 1965 年的两倍多。按此速度，到 1986 年，每年将超过 100 万篇文献。不仅如此，随着机器可读数据库的增多，我们对这种文献档的存取也在增加。马撒·威廉斯教授在她的论文中估计了数据库的增长①，1965 年不到 20 个公用数据库，1977 年即增长到 300 多个，其中 50 多个现在提供联机。美国全国基金会情报科技处前处长李·伯奇纳尔比威廉斯设想的数字更大。他在提交美、印两国研讨会的一篇论文中叙述了联机检索的惊人增长。仅美国一个国家的联机检索，以 1968 年为起点，到 1975 年即增长到每年 100 万次，预期到 1980 年将超过 400 万次。因此人们不断惊呼什么“爆炸”啦、“危机”啦等等。

但是有些人反对这种说法，认为是耸人听闻的神话。美国《感到容易：大众情报工具》一书的作者卡普兰说：爆炸的含义是从有限的地区……突然大量增加……具有快速传播的冲击波……但是，一些时候以来，我们只是看到一直在加速产生，尚未看到任何“突然的大量增加”。其次，日益增多的情报也不是来源于任何一个“有限的地区”，而是来自全球。再次，我们也未看到什么“冲击波”。

卡普兰认为，宣传“情报爆炸”减弱了公众查找情报的信心。今天，不少个人和组织甚至不查找和利用情报，他们担心投入大量时间和金钱，也不一定能找到所需要的情报，得不偿失，于是只根据过去的经验和自己的想法去行事。

他认为，学术界、科技界一些人总抱怨跟不上情报的发展，似乎遭到太多情报的“轰炸”，这也是受到“情报爆炸”神话的影响所致。事实上，在今天，许多有事业心、有想象力的情报专家和情报组织，一直成功地对付了加速产生的情报的挑战，为情报用户提供了各种类型的工具，使他们及时了解各个领域的情报。比如，利用电子输入系统，可快速编制、存储情报。

利用复制机可复制情报。

利用电讯和电传打字机可传播情报。

利用电子打印机可直接从计算机检索情报，并通过激光束印出情报。

---

① Lee Bruchinal：The ST communication enterprise in the US：status and forecasts. Library Sci. with a Slant to Documents，June 14，1977，53~61

因此，人类是可以利用人类自己创造的工具驾驭和管理情报，掌握和利用情报的。任何杞人忧天的论调都是庸人自扰。

参考文献

[1] Dr. Marc Porat：The Information Economy：Sources and Methods for Measuring the Primary Information Sector（9 vols），May，1977

[2] Advent of the "information economy". Outlook on Research Libraries，April，1979

[3] Raymond K. Appleyard. The information industry：present trends and future prospects. Aslib Proceedings，31（2）. Feb.，1979

[4] The EEC and the information industry. Outlook on Research Libraries，Sept，1979

[5] Categorisation of the "information eras". Outlook on Research Libraries. April，1979

[6] Robert S. Taylor：Reminiscing about the future. Library J. Sept，15，1979，1871～1875

[7] Dale Baker：Recent trends in growth of chemical literature. Chemical and Engineering News，1976，54（20）：23～27

[8] Martha Williams：Data bases－a history of developments and trends from 1966 through 1975. J. of the Amer. Soc. for Inf. Sci.，Mar. 28，1977，71～78

[9] Gary M. Kaplan：Finding it Easy：Everybody's Information Tool. 1980

[10] The information explosion is a myth……. Library J. 1979. Sept. 15，1748～1749

（原载《情报科学》1980（4）：88～91）

也谈情报工作的地位和作用

不少论述都提到科技情报工作是科技工作的一部分，科技情报工作者是科技人员的一部分。无可讳言，在一些人看来，似乎这样就提高了科技情报工作的地位和作用，提高了科技情报工作者的地位和作用。其实，寻根究底，恰恰反映了这种思想的实质不过是认为科技工作的地位更高尚，科学家、工程师的名声更响亮罢了。

依个人之管见，我们用不着掠“科技工作”之美，向“科技工作”靠，要求成为它的一部分，用不着掠“科技人员”之美，向“科技人员”靠，要求成为他们中的一部分。我们应该理直气壮、堂堂正正地宣告：我们从事的是情报工作，我们是情报工作者！这不是盲目的自豪。对此，我想从情报工作现在和未来的地位与作用来谈一点浅见，就教于同志们。

1 情报的机能是关键的机能

日本的社商有句名言：“人是设备，情报就是钱”。迅速而准确地抓住情报，并成功地加以利用，是决定商社经营成败的关键。越赚钱的商社越重视情报。一些大企业不惜花费巨资和人力，调查国际市场。它们的经济情报网遍布全球。日本4大综合商社之一伊藤忠商事株式会社是从事经济开发、海外贸易的大商社，专门设有一个调查情报部。派出国的人员达900多人，还雇用了当地2 000多人。情报部一天24小时不停地收到来自世界各地的大量经济情报，以及同经济有关的政治情报。他们对这些情报进行综合分析，然后确定在什么地方进行交易。由于他们重视情报，他们也就越赚钱。因此，他们体会到，“情报的机能是伊藤忠商事的关键机能”。三菱、三井、松下等商社也都有同样的体会。

外国如此，我国又何尝不是如此？

绍兴某厂丝绸产品质量不高，花色不对路，缺乏竞争能力，打不开销路，大量积压，几乎成为下马产品。后来该厂大力加强经济情报工作，每月派三分之一设计人员和情报人员到外地调研，阅读国外杂志，分析花样流行趋势，及时改变花型，使产品成为轰动市场的热门货，产品价格恢复到原价仍然一销而空。在这里情报工作有起死回生之力。

东北输油管道结蜡日益严重，耗电量不断增加，输电能力不断下降，东北输油局科研设计所参考有关情报资料，进行了长距离大口径输油管清蜡试验，并获成功，从而扭转了整个局面。

某单位对马氏体钢在400℃长期时效过程中产生脆化现象，曾一时束手无策，后来从有关情报资料中找到解决此问题的关键措施，从而取得了重大的科研成果。

某研究所在研究一种便宜的高分子塑料时，需解决降低纺丝温度问题，最初自己摸索，问题不少，正感进退两难时，忽然看到国外有关情报资料，提到可用多氧化物解决，一试，效果很好，马上便过关了。

事实表明，在经济和科技等事业中，情报的机能都是关键的机能。

2 科技情报工作指导科技研究工作

在整个科学研究进程中，情报工作自始至终都起着指导作用。这里所说的指导不同于政治概念中的上下级领导关系，而是指引、引导之意。

在制定研究方向、任务、长远规划、短期计划和确定重大研究项目与课题时，情报部门提供的准确的国内外科学研究的过去情况、当前水平和未来发展趋势等战略性情报资料，往往是主要依据，起指引作用。

在进行试验研究时，情报部门及时提供的国内外有针对性的新成果、新进展、新应用、新理论、新工艺、新技术、新方法、新设备等战术性情报资料，往往是攻克难关的钥匙，起关键作用。

完成科研课题，取得成果后，科技情报部门及时提供的国内外水平等背景性情报资料，往往又是鉴定成果的主要依据，起标准作用。

事实表明，只要在科研过程的每一环节中，都发挥情报工作的关键性作用，就会取得成果，产生巨大的经济效益。具体表现如下。

(1) 帮助创造了物质财富

苏格兰一教授说，一个高效率的图书情报人员帮助109家公司解决了223个技术人员没有解决的问题，帮助创造了难以估量的物质财富。

（2）节约了人力

纽约一家研究和发展实验室报道，在一个项目上图书情报人员就节约了技术人员宝贵的时间约500个小时。

（3）节约了资金

立陶宛维尔纽斯一家电焊设备厂的情报部门1965年为本厂引进105项新技术，使他们节约200万卢布。

（4）节约了时间

美国专业图书馆协会一小册子说，美国一家公司图书情报人员通过传播374种专业期刊目次表，每年节约其研究人员的时间合56 000美元。

如果不发挥情报工作的关键性作用，就会同上述情况截然相反。如1972年中国科学院计划用1亿元建一个受控热核反应实验装置，调集了400多名科技人员，因事先缺乏情报调研，结果因与二机部重复而下马。又如1978年日本帮助设计建设的宝钢，全部工程投资需300亿元，因从选址、技术设备引进、原材料来源到产品销路等都缺乏准确的情报论证，造成了极其严重的损失。

事实表明，科技研究工作需要科技情报工作作指导，科技工作者需要科技情报工作者作指导。

3 情报业是未来社会的主体

从情报学的观点来看，科技研究工作仅仅是情报体系的一部分。我们知道，国外科技情报事业正在向新的体系过渡。这个体系是由科技情报生产者——出版发行者——情报机构——用户结合而成的，体现了从生产到利用的整个过程。科技情报生产者，包括个人、研究所、大学等；出版发行者，包括专著、期刊、政府出版物、科技报告等的出版、发行部门，如学会、协会、出版公司等；情报机构，包括文摘、索引机构、检索服务机构、情报销售服务机构、专业情报服务机构、图书馆等；用户，也即科技情报生产者。显然，在这个体系中，科研部门只是科技情报生产者中的一部分；科研成果只是大量情报源中的一部分。

在这里，应当强调指出，虽是这么说，其实我总觉得情报与科研是平等互助的“伙伴关系”、“兄弟关系”，是“你中有我，我中有你”（从科技工作角度看，在某种意义上，也可以认为情报工作是科技工作的一部分）。这一事实恰好说明两者都是重要的、不可缺少的事业。日本索尼公司负责人说，“本公司所以能名扬全球，靠的是两手，一是情报，二是科研”。这确实是真知灼见！

不仅如此，在我国，人们已承认了第一产业——农业，第二产业——工业，现在有些人开始承认第三产业——服务业，但在国外，人们已进而承认了第四产业——情报业的存在。我国普遍认识到这一点还得有一个发展过程，就像经过多年才开始承认第三产业——服务业的存在一样。但只要有一点联想性和预见性，就可看出，情报已越来越多地渗透到现代社会的各个方面，人们正以各种各样的方式——无线电和电视广播、图书和报纸、图书馆参考服务、计算机印出、联机自动数据库、卫星传输、电子通信系统、信件、演说报告等处理它们。它们已成为日常生活——从管理政府、经商到购物、度余暇活动等的一个基本部分。只是我们大多数人尚未把它们联系起来，因而没有意识到在社会上存在着积极活动着的情报流罢了。

随着国民经济和科学技术的发展，世界各国最终一定会先后进入高度情报化的社会。事实上，现在美国、西欧和日本已开始进入“情报化社会”。在这个社会里，情报业是主体，操纵着一、二、三产业，从而支配着整个社会。到了此时，社会上流动的已不是什么情报流，而是“情报洪水”了。

与此相适应，情报工作者也必将在此社会中居于主导地位。英国情报科学家协会主席 Monty Hyarns 说，他在别的问题上持慎重态度，但在这个问题上则是坚信不疑的，即到 2000 年，世界经济的主要增长成分将是情报业，而且情报科学家将在以此快速发展的产业为主要产业的社会中，居主导地位。其所以如此，主要原因是，在情报社会里，最需要的职业专家是能够控制情报洪流，并加以管理的专家，即情报科学家！

参考文献

[1] 绍兴丝绸印花厂狠抓情报工作使下马产品变成优质产品. 科技情报工作，1980，(10)：5

[2] 同心同德，互勉互励，聚精会神搞四化. 图书情报工作，1980，(2)：3~7

[3] 叶铁树. 试谈科技情报工作与科研现代化的关系. 中国科学院第一次图书馆学情报学科学讨论会文集（上）

[4] Monty Hyarns. Information science and the profession of communication. Library

Association Record, 1980, 82 (9) : 397
[5] Bakewell, K. G. B. Industrial Libraries throughout the World. 1969

（原载《情报学刊》1982（2）：55~57）

历史的回顾与思考

——对美国一段学科史的学习心得

1 回顾

1900~1939年是人类技术史上的一个黄金时代，也是信息技术迅速发展的时代。例如：①1900年，真空管的发明导致了电子学的出现。②1900年后，随着照相机设计、胶卷速度、测距仪、电子闪光灯和电影艺术标准化程度的提高，照相技术迅速成熟。紧随其后，彩色照相、彩色印刷也相继被开发出来。到20年代末，电视机图像技术也取得很大进步。③1900年后，收音机技术稳步发展，电话服务广泛扩展，到第二次世界大战前，电影声音磁道、有线录音机技术以及电视机的正规传播也都有了很大发展。④类比计算机和渐趋复杂的穿孔卡被广泛应用，高性能、多功能光电管也广被利用。总之，1900~1939年是那些现在被称为信息技术的一个异常活跃的发展时期。

在此背景下，从20世纪初直到第二次世界大战前，与文献和图书馆工作有关的技术发展也较迅速，特别是在欧洲。例如：①缩微复制品的潜能很快被认识到。1906年，比利时文献学家、国际目录学会创始人之一P. Otlet提出使用标准化的缩微平片。他认为缩微品是一种新型的、多功能的载体，应用它不是要取代纸载体，而是将它作为纸载体的一种延伸。1925年，德国发明家E. Goldberg成功地将整本《圣经》缩微50倍，置于一张1平方英寸的缩微胶片上，该项纪录很多年以后才被刷新。②早在本世纪初P. Otlet就认识到印刷文本的局限性，他和他的同事在发展超文本理论和利用纸基超文本系统提供情报服务等方面做了大量可贵的尝试。③ 1931年，荷兰文献学家F. D. Duyvis指出，穿孔卡不适用于目录查找。他以战略家的眼光预见，一种以数字电路为基础的新型设备是布尔逻辑查找和分面主题查找的一种更有前途的发展方向。④美国文献学家F. Rider设想把缩微文本置于目录卡片后面，这样找到了目录卡片，也就找到了相应的文本。他预言，如采用他提出的这种一体化的缩微卡片，可大大节省采购费用和空间。⑤1927 年，德国发明家 E. Goldberg 设计了电子文献检索的早期形式；30 年代，这项技术成为众多研究者探索的课题，最终在 V. Bush 和 R. Shaw 等的推动下，以“缩微胶卷快速选择器”的形式被推广使用，并为 V. Bush 所构想的“Memex”信息器作了技术上的铺垫。⑥1925 年，正在出现的电视技术被认为是开展图书馆服务最有希望的形式。1935 年，德国图书馆学家 W. Schuermeyer 宣称：“有一天我们也许会看到阅览室消失了，取而代之的是一个显示用户读书要求的屏幕，用户通过电话提出要求，并在自己家里通过电视进行阅读”。

我们列举这些是想说明：在数字电子计算机尚未发明的第二次世界大战前，人们主要是欧洲人对于同图书馆有关的技术革新不但很感兴趣，而且对我们现在所设想的 21 世纪电子图书馆所具有的特征——高密度存储、容易再生产、可远程获取全文本和超文本、有在复杂的索引系统中进行查找的设备支持能力等都做了预见和讨论，至少具有导向意义。

尽管当时出现了不少与图书馆有关的技术发明和创造，但它们并未被普遍接受和采用。例如在美国图书馆，电话、打字机、油墨复印机、缩微照相等新技术得到了应用，但总的来说，第二次世界大战结束前，美国图书馆界对技术革新基本上是持冷漠态度。考察原由才知是出于当时在美国图书馆界具有极大影响的图书馆学学术中心——芝加哥大学图书馆学院的态度。这里可从该学院最有代表性的一书一刊谈起。

（1）P. Butler 的《图书馆学导论》。1933 年出版的该书一直是图书馆学的畅销书，被称为图书馆学的经典著作，作为美国图书馆学的主要教材长达 40 年之久。Butler 在书中特别强调图书馆学的社会科学性质。在第一章关于科学的本质中，Butler 声称“为了把图书馆学作为一门科学来建设，应该使其舍去技术的侧面”，因此他认为图书馆学是由统计方法、阅读心理学、书史、图书馆史、知识的历史和书目史等构成的。其中明显缺少了技术方面，而这却是提供有效的图书馆服务所必需的。他把图书馆学的科学性和它的技术方面对立起来的做法显然也有些偏激。

（2）1931 年，该学院创办了《图书馆季刊》。在该刊所使用的图书馆学分类表中（由该学院的 D. Waples 设计，美国多所图书馆学院学位论文的选题均受此影响）没有技术这一项，而仅在出版物这一大类下设有印刷小类。它在第二次世界大战前所收入的论文也完全回避了图书馆学领域的技术方面。

该学院对技术的漠视是显而易见的。该学院的态度也是“事出有因”：当时芝加哥大学是社会科学研究中心，在此环境中，其图书馆学院以社会科学为导向，忽视技术的发展方向，就是可以理解的了。

看来美国图书馆界具有技术背景和致力于技术革新的人对这种状况是不满意的。1937 年美国文献学家 W. Davis 组织成立了美国文献工作协会（ADI，美国情报科学学会〔ASIS〕的前身）。ADI 成立时提出了 3 大目标：以缩微载体形式作为供应文献的手段，形成图书馆互借网络；出版和发行与科研辅助性出版物相关联的文摘杂志；将世界性科学情报的索引加以缩微化。3 大目标中有两项是直接以技术，即缩微存储和复制技术为导向的。难怪美国情报学家 M. M. Henderson 说：“当回顾今日所知的情报科学的早期发展时，我们的注意力集中到作为情报存储载体和复制工具的缩微胶片上。”

40 年代以后以技术研究为主要方向的美国文献学家和后来的情报学家一直遵循着技术传统，并对学科发展做出了巨大的贡献。1945 年美国学者 V. Bush 发表了著名的论文“如我们所能想象的”，提出用名为 Memex 的桌面机械以类似于人脑行为的方式将文献加以存储、联结和检索的构想。后人称此为天才设想，点燃了当时和后来许多文献学家的智慧火花，奠定了与文献工作密切相关的情报科学的基础。此后在 40~50 年代，情报科学在社会需求的直接推动、实用主义哲学的影响下更走上了技术主导之路，不少人投身于最能产生效果的情报检索技术开发、非常规情报系统研制等。60 年代可以说是 Bush 的梦想成真时代，最杰出的成就仍在于技术——文献检索计算机化。值得大书一笔的具有划时代意义的事件是，充满人文传统底蕴的图书馆学院发生了可喜的变化：1965 年美国一所图书馆学院开始融入情报学，把文献学和情报学等研究成果融入图书馆学的核心课程中。到 1990 年，美国和加拿大 60 所图书馆学院中 53 所都融入了情报学，基本上是图书馆与情报学学院的模式。

2 思考

（1）美国图书馆学界总的来说长期注重人文学术传统，漠视技术，一些图书馆学家认为：技术在图书馆工作流程中大量应用会产生一个重要后果——图书馆文献服务的质量将越来越依赖于对技术的掌握运用程度和各种技术设备的配置数量，技术作为一种制约力量变得有力和独断，会导致对充满人文底蕴的图书馆产生猛烈冲击；计算机应用的飞速发展会摧毁人的价值；技术将使图书馆人文主义的理想观念遭到破灭，从而有可能使图书馆走向毫无人文精神的“唯科学主义”等等。应该说其中有一定的道理，有值得注意的问题。重用技术、轻视服务，重视对技术的投入、轻视对服务的倡导，所造成的恶果确实是严重的。只重视培养学生掌握技术，忽视人的价值、人文精神和服务思想的教育，所造成的恶果也确实是灾难性的。但长期远离技术、忽视技术甚至“厌恶技术”（J. Shera 批评芝加哥大学图书馆学院用语），则不能不说是一种偏见了。如不纠正会导致“反科学主义”观念的产生，甚至延误图书馆现代化的进程。对此我们想说：第一，应该认识技术对图书馆事业建设和改造图书馆传统观念的巨大推动作用。技术作为第一生产力使图书馆不断发生革命性的变化，缩微技术、复制技术、计算机技术、声像技术、网络技术、光盘技术、多媒体技术等的应用，使图书馆工作不断向深度和广度拓展。随着技术的发展，图书馆传统观念得到了改造，逐步建立了资源共享观念、整体化观念、情报观念、市场观念等。这些进步对广大用户，对图书馆都是有利的。第二，应辩证地看待技术。人类靠科学技术成为现代人，科学技术又是人认识和创造的结果，因此科学技术与人文文化具有内在的一致性。这就为两者的沟通和融入提供了合理的依据。第三，应该认识人在技术活动中的主体地位。技术是人创造的，人能够研制技术，也就应该能够控制技术，减轻和消除它所产生的副作用或造成的危害。

（2）美国情报学家总的来说更重视技术的开发应用，强调技术的作用，一些情报学家认为：随着以计算机为中心的图书情报技术的广泛应用和电子出版物、机读文献的普及，传统图书馆将完成使命而走向消亡；认为未来信息时代的图书馆不仅没有传统的卡片目录，还可能没有书；电子计算机和远程通信技术的日益结合，必将取代图书馆的存储和传播知识的功能等；应该说其中也有一些合理的内核，但多少也有“技术至上”，对技术过于推崇，忽视图书馆人文传统的片面性。不纠正会导致“唯技术论”的产生，甚至迷失方向。对此我们想说：第一，图书馆是永恒的社会基本设施、服务于广大公众的社会文化机构。从公元前 3 000 年图书馆出现至今，全世界的图书馆一直在发展，包括在数量上和质量上，因为它们在提供文献情报服务上具有不可被替代的作用，社会永远需要图书馆。即使发展电子图书馆，也还是图书馆，用户也仍然要求助于图书馆员，第二，技术，作为生产力，只能改善、优化图书馆服务的方式方法，绝不能取消图书馆服务的根本目的。图书馆服务的根本目的是为用户提供文献情报，满足用户对文献情报的需求。在第二次世界大战中诞生的情报科学的知识母体是图书馆和文献工作，主要研究“情报的特性与行为、控制情报流的力量和为使情报易得、易用的处理方法”，关注“与情报的来源、组织、收集、存储、检索、解释、传递、转化和利用等有关的知识体系”。这是美国著名学者 H. Borko 在其论文中反映的当时特别是1968年前情报学界对情报科学的基本认识，其中几乎每个环节都明确包含着人文精神。第三，在20世纪70年代末描绘无纸情报系统的美国著名情报学家 F. W. Lancaster 在90年代初又提醒我们不要相信技术在改变图书馆的用户服务方面会产生什么根本性影响，不要相信技术已大大改变了图书馆员的形象和仅有技术就会提高未来图书馆和图书馆员的社会价值等。他的深刻反思与告诫是值得我们认真思考的。

（3）在第二次世界大战以前，不少具有技术背景和致力于技术革新的人开始涌入图书馆界，他们力图利用新技术解决图书馆中的老问题，这是一种好现象。但是随着战后在社会上出现的人文知识分子和科技知识分子及其所代表的文化日益分化的现象，图书馆和情报界也出现了分化甚至论战（从50年代起到70年代末持续了约20年）。这种分化给社会，也给双方带来了损失。一些图书情报学家发现图书馆学家、图书馆员不了解技术专家，技术专家也不了解图书馆学家、图书馆员，双方极少交流。他们也看到具有人文背景的研究者和具有技术背景的研究者的文化鸿沟已经对图书馆学情报学造成了伤害：另立门户，对学科发展缺乏信念，产生了动摇，摇摆于相关相邻学科之间……因此 J. Shera 在1968年即谈道：情报科学并非图书馆工作的对立面，相反，这二者是天然的伴侣。图书馆员不应该拒认这门新的知识“亲属”，情报学家也不应对图书馆员怀有戒心。

美国的这段历史对我们的启示也是深刻的。在科学技术飞速发展的信息时代，充满人文底蕴的图书馆学与源于“文献工作”知识母体的情报学，相对来说比较传统（绝不等于落后！）的图书馆学与相对来说比较现代的情报学，在为社会提供文献情报服务的共同基础上的紧密结合，将更推动学科发展，促进事业繁荣。分离会两败俱伤，出路都不美妙。真正结合起来定会有突破性进展。让我们与国际同业的主流保持共同的基本模式，形成一定的规范，共建前途无量的图书馆与情报学吧！（本文的另一作者为罗曼）

参考文献

[1] Michael Buckland：Documentation，information science & library science in the U. S. A. Information Processing & Management，1996，32（1）：63~74

[2] Trudi Bellardo Hahn：Pioneers of the online age. Information Processing & Management，1996，32（1）：33~46

[3] 孟广均，汪冰. 情报科学技术传统形成原因分析（台）资讯传播与图书馆学. 1995，2（1）：71~77

[4] 顾小华，张亚红. 图书馆面对技术渗透的三种概念. 情报杂志，1995（6）：55~57

[5] 袁咏秋，李家乔. 外国图书馆学名著选读. 北京大学出版社，1988

（原载《中国科技信息事业创建四十周年文集》. 北京：科学技术文献出版社，1996：214~217）

试论图书情报服务

——其概念、范围和基本原则

科学技术研究机构、高等院校的图书情报机构和省市以上综合性图书情报机构的基本任务是为科学研究、教学和生产服务，服务对象大多为具有中等以上文化程度的“学术人员”，工作内容主要是提供文献情报，因此，根据这些图书情报机构的基本任务、服务对象和工作内容等，我们说，这些图书情报机构的性质是服务性的学术机构。

这些图书情报机构之所以具有学术性，一是因为它们的工作内容已自成知识体系，有其自身发展的客观规律，二是它们的工作程序、模式、方法和手段越来越需要现代科学——社会科学、自然科学和技术科学（如政治经济学、社会学、心理学、统计数学、信息论、系统工程、光学技术、计算机技术等）研究成果的支持。因此从事图书情报工作必须具有一定的文化知识和业务能力。

服务性是图书情报机构这类学术机构区别于其他学术机构的重要标志。本文主要谈服务。我们知道，服务是为集体（或别人）的利益和需要，自觉自愿或听候吩咐而提供劳动和物质利用等的行为。图书情报机构就是通过服务来实现它们收集、整理、存储、传播和提供利用人类知识这一崇高社会功能的。

国外提“图书馆和情报服务”是由来已久的，近些年我国也常常谈“图书馆和情报服务”（简称图书情报服务），但是对它们的概念、范围和基本原则的认识不够明确，为此，本文打算初步探讨一下这3个问题。

一

图书馆是人类社会交流系统中负责保管书写记录和促进书写记录利用的机构。在现代社会，人们日益依赖情报。而这些情报是大量、复杂、很难记忆和进行口头传递的，因此人们仍然更多地依赖记录的情报，目前主要是印刷出版物形式。相当时期内还得以此形式为主。以全世界科技杂志为例，1960 年为 18 800 种，到 1974 年即达 49 000 种，每年增长率为 7.1%。与此相适应，图书馆不仅不会像有人说的已经“过时”，“行将消亡”，反而仍在不断发展。据《美国图书馆指南》报道，1948~1978 年美国公共图书馆从 7 172 所增加到 8 455 所，增长了 18%；大学图书馆从 1 547 所增加到 2 850 所，增长了 84%；专业图书馆从 518 所增加到 5 287 所，增长了 920%。①

正因为图书馆在交流系统中占有重要的地位，所以美国著名图书馆学家谢拉（Shera）说“我们应该把图书馆看成是总的和个别的交流过程，以及社会联系中的重要组成部分。对图书馆需要的增加是社会成熟的证明。社会越文明，社会结构越复杂，就越需要图书馆。”

图书馆服务主要就是保管书写记录和促进书写记录利用的服务，即一次文献（原始文献）的服务。具体任务是收集、整理、保管和流通以图书、期刊等传统印刷出版物为主的文献资料。至于缩摄资料、声像资料等可以设立专门馆，也可由图书馆兼管。在国外兼管的图书馆里，这些资料占整个馆藏的比例日益提高。但是相当时期内，图书馆馆藏仍会以印刷出版物为主。

图书馆服务主要是通过出借、阅览、复制等传统方式提供原始文献的。

情报服务在国际上通常主要是指检索服务，即二次文献服务，包括编制各种检索工具，生产各种数据库，建立检索系统，并利用这些检索系统提供答复咨询、定题服务等多样化的文献检索服务。

我们知道，有人做过估计，随着经济建设和科学技术的发展，科技文献量每 10 年（有人甚至认为 7~8 年）增长一倍，尖端科技文献量增长速度更快，原子能文献近些年几乎每 2~3 年就翻一番。②

因此，读者（用户）在文献的海洋面前，最大的问题就是“查找”问题，即如何迅速、全面、准确地找到自己所需要的文献。情报服务的根本目的就在于解决这个问题，像钱学森同志所说的那样，实现“把已有的大量科技情报资料单位通过高密度信息储存、电子计算机检索、通讯线路和终端显示设备等组成一个全国性的情报资料网，使研究人员在任何地方都能通过情

① G. R. Williams. The functions and methods of libraries in the diffusion of knowledge. Lib, Quarterly, 1980 (1): 58~75

② 北京科技情报学会. 科技情报工作基本知识. 1982, 53

报网查看全国的科技文献，并在短时间内查到所需要的情报资料”。①

国外情报服务机构的类型很多，有文摘索引社、计算机可读资料库、计算机检索机构、联机检索机构等。文摘索引服务除了主要报道杂志文献外，也经常报道其他文献，不仅提供回溯资料，也提供最近资料，是提供原始文献线索的主要工具之一。世界著名的综合性情报中心如日本科学技术情报中心、法国全国科学研究中心的文献中心、全苏科学技术情报研究所等和为数众多的专业情报中心，都是以编制文摘等检索工具为主要任务的。美国也把文摘索引社作为情报服务机构的主要类型。1975 年时，美国就拥有 330 个文摘索引社，加工了 290 万篇科技文献资料（1960 年为 100 万篇）。②

除了文摘索引社就是机读资料库。机读资料库最初是文摘索引出版过程的副产品，逐渐发展成独立的情报产品，被认为是最新型的情报服务机构。它包括的文献与文摘索引一样，但因为可用计算机查找，所以能深入地查到大量情报。1975 年全世界共 301 个资料库，其中仅美国就有 179 个。美国联机目录资料库 1968 年检索 1 万次，1975 年即达 100 万次，1985 年将达 370 万次。③ 日本 1972 年起，除利用从美国引进的 Cacon 和 MEDLARS 资料库外，还利用日本科技情报中心（JICST）的书目资料库，提供 SDI 服务。1976 年 JICST 开始通过它自己的联机情报检索系统（JOIS—1）提供联机情报检索服务，JICST 联机网络逐渐扩大到全国。JICST 除有书目资料库外，还有进行中的研究项目情报的资料库。④ 由于经济和科学技术的迅速发展，各种资料库以及计算机检索机构、联机检索机构等也都像雨后春笋般地发展着，形成了新兴的“情报业”。使人强烈感到情报服务是大有可为的事业。

另外，还有三次文献服务。三次文献服务是指在一次文献的基础上进行的综述、述评等，具有调查研究性。这类调研，我认为是文献调研（以文献为手段进行的调研），仅为“情报调研”的一部分。情报调研的基本方式是各种文献资料的分析与现场、实地调查相结合。过去从文献到文献地写综述、述评，只能是归纳国外的科研成果和经验总结，根本不可能为各级领导决策

---

① 中国科技情报研究所. 情报资料、图书、文献和档案工作现代化及其影响. 科技情报工作，1979（7）

② D. W. King, et al. Sci. Journals in the United States. 1981

③ 同上

④ Hisako Uchida. Information system, databases, and on line services of the Japan Information Center of Science and Technology（JICST）, J. Chem. Inf. Comput. Sci. 1979, 19（4）：199~201

提供切实的依据。要真正做到这一点，就必须既有国外本专业的水平动向与发展趋势的客观分析，也有国内现状的对比分析，以便找出国内外差距和存在的问题。

我国由于一些原因，把情报调研放在图书情报机构里进行，是“历史的误会”。国外图书情报机构进行的情报服务主要是检索服务，很少搞我们所说的情报调研。他们同我们的情报调研类似的工作是咨询服务或情报分析。这类工作主要不是在图书情报机构由图书情报人员进行的，而是在专门的情报分析中心或咨询服务机构由学科专家进行的。我们搞调研是从文献到文献，搞些翻译、编译、专题综述等，因此实际上是“文献调研”。根据我国国情，这些工作也是需要的，但如认为这就是“情报调研”，那未免是“以偏概全”了。事实上，从我国实际情况看，一些图书情报机构搞文献调研还可以，而搞情报调研，则绝大多数还不能胜任，因为一些必要的条件还不具备。

总之，图书馆服务和情报服务在性质、内容和工作方式上是有区别的。概括起来，主要表现在：

(1) 图书馆服务主要是通过出借、阅览、复制等传统方式提供原始文献。情报服务主要是编制检索工具，生产数据库，提供二次文献服务。

(2) 图书馆主要加工书刊资料，情报工作的加工主要是建立数据库，把情报变为机读形式，组织资料档，因此它们的区别是前者加工书刊，后者加工信息。

(3) 图书馆服务多用传统方式提供资料，情报服务多用现代化方式提供资料（特别是利用计算机，通讯与非印刷媒介进行情报处理）。即使国外技术先进国家也是这种情况。

二

尽管图书馆服务和情报服务的性质、内容和工作方式不同，近些年我国一些图书情报单位和国际图书情报界一样，还是常常把图书馆服务和情报服务相提并论，称作图书馆和情报服务，甚至图书情报服务。这是由于它们的共性大于个性。因有另文探讨，此处不赘述①。总而言之，我认为这种提法是适宜的。

---

① 辛希孟、孟广均. 图书情报工作概论. 第三章. 中国科学院文献情报中心. 1990

国际图书情报界普遍认为，检验任何一个图书情报单位的质量的基本标准是，看它能否把读者（用户）所需要的文献资料送到他手里。我们知道，目前，情报服务一般只提供读者所需文献资料的线索，虽然提供线索是很重要的工作，但仅仅是读者得到文献资料的第一步，还必须想方设法为读者提供原始资料。由于图书馆服务和情报服务能够相辅相成地完成这一基本任务——既为读者提供他所需要的资料的线索，也为读者找到他所需要的原始资料，最后把读者需要的资料送到他手里，因此，人们把图书馆服务和情报服务相提并论，称作图书馆和情报服务或图书情报服务，是完全合理的，符合实际的，甚至是必要的。美籍华裔图书馆学家刘钦智说："我认为这两方面一定要统一才行。因为不论在图书馆，还是资料情报中心，不管你是用传统的方式，还是现代化的方式，其最终目的都是为读者利用这些资料。对读者来说，不管是用传统的方式给他们提供资料，还是新的方式给他们提供资料，都是无所谓的，他们唯一注重的是他们需要的资料拿得快，拿得准，又拿得好，他们满意就行"。① 美国图书馆学家罗杰斯说，"我想劝你们的图书馆工作人员和情报工作人员结合在一起工作，因为都是为了使情报记录得到有效的利用。……加工这个词对图书馆和情报具有不同的概念，一是指加工书刊，一是指加工信息。我们应该做的是发展一个能提供图书、图书的内容和情报供读者使用的系统。……我们讲把图书和情报结合起来，并不是把这两个工作混淆起来，失去它们各自的特性，而是要图书馆员和情报人员更好地合作，共同前进"。② 总之，我完全同意福斯凯特的观点，他认为"图书馆工作与情报工作一起体现了一个连续的领域……一个连续的统一体"。③

把图书馆服务与情报服务结合起来是许多国家的发展趋势。据英国百科全书年鉴报道，美国图书馆协会承认的加上情报学名称的图书馆学校 1970 年为 10%，1980 年即增长到 34%。如原图书馆学院、图书馆学研究生院、图书馆服务学院，现改为图书馆与情报学院、图书馆与情报研究生院、图书馆与情报服务学院。美国西蒙斯大学图书馆学与情报学研究院教授林瑟菲博士在我国讲学中也介绍："图书馆与情报工作的关系，美国趋向一体化……西德从 1980 年 10 月起实行一体化，日本也趋向一致，国际图书馆协会联合会也鼓励

① Can. Lib, J, 1979, 36（3）
② 上海图书馆学会. 美国图书馆学专家讲演集，1980，169~171
③ Can. Lib, J, 1979, 36（3）

一体化……”。①

它们是怎么“一体化”的呢？“一体化”的内容是什么呢？根据有限的文献来源考察，我发现一般都是把一次文献服务和二次文献服务结合起来在图书馆进行，这同上面的论述是完全一致的。美国三家国家图书馆之一——国家医学图书馆除进行一般的图书馆业务外，主要就是出版世界医学期刊论文索引《Index Medicus》，这一检索刊物连同其他 25 种情报资料出版物，都是通过该馆主办的联机检索系统编制出版的。英国不列颠图书馆除进行传统的外借、参考（包括阅览）等服务外，还出版英国全国书目，1976 年又建立了自动化情报服务系统，包括数据库和联机检索，从而把图书馆的日常工作和情报检索工作结合了起来。澳大利亚政府赋予国家图书馆以情报的职能，该馆据此改组了体制，扩大了收藏范围，增加了工作内容，主要是大力开展电子计算机情报检索服务工作。类似的实例还很多。

总之，图书情报服务，如上所述，主要为一次文献服务和二次文献服务，其具体范围大致包括：①阅览服务。②外借服务。③馆际互借服务。④宣传辅导服务。⑤参考咨询服务。⑥翻译、复制服务。以上都包括各种形式的书写记录（图书、期刊、科技报告、政府出版物、会议资料、专利、标准、样本、学位论文等），以及新兴的、录载各种原始资料的声像资料。⑦检索服务。包括编制检索工具（目录、文摘、索引、目次页等），建立数据库，提供完善的检索服务（书本式检索、电子计算机检索和其他形式的检索）。

图书情报单位的采访、分类、编目等工作是进行上述服务工作的前提条件，对服务工作的质量有重大影响。不及时、系统、准确地精选服务对象所需的各种资料，建立比较完善的藏书，不对这些资料进行科学的分类，不把各种资料的目录按照“需要时即可利用”的原则编制得使读者从任何可能的途径都易于查找，就不可能进行有效的服务。

进行上述服务，除了图书情报机构本身加工等部门的支持、配合外，还必须有领导方面的保证。美国全国图书馆咨询委员会曾提出一项建议，要求给图书情报服务立法。其中提到“应向美国人民提供适应其需要的图书和情报，联邦政府应与各州政府、地方政府和私营机构合作，在保证提供这些服务方面实行领导”。它建议总统把这条宣布为国策，并由国会制定为法律，为

① 本刊记者. 林瑟菲教授第二次在我校讲学活动纪实. 图书情报知识，1981，(1)：63

了保证实现这些任务，它提出了一些具体的目标，如提供各种不同的资料，提供利用这些资料的书目工具，提供利用这些资料的物质手段，提供受过不同程度训练的工作人员等。

至为重要的是，进行上述服务应根据各图书情报单位的性质、任务、领导和服务对象的要求、本身的条件等具体情况，允许进行多种模式的试验，不要一刀切，不要强求划一。比如有些图书情报单位只进行一次文献服务，有些图书情报单位既进行一次文献服务，也进行二次文献服务，有的图书情报单位不仅进行一、二次文献服务，还进而卓有成效地开展三次文献服务，这些都是应该予以鼓励和支持的。

不过，根据目前我国大多数图书情报单位的具体情况来看，应以既进行一次文献服务也进行二次文献服务为主，即进行传统的图书馆服务，再加上检索服务。目前的检索服务，似以定期的定题资料提供服务（手工式的 SDI）效果较好，最受欢迎。考虑到 SDI 对计算机要求不高，费用较低，我国很多单位掌握了 SDI 的技术，有些已具备条件，完全可以大力发展计算机化的 SDI 服务。这应该是我国计算机检索的近期发展方向。

三

图书情报服务应当遵循的基本原则是一切为了读者（用户）。列宁早就指出，“值得公共图书馆骄傲和引以为荣的，并不在于它拥有多少珍本书，有多少 16 世纪的版本或 10 世纪的手稿，而在于如何使图书在人民中间广泛地流传，吸引了多少新读者，如何迅速地满足读者对图书的一切要求，有多少图书被读者带回家去……”。[①] 我们党和毛泽东等领导同志一贯教导我们要“全心全意地为人民服务”。全心全意为人民服务在图书情报服务中的体现就是一切为了读者（用户），尽量满足读者的合理要求，尽量方便读者，使他们充分利用图书情报资源。资本主义国家也谈“我为人人，人人为我”、“服务至上”等，但那是建立在私有制度和雇佣劳动基础上的，与我们社会主义国家的公有制度和无产阶级道德观念不可同日而语。尽管如此，它们的许多服务方法和措施，还是可以给我们以启发，供我们参考，甚至为我所用的。

图书情报服务至少应从以下两个方面贯彻“一切为了读者”的基本原则：

---

① 列宁全集.19：271~272

1. 尽量方便读者。比如：

（1）延长开馆时间。图书情报单位作为“学术身体”的“呼吸器官”，不可一日停止履行其功能，因此不少国家都坚持全年开馆，节假日也不闭馆（轮流值班，工作人员照样享有各种假期）。有些图书馆每天24小时开馆，一般的也不少于14小时。我们也应尽可能延长开馆时间。

（2）简化各种手续。入门、阅览、借书、入库等制度都应尽量简化，逐步加强开放性，逐渐放宽读者面和资料借阅范围。

（3）开架阅览借书。长期以来这个问题一直是个有争议的问题，但在欧美一些国家已成定论，几乎全部实行开架借阅。读者可随意从阅览室和书库中取阅自己所需书刊。有的国家不仅把书库与阅览室连接起来，甚至干脆就把书库与阅览室合而为一，每层书库中间放书架，周围放阅览桌，使读者最大限度地接近图书。我们即使不能基本上开架，也应部分开架，逐步扩大读者自由浏览阅读的机会。

（4）尽快陈列新到书刊资料。国外一些图书馆对新到书刊在两个月内全部公开陈列，一律不出借。应设置新书目录卡片盒，出版新书通报等。

（5）加强馆际互借。除传统的外埠邮寄借书、本埠互办借书证外，同一地区性质相近的图书馆还可以考虑个人借阅证互相通用，借还书不限地点，有关手续由图书馆工作人员代办等。

（6）多开设小单间研究室。如条件不具备，起码也应设置单人阅览桌，尽量避免互相干扰。一定要采取措施保证环境安静，杜绝噪音。

（7）国外一些图书馆在每间阅览室都提供复制服务设施，书库和走廊也有，廉价、及时供应读者所需的一切复制品。

（8）在可能的情况下提供一些必要的生活方便，如供应简单的午餐、免费提供饮水、设置存放衣物的专用柜等。

2. 提供一切可能的帮助，辅导读者利用图书馆和藏书。比如：

（1）指导读者利用图书馆，散发介绍、指南等印刷品介绍图书馆的组织、布局、设置、规则等。

（2）放映有关图书馆和藏书的录像资料。

（3）举行读者报告会、讲座等，普及文献知识，介绍如何使用图书馆目录，如何查找文献，介绍新兴学科的新文献等。

（4）围绕科研、生产中的重要专题举办各种专题展览，较全面、系统地介绍有关的资料。

（5）有条件的，可为大学生开设图书馆利用课、文献知识等课。

（6）具体辅导读者查目，利用各种参考工具书和检索工具等。

（7）开展馆内、电话、信函等方式的咨询服务，即时或及时解答各种事实问题或文献问题。

（8）作为读者和情报源的桥梁，向读者提供能解答他们所查询的问题的机构和个人等。

在基本原则之下，还有一些具体原则，如区别服务等，本文不打算进一步探讨了。

要实现这一原则，更好地为读者服务，就必须深入了解读者，研究读者。过去，传统的做法是通过统计“登记读者数”、“到馆读者数”和“资料流通量”来证明图书馆的价值的。这类统计对于图书馆来说有一定意义，但对于读者却没有什么意义。真正有意义的问题是：读者是些什么人，他们为什么利用图书馆，他们认为图书馆提供的什么东西有用等。因此，现在国外一些图书馆一般认为了解和研究读者的主要问题应该是：

1. 读者是些什么人？

2. 读者的情报需要是什么？

3. 读者对本馆的图书情报服务满意吗？

关于第一个问题，一般图书馆都从性别、年龄、职业、文化程度、父母文化程度、婚姻状况等调查读者的概况。

关于第二个问题，一般都调查读者利用图书馆的原因（借图书馆之地学习自己带的书、浏览报刊、借书、为专题搜集资料等）、借阅书刊的原因（为研究、为生产、为教课、为学习、为个人提高、为他人服务等）、利用图书馆的方式（浏览、阅读现刊、外借、查目录、查参考书、查检索工具、入库查书等）。

关于第三个问题，一般都调查对图书馆服务满意否、满意的原因是什么（大都是藏书丰富，藏书越少，读者满意的数字越少）、对图书馆资料不满的原因是什么（所需资料未入藏、所需资料已借出、缺乏基础资料、资料太专深、缺乏专深资料、资料太“基础”等）、对图书馆服务工作不满的原因是什么（图书馆人多拥挤嘈杂、馆员帮不了忙、馆员服务态度差，特别是图书馆规章制度太严太多等）。

总之，应该强调指出：因为只有在深刻了解读者（用户）实际情报需要的基础上，才能使图书情报服务有效，所以应该把读者（用户）需要作为一项基本的研究课题。树立了“一切为了读者（用户）”的观念，我们的图书情报事业才会兴旺发达。

参考文献

[1] 孟广均：近两年我国情报科学研究概况．情报科学，1982（2）：66~74

[2] G. T. Onadiran & R. W. Onadiran. Public libraries services in Nigeria. Int. Lib. Rev., 1981，13（4）：409~433

[3] D. C. Ojha：University Libraries in India. 1980

[4] G. R. Williams. The functions and methods of libraries in the diffusion of knowledge. Lib, Quarterly，1980（1）：58~75

[5] King, Donald W., et al. Scientific Journals in the United States, Stroudsburg, Pa., Ross, 1981. 319p

（原载《中国科学院第三次图书馆学情报学科学讨论会文集》（上）．中国科学院图书馆，1983，25~32）

信息资源·信息资源中心·信息资源管理

1 信息资源

在国际上有些学者将信息资源同信息财产分开，认为信息资源指：①具有与信息相关的技能的个人。②信息技术硬件和软件。③信息设施，如图书馆、计算机中心、通讯中心和情报中心。④信息处理和加工的支持系统。信息财产指：①机构拥有的正式数据、文件和文献。②它拥有的智力所有权形式（如专利与版权）和个人专长形式的技能。③它拥有的关于竞争者和政治、经济与社会环境的情报等。但也有些学者将这些都归入信息资源。我看不妨提出狭义的信息资源和广义的信息资源来分别涵盖吧！

在国外，信息也只是近些年才被看做是像能源、资本、劳动力一样的基本的经济资源。在国家一级，信息被用来实现政治、经济和社会目标；在企业一级被用来增加生产率；在个人一级被用来提高教育、学习甚至生活质量。

把信息作为资源对人们的生活方式、工作方式和人类社会的含义是巨大的。比如，在政治经济学方面，关于市场交易的概念就得考虑现在越来越多的经济活动包括了本质上是共享性的交易（人们认为交换性交易是：如果我卖给你汽车，则你有了，我没了。如果我卖给你信息、观点、思想等，则两人都有了。所以信息的本性只能产生共享性交易）；在经济学方面不应仍注重分配匮乏的物质资源，应更注重分配经常剩余的信息资源；在法律方面，在版权和专利权被广泛侵犯、屡禁不止时，应考虑改变所有权概念，想出与这个具有扩散性和共享性的资源一致的办法，给予智力劳动以报偿；在教育方面，由于信息环境对综合思想更为重视，看来应重新认识那种给予具有最狭窄知识的人以最高信任的制度等。

我们应如何定义信息资源，评价信息资源，认识信息资源对我们的经济、社会等各方面的影响？这些问题是很值得深入研究的。

2 信息资源中心

近代欧美国家知识管理史始于图书馆。那时大多数机构建立图书馆主要是将其作为书刊资料的相对静态的储存所或档案馆。随着社会经济和科学技术的发展，到20世纪70年代后期，人们觉得需要在机构内建立一个具有专门设施的据点来展示新技术，培训工作人员学习终端硬件与软件，并处理成批终端用户的大量需求（这些用户也需要和希望成为能利用计算机的人），而现有设施不足以进行这些工作，于是便产生了信息中心的概念。从事这些工作的信息中心被认为进入了信息中心的第一阶段。

信息中心的第二阶段是开始引导、指引终端用户利用大批国内外的外部数据库。到第三阶段，信息技术概念、直观推理、人工智能、决策支持系统、专家与知识系统和其他概念开始被引入信息中心的操作培训计划中。在此阶段，终端用户不仅知道应该用哪个键，以什么指令序列启动机器，还会知道他们不知道的事物、必须找到的东西、可得到什么、如何查到它们、如何存取它们，特别是如何运用它们解决手头的问题，从中取得成果等。

人们认为到目前为止，在技术、经济发达国家中也还没有哪个机构真正进入了第三阶段，只有一些达到了第二阶段，有许多尚未达到第一阶段，有的甚至连一个运转良好的图书馆也没有。

现在国外有些人正在谈论使信息中心变为知识中心、学习中心或信息资源中心的必要性。这知识、学习或信息资源中心其实也就是信息中心的最高阶段——第三阶段。他们认为这类中心必须是人民大众的学习中心、知识中心，有助于发展所有人创造性地解决问题的能力，即如上所述，知道有什么信息、如何找到它们、如何存取它们、如何利用它们和如何从中取得成果的能力。

这种从图书馆发展到信息中心，再发展到知识中心（信息资源中心）的进程，是否是我们所在的这一领域的一个具有普遍意义的发展趋势呢？这个问题我看也是很值得深入研究的。

3 信息资源管理

各个机构在实现其目标时，除购置和利用一般人力、物力、财力资源外，还必须计划、管理和控制信息资源，对职能不同但目标都是为满足机构信息需求的活动进行协调与统合。这些活动包括图书馆与情报中心的业务工作、缩微品制作、拷贝复制、印刷出版、日常文书工作、报告控制与表格管理、管理信息系统、科技信息系统和其他有关的活动。各个机构利用这整个信息处理系统提供的准确、及时、完整的信息，才能做出决策，解决问题。概括地说，信息资源管理就是利用全部信息资源实现自己的战略目标。

一般认为信息资源管理可分为宏观管理和微观管理两大层次。宏观层次的信息资源管理由国家和各级政府的信息管理部门运用法律、行政、经济等手段来实施。主要是通过政策法规、管理条例、投资方向、发展纲要、系统规划和标准化来指导、组织、协调与促进信息事业的发展，确保信息资源的充分开发和利用。以美国为例，美国公众认为政府有义务提供各种条件，保证公众平等地利用这些用纳税人的钱生产、搜集、加工和传播的信息，政府应满足人们从市场上得不到满足的信息需求，并在促使信息发展成为资源方面起重要作用。为此，美国国会先后共颁布了92条有关政府信息系统、信息公开、信息交流和信息传播的法案。1980年美国还明确提出了信息资源管理的概念，并授权每个政府部门委派一名部长助理担任首席信息官员，负责本部门的信息资源管理工作。

微观层次的信息资源管理主要由企业等基层机构来实施，其主要任务是识别企业等基层机构中各级各类人员对信息的需求，对机构内的信息资源进行有效的管理，并提供充分有效的利用。目前国外这方面的一个重大发展趋势是，许多机构已把管理信息资源的职责提升到由机构最高管理层来承担，也设置了首席信息官员等。据有人对美国500家大型企业抽样调查，已有40%的公司设立了首席信息官员职位。

我们应如何从宏观和微观层次上管理信息资源，还有，与此相关联的许多基本概念，如我们应如何划分信息职业和信息工作人员等，我看同样也是很值得深入研究的。

参考文献

[1] Cleveland, H.. Information as a resource. The Futurist, 1982 (6): 34~39

[2] Marchand, D. A. and Horton, F. W.. Infotrends, Profiting from Your Information Resources, 1986, 324

[3] Horton, F. W.. Information Resources Management, Harnessing Information for Productivity Gains in the Office, Factory, and laboratory. 1985, 263

[4] 马费成、王槐. 情报经济学. 武汉大学出版社，1991，431
[5] 孟广均. 祝愿奇苑更鲜艳. 知识工程，1991（1）：7~8

（原载《情报科学》，1992（6）：26~27，62）

面对新的技术革命 迎接信息时代到来

最近国外不少人认为现在的世界正处在“第四次工业革命”的发展高潮之中，即继18世纪（纺织机械和蒸汽机）、19世纪至第一次世界大战前（电力、汽车、钢铁生产技术）、第二次世界大战前后（原子能、半导体、电子计算机、喷汽式飞机、雷达等）三次工业革命之后，现在已进入第四次工业革命时期。第四次工业革命的主要内容是在信息、资源、材料、能源和生命科学这些领域里开展“五大革命”。还有些人把第四次工业革命称为“新的产业革命”、“第四次技术革命”，“第三次浪潮”等等。

不管怎样称呼，他们都认为，西方国家在20世纪50年代、60年代达到高度工业化以后，现正在通过第四次工业革命从工业社会转入一个需要信息、依赖信息、消费信息的社会——信息社会。在这个社会里：①从事信息业的劳动力超过了劳动力总额的一半。1950年美国只有17%的职工从事信息工作，而现在却有60%的人涉及信息工作。西欧许多国家从事信息工作的劳动力竟占其本国劳动力总数的三分之二。②社会中引起革新的劳动力，从工业前社会的“自然劳动力（风、水，畜力、人力）”，经过工业社会的“人类创造的能源（电、石油、核能）”，发展到现在的“电脑和数据传输系统”。③社会的战略资源从工业前社会的“原料”，经过工业社会的“资本”，发展到现在的“知识”。④社会的基本技术从工业前社会的“手工技能”，经过工业社会的“机器工艺”，发展到现在的“智力技术”。

信息社会的最主要特征是知识已成为生产力、竞争力和经济成就的关键因素。知识提供经济社会生产所需的重要资源。因此有些人把“信息社会”也称为“知识”、“智力”社会。在信息社会，价值不是随着劳动增加的，而是随着知识增加的。现在美国的海外市场日益萎缩，但美国的公司却能畅销它们的技术知识、专家见解和管理艺术，就可见知识在今天的价值了。当然，人类历史上每个社会都依赖知识，但只是在近几年，技术知识的积累和分配才作为革新的指导力量居于显要地位。因此，今天一些著名的学者开始把知识称作“重要的资本”、“成本的核心”、“关键的经济资源”。

这种说法是有历史背景的。近30年来，科学技术在各个领域都发生了深刻的变化，出现了新的飞跃。据英国科学家詹姆斯·马丁的推测，人类的科学知识在19世纪是每50年增加一倍，20世纪中叶是每10年增加一倍，70年代是每5年增加一倍，一些专家又估计目前是每3年增加一倍。有人统计，单单科学每年就产生约600万个事实。有人说，人类认识的化合物，1880年只有1 200种，1950年发展到100万种，而现在竟达400多万种。还有人说，现在每天有6 000到8 000篇科学论文发表。这个数字每隔20个月就会增加一倍，如此等等。由于人类知识如此迅速地按几何级数增长，西方一些人士就宣称，现在已到了“信息爆炸”、“知识爆炸”的时代。

在这种情况下，人们为了利用这些大量的知识和资料，使之为生产和生活服务，就采用了新型的工具之一——电脑。从1945年美国制造出第一台电脑后，经历了第一代电子管、第二代晶体管、第三代集成电路、第四代大规模和超大规模集成电路的发展过程，现在，一个指甲盖大小的硅片上竟能容纳成千上万个晶体管，具有输入、输出、运算、储存和控制信息等一系列功能。目前，美、日等国还在研制第五代带有人工智能的电脑。人们认为，电脑技术的革新对于社会经济和生活的意义与影响，不下于18世纪詹姆斯·瓦特发明的蒸汽机。现在国外所说的第四次工业革命就是以电脑为中心展开的。信息社会就是由电脑开拓的“后工业社会”。

前面已提到，信息革命是第四次工业革命的五大革命之一。国外认为西方国家已经经历了五次信息革命，即语言的发明、写作和印刷、大众传播工具、电脑、电脑和通讯的结合。现在它们仍处于第五次信息革命之中。将电脑和通讯结合起来即形成通常所说的联机情报系统。国外有人给起了一个新名词——compunications，意即电脑通讯。这方面一个引人注目的新发展是电视数字信息通讯。它以家用电视机为数字信息的接收终端，使人们通过电视就可检索、接收电脑可读数据库中的资料。报载美国的信息公用事业已初具规模，全国共有1 450个数据库（或资料基地）。只要把电脑和电话线连接起来，拨通数据库后，就可提供各种资料和数据。这些数据库有的提供一般资料，如股票行情、商品信息、班机时刻，甚至电影、书刊评论；有的提供专门资料，如法律条文、医疗处方、经济统计、大英百科全书有关条目等。总之可迅速、全面、准确并方便地为生产建设、科学研究和人民生活服务。

最近中央领导同志在一次有关世界“新的技术革命”问题的座谈会上指出，西方对于社会发展和社会分类的观点显然是同马克思主义的基本原理相违背的。但是，“我们应当高瞻远瞩，展望世界经济、科技发展的新趋势，想一想我们应从中借鉴些什么，注意些什么，从而使我们的社会主义现代化建设得更好一些。”还指出，新的技术革命对我们向四化进军“既是一个机会，也是一个挑战”。这话说得何其好啊！这是非常明智的见解。我们应该注意到，一些发展中国家和地区就是以发达国家走过的道路为借鉴，跳过了某些传统工业的发展阶段，同时采用第三和第四次工业革命的成果而使经济起飞的。我们也应该并且可以从中“借鉴些什么，注意些什么”，比如就可考虑努力争取尽快解决与发达国家的工业化差距和信息化差距，同时发展工业化和信息化，使我们的社会主义现代化建设得更好一些。因此我们应该积极响应这一号召，抓住机会，迎接挑战！

以此为背景，在这里先初步提出以下几点管见：

（1）我认为，由于我国经济和科学技术还比较落后，缺乏“信息意识”，也就感受不到国外轰轰烈烈开展着的“信息革命”的冲击。尽管我国的信息资源也不少（经济的、科学技术的、政治的、文化的、教育的、军事的、生活的……），从事信息收集、组织、管理、传递和服务的机构也很多，但从国家一级来看，似乎还未感到有统一管理我国信息流和有关机构的迫切性。现在国外普遍认为，没有控制、没有组织的信息，不再成为一种资源，因此都加强了信息管理。一个最新动向是英国专业图书馆和情报机构协会（Aslib）即将改名为信息管理协会（The Association for Information Management）。我国也应有一个超越中央各部之上的，统管信息资源的职能部门，把各种有关的机构按照各种层次组织成一个有机的体系，分工协作，共同管理我国的信息资源。

（2）有了总管部门，在它的主持下，应建立信息的基础结构，逐步建立起全国性的信息网。这包括要大力发展电话、电报系统，发展数据的传播网，然后还可通过通讯卫星充分利用先进国家建立的全球传播网。此意即为我国应抓住机会，迎头赶上，进行第五次信息革命，发展联机情报系统，建设我国的信息业。最近在北京已经建成国际联机情报检索终端，可检索国外230多个数据库的资料。这些数据库的专业内容十分广泛，包括自然科学、应用科学和工艺学、社会科学、综合性学科等。显然，这仅仅是一个小小的开端，因为只不过是检索国外一部分资料的终端而已。

（3）信息业包括很多行业，国外把各种电脑公司、专题情报服务机构、情报销售公司、联机检索和分时公司、缩微应用和服务机构、声像资料中心、数据中心、文摘索引机构、正在进行中的科研项目的情报中心、翻译公司、出版公司等都归入信息业。我们却基本上是一种模式——科技情报研究所。把各级情报所都办成科学技术情报研究所是人为的单一化，重复性太大。而有些行业则是空白，要没有都没有。这种结构显然亟待改革。我设想现有地方情报所应办成地方信息中心，负责组织本地区的各种信息资源，发展本地区的信息业。各部委系统情报所应办成各种专业信息中心，负责组织本系统的各种信息资源，发展本系统的信息业。中央一级的情报所应办成中央信息中心，负责组织中央一级的各种信息资源，发展大型的、全国性的信息业。所有这些系统又应在跨越各部之上的职能机构统一领导下组成有分工、有协调的有机整体。

（4）应对从事各种信息业的人员进行必要的教育和培训，给他们提供各种可能的机会进修必需的课程。比如从事文献情报工作的人员就应逐步学会利用电脑进行文献加工、文献管理、文献检索、文献流通等。从国家的角度来讲，更应对那些将生活在“信息时代”里的人进行必要的教育和培训，这对以后各行各业推广使用电脑和培养高级人才，促进社会发展，都具有重要的意义。一些技术先进国家过去把中学毕业作为“具有文化”的起点，现在则认为能够利用电脑和各种大众宣传工具（胶片、电视、录像带等），甚至掌握一门以上外语，才称得上是“具有文化”的。法国政府已正式决定在中等教育中大规模使用电脑，从现在起到1988年将在中等学校设置10万台电脑。这一方面是为了用电脑辅助教学，另一方面则是使学生在中学阶段就直接接触和熟悉电脑。法国总统强调指出：“学校应向信息这一巨大财富敞开大门”。这个动向也是值得我们注意的。

（原载《未来与发展》1984（1）：162~165）

业务调研

图书馆员

图书馆员（librarian） 图书馆业务人员的通称。在一些国家还指图书馆管理专家，或修毕图书馆学专业课程而被授予馆员资格的人，或管理任何一批文献的人。图书馆员的职业是管理图书馆及其目录，对文献资料进行搜集、整理、组织和保管，并提供借阅、参考咨询和情报服务以满足读者的需求。图书馆员应对图书馆的资源、文献资料的组织方法和读者有基本的知识。

在古代，图书馆员的主要工作是保管、看守图书，因此往往被称为图书保管员。17 世纪中叶英国皇家图书馆馆长 J. 杜里主张图书馆员不应只是图书的保管人和提供者，还应是文化传播者。1894 年纽伯里大学校长哈珀提出图书馆员的工作不仅是管理图书，为书编目，还应充当读者利用图书的指导。为了更好地承担文化传播者和教育者的职责，许多学者提出了对图书馆员文化素质的基本要求。如 15 世纪意大利著名私人图书馆的拥有者费德里戈公爵要求图书馆员“学识渊博，神采奕奕，和蔼可亲，精通文学与语言”。德国图书馆学家 F. A. 艾伯特主张图书馆员必须接受严格的专业教育，他在 1820 年出版的《图书馆员的教育》一书中提出图书馆员要有综合性的知识、广泛的外语和历史知识，还应了解文学史、目录学、古籍知识和百科词典，图书馆员应具备的重要素质是条理性、秩序感、辨别细节的能力和献身精神。随着图书馆事业的发展，图书馆员的地位逐渐提高，分工趋向专业化，因而也就有了不同的称呼，如馆长、馆员、副馆员和助理馆员等；编目员、参考馆员、分类法专家、标引员等；公共图书馆员、科学图书馆员、专业图书馆员、大学图书馆员等。

为了保证图书馆员的质量，维护这一职业的社会地位和声誉，许多国家制定了考试政策。如 19 世纪 80 年代普鲁士文化部一位局长 F. T. 阿尔特霍夫认为图书馆员应通过国家考试取得相应的资格。在他的努力下，1893 年普鲁士政府颁布法令，规定通过国家考试者才能取得高级馆员称号，1909 年又发布了中级馆员的考试条例。英国图书馆协会从 1885 年起受政府委托有权授予

图书馆员从书架上取书

图书馆工作者“协会准会员”和“协会正式会员”资格，前者需通过初步考试和中间考试（登记考试）；准会员工作5年后方可参加最终考试，合格者才取得后一资格，因此协会正式会员享有盛誉。1897年法国也开始实施图书馆员资格的国家考试制度。苏联1934年法令规定未受过图书馆教育者必须参加国家考试，合格者才能成为图书馆员。

许多国家的图书馆员都区分为专业人员和辅助人员。专业人员需具备大学毕业以上学历，主要从事专门业务或研究工作，他们一般需受过培训，其任务是鉴定需要，分析问题，确定目标，组织和管理对读者的各项服务。辅助人员需高中毕业，主要从事辅助性工作。其任务主要是应用既定的规章条例和技术从事日常工作。以文献收集工作为例，专业人员只负责文献选择，其他的工作如查重、打卡片、发订单等都由辅助人员完成。但在实践中区分并不总是明确的，例如在自动化程度较高的图书馆，辅助人员就在处理过去由专业人员负责的技术加工和馆际互借工作。在国际图书馆界影响较广的是美国实行的职级制度。美国图书馆协会规定图书馆业务工作人员分为职员（即辅助人员）和专业人员。职员分3级：管理员（职业学校毕业者）、技术助理员（大学专科毕业者）和助理馆员（获学士学位者）；专业人员又分2级：馆员和高级馆员或专家和高级专家（获得硕士学位以上者）。日本图书馆专业人员分为司书（又区分为5级）和司书补。司书需大学毕业，从事专门业务；司书补需高中毕业，协助司书工作。中国图书馆业务工作人员的专业职务分为管理员、助理馆员、馆员、副研究馆员和研究馆员5级，馆员以下为初级业务人员，馆员为中级业务人员，副研究馆员和研究馆员为高级业务人员（相当于高等学校的副教授、教授），主要承担较深的文献研究任务，指导、主持业务工作和科研工作，解决重大的业务问题。

图书馆员几乎遍布于各个地区、各种行业。但在公共图书馆、高等学校和科研机构图书馆的居多。在图书馆员中女性往往占有较大的比例。一些国家比较重视对图书馆职业人口状况的统计，例如在图书馆事业比较发达的美国，1982年在近4.4万个图书馆中有13.6万个全时职位，雇用了大约13.9万名雇员。其中48%在学校区，23%在公共图书馆，15%在高等学校图书馆，14%在专门图书馆。专业人员和辅助人员各占一半。专业人员中约80%有正式学位或证书（60%为图书馆学硕士，12%为图书馆学学士，7%有学校图书馆员证书）。在不同类型的图书馆中，以高等院校图书馆员和专门图书馆员中拥有硕士学位的比例最高。雇员中85%为女性。中国缺乏全国统一的统计，仅知公共图书馆1987年底有2 440所，工作人员有3.3万多人；高等院校图书馆1986年有1 158所，工作人员有43 279人；中国科学院系统图书馆到1990年底有140多所，工作人员有3 000多人。

社会进步和科技发展对图书馆员职业提出了更多、更高的要求。未来世界经济的主要增长成分将是信息业，最需要的职业专家将是能够利用各种传播载体，控制信息洪流，并加以有序管理和广泛传播的专家，即比传统图书馆员职业更广泛的传媒专家和信息专家，他们将主要从事与信息有关的管理、咨询、推销、编辑、标引与文摘编制、培训、系统分析、用户服务、联机查找、文献传递、研究、记录管理、数据库生产等工作。

（原载《中国大百科全书（图书馆学·情报学·档案学）》. 北京：中国大百科全书出版社，1993：442~443）

图书情报机构采用全面质量管理研究

1 全面质量管理（TQM）概述

在19世纪末工业发展非常迅速之时，人们发现工厂一般都重视产量而忽视质量，于是开始研究有关对策。例如，1924年美国数学家开始利用统计方法测定产品质量的可靠性；1935年英国制定了物品抽样合格鉴定标准；1940年贝尔系统和西屋电器公司开始进行质量管理研究，等等。第二次世界大战后，美、日又相继成立质量控制学会或研究组，积极从事提高质量的研究工作。1950年美国著名统计学家、质量管理专家E. E. 德明（E. E. Deming）赴日讲学，日本从此十分重视、积极改进产品和服务质量，1958年正式采用"全面质量管理"（TQM）一词。事实表明，日本的经济复兴大大得益于TQM。

全面质量管理所采用的主要方法有：①业务流程管理（Business Process Management）。这是指通过对业务流程的分析研究，明确所需完成的任务和在执行任务过程中存在的问题与障碍，通过用户和工作人员通力合作，使供需对接的一种方法。②定标赶超（Benchmarking）。即预先确定一个参照目标，然后把现存的系统同该目标进行对比，找出差距，从而不断加以改进和提高。作为参照的目标既可在本企业内部选定，也可放眼于外部。③再设计（Re-engineering）。这是全面质量管理的另一种重要方法，它不仅涵盖流程的改进，还站在总体的高度对整个流程进行重建。

实施TQM的主要好处是：①可打破部门界限，共同解决整体性问题。各机构通常都是将机构的整体任务划分为具体的子任务，然后将子任务和工作人员分配到具体部门中。实施TQM则还须针对共同关心的问题建立由各部门代表组成的"解决问题小组"，小组成员共同研究提出解决问题的工具和方法，并予以具体实施。工作人员通过共同工作，互补知识，了解和参与解决整体性问题。②加强为内部用户服务的意识。内部用户指一个机构内接受该机构工作的产出——不论是物品、信息还是服务——的人。帮助确定内部用户需求的主要问题有4个：你从我这里需要什么；你用我给你的东西做什么；在你需要的东西和我给你的东西之间有无缺口；我给你的东西有无你不需要的。如此不仅可分析、评估各部门的工作，还可分析、评估整个机构的工作和满足用户需求的情况。③不断改进。TQM坚持不断改进，其认识基础是：在工作过程中，有组织地解决问题比缺乏组织能产生更好的效果。这意味着不是以一种不确定的、直觉的方式进行，而是确立基于定量指标的可测定的目标，并检查达到这些目标的进展情况，不断改进，使那些主要由于设计不理想而产生的产品（服务）与标准产品（服务）之间的差异、产品（服务）与产品（服务）之间的差异、产品（服务）与用户理想之间的差异趋向极小，甚至趋于零。这就是德明的"认识差异说"，有人认为这是他的管理思想中的精髓。不断改进既有一种哲学含义，还有需发展一整套解决问题的工具和方法的含义。

2 图书情报机构引进全面质量管理的意义

作为一种思想或管理方式，TQM主要应用于生产企业中，并且取得了很大的成功。国外研究表明TQM不仅能在生产环境中有效地发挥作用，也能用于服务业。根据国际和我国的行业分类标准，情报机构属第三产业中的信息服务业，提供各类情报服务，并有许多有形产品，如卡片目录、机读目录、专题目录、情报分析调研报告、刊物编辑出版、数据库生产、声像制品等等。这些产品和服务也有质量要求，也需要设立相应的质量保障体系，这就为全面质量管理在图书情报机构的应用提供了可行性。

图书情报机构采用TQM是至为必要的。概括地说，主要原因有二：①目前图书情报机构普遍存在经费紧张、效率不高等问题，因此应从根本上挖掘生产和服务潜力，即利用TQM方法改变工作效率低下、情报服务水平不高、业务流程混乱等状况，加强科学管理，不断提高工作效率和服务质量，从而不断提高社会效益和经济效益。②当前全球国家信息基础设施建设——信息高速公路热潮的兴起，使作为国家信息资源重要组成部分的图书情报机构在未来的信息网络中扮演越来越重要的角色。但是这些机构只有具备高效、低耗、优质服务等素质才能适应未来社会发展的需要，否则必将被淘汰。因而TQM在图书情报机构中的应用不仅是现实的需要，也是以情报服务跻身于快速发展的第三产业，进入未来国家信息高速公路的需要。

3 图书情报机构对全面质量管理的研究与实践

目前，国内图书情报界对TQM的研究非常少，论文寥寥无几，而且多局限于文献数据库的标引、编目等方面。国外图书情报界是在20世纪80年代中期开始研究TQM的，主要集中在数据库建设、图书馆自动化系统建设、联机编目等方面，对图书情报部门的一般业务活动、科技情报管理、情报分析研究、图书馆文献情报服务等方面涉及得也比较少，而且基本上没有论及整个机构各种产品与服务的全面质量管理，但毕竟做了很多工作，其经验和教训对我们仍具有很大的启示性。下面简要介绍一下美国3个机构采用TQM的研究与实践情况。

（1）3M公司情报服务中心

3M是一家跨国公司，总部设在美国明尼苏达州，子公司分布在世界50多个国家。3M公司为全世界的工业、商业和医疗卫生等行业生产7万多种产品并提供有关服务。其情报服务中心是以总部图书馆为核心，加上分散在其他国家的该公司14个图书馆共同组成的网络系统。该中心的任务是为3M公司的全体员工提供基本的、全球性的技术和商业情报，以确保他们能及时、准确地掌握重要的国际商业和技术发展状况，从而做出正确的决策。在90年代，3M公司情报服务中心的文献经费相对缩减，工作人员不断减少，但该公司对情报资源和情报服务却提出了更高的要求。在这种情况下，该中心从1990年开始实施定名为Q90s的战略计划。Q在这里代表的不是质量（Quality），而是追求（Quest），强调该中心不断追求管理过程诸要素的改进和提高。Q90s综合利用了业务流程管理、定标赶超和再设计这3种典型的TQM方法。具体做法如图1所示。

虽然从图表上看，各项活动是依次进行的，但实际上并非如此，许多活动是同时展开的。工作人员将每项活动源源不断产生的各种情报汇集起来，并在此基础上不断对计划进行调整和修改。TQM在3M公司情报服务中心的应用取得了良好的效果。

（2）波音技术图书馆

80年代初期，波音公司的雇员大量增加，而公司技术图书馆的工作人员不但没有相应增加，反而有大量人员退休，因此图书馆所提供的情报服务远

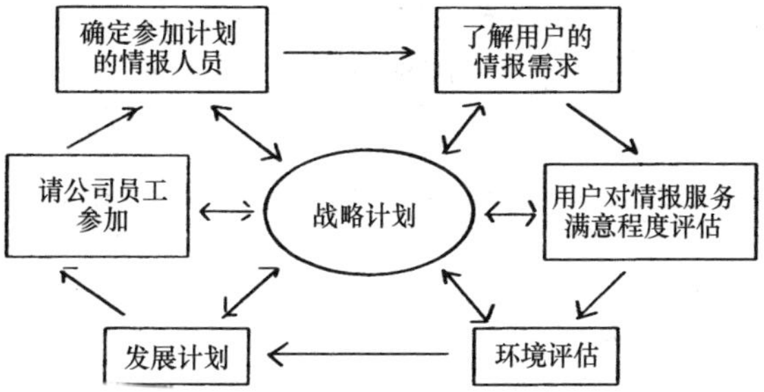

图 1　3M 公司信息服务中心战略计划/全面质量管理

远不能满足职工的需求，也很不及时。为了解决这个问题，该馆引进了 TQM，实施“部门任务分析”计划（Departmental Task Analysis）。该计划利用 TQM 中的业务流程管理法，对部门任务进行了分析研究，共包括 9 个步骤：①明确任务和责任。②确定用户。③了解用户对图书馆的要求。④明确业务活动和提供的产品与服务。⑤确定各项业务的工作人员。⑥了解情报工作人员的要求。⑦明确存在的问题和制约因素。⑧发展反馈机制。⑨确定服务质量的评价方法。通过分析，波音技术图书馆找出了阻碍该馆有效运行的各种问题和制约因素，然后通过实施一系列对应的改进措施，如培训、馆藏开发、参观访问等，提高了服务质量和及时性。

（3）AT&T 公司情报研究中心

该中心是专为 AT&T 公司员工提供情报服务的机构，服务范围包括顾客研究，行业、公司、市场和技术报告，定题简讯，电子新闻服务等。近年来，国际市场竞争愈演愈烈，其他情报机构通过各种营销渠道向 AT&T 公司倾销情报产品和情报服务，直接威胁着 AT&T 公司情报研究中心的地位。为了满足本公司员工的情报需求，并抵制来自外部的竞争威胁，情报研究中心启动了“再设计变革战略”（Reengineering Change Strategy），从总体上对整个工作流程进行了重新设计（见图 2）。在实施再设计变革战略的同时，对整个组织的结构做了变动，将其划分为 3 部分：自管理研究组、战略规划组和核心服务组（见图 3）。自 1992 年起，该中心全面进入质量管理状态。从此，尽管公司裁员而使该中心的用户减少，且中心的日常支出被削减 30%，但中心的收入仍然保持着持续增长的趋势。

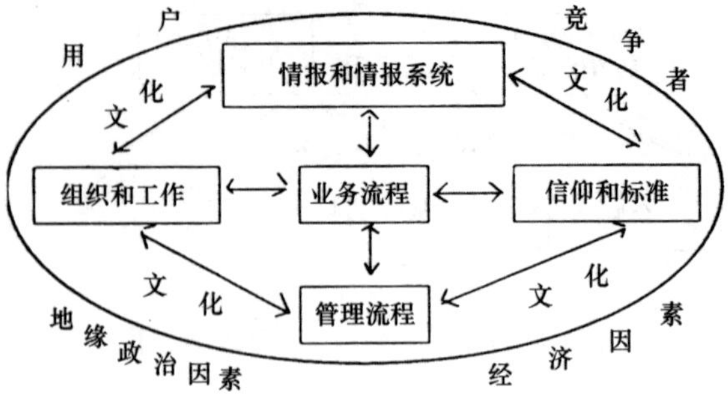

图 2 AT&T 再设计变革战略

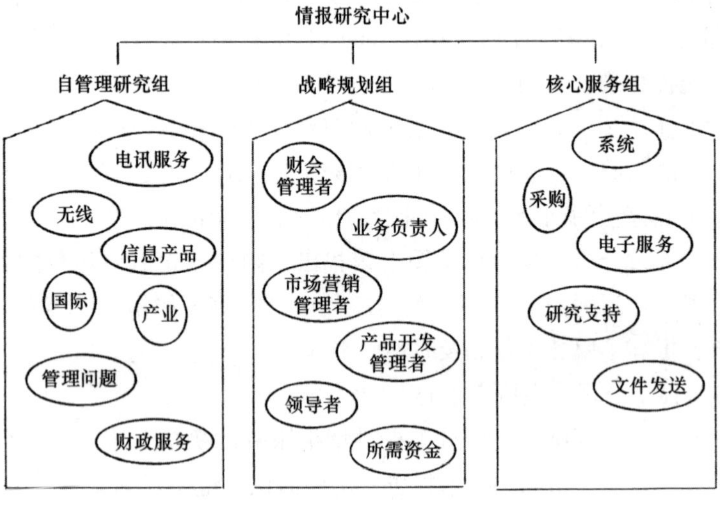

图 3 情报研究中心的新结构

4 国外经验对我们的启示

(1) 必须坚持以用户为导向的原则

从上面介绍的 3 个成功地应用 TQM 的范例可以看出，坚持以用户为导向，以用户的情报需求作为制定和实施计划的起点，以满足用户的情报需求作为实施计划的归宿，是贯穿于全面质量管理的一项基本原则。例如波音技术图书馆为了了解用户对图书馆服务的要求，就其 7 项主要产品和服务进行了问卷调查，包括研究产品（文献查找和情报检索）、参考和流通服务、出版物获取、用户捐赠年度审核、DOBIS 数据库用户手册、联机编目综合系统、DOBIS 数据库和编目业务等，要求用户以打分的形式判断它们在用户心目中的重要程度。

（2）永远谋求用户的支持与合作

一项计划如不为用户所重视就没有价值和意义，因此谋求用户的支持与合作对计划的成功实施具有特别重要的作用。用户的支持不仅表现在通过对用户的调查了解他们的情报需求，而且整个计划的实施过程都需要他们参与。例如在 3M 公司情报服务中心的战略计划中，谋求用户的参与是一项重要工作，或者说是整个计划中不可或缺的一环。在实际的计划实施中，从数据库用户界面和内容的评估到新电子信息产品的引进，从计划的最初拟定到最后结果的评估，都需要用户的直接参与和支持。

（3）不断强化反馈机制

一个新系统需要通过反馈机制的反复作用才能逐渐完善和确立，TQM 在图书情报机构的顺畅运作同样是反馈机制不断发生作用的结果。我们知道，任何一项计划或方案无论在制定时考虑得多么周密详尽，在具体的实施过程中总有些意外情况发生，出现这样或那样的问题，妨碍预定目标的实现。因此，强化反馈机制是计划取得满意结果的重要保证。

（4）充分了解外部环境

在制定一项战略计划之前，充分了解和评估外部环境也是很重要的。3M 公司情报服务中心通过访问世界各地信息公司、情报机构，参加一系列有关的情报会议和研读有关的文献，确立了定额赶超的目标，并明确了对情报部门工作有关键影响的环境因素，包括技术发展（如 Internet）、法律条款（如具有版权的电子形式资料的使用）等。

（5）加强对情报工作人员的思想和业务教育

实施任何一项改革，在开始之际总会受到一些人的抵制，这对整个计划的实施多少会产生一些消极影响。因此，做好计划实施前的思想教育和动员工作，使图书情报工作人员认识计划实施的必要性和应持的态度，增强内部的凝聚力，是实现最终目标的基础。由于新的环境也会对工作人员的业务素质提出新的要求，因此进行必要的业务培训是计划顺利实施的关键。（本文的另一作者为罗曼）

参考文献

[1] Helen Manning. Total quality management: not just another flavor of the month. Bulletin of the American Society for Information Science, 1994, 20 (4): 9

[2] Corinne A. Campbell. Continuous quality improvement in the Boeing Technical Libraries. Bulletin of the American Society for Information Science, 1994, 20 (4): 10~12

[3] Amado A. Trujillo. Benchmarking at Sandia National Laboratories. Bulletin of the American Society for Information Science, 1994, 20 (4): 12~14

[4] Barbara. Peterson. TQM at 3M: planning with customer and staff input. Bulletin of the American Society for Information Science, 1994, 20 (4): 14~16

[5] Melanie Z. Strub. Quality at warp speed: reengineering at AT&T. Bulletin of the American Society for Information Science, 1994, 20 (4): 17~19

[6] S. Jurow, S. B. Barnard. Integrating Total Quality Management in a Library Setting. N. Y. The Haworth Press, Inc . N. Y., 1993

(原载《信息资源与社会发展国际研讨会文集》. 武汉: 武汉大学出版社, 1996: 415~419)

图书馆工作项目分析

——访美调研报告

〔编者按〕院馆孟广均于 1984 年赴美进修，本文是他自芝加哥城寄回的调研报告，本刊将陆续刊载。

美国马里兰社会与教育研究发展公司（SERD）曾为伊利诺斯州图书馆的工作分析计划（Illinois Library Task Analysis Project 简称 ILTAP）做了很好的工作项目分析（Task analysis）。它把伊州具有代表性的 18 个图书馆中 116 位工作人员所从事的工作仔细分析出 1 615 个工作项目，分属于 9 个职能范围：1. 行政管理；2. 选择与征集；3. 编目与整理；4. 登记与流通；5. 参考服务；6. 读者服务；7. 馆藏维护；8. 设备维修；9. 其他。

参与该计划的两位专家 M. Ricing 和 R. E. Booth 根据这 1 615 个工作项目，加以审查评定，编成了一个工作项目一览表（Task List），列出了 8 个主要项目。此表提供了适宜的客观准则，颇有参考价值，它在工作项目和人员关系方面，分为 1. 专业人员；2. 技术人员；3. 事务人员共 3 类，每类之下再将工作项目按时间或工作程序排列。这对于馆内工作的分配、人员的雇用、预算的确定、员工的教育、工作的标准和成绩的评价等是很有助益的。但是由于各馆有其特定的目标和方向，因此应酌加选择，适当修订，以适应本身的情况和需要。下面将此表详细列出：

一、馆藏发展

专业性（Professional）

1. 分析读者需要与兴趣，以确定未来的馆藏。

（1）计划、指导和评价对于读者需要与兴趣的调查。

（2）评价书刊资料使用的方式。

（3）与有代表性的读者和团体的代表磋商。

2. 将书刊资料的选择同其他有关图书馆与机构的需要和资源相协调。

3. 将需要的特殊资料列一清单。

4. 鉴定资料的可得性。

(1) 检查代理商的存货与陈列。

(2) 从出版商的样本找寻资料。

(3) 审查送来试阅的书刊资料。

(4) 阅读商业刊物与评论。

5. 选择。

(1) 多方查阅考虑购买的书刊的各种消息报道。

(2) 以读、听或看的方式直接评价书刊资料的好坏。

(3) 确定某一资料值得购买复本的程度。

(4) 选定书籍的版本。

(5) 评价读者申请购买的书单，并做出决定。

(6) 对于赠送的书刊是否接受做出评价和决定。

(7) 决定书籍的购买、出借、复制等。

6. 确定从馆藏中剔除的书刊资料。

7. 将选择的资料通过购买、交换、租借或赠送的方式获得。

(1) 确定资料是否可以得到及其价格。

(2) 审查绝版书和珍本书的征缺单（want list)，并于有希望买到时出价购买。

(3) 评定特殊资料和珍本书的价值。

(4) 与出版商、代理商商定合同。

(5) 向人索赠图书馆希望得到的资料。

(6) 与其他图书馆和机构建立资料交换关系，并监督其实施。

8. 管理采购过程中的所有阶段。

(1) 确定购买、交换、租借或赠送的手续。

(2) 确定资料采访记录的系统和步骤。

(3) 控制预算。

(4) 安排购买、租借等事宜。

(5) 监督整个征集过程，并解决所遇到的难题。

(6) 核准认可所有订单。

技术性（Technical）

1. 检索书目资料。

（1）查阅标准工具书寻找作者资料、出版情况和价格。

（2）核对本馆目录与订购档案，了解申请购买的资料或收到的试阅资料，本馆是否已有收藏或已订购。

（3）查对建立馆藏所需的标准工具书与本馆目录，记下馆内未藏的资料。

（4）查对破损书单与标准工具书，决定是否值得购买。

2. 集中准备订购的资料，包括代理商名、经费、册数和复本的分配等资料。

3. 核对打好的订单是否正确。

4. 完成给代理商的订购信件，附以必要的说明和图书馆的要求与希望。

5. 掌控图书馆收到期刊的记录。

（1）以人力或电脑定期制作收到期刊的清单。

（2）答复图书馆各部门对于期刊移交延误的意见。

（3）把即将到期的期刊清单送到图书馆各部门，请求提出续订或停订的意见。

（4）检查过期期刊与更替期刊的申请单，按照指示订购刊物。

6. 检验视听设备。

（1）测试打算购买的设备，并向专业人员提出建议。

（2）检查并试用新设备，以确保其正常操作。

7. 维持图书馆购买资料的账目系统。

（1）操作计算机。

（2）在所有新订单上加注预算账号。

（3）将购买的资料以其价格与账号建立一个清单。

（4）每月每年编制预算表，以账号揭示其开支与余额。

（5）按代理商或批发商保存账单。

事务性（Clerical）

1. 准备订购书刊资料的订单。

（1）按照得到的草稿，打出订单表格。

（2）将需要付款的订单送往会计部门。

（3）打出订购信件和信封。

(4) 将订单放进信封准备邮寄。

(5) 将模糊或资料不全的订单，或是价钱不寻常，违反一般常规的订单，提交负责人。

(6) 将打好的订单附件送往编目部门和适当的读者服务部门。

2. 保存订购记录。

(1) 将订购单和订购表格排列入档。

(2) 收到发票时将订单从档中抽出。

(3) 将已核准的发票送给会计部门付款。

(4) 定期查看“采购中”的档案，以便了解逾期未到的书刊。

3. 核对收到的书刊资料。

(1) 打开收到的资料，并予以分类。

(2) 检查收到的资料，看有无破损情形。

4. 查对收到的书刊资料。

(1) 将收到书刊对照原始订单查出其正确书名、版次、册数、价格等。

(2) 将收到的书籍查对发票。

(3) 在发票上盖章、签名，以示无误。

(4) 查明不完整或不正确的订单。

5. 检查发票的正确性。

(1) 检查发票上有无计算的错误。

(2) 计算折扣。

(3) 将外币汇率换算为本国货币。

(4) 将代理商声明未收到付款的报告与图书馆的记录相比较。

6. 为出租的书籍和设备计算出租率。

7. 用人工或电脑编制所收资料的记录。

8. 用人工或电脑编制收到期刊的全部记录。

(1) 将所有收到期刊的日期和卷号记载于主档或输入电脑中。

(2) 保存缺期记录。

(3) 填写未到卷期的催缺表格。

(4) 保存所有订费的付款卡片。

(5) 预约的书未按时到达，应通知负责人。

(6) 保持期刊的沿革卡片。

（7）检查档案，看期刊是否都已订购。

9. 进行其他有关资料征集的事务性工作。

（1）对赠送和交换的书刊进行登记。

（2）维护出版商、代理商和其他资料供应者的地址档。

（3）将送来试阅的书籍中不打算购买，或送错的，连同表格一并退给书商。

二、馆藏组织

专业性

1. 发展并扩大分类系统。

2. 建立编目记录，并指导对其维护。

3. 监督对于联合目录和书目中心的协助，并参与合作编目计划。

4. 决定何时需要重新分类，或重新编目，并计划、监督其实施。

5. 确定新到资料处理先后次序。

6. 利用杜威、国会图书馆、布利斯或其他分类法分类，或将这些分类法加以局部扩展或改编。

7. 利用标准工具书和本馆的规范档（authority file）选定标目。

8. 改写主题标目表，以适应社会、科学的变化，读者兴趣的改变和新技术的应用。

9. 检查国会图书馆（LC）卡片或 MARC 磁带，并予以利用，或改编部分体系。

10. 决定新资料所需副款目卡片的数目和种类。

11. 修改技术人员所著录的目录。

12. 设计便于读者利用的目录体系。

技术性

1. 对没有 LC 卡片或 MARC 磁带的资料进行编目。

2. 对于在标准工具书中已经查明的书籍资料进行简单的分类。

3. 确定著者姓名的形式。

4. 为打字员或资料输入操作员准备主题、著者和其他卡片的草片，并检查卡片是否正确。

5. 处理复本书与新版书（并制作需要附加的卡片）。

6. 将遗失或从馆藏中撤销的书刊资料的所有记录用人工或电脑从目录中剔除。

7. 当资料从馆内某一部门转移到另一部门时，要改变一切相关的记录。

8. 注意期刊名称的改变，并在目录和其他记录上予以适宜的变动。

9. 校正由事务人员排列的目录卡片。

10. 监督目录卡的实际保护工作、卡片的移动、新导卡的插入、污损破旧卡片和导卡的重新制作。

事务性

1. 按照所得到的底稿制作目录卡、排架目录和其他档案资料，或加上新的款目。

2. 以各种方法，如纸带、影印、排字印刷和油印等大量复制卡片。

3. 按照既定的办法将目录卡片安排成套。

4. 把目录卡片、成套的卡片和国会图书馆的单页式目录按字母顺序排列。

5. 将排架目录卡片按类别排列。

6. 初步排列目录卡片。

7. 排列排架目录和其他档案中的卡片。

8. 重打卡片、导卡和抽屉标签。

9. 在卡片目录和排架目录上加进因重新分类或重新编目而改变的资料。

10. 将电脑处理的目录卡片按类型分开。

11. 向国会图书馆或其他集中服务处订购卡片。

12. 将收到的国会卡片与等待处理的书籍资料相对照。

13. 确定书号。

(1) 查寻 Cutter-Sanborn 著者表找出适当的著者号。

(2) 查对排架目录，看是否与其他的书具有相同的号码。

(3) 在书名页上写上书号。

(4) 在新资料上加注日期。

三、馆藏准备与维护

专业性

1. 确定资料实际准备、维护和保存的方法与技术。

2. 与装订商议订合同。

3. 核准装订事项。

4. 对于损坏的图书要予以修补，或制成缩微胶卷等。

5. 安排剔除图书的处理办法，如赠予其他图书馆、交换、出售、丢弃等。

技术性

1. 检查刚加工过的图书，看书袋、书卡、书标是否齐备。

2. 维护装订管理档。

3. 送书装订的同时，详细指出用布、颜色与标识。

4. 将装订好送回的书与原单核对，检查其注明事项与价格是否符合。

5. 找出不适合装订的和非印刷品准备将其制成缩微胶卷。

6. 注意期刊缺期情况，并建议制作缩微胶片或购买过期期刊。

事务性

1. 在新到书刊上加上藏书标记。

（1）盖章。

（2）手写标识符号。

2. 按照特点加注颜色暗号。

3. 用手写或机器将书码加到书上，或粘贴书标。

4. 为新到书刊或新装订的图书做准备，粘贴书标、书袋、书卡。

（1）照草稿打出书标。

（2）用胶水粘贴书标或书袋（使用粘胶机，保持清洁，并保养机器）。

（3）在书标上涂上漆。

（4）将书卡插入书袋。

5. 处理剪辑资料。

（1）剪下做有记号的报刊文章。

（2）在剪下的文章上加注日期章和出处。

（3）将剪报资料粘贴或订在白纸上准备排列整理。

6. 处理新到胶卷和录音带，加上带尾和带首。

7. 检查书架，拿掉已毁损的图书，并将破损的图书分成可以修补者、需重新装订或大加修理者、必须丢弃者。

8. 检查流通回来的资料有无损坏。

（1）胶卷重新卷一次，并检查。

（2）自封套内取出唱片检查有无破裂或刮痕。

(3) 播放录音带，检查是否有被洗掉的部分。

9. 清理资料，准备保存。

(1) 把流通回来的唱片弄清洁。

(2) 使用机器把胶卷弄清洁。

10. 修理破损的资料。

(1) 简单的修补工作，如捆扎、粘贴。

(2) 复制缺页并插入原书。

(3) 利用机器或剪刀、透明胶带来剪接录音带和胶卷。

11. 为资料制作并加上保护性的封套。

(1) 以所需封套之类别区分资料。

(2) 用人工或机器将期刊、报告、专著等放入塑胶封套中。

(3) 将小册子放进卷夹或盒中。

(4) 将小册子、平装书的书脊与封套系好，使其坚固。

(5) 修补破损的录音带盒子、唱片套和小册子盒子。

(6) 操作塑胶碾压机。

(7) 视需要情况更换污损的塑胶套。

12. 为将送去装订的书籍做必要事项的记录。

13. 将装订好送回的期刊分门别类整理。

四、馆藏存储与检查

专业性

1. 设计排架的方法和步骤。

2. 计划读架（shelf-reading）、清点藏书的业务。

3. 为资料在馆内各部门间的流动，而协调空间与时间的安排。

技术性

1. 监督书架与档案的维护。

2. 实行书架与档案的例行检查与抽查。

3. 在例行检查无结果时，要查借书记录、排架目录和其他档案，以寻找遗失图书的下落。

4. 决定何时将资料看作丢失，并通知编目部门。

事务性

1. 将送回的书按类别、所在地、所属图书馆部门分类整理。

2. 将送回的书按书脊或书标上的数字或字母排列。

3. 用推车将图书送到适当地点。

4. 按照书脊或书标上的数字或字母顺序排列上架。

5. 按照索书条所提供的情况把图书从书架或档案柜中找出来。

6. 将所需的图书资料亲自或通过运送系统送到服务地点。

7. 在书架和档案中查找过期未还的图书。

8. 进行书架与档案的一般检查，看看图书和卡片是否放置得很恰当。

9. 遵照指示，在书架和档案上加注主题标目或分类号码。

10. 使用支柱和书板将图书直线排列，以保持书架与档案的整齐。

11. 清理服务区的桌椅，把图书送回适当的地点，以便重新上架或排列。

12. 遵照指示将图书移往另一地点。

13. 清点书架与档案，并检查流通记录与排架目录，以了解图书资料是否仍在藏书系统中。

14. 遵照指示将新到图书放在专门陈列的书架上，经过一定的时间后再撤下放置在永久地点。

五、流通

专业性

1. 为所有类型的资料建立流通系统。

2. 接受并答复各种意见、申诉和查询。

3. 负责馆际互借政策。

（1）与邻近图书馆协调互借政策。

（2）帮助事务人员和技术人员查寻难查的书目。

（3）对于互借表示最后的同意。

4. 监督保留藏书的建立和实施。

技术性

1. 监督已确定的流通和登记手续的实施。

2. 回答读者亲自提出，或写信、打电话提出的意见和申诉。

（1）查明所述问题的理由。

(2) 说明政策。

(3) 解释规则。

(4) 改正图书馆在行为或手续上的错误。

(5) 请求专业人员协助解决问题。

3. 计算遗失和损坏的图书。

(1) 在例行检查得不到结果时再查借书记录和其他档案，查寻遗失图书的下落。

(2) 如断定该书已遗失，则将此情况转告适当部门。

(3) 决定借阅者遗失或破损应赔的款数。

4. 进行馆际互借。

(1) 将使用信件、电话、电报提出的借阅申请事项分类交给适宜的事务人员。

(2) 为事务人员处理此事提供必要的指示。

(3) 批准该资料借阅离馆的申请。

5. 对过期的处理进行监督。

(1) 监督通知借阅者过期的过程。

(2) 检查所有超过指定金额的罚款。

(3) 当借阅者亲自来或以电话、信件提出异议时，决定其罚款是否要减少或者取消。

(4) 用电话或亲自前往借阅者家里或办公室取回过期很久的图书。

(5) 对于已离开本馆辖区而仍有过期未还图书的借阅者，要设法寻找其行踪。

(6) 保留被取消利用图书馆资格的借阅者名单。

事务性

A. 借阅登记部分

1. 解释图书馆借书登记的政策和手续（给申请人所有有关图书馆服务、藏书和手续的印刷资料）。

2. 检查申请人以前是否办过借书卡。

3. 发给申请人登记表，并协助他填写。

4. 检查填好的申请表材料是否齐全（要求其他可能需要的材料）。

5. 在借阅卡上填上申请人姓名等有关事项。

6. 将借阅卡发给申请人。
7. 维护借书申请人的档案。
8. 记下地址的变动，并按申请人的要求重打卡片。
9. 从借书登记档中撤出已到期的借书卡。

B. 流通部分

1. 用人工或机器系统处理流通资料的出借、续借和归还。
2. 在借阅方面给借阅者以必要的指导和协助。
3. 检查归还的书是否过期。
4. 检查归还的书是否有人预约。
5. 检查归还的书有无明显的破损情况。
6. 回答借阅者有关流通规则的问题。
7. 如有邮寄流通服务，则将资料填好的表格一并送到运送部门。
8. 做好流通柜台的服务准备。

（1）准备好一切必需用品。

（2）改变借书日期章、日期牌。

9. 保存流通记录。

（1）以书号排列流通记录。

（2）每日统计流通量。

（3）按需要定期做流通统计。

C. 保留预约部分

1. 检查读者的预约单是否填写完整，并要求补充不足的事项。
2. 检查申请预约之书是否已借出或在书架上。
3. 找出申请预约但已借出之书的卡片，加注标记或将申请单附在上面。
4. 在归还的书中找出有人预约的书并放在一边。
5. 将预约单夹在书中，按申请人的姓名顺序排在架上。
6. 用电话或卡片通知读者预约之书可以来借了。
7. 当读者持通知书来时，找出保留的书给他。

D. 过期和罚款部分

1. 计算罚款。
2. 征收和记录罚款。
3. 回答借书者有关罚款的问题。

4. 根据需要定期编制罚款收入报告。
5. 查对电脑印出的过期书刊报表。
6. 填写一定格式的通知单给过期不还书的借书者。
7. 将不理会过期通知单的借书者的有关情况送交监督人。

E. 遗失与破损图书部分

1. 预备同样格式的信件向遗失或损毁图书的借阅者要求赔款。
2. 记录赔款收据并将钱转往会计部门。

F. 馆际互借部分

1. 回答电话并获取处理申请所需的事项。
2. 将申请电报、信件等分类整理。
3. 用打字或手写填写申请单。
4. 在查找资料前按一定顺序（数字或字母）排列所有申请表格。
5. 查对馆藏目录和流通记录，了解所申请的资料本馆是否收藏。
6. 在书架或档案中查找所申请的资料，并将索书单填写完整。
7. 以相同格式的信件或电报通知借方可得到所申请的资料。
8. 按照提供日期排列申请单。
9. 在所有申请单上加上借者号码。
10. 为选出的资料计算邮费和保险费。
11. 保存馆际互借所有资料的档案。
12. 保存借出资料应该归还的日期记录。
13. 用电话或卡片请借方归还过期的资料。
14. 从其他图书馆收到资料时要将其有关事项打在卡片上，这些事项包括图书馆名称、书名、作者、书号、借书者和应归还日期等。
15. 用电话或卡片通知借书者其所需图书已通过馆际互借借到。
16. 将通过馆际互借借到的资料打包，准备归还。

六、馆藏宣传与利用

专业性

1. 向个人和团体提供利用馆藏的指导和帮助。

（1）解释图书馆的安排方式。

（2）说明提供资料的种类。

（3）回答有关馆藏的问题。

（4）对使用书目性工具如目录、指南、索引、档案和一般标准参考用书提供指导。

2. 本人当面或以电话、信件方式提供参考辅导。

（1）寻求询问的答案。

（2）指导读者查找出处。

（3）编制专题索引。

（4）用电话查询本馆无法提供的资料。

（5）编制文摘。

3. 指导读者选择图书。

（1）提供与其有关的图书和作者的资料。

（2）告诉读者与其专门兴趣和需要有关的图书。

（3）编制图书精选目录。

4. 评估读者读、写、听、看的技巧，并指导他进一步发展。

5. 宣传图书馆资源并鼓励对它的利用。

（1）宣讲图书馆的一般藏书、特藏及其服务。

（2）筹划图书资料展览。

（3）为一般阅览室选择书刊。

（4）从新到图书中选出展览陈列的部分。

（5）支持并鼓励图书馆的一些专门活动。

（6）主持有关图书馆藏书的讨论会。

（7）向个人读者推荐读物。

6. 加强与教学计划的联系。

（1）告诉师生本馆可提供的设备资源和人员等。

（2）建议教师使用图书馆资源以发展其讲课内容。

（3）对教师提出的书单加以研究，并提出建议。

（4）在有关指定用书的需要方面与教师保持联系。

（5）应教师的要求，安排专题资料的选编。

（6）根据教学方案的需要和学生的兴趣提供教室的藏书。

（7）安排各班级参观图书馆。

（8）到教室访问介绍有关图书，就图书馆的服务发表讲话，并让学生登记参与图书馆计划。

(9) 为教师举办研究讲习会，指导他们利用图书馆的资源。

技术性

1. 在专业人员督导下从事简单的书目工作。

(1) 从目录和标准参考来源中查出书目所需的资料。

(2) 检索标准参考工具，提供专业人员所需要的资料。

2. 协助读者使用视听设备。

(1) 安排设备的使用表。

(2) 监督设备的使用。

(3) 提供操作指导。

(4) 应读者要求检查功能失调的设备。

(5) 从事小规模的现场维修工作。

事务性

1. 应读者要求影印所需资料。

2. 向图书馆主要部门提供方向性资料，以答复读者提出的问题。

七、管理

专业性

1. 计划部分

(1) 明确陈述与同事和图书馆服务对象有关的目标和目的。

(2) 陈述并推荐实现目标和达到目的的政策与方法。

(3) 解释目标、目的和政策。

(4) 详述并发展新的服务方案。

(5) 确定方案的优先次序。

(6) 对财务、人员、书目设备和空间资源的分配提出建议。

(7) 组织图书馆的服务和人员的调配，以满足目标和目的的需要。

①设计、发展并评论图书馆内的组织形态。

②确定组织各部门所需人员的程度和性质。

(8) 主持图书馆系统与程序的研究，并提出有关建议。

①根据时间、费用和利益等因素考虑图书馆的加工处理工作是否要电脑化。

②编制流程图和图表来说明图书馆程序的系统问题。

(9) 评价政策和方案。

①建立工作目标（监督目标达成的程度）。

②建立工作标准（确定所需统计数据的性质）。

2. 会计部分

(1) 根据估计的费用审查图书馆或各部门的计划。

①研究并评估各部门的计划。

②将各部门的需要统一成为单一的计划。

③整合资料以证实所提出的需要是合理的。

(2) 向适当的决策人员提出经费建议并加以解释说明。

(3) 在确定的时期内管理预算。

①按照核准的预算来控制开销。

②视经费需要修改方案。

③建立会计报告系统，包括应遵循的会计手续。

(4) 分析收入的来源，预测扩大服务的开销费用。

3. 人事部分

(1) 筹划并主持人员补充计划。

①前往高中、大学和研究院并主持面谈。

②起草职位空缺通知或广告，登载于专业杂志或当地报纸上。

③撰写补充人员的资料。

④同学校或商业的职业介绍部门就图书馆人员的需要问题保持联系。

⑤在图书馆的会议上宣布空缺。

⑥负责同应征者和可能的补充人员的书信联系。

(2) 审查应征者的资格。

①建立专业人员和非专业人员的任用标准。

②与应征者面谈。

③用电话、书信或本人向学校、职业介绍所和他以前的雇主等了解情况，请求给予评估。

④参与笔试、口试和技能测验的准备与进行。

⑤研究现有人员名册，看是否有适于补此空缺者。

(3) 对人员的发展提供指导和训练。

①向新来人员介绍图书馆的目标、目的、组织机构、重要人员与设施。

②为各层次人员设计并实施有关的训练计划。

③对某些员工提出进修的建议，包括进一步的正规教育和专业训练。

(4) 管理图书馆的职务分类计划。

①建立职务分类标准。

②根据标准评议各个职务和各组职务之间的关系。

③定期审查职务，并视需要决定是否应重新分类。

④准备对职务和工作类别作详细的说明。

(5) 经常主持人员评定计划。

①建立定期评议管理人员工作表现的制度。

②研究管理人员对其他人员的评议。

③研究有关晋升、调职、人员调动的意见。

(6) 管理所有人员的人事记录。

(7) 管理图书馆的报酬制度。

①随时注意同等职务的报酬差别（根据馆内外情况）。

②建议个人职务和全体职务的薪金调整。

(8) 代表图书馆与有关工会交涉。

(9) 与有关当局联系所有人事问题（市立州立机构、大学、学校的人事室等）。

(10) 促进员工福利。

①实施集体健康、退休计划、储蓄计划和其他福利计划。

②帮助图书馆人员同专业机构、社会机构和娱乐机构的联系。

③注意人员的工作环境，做到安全、舒适、方便和美观。

④注意人员的休闲设施、盥洗设备和餐厅设施。

(11) 为了提高服务效果和个人的发展而筹划人员的扩充、压缩和工作或部门的调动。

(12) 与各工作人员广泛商讨工作上和私人的问题，以促进个人的良好表现和与组织的良好关系。

(13) 分配志愿者到图书馆，并监督其工作和进度。

4. 公共关系部分

(1) 对其服务对象代表图书馆。

①利用非正式接触、会议和谈话使图书馆引人注意。

②与所服务的团体和个人讨论图书馆的政策、方案和影响其未来发展的因素。

③代表图书馆参与服务对象计划小组。

(2) 借助于宣传图书馆的资源和服务来提高图书馆的使用率。

①与当地传播机构建立关系并保持联系。

②参与广播和电视节目。

③撰写文章和新闻稿。

④计划、安排图书馆内外的展览。

⑤为图书馆出版物编写稿件。

⑥设计用于图书馆服务的影片、幻灯片和其他视听节目的内容。

⑦对于图书馆的藏书、需要和政策发表谈话，或参与讨论。

(3) 随时注意本地、全国和专业机构有关图书馆的资料。

①阅读各种专业性和一般性刊物。

②注意本地的电视和广播有无图书馆可能有兴趣的节目。

(4) 安排来访客人并利用馆内各项设施。

①审查哪些使用会议室的申请合格。

②安排、选派人员担任图书馆参观访问的向导。

③举办图书馆设施的参观活动。

5. 物质设备部分

(1) 对于非书资料、设备和相关设施的购买、租借提出意见或做出决定。

①审查部门主管所提出的重要设备、资料的申请。

②评议产品、设施的其他来源。

③准备资料、设备的合同说明书。

④评议订立合同的单位所提出的价格和提案。

⑤负责审查或指导有关图书馆设备与资料的性能和持久性的技术研究。

(2) 审查并建议图书馆设备的保险方案。

(3) 指导建筑物和土地的全面维护。

①决定重要的改建、修理和革新。

②批准维护设备的协定。

③负责公众和馆内工作人员在图书馆所有地内的安全。

④确定图书馆用地开发的优先次序。

⑤计划并指导预防性维护的长期方案。

(4) 调整并监督图书馆内设备的重新安排。

①按照使用的方式、人员的需要和收藏条件来计划新的空间分配。

②对所需家具和设备提出建议。

③安排对书架的设计。

④设计将资料从某部门或某地点转移的手续。

⑤计划并指导图书馆各部门的移动。

(5) 就图书馆的新址提出建议。

①研究所涉及的交通、费用和自然等因素。

②与图书馆服务对象的代表商讨。

③与列入考虑的土地或设备的主人交涉。

(6) 计划并指导图书馆重大的改进方案。

①与工作人员和服务对象的代表商议有关空间的需要。

②为向建筑师提交建筑物一般规格说明做准备。

③比较、评定建筑师和承包人的出价和方案。

④与建筑师和承包人在工作上保持联系。

⑤评估承包人特殊的成就（在建筑物和工程方面）。

⑥参考室内装潢设计家、建筑师和工作人员的意见，来选择新建筑物和增设部分的家具与陈设。

技术性

1. 一般管理部分

(1) 担任行政秘书的工作。

①记下并整理会议记录。

②准备议程。

③安排会议。

④发出开会通知。

(2) 收集图书馆业务工作、藏书和服务等方面的资料，为起草报告、申请经费、回答询问和进行评估研究的需要做准备。

①从适宜的处所获取资料。

②把统计资料变成图表形式。

(3) 组织并管理复杂的档案（选定主题标目）。

(4) 管理监督重要的事务部门。

2. 数据处理部分

(1) 为进行电脑处理将数据资料建档。

(2) 根据流程图所列的步骤编写电脑程序。

(3) 检查程序。

(4) 在电脑中试验程序。

(5) 程序进行完毕检查数据的正确性。

(6) 根据需要修改程序。

(7) 改进程序以减少作业时间。

(8) 将完成的程序分类并储存，以备将来使用。

(9) 操作辅助电子资料处理设备，如卡片机、校验机、切割机等。

(10) 协助非技术人员使用已处理的资料。

3. 会计部分

(1) 维持图书馆的会计系统。

①将查证过可以付款的账单送交有关部门的主管核准。

②定期或视需要向部门主管提出保留数报告。

③定期或视需要准备财务报告。

④向部门主管提供有关会计系统或账务现状的资料。

⑤视需要向查账员提供资料。

(2) 处理图书馆的存款事项并负责使账目保持正确。

①为图书馆在适当的账户存进所有的收入。

②管理支票书写机的使用。

③调节图书馆的账目。

(3) 支配图书馆的开支和现金。

①支配零用现金的使用。

②审查并照核准的人员出差费付款。

③检查并批准在指定金额内购买日用品和设备的申请。

4. 人事部分

(1) 与应征的非专业职务人员面谈。

(2) 用电话、信件或表格查对应征者提出的保证人。

（3）受委托写信给应征图书馆职务的人。

（4）向新来人员提供有关人员福利和课税规定。

（5）与准备辞职的非专业人员在他离职前面谈。

（6）保存职务管理记录。

（7）起草对员工手册的部分修改。

（8）收集并保存其他图书馆和类似机构有关薪金、员工福利和人事规则的资料。

5. 公共关系部分

（1）编辑职务

①编写稿件。

②校正原稿。

③负责编者和印刷者之间的联系。

④收集、准备文章、节目和新闻稿所需的资料。

⑤保留大事年表，以备图书馆的展览和出版使用。

（2）行政职务

①排定会议室的使用，供应设备，为集体使用的房间进行统一安排。

②监督管理特殊邮件。

（3）图表艺术职务

①版面设计。

②制作平面图，帮助读者寻找服务区域。

③为图书馆出版物设计并进行美术工作。

④制作海报和标识。

⑤设计和筹办展览会。

⑥管理图书馆的印刷所。

⑦照相冲洗，制幻灯片。

⑧剪辑影片。

6. 采购部分

（1）搜集并保存有关物品、价格和质量的资料档。

①与售货员面谈。

②收集制造商的产品说明书。

③参看商业杂志。

④索取检验机构的报告。

（2）提供特殊项目的规格说明。

（3）向供应商寄送订单。

事务性

1. 邮件

（1）收进的邮件

①在邮局或收件部门收取信件。

②以部门或个人姓名分类。

③打开没有特别指明收件人的邮件，并决定接受此件的适当部门。

④分发给适当的个人和部门。

（2）寄出的邮件

①用手或机器将信件折叠插入信封。

②将书籍打包。

③计算信件和包裹重量。

④计算邮费和保险费。

⑤用手或机器粘贴邮票。

⑥将信件和包裹送到邮局或统一分发部门。

2. 打字

（1）使用打字机打制信件、备忘录、卡片、报告、书单、书标和原稿。

（2）操作打字机。

（3）操作打字电报机。

（4）操作电脑输入机器。

（5）改正用各种形式打好的复本的错误。

（6）进行简单的清洁工作，使打字机和其他设备保持良好的状态，视需要换色带等。

3. 整理

（1）将来往信件、发票、收据和其他记录按字母、数字、主题或其他系统排列。

（2）组织简单的档案。

（3）准备标签，并粘贴在卷宗和抽屉上。

（4）视需要从档案中检索资料。

(5) 对资料从档案的移出和归还进行管理。

(6) 定期检查档案并剔除旧的和不常用的资料。

(7) 使档案保持良好状况，视需要更换卷宗、标签和导卡。

4. 速记

用速记法或机器将信件、备忘录和报告听写下来，并用打字机重新誊写一遍。

5. 接待

(1) 在图书馆办公室招待来访者。

(2) 指引来访者找到适宜的接待者。

(3) 回答不需向别处请教的问题。

6. 秘书

(1) 安排主管人的约会日程。

(2) 接听主管人的电话，并转电话、记口信或处理电话中所谈事件。

(3) 代收寄给主管人的信件，属于例行公事的可不需请示直接答复。

7. 电话总机

(1) 操作电话总机。

(2) 将接话转到图书馆各适当部门。

(3) 回答一般问题（如服务时间）。

(4) 接播会议和长途电话。

8. 复制部分

(1) 决定复制资料的最好方法。

(2) 操作油印机、姓名住址自动印刷机或复印机。

(3) 检查复制好的资料是否合意，如需要，再做一次。

(4) 为机器补充纸张、油墨、油漆调色和润滑剂等。

(5) 定期清洁机器。

(6) 操作自动纸张打孔机、校验机、摺纸机和自动订书机。

9. 统计部分

按照指示编纂有关图书馆业务工作、藏书和服务的统计，供准备报告、申请经费、答复问题和评价研究利用。

10. 会计部分

(1) 用手或支票书写机填写支票。

（2）准备存款单。

（3）在适当的账底上记入买卖。

（4）按经费类别保存每年的支出账单。

（5）按经费类别编算某段时间的开支总数。

（6）检查各部门送来的现金报告。

（7）检查发票上有无计算错误。

（8）按日处理零用现金。

（9）操作计算机。

11. 人事部分

（1）主持应征事务人员的打字测验。

（2）评定雇用前测验的分数，由权威人士评审。

（3）保存所有雇员和前雇员的人事档案。

（4）保存人事开支的记录。

（5）填写简单的参考表格，让管理者签字。

12. 薪金部分

（1）检查人员的工作时间卡，并调整其不符处。

（2）为人员记下时间并留下记录。

（3）计算应得薪金和应扣税金。

（4）用手或机器签写支票。

（5）准备所付薪金和扣除税金的年度书面报告。

（6）定期为有关政府机构准备税务报告。

（7）定期编制个人赔偿和借款时间累积报告，以及年假、病假的情况。

13. 公共关系部分

（1）编辑当地和专业报纸上有关图书馆的文章，以及所有由图书馆准备发表的文章的剪报档案和剪贴簿。

（2）编辑图书馆印刷部门生产的所有印刷品的档案和剪贴簿。

（3）保存图书馆出版物的邮寄名单。

（4）保存宣传资料的存货。

（5）布置公告牌和展览会场。

14. 采购部分

（1）准备申请单和采购订单。

(2) 对收到的物品与包装单、原始订单和发票进行查对。

(3) 保存所有物品的来源、价钱、订货日期和订购数量等记录。

(4) 采购小件和急用品。

15. 供应部分

(1) 维持办公室用品的存货。

①通过采购部门订购所需用品。

②保存物品分配记录。

③保存库存物品清单。

(2) 定期或按照申请对个人或部门分发物品 (用手或推车递送物品)。

全面性

凡负有各部门行政和监督责任者 (不论是专业人员、技术人员甚至事务人员) 即各部门的负责人，都应根据各自的情况做好以下工作项目：

1. 指导并监督该部门的工作。

①计划并指派各人的职责，同时注意所有人员是否都予以有效地利用了。

②决定优先次序和截止期限。

③按专业性或技术性的总职责管理本部门。

④建立和维持促进有效服务和人员良好作风与纪律的工作。

⑤主持工作人员会议。

⑥承办紧急事件。

2. 评估工作计划的特点和效果。

①确定适当处理和评估计划所需要的记录、统计和表格。

②向工作人员索取工作完成的报告和统计。

③研究分析和评估工作人员的报告，并将所获得的资料整理并入该部门的报告中。

④按照确定的专业或技术标准评估该部门的计划。

3. 向工作人员解释管理的政策、方向、方针和规定，同时将人员的需要和建议传达给管理部门。

4. 提出关于新计划、新活动和使用新技术的建议 (随时注意图书馆在服务、技术和读者需要方面的新趋势)。

5. 协调本部门与其他部门的活动。

①代表本部门参加各部门间的会议。

②与其他部门的负责人讨论部门的程序、政策、计划和问题。

6. 监督部门的工作人员。

①介绍部门中的工作并根据需要提供工作训练。

②每日非正式地评定工作表现，并传达改进的必要性和方法。

③定期提供系统的书面评鉴。

④根据工作表现委派更高的职责，以鼓励人员的发展。

⑤建议有关当局考虑某些个人和部门全体人员接受在职训练或脱产训练的必要性。

⑥就个人的调职或提升提出建议。

⑦与工作人员个别交谈关于晋升的可能性、所需的额外教育和训练等。

⑧对人员的惩戒或免职采取必要的行动。

⑨安排人员以适应服务的需要。

7. 就资料、设备和用品的购买提出建议。

8. 处理信件，口述信件和备忘录内容。

9. 答复有关该部门工作的询问（无论是本人、电话、书信或问卷等方式）。

八、人员发展

图书馆应了解每一工作人员的技能和知识，并促进其发展，但工作人员应主动去做：

1. 随时注意专业或技术方面的发展。

①经常阅读本专业的文献。

②参加有关专业或技术学会。

2. 对于专业或技术方面做出贡献。

①参加专业或技术学会的活动计划。

②调查专业或技术方面的问题。

③从事研究。

④为刊物写稿。

3. 充实自己的专业或技术知识。

①在学校正式听课。

②参加研究讲习会和座谈会。

③参加在职训练。

参考文献

[1] Thomas M. Brown. A Task Analysis of Library Jobs in the State of Illinois. 1970

[2] David D. Thompson. Planning and Evaluation for Statewide Library Development, New Directions, 1972

（原载《图书情报工作动态》1985：（3）（4）（5））

合作发展馆藏

合作发展馆藏（cooperative collection development） 图书馆馆藏建设和管理的基本方式之一。两个或两个以上的图书馆在自愿基础上，通过分工，各自尽可能将一定范围的文献收集齐全，使各类型、各学科文献在整体上更为充实，避免不必要的重复浪费，并在此基础上促进资源共享。合作发展馆藏一方面可共同对付文献激增和预算紧张的挑战，另一方面也可使合作馆的馆藏资源最优化。20 世纪 80 年代以来，合作发展馆藏已成为世界图书馆事业的总趋势之一。

德国是较早开展合作发展馆藏活动的国家，早在 19 世纪下半叶就提出了图书馆采购的分工协作问题。蒂宾根大学图书馆馆长、法学家默尔在 1869 年阐述了协调采集的思想。19 世纪末 20 世纪初 F. T. 阿尔特霍夫将其付诸实施。1920 年成立的德国学术支援协会在协调采集方面做了不少工作，它把协作范围从普鲁士 10 所大学图书馆扩大到其他地区大学图书馆。1951 年协会易名为德国研究协会，下设图书馆委员会。该会制定的全国采集协调计划把采集外国图书的任务按 31 类 111 小类分配给各图书馆，目标是通过协调采集保证重要的图书在德国每种至少有 1 份。1952～1953 年，它参照各馆馆藏建设的传统和现状，重新确定了某些学科的分工。原民主德国实行的“采集重点”协调计划也是为了协调外国文献的采集工作。参加馆为 71 所研究图书馆，涉及 14 大类 140 小类，文献类型包括图书、期刊、科技报告、学术会议录等。

1896 年，美国芝加哥公共图书馆、约翰·克里勒图书馆和纽伯里图书馆制定合作采集计划，分工收集专门学科的文献。1913～1914 年间，哈佛大学图书馆等共同委托利奇斯坦前往南美洲采集文献。30 年代的经济大萧条促进了图书馆事业的大协作。1940 年美国国会图书馆、美国国家医学图书馆、美国国家农业图书馆签署了采集原则协定。第二次世界大战期间美国成立了一个“部际外国出版物采集委员会”，向战争机构提供重要的书刊资料，接着推出“战时出版物合作采集计划”，使参加计划的美国研究图书馆得到了战争年代出版的约82万册书刊资料。在此基础上，1948年1月在美国研究图书馆协会的主持下，又开始实施另一项外国出版物联合采集计划——法明顿计划，最初范围有限，到50年代初覆盖了全世界（重点是第三世界）。此计划持续了24年后于1972年9月终止。随后美国相继于1960年起实施拉丁美洲合作采集计划，1962年起实施480号公法计划，1966年起实施全国采集和编目计划。后两者在支持美国图书馆界采集外国研究资料20年后，因经费问题于80年代开始步入困境。研究图书馆中心的建立是美国正式合作发展藏书的成功范例，其成员遍布全国，通过接受馈赠和呈缴本以及购买等方式获取不常用的研究资料（包括外国学位论文、报纸、政府出版物等）。

英国自第二次世界大战以来发展了4类地区协调采集计划，即学科专业文献合作采集计划、小说合作采集计划、外文文献合作采集计划、视听资料合作采集计划。澳大利亚国家图书馆和新南威尔士5所大学图书馆共同实施的新南威尔士采集计划，把世界划分成若干区域，分工重点采集现期出版物，包括政府出版物、统计资料、连续出版物等。

文献合作采集活动除在一国范围内进行外，还出现了国际性的合作采集计划，如著名的斯堪的亚计划。原法属国家、英联邦国家也利用其历史形成的关系，一直进行国际合作文献采集活动。

国际上合作发展馆藏的基本经验和做法是：①建立合作发展馆藏的共识。过去许多图书馆一直是独立地、自给自足地发展馆藏。但是文献的激增、预算的紧缩和用户的需求使任何一个图书馆都不可能真正地做到自给自足，迫使它们不得不从单独发展馆藏走上合作发展馆藏的道路。客观环境要求图书馆必须确立合作的观点，一方面用其基本的核心馆藏为用户服务，一方面与其他有关图书馆建立合作关系，利用合作馆的资源，即把所有合作者的馆藏都看成是自己馆藏的延伸和扩大。这样各馆都可向用户提供比单独一个馆提供的更好的服务。有了这样的共识，才能积极开展合作发展馆藏活动。②合作发展馆藏的组织形式基本上可分为一个地区内若干图书馆组成的图书馆群、同一类型图书馆（如国立的、大学的、研究的、专门的、公共的）组成的图书馆群、某一学科或专门领域图书馆组成的图书馆群、国际性图书馆群等。③制定合作发展馆藏的方针政策。一般合作发展馆藏计划确定的采集方针是：各馆采集用户最需要的、最能发挥效用的文献；不常用的和使用率低的文献则通过广泛、高效的馆际互借活动排除重复采集（包括依靠其他国家的图书馆）。如斯堪的纳维亚半岛几国的采集方针即提出用户所需利用率低的文献可通过英国不列颠图书馆文献供应中心获得。④提出与合作发展馆藏有关的方法。如美国的研究图书馆组织在1980年提出的“大纲”就为各馆提供了一个评估馆藏的工具。利用“大纲”可对各馆馆藏特色进行细致描述。由于有了共同的语言、代号，就可以协调各馆之间的采集业务。因此，“大纲”可适用于一般图书馆，欧洲国家也纷纷采用。

（原载《中国大百科全书（图书馆学·情报学·档案学）》．北京：中国大百科全书出版社，1993：181～182）

国外合作发展藏书概况

当前资源共享的理论和实践到处盛行，这是因为：社会本身就是一个合作、协作的社会；许多社会的、政治的、经济的和其他方面的因素促使我们在所有的活动中合作。当然，我们在这里所谈的资源共享是指共同享用图书馆的资源。国际图书馆界普遍认为，图书馆的资源包括各种各样的资料、职能和服务。资料是图书馆加工和保存的各种各样的阅读材料。职能是图书馆为了选择、采购、组织和维持馆藏而进行的活动。服务则包括图书馆为了在用户与阅读材料之间建立联系而运用的所有技能。此外，图书馆资源还应包括从事图书馆工作的人员和图书馆拥有的经费。我们常常看到和听到的什么藏书共享、职业共享、服务共享、技术共享、财政共享、空间共享等等（在很多情况下共享实际上是共同分担的意思），可以说构成了资源共享的各个分支。

本文论述资源共享的一个分支——藏书共享，即国际上通称的合作发展藏书问题，主要介绍国外（重点是美国）合作发展藏书的概况等。

一

图书馆藏书具有藏书加工性、藏书系统性、藏书的目录检索性、藏书的公共利用性和藏书的保存性等特点。这些特点表明图书馆藏书是具有高度组织性和开发性的文献资源。

国际图书馆界日益普遍开展的“藏书发展”活动是以图书馆的任务和用户的需求为依据，系统收集、积累、组织藏书，建立藏书体系的过程。它包括藏书规划、补充、组织、协调、建立检索网络、组织存储中心等。由于人们越来越认识到文献是一种重要的资源，现在许多国家都把藏书发展当做大事之一，予以高度重视，大多数图书馆都设置了专门的藏书发展官员负责组织藏书发展工作。我们所说的“文献布局”仅是藏书发展的一部分，谈文献布局离不开上述藏书规划、补充、组织、协调、建立检索网络和组织存储中心等各个方面，因此本文不打算把重点放在局部的文献布局问题上，而是重点谈“藏书发展”问题。

二

图书馆之间的合作活动已有漫长的历史。但严格地说，在图书馆网络出现之前，合作活动大多是非正式的。合作活动的初步尝试是开展馆际互借。1634年巴黎的皇家图书馆和罗马的梵蒂冈与巴比伦图书馆之间第一次出现了互借手稿的创举。1899年美国欧内斯特·理查森在《图书馆杂志》发表了《大学和研究图书馆之间的合作和借书》一文正式提倡图书馆间的合作，推出了一个先进的观念——“为图书馆借图书馆”。

随后出现的合作方式是联合采购。1913~1914年美国沃尔特·科奇斯坦因首次发起到南美出差采购图书资料的第一个联合采购计划。1933年挪威图书馆学者蒙特也提出了合作采购的设想。但这些活动都是个别的。

1948年美国发起分担采购计划——法明顿计划，开创了图书馆间合作的新阶段。该计划根据美国国会图书馆分类法把所有出版物分为804个主题，然后由美国最大的60所图书馆分担采购，以便确保每种有学术价值的外国出版物在美国都至少有一份。此计划在美国研究图书馆协会的组织下实施了20多年，后因目标不一致、不便管理等原因到1972年终止。差不多与此同时，美国10所中西部大学联合发起组建了中西部馆际互借中心（后改为研究图书馆中心），理查森称之为“为图书馆服务的图书馆”。该中心拥有许多对研究图书馆非常重要的、独特的藏书和服务，如全面收藏了国外学位论文、报纸等，以及高价的、深奥的资料，这些资料所有成员馆都不必再买了。这是一个成功的例子，一直坚持到今天。

直到60年代末，特别是70年代，美国各图书馆在非正式的合作基础上利用国会图书馆的机读目录记录，也利用新的计算机技术和现代化的电信系统，才促进了正式合作组织和网络的建立。到80年代初美国公共图书馆系统已有375个，各种类型图书馆的合作组织已有210个，单一类型图书馆的合作组织已有155个等。这些合作组织有地区的、州的、州间的和全国的。主要开展合作编目、馆际互借、共同存储、合作藏书发展等合作、协调活动（合作和协调稍有不同，前者指先已存在的环境，后者指需要达到的目标）。值得注意的是，美国到80年代初还有了25个具有自己自动化系统或与其他自动化系统订有合同，为自己的成员馆提供自动化服务的大型网络，这些系统和网络代表了图书馆合作的新方向。

一些国际组织也在做出各种努力促进国家间甚至世界范围的合作，如国际图书馆协会联合会等提出的“世界书目控制”（UBC）、“出版物的普遍可得”（UAP）和联合国教科文组织建立的“世界科学技术情报系统”（UNISIST）等。

在合作藏书发展方面做得突出的合作组织或合作项目主要有：美国的研究图书馆协会（ARL）、研究图书馆组织（RLG）、伊利诺斯州系统、科罗拉多州、纽约州、北卡罗来纳三角研究图书馆网络合作藏书发展计划、马萨诸塞州的汉普夏馆际中心、阿拉斯加合作藏书发展计划、太平洋西北地区等。

例如，1973 年美国最有声望的 4 所图书馆——哥伦比亚大学图书馆、哈佛大学图书馆、耶鲁大学图书馆和纽约公共图书馆，“为了对付日益增长的经济制约和资金不足的趋势造成的威胁”，建立了“研究图书馆组织”，“形成了一种经过计划和协调的、相互依赖的伙伴关系。”该组织最关注的领域之一即协调藏书发展。它编制的学科大纲是保证各种不同的专门藏书都得到发展和保存的一个有价值的工具，在图书馆界很有影响，事实上已成为全国研究图书馆大纲的基础。1982 年阿拉斯加大学以上述大纲为基础为全州制定了一个学科大纲，用于确定收集职责、共同采购、保存和馆际互借，不仅适用于研究图书馆、也适用于各种类型的图书馆。在此基础上，以阿拉斯加州为首，包括西北部地区 5 州，又发起一项西北部地区图书馆和情报资源计划，目的是“支持改善情报利用的战略”，第一个目标是完成计算机化的资源评价项目。

不过，真正在美国全国开展的具有深远影响的计划还是 1983 年研究图书馆协会发起并主持的北美藏书目录项目（NCIP）。该项目也以上述大纲为基础，目的是对研究图书馆协会所有成员馆的藏书进行评价。（下面将较详细地介绍）。

北欧的“斯堪的亚计划”是合作采购外文图书的计划，它与美国法明顿计划、西德的专业采购系统的合作采购计划不同，是第一个国家间的合作采购计划。由于斯堪的纳维亚各国都认识到小国图书馆不可能全面采购，才积极促进此计划的实现。它的宗旨是建立全斯堪的纳维亚的文献库，计划要求各国研究图书馆在外文图书入藏、分配和利用方面协同行动，以最合理的图书复本率保证所需藏书的齐全。

此计划的特点是限定图书的选题（一般是狭窄的领域），只在这些选题内合作采购，各馆必须采购的不属此范围。如限定了语文选题约25种，包括阿尔泰语、克勒特语、满洲语、巴利语、闪语、弗里西安语、突厥学、西藏学等，由各国主要图书馆分别系统收藏。另一个具有方向性的发展是，斯堪的纳维亚各国在50年代末60年代初也建立了科技情报机构，最初人们讨论它同图书馆的关系时认为应分别独立自主，后来普遍认为应协同工作，于是在1976年成立了官方组织——斯堪的纳维亚各国图书馆和情报机构的合作组织（NORDINFO）取代了原图书馆联合会合作委员会和政府间情报文献合作委员会。该组织除了促进斯堪的纳维亚计划的实现外，还开展了其他合作项目。由于成效较大，现在华沙条约组织国家、南亚、拉丁美洲也已决定或正考虑仿效此做法，发展外文图书采购的合作。

三

美国各系统在藏书发展方面的做法不尽相同，仅根据个人的认识介绍如下：

确立合作的观点

过去许多图书馆一直强调实现“独立的”、“自给自足的”甚至“全面的”藏书发展，企图依靠自己的藏书，实在不得已时再加上利用其他图书馆最少的资源来满足用户的全部合理需求。但是，尽管每个图书馆都花费了巨大的人力和财力建立和维持相当可观的藏书，设法保证用户的合理需求，事实却是没有一个图书馆能够做到自给自足，因为单个图书馆的人力、财力和空间毕竟都是有限的。美国哈佛大学图书馆原馆长道格拉斯·布赖恩在1963年说过：“对于研究工作有用的印刷资料的数量增长得极其迅速，以致今天哈佛大学图书馆尽管拥有700万册藏书，但比起60年前拥有100万册时更使我们经常感到不足”。13年以后的1976年他又说：“1963年以来我们又为哈佛大学增加了200万册藏书，但这种不足感继续在更快地增长”。

事实使人们越来越认识到，“全面收集”是一种幻想，“自给自足的藏书”也是一种神话。学术研究对情报的需求早已不能只局限于一个大楼、一个机构、一个地区甚至一个国家了，因为所有学术领域中全部重要的资料都不可能被任何一个图书馆收藏，甚至也不可能被最大的图书馆收藏。有人做过调查，发现拥有约2 000万册藏书的、被称为世界第一大图书馆的美国国会图书馆拥有的法国文学藏书为62%，而4所大型大学图书馆加起来却拥有83%。社会环境要求合作，要求每个图书馆用其基本的核心的资料为用户服务，并与本系统或网络的其他图书馆建立联系，利用所有参与者的合作资源，即所谓“为图书馆借图书馆”；或者说，把所有协作者的藏书都看做是自己藏书的延伸和扩大。如此可以向用户提供比单独一个图书馆提供的更好的服务。显而易见，只有大家有了这样的认识，才能谈得上进行协调和合作。

编制学科大纲

主要是研究图书馆组织编制的大纲。它是根据美国国会图书馆分类法编制的一个可进行比较的学科类目表，还附有一个杜威分类法的转换表，使用“杜法”的图书馆可将其转换为大纲相应的类目。利用大纲的数据可鉴定全国的藏书实力，比较各学科强项和弱项，评定各馆的藏书水平，估计藏书的变化等。因此大纲被认为是“藏书资源分布图”，是清点和评价藏书的工具和标准。

北美藏书目录实验项目

1984年研究图书馆协会将此作为一个实验项目交给印第安纳州，目的是以上述大纲为框架，试验和制定培训计划与方法，以便对该协会所有成员馆的藏书进行评价。此项目分为3个阶段：

1. 设计出一套方法，编写一些大纲培训手册，并制定培训计划（约1年）。

2. 审查前一年完成的工作；进行试点，对几所图书馆几个学科领域进行藏书评价；进行检验研究，检验大纲评价的有效性等（约1年）。

3. 为期3年，每个成员馆都要提供各学科藏书的信息，以便编制北美研究图书馆各类型藏书按学科类目排列的联机目录。需提出的是：

（1）各图书馆一般都成立工作组，负责基层各馆的实施；州合作发展藏书委员会则负责协调全州的工作。

（2）需制定实施计划，确定时间表。

（3）每个类目的评价工作完成后，将评价材料汇集成一套工作单，分发给目录工作者分析，请他们考虑自己的藏书是否足以支持本单位的研究和教学任务；与其他成员馆的藏书相比价值如何；是否有明显的空白和重复；一个成员馆的藏书可否支持另一成员馆的研究或教学任务。目录学家在分析过程中要考虑研究人员和教师的变化、研究兴趣的变化、馆际借阅以及排架目录等情况，甚至还需进行有关的课题研究，如馆际互借处理情况研究（确定上一年在全地区无法得到的资料）。

(4) 各成员馆的藏书发展负责人定期联系，并交换预算和藏书数据，期刊、新到资料、剔除资料和需求资料的目录，图书馆通讯等。

编制北美研究图书馆的联机目录

根据美国国会图书馆分类法，编制北美（包括美国和加拿大）研究图书馆各类型藏书的联机目录，可提供北美研究图书馆藏书的性质、范围和强项以及其他可以比较的数据。通过标出现有藏书强项的布局（或列成藏书强项一览表），可为藏书发展提供一种依据，为向用户指引情报源提供一种工具。

收集数据

至关重要的是应有可供比较的数据，合作发展藏书必须依靠数据才能进行。应该收集的主要数据为：

1. 藏书：每一学科的藏书数量、年代中值（寿命）、藏书的可利用率。

2. 利用：流通和内部利用的资料的学科分布、这些资料的年代中值（寿命）。

3. 收集：确定上一年所收集的资料的学科分布。

4. 馆际互借：确定上一年馆际互借（包括原书和复制品）和后续参考活动的学科分布。

5. 出版物：上一年出版物（如专著、期刊等）的学科分布，即上一年各学科各类型出版物的出版量等。

以上除出版物按学科大类粗分外，其余各类都分成最少 119 个学科类目。

各馆向系统除提供上述数据外，还应附有说明，说明对不远的将来将要加强藏书发展的领域和在合作发展藏书中特别感兴趣的领域。

系统一级收集的数据主要是有关馆际互借的情况。系统应作为一个整体全面收集本系统的馆际互借数据，不仅包括由系统处理的需求，还包括各图书馆直接处理的需求。这些数据包括需求的学科分布、各学科的满足率和未满足率、各学科需求的年代中值（寿命）等。

制定藏书发展计划

系统的实力与成员的实力有关。基层图书馆必须首先尽力满足用户的基本需求，然后再依靠系统。基层图书馆只有分析了自己的藏书，明确制定了自己的藏书发展政策以后，才能有效地参与合作发展藏书活动。不论是系统一级、系统间一级还是地区一级、国家一级，其组成部分必须是基层图书馆的有效的藏书。合作发展藏书要求图书馆制定最有效地为其用户服务的基层藏书发展政策，而后以这些政策为依据制定系统的合作发展藏书政策，最后制定地区的合作发展藏书政策以至全国的合作发展藏书政策，即应自下而上地制定全国的藏书资源计划，充分发挥这一巨大资源的整体效益。

1. 基层一级：每个图书馆都应利用大纲数据制定藏书发展计划。计划的目标应是：

（1）评价本馆的藏书。

（2）确定重点领域。

（3）详细制定未来的收集计划。

2. 系统一级：各系统都应制定合作发展藏书计划. 计划的目标应该是：

（1）根据藏书满足用户需求的情况确定系统内馆际互借（宜包括原书刊和复制品）活动频繁的学科领域和活动稀少的学科领域。

（2）详细制定合作发展藏书战略，确定需要调整和改进的学科领域。

3. 系统间一级：具有类似利益的图书馆应打破各系统之间的壁垒、界限，就有关的学科领域达成合作藏书发展协议。

4. 州一级：制定全州图书馆和情报网络的合作发展藏书计划。计划的目标应该是：

（1）根据本地区馆际互借（宜包括原书刊和复制品）的满足率，确定交换活动频繁和稀少的学科领域。

（2）根据定量定性分析确定地区内有深度的学科藏书。

（3）制定合作发展藏书战略，调整和改进交换稀少的学科领域。

检索

1. 应建立一个能持续运行的数据库不一定联机运行，提供各种报告：各馆藏书概况、各类型图书馆群的藏书概况、所有图书馆的学科藏书情况等。

2. 应编制各种联合目录。

评价

1. 应确定评价程序和评价方法，尽可能与可望在全国使用的方法一致。

2. 评价方式主要有“以藏书为中心”的评价和“以用户为中心”的评

价。前者是将藏书看做一种资源以"面向未来"为原则，认为藏书的价值同未来的学者目前尚不得而知的需求有内在的联系，因此注重藏书的知识广度和深度，而较少考虑当前的实际需求和利用。后者则以"立足现在"为原则，强调藏书对当前用户的实际效用。显然，前者最适用于拥有大规模藏书的图书馆和承担双重任务（一是为满足用户的近期需要提供资料，二是在一个或几个学科领域建设有一定深度的藏书，将其作为一种资源为未来的用户服务）的图书馆。

3. 应利用定量（如排架目录点数）、定性（如专家评议法）手段评价。

4. 应用美国图书馆协会的《藏书发展方针》确定学科藏书的深度：

A. 全面级：竭尽全力收藏某一领域全部有价值的文献。

B. 研究级：研究所需要的主要原始资料，包括研究报告、重要的参考工具书、广泛选择的专著、期刊、文摘、索引等。

C. 学习级：支持大学生和研究生学习的藏书。

C_1 高级学习级：支持高年级或硕士学位的藏书。

C_2 初级学习级：支持大学课程的藏书。

D. 基础级：介绍或定义一个学科的藏书。

传递

1. 资料传递是合作发展藏书的基础之一。应发展创新的和节省经费的传递技术与方法，最快地将资料传递到需要者手中。

2. 通过馆际互借直接传递是最重要的方式。

3. 合作利用，用户可以从各成员馆直接借阅资料，并可将这些资料归还到他们感到最方便的任何一个图书馆。

编制手册

1. 除大纲外，美国图书馆协会等还编制了《藏书发展指导方针》、《合作发展藏书指南》等。

2. 编写手册，如美国伊利诺斯州的凯伦·克鲁格写了5册一套的《伊利诺斯州图书馆协调合作发展藏书》，第1册是概论，包括定义、好处、现今使用的方法的评价等。第2册是基层图书馆使用的指南，包括收集数据的程序；解释和利用这些数据的步骤；特定的指令、工作单、表格、大量的实例。第3册是供各系统使用的指南，包括收集和利用有关馆际互借等数据的程序；基层图书馆的数据；特定的指令、工作单、表格、实例、数据分析资料等。第4

册是系统间协调合作发展藏书活动。第5册是全州协调合作发展藏书活动。

培训

1. 把地区资源人员培训为指导员，为期4天，采用专题讨论会的形式。

2. 培训评价图书馆藏书深度和采购工作的图书馆员，每州2天。

3. 教材包括工作单、各种表格、实例练习、培训者指南、直观教材。教学方法包括讨论会、讲座、经验介绍和视听演示等。

分担采购

1. 每个参加馆都应有一个明确规定的核心藏书，以支持其明确规定的基本任务。

2. 各分馆每年都要把建议购买的书刊填在专用表格上，表格上反映如下情况：目录著录、购买理由、价格、获取方法、建议存放地点（是否由研究图书馆收藏）、建议订一本或两本或成套等。填好后先由总馆藏书发展官员审查签字，将副本送交各分馆评议和确定优先级，然后由总馆藏书发展官员汇总，确定总的优先级。最后由藏书发展委员会审定批准。

3. 在评定分担采购建议的优先级时采用4级评价标准：优先级1表示该资料必不可缺；级2表示重要但意义不太大；级3表示对本分馆没有什么价值但对全系统有收集价值；级4表示无须购买（包括已为一馆或数馆收藏的资料）。

4. 确定藏书分工的基础是藏书强项、藏书义务和参加馆的核心任务等。地点的选择要受这些因素的支配。

5. 应就分工负责研究级藏书达成正式协议，这样一系列的协议为合作发展藏书提供了总的架构。

6. 避免研究资料的一切不必要的重复应是一条总的原则；要造成实施这一原则的气氛，经常互相查阅资料档，避免不必要的重复。

7. 合作发展藏书的真正挑战是在两个图书馆都感兴趣的学科领域进行分工。可按文献类型分工，如两家图书馆都大量收藏政府出版物，即应为此分工，有的收藏外国政府出版物，有的无一遗漏地收藏州政府出版物。报纸亦同，有的收藏外国报纸，有的无一遗漏地收藏州的报纸。

8. 合作发展藏书的前提是考虑可否通过馆际互借得到资料，可否检索系统非图书馆的资料。

9. 应定期检查、评价合作采购工作，以便及时设法改进。对检查、评价的方法应取得一致的意见。

10. 宜设立剔旧资料交换中心。

管理

1. 各系统或网络应建立管理机构，包括藏书发展委员会或图书馆理事会、董事会、顾问委员会等指导和管理系统。该机构应提出指导原则，确定资源共享总的架构和模式，确定优先顺序，批准预算，负责总的协调工作等。

2. 各馆应设立藏书发展官员。管理机构应设计一种机制，使藏书发展官员、选书人员和目录人员经常在正式或非正式场合相互联系，在工作中发现合作、协作的机会。

3. 协作单位应派出代表组成搜集工作委员会，职责应是：①交换各馆提议增添或剔除的刊物的信息。②了解各馆研究项目情况。③为交流有关信息（特别是昂贵资料的搜集）制定指导原则。④设计一些程序，每个成员馆都应按此程序向其他成员馆通报所有新订的刊物、固定订单等。

4. 应就藏书发展制定战略规划，包括长期目标和短期目标，并把藏书发展同资源共享结合起来。

5. 开展合作发展藏书需要经费和人员。政府对旨在促进地区资源共享的公共服务应能保证提供足够的资助。

6. 组织达成和支持进行合作发展藏书的机构之间的各种协议。

四

国外许多图书馆根据合作发展藏书的实践，提到了不少具体好处，这里扼要归纳一下：

1. 可利用清楚显示出的藏书强项和弱项等，对采购计划、重点和发展战略进行分析研究，做出必要的调整，以适应研究任务、计划、经费和用户结构的变化。

2. 能较好地描绘出基层和地区资源情况的分布图，使广大用户更好地利用文献情报。

3. 可使各馆的藏书系统化、专业化，有利于促进形成各馆的藏书特点，从而提高整个系统的藏书建设水平。

4. 在掌握各种情况的基础上，可制定切实可行的合作采购计划。

5. 进行藏书的合作、协调对形成和完善一个地区或一个系统的藏书体系有重大的作用。

6. 最重要的是可节约经费，避免一切不必要的重复现象。

总之，通过合作发展藏书，可使各个图书馆的资源成为所有图书馆的资源，可向用户提供比各馆单独提供的更好的服务。最大的受益者无疑是各馆及其用户。

参考文献

[1] Wieson Luquire：Coordinating Cooperative Collection Development：A National Perspective. The Haworth Press. N、Y、1980.

[2] 戈松雪．资源共享：图书馆明天的生活方式．见：图书馆与情报科学纵横谈．北京：书目文献出版社，1987.

[3] 沈继武，杨建东．藏书建设．武汉：湖北省高等学校图书馆工作委员会，武汉大学图书情报学院，1986.

（原载《图书馆界》，1989（1）：41~47）

全国采集和编目计划

全国采集和编目计划（National Program for Acquisitions and Cataloging, NPAC）美国一项全国性的文献合作采集和编目计划，也称分担编目计划。该计划是根据美国1985年《高等教育法》第2部分C款，授权给美国国会图书馆，使其“尽可能地收集全世界新近出版的对学术界有价值的所有图书资料”，并在收到后迅速为高等学校和研究图书馆提供编目数据。该计划于1966年中期开始实施，参加的图书馆有90多所，采集范围达24个国家，分布在欧洲、亚洲、非洲和拉丁美洲。

为避免不必要地重复其他国家已完成的编目工作，美国国会图书馆与各国国家书目编制者（通常都是国家图书馆）进行合作，实行分担编目的办法。在奥地利、法国、德国、英国、意大利、日本、荷兰、挪威与西班牙的分担编目中心和在巴西、南非、南亚的地区采购办公室工作的人员主要都是当地人。这些单位的编目者将该国出版的所有著作按《英美编目条例》编制的目录款目寄给美国国会图书馆。该馆的分担编目部则负责改编收到的目录数据，并确定新书的主要款目和附加款目。这样美国国会图书馆和其他图书馆可迅速、经济地利用国外的出版物及其编目数据。

该计划的出现取代了法明顿计划、拉丁美洲合作采集计划和其他类似的采集协作，持续了约20年，直到20世纪80年代中期在用于购置文献资料的外币用尽和国会削减联邦预算的双重压力下，才开始进入困境。（另见合作发展馆藏、合作编目等条）

（原载《中国大百科全书（图书馆学·情报学·档案学）》．北京：中国大百科全书出版社，1993：351）

全国期刊中心

全国期刊中心 （national periodical center）一个国家的期刊资料中心。主要任务是掌握全国各图书馆期刊馆藏情况；收集世界各国的重要期刊；编制期刊联合目录；参加国外有关的情报服务网，建立完整的期刊情报网络；主动提供目次页服务、定题情报提供（SDI）服务等。它的作用在于可大大节省各图书馆订购期刊的经费，并利用期刊资源提供快速、方便的服务，使重要的期刊资源得以共享。

全国期刊中心一般分为两类：①联络中心性的期刊中心，即本身不收藏期刊，而是全国期刊资料网络的联络中心，负责收集全国各图书馆的馆藏期刊目录；对各馆送来的馆际互借申请单进行查核，然后转送给有关图书馆。②收藏中心性的期刊中心，本身收藏大量期刊，并为各图书馆提供服务。全国期刊中心一般设在国家图书馆；也可以单独设立，或由政府资助，或由各图书馆联合支持，也可靠有偿服务维持。

英国不列颠图书馆的文献供应中心是兼有联络中心和收藏中心两种功能的全国期刊中心。美国研究图书馆中心则是带有收藏中心功能的期刊中心。美国图书馆界不少人倡议成立名副其实的全国期刊中心，但由于版权法问题和出版商的压力而至今未能实现。

（原载《中国大百科全书（图书馆学·情报学·档案学）》. 北京：中国大百科全书出版社，1993：353）

流动图书馆服务

流动图书馆服务 （mobile library service）为远离图书馆或不便于到馆的读者和潜在读者提供的馆外文献服务。在很多国家，图书馆界意识到当代社会要求图书馆加强社会职能，应把图书馆服务扩展到广大的潜在读者群中去，因此，图书馆广泛开展多种多样的流动服务。

汽车图书馆是主要的流动图书馆服务方式。它又称流动书车。一般用装有书架和借书桌等设备的汽车，将图书馆的部分书刊资料定时定点地送到厂矿、农村或其他偏远地方，供读者阅览，并办理外借手续。有时还开展宣传图书或普及知识的群众性活动，如举办朗诵会、图书展览、读者会议、座谈会等。一些图书馆除提供印刷型文献的流动服务外，还携带录音录像磁带、科技电影和放映设备到流通点播放。

中国最早的汽车图书馆是1953年在上海和北京建立的，到1989年7月，全国已有74个汽车图书馆。其中如广州图书馆的汽车图书馆在开办后的一年里出车282次，接待读者（外借）2.7万人次。苏联在开展汽车图书馆工作方面有较丰富的经验。苏联文化部图书馆事业管理局制定了有关条例，确定汽车图书馆为区图书馆的分馆，每个馆设主任、司机和两名工作人员；其工作计划、巡回路线需经区政府文教科批准；工作时间则根据各地的具体情况确定。欧美国家汽车图书馆设备较为先进，通常是用拖车牵引的大型挂车，车厢内除服务空间（包括书柜、柜台等）外，还有工作人员房间、洗手间、水暖系统、储物间等，车内装有荧光灯、通风设备和电扇等，并可自行充电。

除了汽车图书馆外，流动服务方式还有很多，例如：一些国家的图书馆在交通不便利地区，利用畜力车、人力车，甚至背篓进行巡回流通；在北欧沿海地区，还出现了图书船、图书艇，向渔民和沿岸居民提供阅览和外借服务；在本馆所属服务范围内的一些厂矿、农村、学校、居民点设立流通站，将书刊资料借给流通站，再由流通站借给读者；在学术会议现场设立临时阅览点，将有关的专业文献在现场陈列供与会者阅览，并提供文献复制等配套服务；设置流动书箱，如家庭文库、学校文库等。家庭文库一般是为家庭妇女学习文化知识和教育子女而设的，申请者可领到一小匣，内装数册家庭读物和儿童读物，定期借阅。学校文库一般供教师参考用，凡图书馆服务范围内无图书室的中小学校均可借阅。

（原载《中国大百科全书（图书馆学·情报学·档案学）》. 北京：中国大百科全书出版社，1993：259）

图书馆的残疾人服务

图书馆的残疾人服务（library service to the disabled） 图书馆为残疾人提供的特殊服务。残疾人通常包括盲人、聋哑人、伤残人、病人和弱智者，他们在使用文献的类型和使用手段及方式上与正常读者不同。为此许多国家都设有专门的残疾人图书馆，或在公共图书馆设立残疾读者服务部门，为残疾人提供特殊服务。比如为盲人提供盲文出版物和收听有声资料的设备；为弱视者提供放大阅读器和大字本图书；为他们个别或集体地提供朗读服务；为聋哑人配备懂手语的工作人员，提供手语读物；为不便到馆的残疾人和医院病人送书上门；利用流动图书车把图书直接送到残疾人生活和工作的地点；通过邮局把图书寄给残疾人等。

为了更好地为残疾人服务，图书馆通常需要提供必要的条件保证，如提供残疾人特殊需要的设施（自动门、专用电梯、轮椅道等）和设备（放大阅读器、音像录放设备等）；配备经过特殊培训的人员；建立全国性的合作服务网络等。政府拨款和社会各界的资助是开展好这一特殊服务的有力保证。

（原载《中国大百科全书（图书馆学·情报学·档案学）》. 北京：中国大百科全书出版社，1993：421）

英文参考书浅谈

我们每天都会听到许多这样的话："咱们查一查看。"这里所说的查一查，往往是指查阅参考书。

那么，什么是参考书呢？美国图书馆协会编的《图书馆词汇表》一书中说："从编排的情况和论述的情况来看，参考书主要是为了查阅明确的知识条目，而不是为了连续阅读的书。"如果我们比较一下托尔斯泰写的《战争与和平》和《英国新百科全书》，就可以看出，前者主要是为了连续阅读而出版的，而后者则主要是为了查阅而出版的。

参考书可分为13种类型，它们是：（1）书目；（2）词典；（3）百科全书；（4）年鉴；（5）便览；（6）传记资料；（7）索引；（8）期刊；（9）手册；（10）名录；（11）地理资料；（12）政府文件；（13）视听资料。从内容和形式来看，都极为丰富。

这里可将所需查阅的问题类型和相应的参考书类型列一表：

问题类型	例子	相应参考书类型
1. 图书	在何处可找到所有学科的书名？	书目
2. 语言	英语出版物中何时首次出现"立宪"一词？	词典、百科全书
3. 背景	第二次世界大战的概况	百科全书
4. 趋势	最近五年美国的钢铁工业有什么进展？	年鉴
5. 活动	你们是如何做编辑工作的？	便览
6. 人	拉维尔是什么人？	传记资料、百科全书

7. 引文	查找某人写的一些论文	索引
8. 近期资料通报	在电视生产方面，加拿大是如何跟上最新发展的？	期刊
9. 事实	去年爱尔兰生产了多少台洗衣机？	手册
10. 组织	一些皮鞋商的名称和地址	名录
11. 地点	摩西纳在哪里？	地理资料
12. 政府	美国政府的石油政策怎样？	政府文件
13. 直观	英国煤气公司的新产品	视听资料

下面分别简要地介绍一下各类型参考书（以英文的为主）：

1. 书目

书目可解释为书写的、印刷的或以其他方式产生的图书的目录。它类似地图或海图，是图书情报人员在寻找图书中的指南。正如航海家没有海图不能出海一样，现代图书馆没有书目的指导，也无法工作。对于使用者来说，当他需要某种书，但不知是否有和可在什么地方找到时，书目就可以解决他的问题。

一般来说，通过书名、著者或主题得到某书是个普通问题，在大多数情况下查阅图书目录就足够了。但如需要书中的某一部分，或此书是政府出版物之类特种资料，目录中不一定有，那就得查阅其他书目工具了。

这些较重要的书目工具有：瑞士的《世界书目的书目》（A World Bibliography of Bibliographies）、英国的《英国全国书目》（British National Bibliography）、美国的《累积图书索引》（Cumulative Book Index）、美国的《参考书指南》（Guide to Reference）和美国的《出版商周刊》（Publishers Weekly）等。

2. 词典

词典是包括一种语言的字词或学科术语的书，以某一特定次序排列（往往是字顺），附有词意解释和用法。

词典至少有 10 种用法：（1）定义：单词、短语和词句的意义；（2）拼法；（3）发音；（4）用法；（5）同义词、反义词和同音异义词；（6）缩写、符号和记号；（7）俚语；（8）新词和旧词新义；（9）方言；（10）英语书写中使用的外文词语。

词典有4种类型：

（1）完整本：如《Oxford English Dictionary》（牛津英语词典）是常设专职人员与800多位读者经过75年的积极准备和50年的努力编辑而成的，共收集了200多万条引用语，是历来最大的词典之一。前表所列问题之2就需使用此类参考书。

（2）节略本：最著名的是《Webster's New Collegiate Dictionary》（韦氏新学院词典），第8版约收152 000词条，并附外文单词、短语、人名、地名、大学和学院、符号和代号等。

（3）辅助性的英语词源词典：一般又可分为用法、同义、缩写、俚语和方言、发音、韵律、外来语和比较语言等7类。最著名的是美国的《The Original Roget's Thesaurus of English Words and Phrases》（罗盖特英语单词和短语来源词典），此词典不是按字顺排列，而是按字的概念和意义分类编排，书后附字顺索引。

（4）外语词典：最准确可靠的双语词典是《Appleton's New Cuya's English-Spanish and Spanish-English Dictionary》（阿普尔顿新库亚斯英西和西英词典），1928年初版，后不断修订。

3. 百科全书

百科全书是知识的系统总结，对人类很有用途。词典是下定义的，而百科全书除下定义以外，又加以解释。词典告诉我们“什么”，而百科全书则告诉我们“什么”、“何时”、“如何”、“何处”和“为何”。

百科全书是重要的参考来源，包括的知识极其广博，被认为是“任何一个图书馆参考书中的骨干”。在回答前表所列问题3时，可查阅百科全书。它主要分为：成人百科全书、专科百科全书、节略本百科全书和学校百科全书。下面分别举例介绍一下。

（1）成人百科全书：

A.《美国百科全书》，共30卷，54 800条目，3 150万字，27 380页，22 100幅插图和地图，353 000条索引。包括许多研究参考工具，如字顺参考文献、文章内的互引参见、插图、术语和书目等。

B.《不列颠百科全书》，它是自 1968 年以来即为人们高度重视的英语百科全书。有人认为，1910~1911 年间出版的第 11 版可与《意大利百科全书》和西班牙的《欧美插图综合百科全书》并列为世界上 3 部最大的百科全书。

1974 年出版者出版了第 15 版新版《Britannica 3》（不列颠百科 3），把全书分成 3 大部分：《百科类目》——知识纲要；《百科简编》——快速参考与索引；《百科详编》——知识精述。共 30 卷，收 106 207 条，约 4 300 万字。但人们对其编排方式有争议，该书缺少真正的、详尽的索引是个严重缺点。

C.《柯利尔百科全书》，新版 24 卷，对高中、大学低年级学生和外行人来说是有用的百科全书。在编排和主题选择方面比青少年百科全书先进，但范围不如上两种百科全书广博、详尽。

（2）专科百科全书：

专科百科全书集中于某一知识领域，在该学科方面，比综合性百科全书论述得深入。此类百科有《图书馆学和情报学百科全书》、《社会科学百科全书》、《教育百科全书》、《麦格劳-希尔科技百科全书》、《犹太百科全书》等。

（3）节略本百科全书：

节略本百科全书形成了另一类百科全书。这类百科全书如：《哥伦比亚新百科全书》、《林肯文库》等。前者 1 卷，3 068 页，50 515 条目。后者 2 卷，2 536 页，25 000 条目。

（4）学校百科全书：

学校百科全书主题范围较窄，论述简明，通俗易懂，富有情趣，图片较多。主要有《知识新书》、《康普顿图画百科全书》、《世界图书百科全书》、《国际百科全书》。其中《世界图书百科全书》是世界上销售最广的一部百科全书，已有 61 年历史，每年连续修订，现有 22 卷，13 850 页，19 500 条目。

4. 年鉴

年鉴每年出版 1 册，用来评论本年间的发展和以描述或统计方式记录新近情况的资料。年鉴有 3 种主要类型：

（1）大百科全书补编：国外成人版百科全书一般都出版补编，如《美国年鉴》使《美国百科全书》从 1923 年延续到现在。书名中的年份一般是指出版年，内容则为前一年的，例如，《美国年鉴》包括的条目都是记录美国百科全书中所论及的各条目在前一年度的进展。另外，也包括该年新提出的条目、有关的传记和死亡者名单等。

(2) 年历（或年鉴，almanac）：如美国编的《世界年鉴和基本知识》，题材极其广泛，从中可查到比赛记录、地图、一年中的主要事件，以及传记和地理资料等。英国编有《惠特克年鉴》，与前者互为补充。

(3) 专题进展记录：关于最近 5 年图书出版方面有些什么进展的问题，可由这一类型的年鉴《鲍克图书馆与图书贸易通报年鉴》回答。该年鉴包括许多图书馆工作和图书出版的资料。著名的还有《麦克格劳—希尔科技年鉴》、《政治家年鉴》和《联合国年鉴》等。

5. 便览

便览或称指南、律书，题材十分广泛，主要回答“你怎么能……”、“你如何能……”之类的问题，涉及从事、制造或表现的一些事情。便览大概有 7 种类型，它们是：

(1) 烹调书（食谱）：这些书多种多样，但国外家庭主妇最喜爱的是《全新范尼农民波士顿烹调学校烹调书》。最近，美国梅丽迪公司出版的《家庭与露天饮食店最新烹调书》到 1978 年底为止，销售量突破 2 000 万册，是美国出版史上最畅销的书之一。

(2) 卫生和急救：1976 年普林蒂斯—霍尔出版的《急救原理和步骤》比较全面地论述了这一课题。

(3) 持家：有关操持家务的标准便览是《亨利二十世纪配方、加工和买卖诀窍便览》，持家者借助于它可知道如何制造肥皂、饮料、乳酪等。

(4) 礼仪和通信。

(5) 娱乐。

(6) 手艺和业余爱好。

(7) 职业便览：这类书有《参考工作引论》和《基本参考资料》。

6. 传记资料（略，详见《世界图书》总第 88、90、91、92 期《国外人物传记工具书出版近况》）

7. 索引

索引是按一定系统排列的目录，给出每一条目的足够情况，以便于识别和查找。索引主要用来查找期刊和论文、书中的章节、小册子、歌曲、演说、诗歌和社论等。为此目的，出现了5种类型的索引：

（1）索引的索引：《美国图书馆地方索引》虽出版于1947年，且从未修订过，但仍有参考价值；它列出美国各图书馆内部编制的索引，弥补了商业索引公司的不足。

（2）汇编索引：如H. W. 威尔逊公司编制的《文章和综合文献索引》包括某一著者的文章、文章的作者、书中各论题的资料、关于人和书的评论等索引。

（3）期刊索引：如《期刊文献读者指南》，登录了15种杂志的每一篇文章，有著者索引和主题索引。每一著者或主题索引条都包括著名姓名、文章题目和新的有关的著录款目（刊名、卷期、起讫页数、出版日期、附图、书目等）。著名的还有《应用科技索引》等。

（4）报纸索引：报纸编索引的很少，国外只有一些主要报纸编索引，最突出的例子是《纽约时报索引》。用现在的目录学观点看，该报1851～1912年间的索引是粗糙的、不完善的，但1913年到现在，质量日益提高，现在连文章中的图表也列出了索引。

（5）小册子索引：如威尔逊公司的《零散资料索引》，收录了各种小册子、散页印刷品和油印资料等，对各类型图书馆都很有用。

8. 期刊

期刊或连续出版物，通常是定期地一部分一部分地连续出版，一般地说是打算无限地继续下去的出版物。它能使人得到“近期资料通报”，跟上最新的发展。以下4种有关连续出版物的摘要是参考工作必不可少的：

（1）期刊目录：最有代表性的是《乌利希国际期刊指南》，1932年出版，登录了4万种各国期刊，按分类排列，还有定价、该刊被何刊编成索引等说明。

（2）期刊联合目录：如《美国和加拿大图书馆期刊联合目录》是从事馆际互借工作的图书馆必不可少的工具。该目录登录了美、加835家图书馆的157 000种连续出版物。

（3）日报：从事参考工作需经常查阅报纸，《纽约时报》的索引提供了有关当地、全国和国际各种论题，包括最常用的演说、条约、汇兑率等资料。

（4）新闻摘要：如《世界新闻摘要》是以活页形式出版的周刊，提供全世界新闻的摘要，很有参考价值。

9. 手册

手册，或事实书（facts book），或基本知识参考书，是答复特殊性质问题的参考资料，如统计、规划、引语等。前述第9个问题即可通过查阅《美国统计文摘》得到答复。手册种类很多，不易精确分类，只能大致区分为以下6种：

（1）奇异事物：最受欢迎的是《吉尼斯世界记录手册》，记载了各种类型的最高记录，如世界上最大、最小、最高、最矮、最快、最慢、最强的事物。

（2）文学：如《读者百科全书》，介绍作品情节、人物和著者情况等。

（3）统计：统计参考书中不可缺少的是《统计资料》，它在各特定标题下提供各国的数字资料。

（4）文献（史料）：如欲查找有关美国史重要文献的本文，就得查阅《美国史料》。

（5）国会和辩论：有关的手册如《罗伯特议事规则》，帮助议会以有成效、有秩序的方式举行会议。

（6）专门学科手册：此类手册很多，如《化学和物理手册》由于内容丰富、资料精确，被工程师和科学家认为是最有用的参考书之一。

10. 名录

有关机构的问题可能涉及至少以下6种机构中的1种，这6种机构是：（1）学术团体；（2）专业协会和职工协会；（3）公共机构；（4）商业和工业公司；（5）俱乐部、会社、联合会、妇女社团和社会组织；（6）政治团体。

询问这些机构应查阅机构名录。这类资料是指人或组织的名册，往往按字顺或分类系统排列。关于个人，注明地址、会籍等；关于组织，注明地址、官员、职能等。

名录可分为两大类：国际机构和国家机构。

广泛使用的有关国际机构的名册是《国际组织年鉴》。该名册在1948～1950年每年出版一次，1951年后每两年一次。除介绍机构外，还报道国际会议和各组织的出版物等。重要的还有《学术界》等。

国家机构，如美国的《基金会名册》是美国所有基金会的名录，介绍的比较详尽，突出地介绍了基金会的宗旨、活动、财产等。重要的还有《托马斯美国制造商名册》、《美国科学、技术和相关学会》等。

11. 地理资料

经常有读者问一些关于地名的问题，这类问题应通过地理资料来答复。地理资料可分为3大类：

（1）地名词典：以精确、全面和价廉而闻名的地名词典是《韦氏新地名词典》、它收录了47 000个地名，包括经常查用的当代和历史上的地名，列出其位置、地区、人口等情况。

（2）旅行指南：国外出版的旅行指南数不胜数。如美国3家公司Baedeker、Fodor和Muirhead出版了大量各种各样的旅行指南。

（3）地图册：权威性的地图册为《兰德·麦克纳利新版全世界地图册》和《哈蒙德花边装饰世界地图册》。当今最佳地图册则应首推《时代世界地图册》。

12. 政府文件

如果有人提出“美国政府出版参考书吗？”这个问题时，回答是肯定的。事实上，美国政府本身就是世界上最大的出版者。它出的参考书全被称为政府文件。人们为政府文件下的定义是：由政府出资出版的出版物、国会当局或政府出版社出版的出版物、国会或政府部门购买了版权，以便分发议员或向政府官员和公众散发的出版物。

美国和外国政府文件一般都具有权威性、经济性（以极低价格出售给图书馆，有些甚至免费发送）、及时性、可读性等特点。政府文件包括5种类型：

（1）国会出版物：如《美国法典》，包括美国全部永久性法律和普通法律。每年出补编使其延续至今。《国会记录》则是每日记事性刊物。

（2）行政部门出版物：美国这类出版物中必不可少的是《联邦记录》，1936年以来包括了美国所有总统的公告和行政命令，还包括政府各部门的规则、章程。

（3）索引和书目：帮助图书馆员不断补充有关美国政府文件的藏书的是《美国政府出版物每月目录》。它登录美国政府各部门出版物的目录。

（4）地方政府文件：如有关美国各州、领地和属地出版的文件的目录为《美国各州出版物每月一览表》。

（5）外国和国际文件：有关全世界出版的政府出版物的一本有价值的指南是《美国和世界各地政府文件目录》。它除列出美国政府文件的目录、索引外，还列出世界各国和联合国类似的出版物。联合国文件的目录由《联合国文件一览表》和《联合国文件索引》提供。

13. 视听资料

视听资料是除印本书以外的所有通讯媒介。它有下列5种类型：

（1）团体资料：国外几乎任何一个团体都有各种各样可供使用者观察到有外形图、结构图、产品规格、参考数据等直观特点的产品样本和企业介绍等。参考图书馆员应编制当地各团体这类资料的目录，作为视听资料的补充。

（2）博物馆实物：各博物馆的展品一览表也有上述同样的作用，可引导读者观察实物。

（3）制图法：如《插图索引》登录了书刊中插图的索引，有参考价值。

（4）放映资料。

（5）听觉资料。有关后两类的综合性指南为《教学工具索引》，列出了非书资料（包括影片、影片条、幻灯片、地图、图表、平面图、录像磁带、录音带、程序控制教学资料）的来源、内容、价格等。

（原载《世界图书》，1980（7）（8）（9））

谈谈书评期刊和期刊中的书评

书评是重要的参考资料之一。现在这类资料除图书评论外，也包括期刊、科技报告、会议录等以及非印本资料的评论。书评的形式基本上有叙述性的、评价性的和兼具叙述与评价性的。叙述性书评多由编辑出版部门编写，如文摘杂志中的书评和出版商的报道性刊物之类，主要介绍某书的基本内容，篇幅有长有短。评价性的多由专业人员撰写，有推荐的，有批评的。这些书受到专业人员的注意，说明具有一定的代表性。兼具叙述与评价性的书评是最常见的形式，评论者以简练的形式介绍书的基本内容，并作出评价，指出它有什么价值和特色，有什么缺点和不足。

书评具有通报和参考的作用。各门学科的学者、教师和一般读者都注意通过书评了解本专业内外或感兴趣的课题的出版情况，了解该书所概括的专业或某一课题的发展水平和最新成就。各类型图书馆的图书馆员也都将书评作为选购图书的工具之一。

书评是17世纪才开始出现的，最早在报纸上发表，继之在期刊上发表，一般都是叙述性的。到19世纪评论者开始具有褒贬作者和影响公众购买与否的力量。20世纪的书评则反映了工业化后的特点：图书出版量惊人地增长，非书资料日益流通，书评来源日趋广泛，数量越来越多。

下面想分别介绍一下综合性书评（偏重社会科学）和科学书评。

综合性书评

综合性书评刊物的评论范围较广，包括多种学科专业和各种宣传手段。英美报刊除了学术杂志外，主要评论英文资料，对外国书刊的评论大部分都是已译为英文的，但所评论的影片、唱片等却大半是外国的。

书评的主要来源有：

1. 综合性书评杂志，主要评介图书，如：

《纽约图书评论》（New York Review of Books），是一种专门的评论杂志，双周刊，每期有 10~15 篇长篇评论，一般都由专家撰写，不少还是著名人士。

《英国书讯》（British Book News），英国出版，1940 年创刊，评介英国各类新书，每期约评介 230 种左右，附即将出版的书目。

《选目》（Choice），美国图书馆协会编辑，1964 年创刊，每期评介 500 种左右美国、加拿大社会科学和科学技术图书，以及在北美发行的其他国家的英文图书。

《图书馆杂志》（Library Journal），1876 年创刊的美国半月刊，新书评介占相当篇幅，每期约评介 200 种图书，是世界最广博的评论来源之一。除书外，还评论唱片等资料。

《书目》（Booklist），美国图书馆协会编辑，1905 年创刊，半月刊，每期约评介 150 种左右图书和非书资料。

《书与文人》（Books and Bookmen），英国出版，1955 年创刊，月刊，每期评介几十本书，内容包括文艺、历史、传记等。

评介其他宣传手段的综合性评论杂志突出的有《缩微品评论》（Microform Review），美国出版，1972 年创刊，季刊，一半的篇幅为评论，大都为专家撰写，他们不仅考虑内容，也考虑技术问题。

2. 一般主要报道时事和特写文章的周刊、月刊，也有书评栏目，如：

《时代》（Time），美国出版，1923 年创刊，周刊。

《新闻周刊》（Newsweek），美国出版，1933 年创刊，周刊。

《民族》（Nation），1865 年创刊，美国出版，周刊，评论更具有权威性和学术性，每周评介 5 种左右。

《星期六评论》（Saturday Review），美国出版，1924 年创刊，每年 26 期，每期都以评介社会科学图书为重点。

《文汇》（Encounter），英国出版，1953 年创刊，月刊，以文学评论为主，也有时事、政治。

《哈泼斯杂志》（Harper's），美国出版，1850 年创刊，月刊，内容包括政治、时事、科学、艺术、文学等，有书评专栏。

《大西洋月刊》（Atlantic Monthly），美国出版，1857 年创刊，月刊，内容包括政治、时事、文学、艺术、科学等，有书评专栏。

3. 专业学术杂志或文学杂志，包括书评部分，如：

《幸福》（Fortune），美国以商业、经济、管理、投资、市场等为主的月刊，1930 年创刊，时有书评。

《科学美国人》（Scientific American），1845 年创刊，月刊，刊载一般性科学问题的文章和业余科学家的研究成果，也报道和评介科普图书。

《哲学图书》（Philosophical Books），英国出版，1960 年创刊，是评论哲学新书的刊物。

《国际作家协会图书选报》（International PEN Bulletin of Selected Books），1950 年创刊，发表英、美、法等国文学作品评论文章。

《耶鲁评论》（Yale Review），美国出版，1911 年创刊，季刊，以文学为主，兼有评论。

4. 报纸，包括日报、周报、星期日报等，每期或有时有书评，如：

《纽约时报》（New York Times），1851 年创刊，星期日版需单订，全年 52 期，包括书评部分。它还有个《书评周刊》（New York Times Book Review），是星期日版的第 7 部分，以评介文艺图书为主，兼及政治、经济和社会问题的书籍，每周评介 20~30 本，一年即达 1 500 本左右。

其他大型报纸一般都有书评，往往也是在星期日版刊登，如《华盛顿邮报》（Washington Post）、《芝加哥论坛报》（Chicago Tribune）及其星期日版的"图书世界"（Book World）、《洛杉矶时报》（Los Angeles Times）等。英国的《伦敦星期日泰晤士报》（London Sunday Times）1902 年以来开辟的"时报文学补编"（Times Literary Supplement）在世界上有广大读者，人们认为它的评论水平较高。

5. 综合性书评索引，如：

《图书评论文摘》（Book Review Digest），美国出版，每年 10 期，从 70 种报刊中摘录有关评论美国出版或发行的社会科学、小说之类新书的文章。

此外还有《图书评论索引》（Book Review Index）等。

6. 具有推销性质的商业目录和出版物。一般出版商都有这类侧重叙述性的评介资料，举不胜举，这里仅提出：

《出版商周刊》（Publishers Weekly），1872 年创刊的美国杂志，报道美国出版界动态，评介主要的政治、文艺和一般畅销的文艺新书等。

英国类似的刊物《书商》（Book Seller）等。

科学书评

科学书评有大量不同的来源，但这些来源基本上可分为两类出版物：索引和评论杂志。

索引：主要有两种形式：

1. 期刊式索引

（1）综合性科学索引，如：

《科学引文索引》（Science Citation Index）。

《工程索引》（Engineering Index）。

《应用科学技术索引》（Applied Science and Technology Index）。

（2）专门的学科索引，如：

《数学评论》（Mathematical Reviews）。

《应用力学索引》（Applied Mechanics Reviews）。

《生物研究索引》（Bioresearch Index）。

《化学文摘》（Chemical Abstracts）。

这些索引都有简短的、鉴定性的书评，一般都叙述图书的优缺点。这类索引对科学家用途较大，可作为查找本专业图书的工具。

2. 专门的连续性书评索引

对图书馆工作者更为有用的评论性索引是专门的连续性书评索引。

（1）最常用的综合性书评索引有：

《图书评论文摘》（Book Review Digest）。

《图书评论索引》（Book Review Index）。

这些刊物因刊登了大量科学“书评”，科学评论就相对地少了。

（2）专门报导科学书评的索引出版物主要有：

《技术图书评论索引》（Technical Book Review Index，TBRI）。美国专门图书馆学会编辑，月刊，1935年创刊，汇编美国国内外科技期刊中发表的有关新书评介的摘要。内容包括自然科学、生命科学、技术、工程、医学等。每年约报道1 200种科技书籍。该刊对图书馆员非常有用。但是滞后期问题严重。

评论杂志：包含科学书评的评论杂志至少有两类值得注意：

1. 全部报道书评的杂志

这种书评杂志不论是综合性的还是科学性的，都可作为图书馆员书评索引工具（如TBRI）的补充。这类杂志主要有：

《新技术图书》（New Technical Books），纽约公共图书馆出版，月刊，提供物理、数学、工程等方面最新英文图书的注释目录。

《专门图书馆与情报机构协会书目》（Aslib Book List，ABL），英国出版，月刊，报道该会入藏的科技领域英文新书目录，附简介。

这两种刊物的注释都是叙述性的，但常常包括读者的推荐和对图书馆是否有用等内容。

2. 附有书评部分的科学杂志

一般说，在所有科学书评来源中，科学期刊对科学家和图书馆员是最重要的。但是有人对世界大量科技期刊作了调查后，发现只有很少的刊物附有书评。例如该调查者在1972年对1970年出版的285种生物医学杂志作了调查，结果表明，只有59种附有书评。到1973年，这59种中又有6种取消了书评；在剩下的53种中，12种每种全年都不到15篇。尽管如此，有些科学杂志还是以包含大量书评而闻名。这里分类列出：

（1）科学总类（最多的5种，按英文字顺排列）：

《美国科学家》（American Scientist），1913年创刊，双月。

《自然界》（Nature），英国出版，1869年创刊，全年52期。

《新科学家》（New Scientist），英国出版，1956年创刊。

《科学》（Science），美国科学促进协会出版，1883年创刊，全年52期。

《科学美国人》（Scientific American），美国出版，1845年创刊，月刊。

（2）数学：

《美国数学月刊》（American Mathematical Monthly），美国数学协会出版，1894年创刊，月刊。

《美国统计学会志》（Journal of American Statistical Association），1888年创刊。

（3）天文：

《天文台》（Observatory），英国出版，1877年创刊，双月刊。

《天空与望远镜》（Sky and Telescope），美国出版，1941年创刊，月刊。

（4）物理：

《应用光学》（Applied Optics），美国光学会编辑，1962年创刊，月刊。

《当代物理》（Contemporary Physics），英国出版，1959年创刊。

《今日物理》（Physics Today），美国物理学会编辑，1948年创刊，月刊。

（5）化学：

《化学与化工》（Chemistry and Industry），英国化学工业学会编辑，1918

年创刊，半月刊。

《英国化学》（Chemistry in Britain），1965 年创刊，月刊。

《化学教育杂志》（Journal of Chemical Education），美国出版，1924 年创刊。

《美国化学会志》（Journal of the American Chemical Society），半月刊。

（6）地学：

《美国石油地质学家协会通报》（Bulletin of the American Association of Petroleum Geologists），1918 年创刊，月刊。

《地球科学》（Earth Science），美国出版，1946 年创刊，双月刊。

（7）工程总类（各学科 1 种）：

《工程师》（Engineer），英刊，1865 年创刊，周刊。

航空工程：

《航空杂志》（Aeronautical Journal），英国皇家航空学会编辑，1897 年创刊，月刊。

化学工程：

《化学工程师》（Chemical Engineer），英国化学工程师学会编辑，1923 年创刊，月刊。

土木工程：

《土木工程》（Civil Engineering），美国土木工程师学会编，1930 年创刊，月刊。

电气工程：

《电气与电子工程师协会综论》（IEEE Spectrum），美刊，1964 年创刊。

材料科学和工程：

《材料科学杂志》（Journal of Material Science），英刊，1966 年创刊，月刊。

机械工程：

《机械工程》（Mechanical Engineering），美国机械工程师学会编，1919 年创刊，月刊。

冶金：

《金属杂志》（Journal of Metals），美刊，1949 年创刊，月刊。

核子工程：

《核子科学与工程》（Nuclear Science and Engineering），美国核子学会编，

1956年创刊，月刊。

这里需要指出：提出以上各例的主要考虑是书评数量多，而这不是判断一种评论刊物是否有用的唯一标准。各工程学科各举一例，实际上还有不少评论刊物也可供利用。此外，据调查，评论的科学图书75%以上都是出版商出版的，大学出版社次之；除天文、工程外，在被评论的图书中，70%以上是美国出版的。

（原载《图书情报工作》，1980（1）：32~36）

学位论文的检索

学位论文是大学毕业生或研究生为取得学位而做的研究论文。英国通称 Thesis，美国则叫 Dissertation。根据英国标准学会所下的定义，学位论文是著者为获取更高一级学位的候选资格、专业资格或其他授奖而提交的，介绍他的研究成果和所得结论的调查、研究报告。一般说来，可分成两类。一类论文参考了大量资料，进行有系统的概括，数据资料也比较充分，可当做是对某一特定问题的总结，但在很多情况下比这方面的先进水平要落后若干年，不过在我们和国外差距较大的情况下，有时不失为可供参考的比较完整的材料。另一类论文则提出了新的论点、新的论据，但尚不成熟，不全面，有时甚至还不能做定论，不过仍有启发作用。当然，一些立论比较成熟，经过多年后仍为某一方面的经典论作的事例，也是屡见不鲜的。

在学位论文的处理上，各国各学校或研究单位也不尽相同。欧洲多数国家把学位论文印刷数百份，备国内外图书馆间交换用。美国二次世界大战前图书馆界和许多大学可进行一部分论文的复制、缩微、编制索引等，但有的大学的学位论文则不准复制。1938 年后，美国的大学缩微复制品公司（University Microfilms Inc.）开启了学位论文的复制、发行、辑录文摘等业务。目前美国约有 90%设有博士课程的大学（近 300 所）与之协作，该公司实际上已是美国学位论文的服务中心。另外，美国研究图书馆协会（The Association of Research Libraries）也从事此项业务。由于论文量大，各单位的管理方法不一，所以在利用上也有困难。英国在论文资料的管理、使用上不如欧美那样开放，也没有类似美国大学缩微复制品公司那样的服务中心。比较起来，英国外借图书馆收藏的有关资料还多些。日本国立大学的学位论文由国会图书馆收藏管理，私立大学则由本校图书馆收藏管理。加拿大由国家图书馆统一收藏管理。总之，学位论文的收藏管理情况复杂，来源分散，所以在了解、选择和收集上都有一定困难，但通过努力探索还是可以掌握的。下面介绍一些国家的学位论文检索工具。

美国：

美国的学位论文，在检索上还比较方便，检索工具较多，如：

1.《国际学位论文摘要》（200B01，为 A 辑：人文科学与社会科学；B 辑：科学与工程，＊500B01），月刊，1938 年创刊。创刊时名 Microfilm Abstracts，1952 年改名 Dissertation Abstracts，自 1969 年 7 月第 30 卷起改用现名。是美国 290 所大学，加拿大 10 所大学，比利时、荷兰、西德、瑞典、澳大利亚等 20 所大学的学位申请论文文摘辑录。每期都有著者索引、关键词主题索引，年度有累积主题索引和著者索引。著录的项目有：论文题目、著者、大学名、学位名称、授予年度、文摘、页数、论文号。文摘非常详尽，往往占半页篇幅。

该《摘要》的累积索引是 1938~1969 年 6 月第 1 卷至第 29 卷 15 万多篇论文题目的关键词字顺目录。

2.《综合学位论文索引，1861~1972》（Comprehensive Dissertation Index），是回溯性检索工具，30 卷，提供了美国 390 个学术机构约 40 万篇博士学位论文的详细著录事项。

3.《美国博士学位论文》（American Doctoral Dissertation），是美国、加拿大全部大学一年中的博士论文题目。从 1957 年起为《国际学位论文摘要》的附刊；在这之前的刊名为 Doctoral Dissertation。是查索与大学缩微复制品公司没有协作关系的大学论文不可缺少的工具。

4.《1912~1938 年发表的美国博士论文目次》（List of American Doctoral Dissertation Printed in 1912~1938），美国会图书馆馆藏博士论文索引。

5.《教育研究指南》（Directory of Educate Research），1953 年创刊，半年刊，美国化学会编。介绍美国、加拿大大学的化学、生化、化工等学科的毕业论文题目。

6.《物理学位论文》（Dissertation in physics），斯坦福大学出版社 1961 年出版。是 1861 年（美国最初博士学位授予年）到 1959 年美国大学的全部物理学博士论文的索引；这本工具书除收录著者、论文题目、博士学位授予年之外，还注明图书馆是否出借某一论文、可否复制，以及发表该论文文摘的刊名、期次、页数。

英国：

英国的学位论文可以通过下列资料查找：

1.《英国外借图书馆新书通报》（BLL Announcement Bulletin）的附录中曾报道过该馆入藏的英国学位论文，如1971年报道过约1 000篇论文。

2.《英国和爱尔兰大学较高级学位论文索引》（Index to Theses Accepted for Higher Degree in the University of Great Britain and Ireland），年刊，1950年创刊，英国专门图书馆与情报机构协会出版。1973年出版了第20卷（1969～1970年）和第21卷（1970～1971年）。英国把硕士以上的学位论文称higher degree。

3.《英国学位论文回溯索引》（British Theses Retrospective Index），从1950年起一直可追溯到18世纪初的学位论文。

加拿大：

加拿大的论文集中由加拿大国家图书馆管理，该馆从1960年起每年出版1册：《加拿大学位论文》（Canadian Thèses/Theses Canadiennes），报道一年中加拿大各大学通过的学位论文的录题。这个目录公开发行，售价1.50美元左右，原文一般都可从该馆获得缩微品。

法国：

法国与加拿大的情况相似，由法国图书馆俱乐部出版：

1.《博士论文目录》（Catalogue des Thèses de Doctorat）。某些论文的篇名还在其年度目录Livre de 1' Annèe 19××上报道。一般可获得原文的油印本或复制本。

2.《大学学位论文目录》（Catalogue des Thèses et Ècrit Acadèmiques），登录1884年以来的法国学位论文。

3.《法国目录》（Bibliographie de la France），补篇D。

西德：

1. 《德国大学出版物年度目录》 （Jahresverzeichnis der Deutschen Universtaten Erschienen Schriften），1935年创刊。

2.《东德、西德和西柏林高等学校文献年度目录》(Jahresverzeichnis der Hochschulschriften der DDR, der BRD und Westberlin),该刊1970年86卷前的刊名为Jahresverzeichnis der Deutschen Hochschulschriften。

奥地利:

《奥地利学位论文摘要》(Kurzauszüge Oesterrischischer Dissentationen),是奥地利各大学学位论文的题录。

瑞士:

《瑞士大学论文年度目录》(Jahresverzeichnis der Schweizerischen Universität Schriften, 1897~)。

荷兰:

《荷兰大学文献目录》(Catalogus van Academische Geschriften in Nederlandsch, 1924~)。

澳大利亚:

《澳大利亚大学图书馆较高级学位论文联合目录》(Union List of Higher Degree Theses in Australian University Libraries)。

新西兰:

《新西兰大学学位论文联合目录》(Union List of Theses of the University of New Zealand 1910~1954)。

有的期刊在文献介绍栏里报道论文题目,如美国化学工程师学会(AIChE)的《化学工程进展》(*810B04)的每年1月号刊载前一年的美国化工博士论文题目。《化学文摘》和《物理文摘》收录《法国全国科研中心文摘通报》各卷末期刊载的论文题目。日本国会图书馆编印的《海外科学技术资料目录》就常有该馆入藏的外国学位论文的报道,该刊的1970年2月的一期(Vol. 10, No. 2)集中报道了该馆1969年以前入藏的外国学位论文的总目录等。

此外,许多学校自己出版报道本校学位论文的题录或文献。如:Dissertationen：Rheinisch – Westfälisch Technische Hochschule，Aachen；Thèses de Genève，Faculte des Sciences；Theses & Other Publications of the University of Copenhagen，每年出版 1 册；Bibliography of the Theses & Dissertation，Univ. of Houston，Graduate School，估计隔一二年出版 1 册，1970 年为第 4 版；MIT Publications & Theses，Abstracts of Theses；Abstracts of Gothenberg Dissertation in Science，瑞典哥德堡大学的自然科学领域学位论文的文摘；Doctoral Dissertation of Transportation，美国西北大学运输中心图书馆出版的运输专业学位论文的专目，1969 年开始不定期出版等。

苏联的学位论文时有报道，但难以获得。即使在苏联极少几个藏有该国学位论文的图书馆里，也只能在特殊情况下才能查阅。这些论文多以文摘形式出版。借助汉诺威大学技术情报处关于苏联文献的索引，可以查知这些文摘刊印在何处。

美国 Xerox 大学缩微复制品公司出版了欧洲学位论文年度总目录，报道欧洲各大学的所有学位论文，但无文摘。

（原载《国外书讯》，1978（9）：10~12）

美国麻省理工学院图书馆现代化发展过程

最近几十年来麻省理工学院在所谓“情报爆炸”，对服务工作不断提出新的要求和财源不足等压力下，一直努力进行组织管理革新和技术革新，以探索解决这些问题的办法，并取得了较大的成绩。这里想着重介绍该院各图书馆在这两方面的发展情况，为我们建设现代化的图书馆提供一些借鉴材料。

1 概况

麻省理工学院于1861年成立，位于马萨诸塞州坎布里奇市，离哈佛大学约3英里。该院系私立大学，下属5个学院：工学院、理学院、建筑与计划学院、管理学院、人文与社会科学学院。共约有8 000名学生（近一半为研究生），1 700名教师。其研究计划是广泛的。

该院各图书馆共藏书150万册，比其他科技学院都多。订购的期刊达17 000种，也是比较丰富的。从内容上看，不仅有大量科学技术方面的藏书，而且随着科学技术的发展，在人文、社会科学、艺术、城市事务和管理方面的藏书也日益增加。该院各馆过去主要是为教学服务的，现在则已成为巨大的研究资源。

2 组织管理方面的发展情况

该院最初是偏重拉丁文和希腊文的人文科学学院，后来随着工业技术和科学的发展，也把培养工程师和科学家作为目标之一。第一班学生只有15人，临时安置在波士顿商业图书馆内。该院自己的图书馆藏书只75册，大部分都是6位教师提供的。后来迁入波士顿巴克湾新校舍，藏书也分散到几个学系里。他们认为有几个小型图书馆而不是一个中心图书馆，是一项有价值的革新。

19世纪80年代才出现一些集中化的工作。1888年院长沃尔克（F. A.

Walker）在一次报告中提到要化学系教授安德鲁斯（C. W. Andrews）编制全院各系所有图书的总目录。

英语与历史系教授阿特金森（W. P. Atkinson）从1865年起一直总管图书馆事务，但到1889年却是安德鲁斯被正式任命为馆长，并继续编目工作。他最初估计藏书为13 340册，1893年完成总目录后，统计为30 419册。当时藏书最多的学科是政治学，6 012册，其次是化学，5 423册，再次为工程，4 547册。

1894年安德鲁斯辞职，就任芝加哥约翰·克里勒图书馆馆长，遂即由生物系教授比奇洛（R. P. Bigelow）继任，在职30年。此期间最重要的事件是该院于1916年从发展余地有限的波士顿搬迁到查尔斯河坎布里奇河岸巨大的新校址内。在建筑设计上也反映出他们的这一思想：科学和工程是互相联系的，因此应把它们安置在一个屋顶之下，以培养这种关系。与此同时也筹划了中心馆，把它安排在该建筑物的中心，第一层，以便能同等地与各学科联系。但后来却被安置在五、六、七、八层，使用极为不便，几乎无发展余地。这种情况又促使建立更接近师生的分馆。

1925年西弗（W. N. Seaver）被任命为院图书馆馆长，他预见到馆舍问题迫在眉睫，开始呼吁建筑新馆舍。

1931年当藏书接近30万册时，该院成立了一个委员会对整个图书馆系统进行了一番调查研究。该委员会发现中心馆、17个分馆和系馆、28个实验室和办公室的图书室之间缺乏协调，于是建议保留有限的分馆，将一些小型分馆取消或合并，还建议馆长有调动所有图书的最后决定权。

随后几年就按照这些建议进行改组。物理、化学和数学研究生院的藏书汇合在一起成为伊斯特曼图书馆（纪念以发明柯达照相机闻名的G. Eastman）；1933年成立了林格伦图书馆（纪念著名的经济地质学家W. Lindgren），藏书以地质学、冶金学和陶瓷学为主；1938年建立了杜威图书馆（纪念经济学家D. R. Dewey），藏书包括经济学、商业，以及土木、机械、海洋工程、造船学、建筑等。同年建筑学院也搬迁到坎市，其图书馆被命名为阿瑟·罗奇纪念图书馆（纪念该系早期毕业生、波士顿建筑师Arthur Rotch），收藏丰富的制图、照片、幻灯片、图书等。此外还有一个重要的分馆是英语与历史图书馆，除供学习研究外，还提供消遣阅读。

1944年西弗退休，建筑学家伯查德（J. E. Burchard）被任命为图书馆长。一年后他提出建设新馆舍的长篇建议书，设计藏书达 150 万册，座位由 586 个增至 1 300 个，此新馆被称为海登图书馆，于 1950 年完工，共花费 350 多万美元。

随着新馆的建设，藏书必然要相应地变动。变动之前，院长基利安特地邀请哈佛大学图书馆馆长梅特卡夫研究一下麻省理工学院的图书馆系统。梅特卡夫赞成保留有限数量的分馆和一个中心馆（即海登图书馆）的原则。但他发现除海登图书馆外存在 7 个分馆，一年就多花 5 万美元经费，于是建议组成一个统一的科学图书馆，并把英语与历史图书馆和某些社会科学资料合并到中心图书馆。他还发现工作人员薪金低，新书刊采购和装订的经费不足，他认为如在这些方面追加 4 万美元，就会使该院图书馆成为同类图书馆中最好的图书馆。

随后几年根据这些建议和其他因素，又做了广泛的变动。把一些工程方面的藏书集中成为工程图书馆。把英语、历史、社科和其他资料合并到海登中心图书馆，成为人文科学图书馆。把伊斯特曼、林格伦图书馆同生物学、营养学以及冶金、化工和核子工程等资料合并成为科学图书馆（他们认为冶金、化工和核子工程与科学的关系更密切，故未并入工程图书馆）。这 3 个图书馆至今仍是麻省理工学院图书馆系统中的主要图书馆。

1955 年现代语言学系主任洛克（W. N. Locke）接任馆长。他是机器翻译方面的最早研究者，在他的指导下，该院成为世界主要语言学研究中心之一。

到了 60 年代，麻省理工学院开始了大规模的建筑规划，这一规划使全校规模扩大了一倍，但没有建立重要的新图书馆。此规划反映出，并促进了新领域和新的边缘学科研究活动的扩大，但随之而来的也就要求有新的藏书和倾向于使分馆起核心作用。比如该院新成立了地学中心，有关地质、地球物理、气象学以及新兴的海洋学和行星物理学的研究都组合在塞西尔和艾达·格林大楼里，于是又把原林格伦图书馆的藏书从科学图书馆迁到此楼，重新组建林格伦图书馆。

院图书馆的长期规划特别委员会在 1962 年的一份报告中说，一个单一的无所不包的图书馆是既不可能，也不合乎需要的，但包括两个大的门类的图书馆则是可能的，也是特别需要的。因此它建议图书馆应有两个主要部门，一是科学和工程藏书，一是人文科学、建筑、城市规划、工业管理和经济学藏书。另外，还应在学生住处设立一个图书馆。

该委员会还认为图书馆是学院最重要的组成部分之一，应有强有力的行政领导。为此，洛克教授成了专职馆长和该院最高行政机构——学术委员会的成员。

根据上述意见，1966 年建成了学生中心图书馆。该馆是学生长时间专心致志学习或空闲时消遣的场所，为此开创了每天 24 小时和每周 7 天开放的制度。

1971 年院馆又成立了一个特别委员会对全院图书馆系统在 60 年代的发展情况作一番调查研究。该委员会在一份报告中指出，在 60 年代，图书馆的预算比整个学院的预算增长得快，图书馆馆舍比整个校舍增长得快，这是不适当的。它建议加强院内外图书馆的协作，特别是本系统的协作，减少藏书的重复。它还建议把一定的经费用来加强计算机化。它指出，图书馆若没有计算机的帮助，就不再能很好地管理了。

3 技术革新方面的发展情况

麻省理工学院十分重视并积极采用新技术、新设备，它自认为在采用新的技术方法处理情报方面是最迫切的。

1944 年建筑学家伯查德担任馆长，一年后就提出了建设新馆的方案。他不仅注重数量，还提出在建筑、空气调节、照明、通讯等方面都采用新技术，并且装置摄制缩微胶卷的全套设备、用直接影印机进行复制的全套设备、无线电和电视广播等设备。不仅如此，他认为更重要的是他的这一观点：该建筑应是人文、社会科学和艺术的文化中心，以便使科学家们更广泛、更深入地了解世界、认识世界。为此还要有展览厅、音乐和艺术室、唱片库、电影放映室等。此设计和设计思想受到欢迎和赞扬，查尔斯·海登基金会还为此建筑捐献了 220 万美元。此新馆（即海登图书馆）于 1950 年完工，有占据两层的宽敞的阅览室和舒适的讨论室、办公室，有供师生听唱片和录音的音乐室。建筑中心的庭院里有一个令人赏心悦目的花园，不时在这里举办音乐会或展出雕塑品。地下室还有采用最新技术的缩微复制实验室等。不久又装置了 Xerox 914 复印机。

该院各馆从建馆起就使用杜威十进分类法，但 1963 年考虑到国会图书馆目录体系更先进，更适用于大型图书馆，所以开始使用国会图书馆目录体系。

1962 年院图书馆长期规划特别委员会在一份报告中特别强调图书馆自动

化问题。其成员之一、运筹学权威莫尔斯（P. M. Morse）说：“一个大型图书馆使用数据处理技术似乎是‘自然的’……图书馆发展非常迅速，因此必须机械化，不然将越来越难于管理”。“如果本院图书馆系统不尽快开始‘机械化’，其工作效率将随着日益增加的活动而恶化”。

麻省理工学院具有研究图书馆自动化的优越条件，因为它在计算机技术方面是领先的，并有大量计算设备。它在联机分时方面是先驱。它研制的兼容制分时系统（CTSS）可使 30 个用户同时使用 IBM 7094 计算机。随后又扩大了设施，建立了情报处理中心，发展了新的系统，如多路情报和计算服务（MULTICS）。与此同时，MAC 计划（借助机器认识和多路通信计算机）也迅速扩大了计算机的能力。

1962 年在凯斯勒（M. M. Kessler）的指导下，图书馆开启技术情报项目（TIP），探索利用计算机检索文献和发展一些模型系统。凯斯勒在全国科学基金会和 MAC 项目组（后者由国防部高级研究计划局主管）的协助下，首先研究物理情报系统。该项研究的情况是：100 个远程控制台的 400 个左右用户通过电话线联结到 MAC 项目组的中央计算机上，就可得到 25 种物理杂志约 35 000 篇论文的情报。最多可有 30 人同时使用该计算机。此系统最后交付给美国物理研究所，其能力大大增加，现在以 SPIN 的名字工作着。

TIP 项目还对图书馆各种工序，如处理采购到的资料和财务数据的计算机化进行了广泛的研究。

当时在图书馆技术研究方面更有雄心的项目是该院的 INTREX（情报传递试验）项目。该项目要发展一种扩大的目录——不仅是书名目录，而且是具有足够深度和广度的主题目录，使用户通过计算机有效地检索同他的研究课题有关的所有资料。此项目实施的结果是，到 1975 年该院每个教师都有了一台同该系统联系的电传打字机，还有近千个这样的终端供学生使用。

该院将工程图书馆调拨给 INTREX 项目组充作实验室。他们一方面继续进行传统的图书馆服务，一方面安装了可通过遥控利用计算机检索科技文献的有关设备。他们用数字把目录信息储存起来，使它们可在阴极射线管上显示，或在电传打字机上打印出来。用户在一个台站就可检索到引文、文摘和全文。

INTREX 项目的一项极有价值的副产品是整个重建了工程图书馆。由于该校校友、巴克公司的巴克（J. M. Barker）的捐献，使该馆的天花板、墙壁、音响效果、照明、座位设置、室内装饰等方面都翻修改装，焕然一新，成了非常舒适的现代化图书馆。1970年完工时命名为巴克工程图书馆。

为了把该馆建成更现代化的图书馆，开展了一项模范图书馆项目。该项目的负责人也是INTREX项目组的成员史蒂文斯（C. H. Stevens）后来成为全国图书馆和情报学委员会执行主席。项目的主要内容之一是发展视听服务。在图书馆资源理事会的资助下购置了各种视听设备。还专门拨出了非印刷资料区。师生在这里可随意利用录像机、影片放映机、录音机、幻灯放映机等。书架上放有影片、磁带、匣装录像带、录音带等。还有4部磁带录音机、两部放映机、18部手提式缩微胶片阅读机供借回家用。

该模范图书馆还发展了一种情报源目录一览表型式——图书馆探索者（Library Pathfinder），列出人文科学、社会科学、科学和技术方面300多个课题的参考文献。此方式非常有效，因此同艾迪生·韦斯利出版公司签订了继续出版发行的合同。

INTREX被认为是非常成功的研究项目，为现代化发展提供了典型方法。但近8年来开支几达400万美元，由于各基金会不能无限期地继续提供资助，该项目不得不于1973年结束。

自从1971年院图书馆特别委员会建议加强计算机化以来，该馆就积极通过馆际协作，广泛利用计算机。如通过新英格兰图书馆情报网（NELINET）可以利用俄亥俄学院图书馆中心系统（OCLC），这样不仅可立即得到目录情报，而且还可确定不在架上的图书的下落。

后来新英格兰高等教育局成立了东北高等院校科学情报中心（NASIC），这是个区域性机构，负责向新英格兰、纽约、新泽西、费城和特拉华的研究机构提供机器可读情报。1973年NASIC在麻省理工学院图书馆开始了一项新的实验：确定向成员机构提供计算机处理情报的最好方式。

NASIC通过麻省理工学院5个分馆的终端提供的第一批数据库是CHEMCON、ERIC和INFORM。另外，科学图书馆还通过新英格兰地区医学图书馆从全国医学图书馆接受MEDLINE服务。实验的最初阶段，CHEMCON和MEDLINE是利用率最高的数据库。

他们在发展计算机化的同时，也注意到缩摄资料日益增长的重要性。该院各馆的缩摄复制实验室一直在发展。1973年起缩微胶片成了该院学位论文的留底形式，现已有复制在胶片上的论文16 000篇。该院缩微复制实验室还是干法胶卷复制的先驱。

不管新的情报手段如何发展，图书仍非过时之物。该院各馆每年收到图书 10 万册，仍面临着保管和流通的问题，以及书库达到饱和状态的问题。

4 全院主要图书馆简介

该院所属各馆在领导和加工方面是集中的，但在藏书和服务方面是分散的。下面简介一下现有的一些主要图书馆，除此之外尚有 30 多个小的专业阅览室、图书室，就不一一列举了。

（1）人文科学图书馆

是中心图书馆，提供一般情报和参考服务，办理馆际互借。全院图书馆的资料目录都在这里。藏书 208 000 册，丛书 2 600 种，杂志 1 300 种，主要是历史、文学、哲学、语言学、宗教。该馆有综合性报刊阅览室，收藏 3 000 卷缩微胶卷的报纸。还管理一个有 2 万册藏书的保留图书阅览室。

（2）科学图书馆

是该院最大的图书馆，主要收藏化学、物理、数学、生物、营养、食品科学，以及原子能、化工、冶金、材料科学等资料。藏书 50 万册（件），包括 153 000 张缩微胶片卡。有约 1 700 种杂志，1 200 种丛书，52 000 张地图。还管理一个化学阅览室。

（3）巴克工程图书馆

主要收藏土木、电气、海洋、机械与建筑工程、造船、材料和纺织等方面的资料，共约 262 000 册（件），其中约 83 000 张缩微胶片卡。有 1 500 种杂志和 1 100 种丛书。提供非印刷资料服务，如胶片的放映设备、录像带和小盒装录音带等。还管理材料中心阅览室和海洋研究情报中心。

（4）林格伦图书馆

虽小，但是气象、地学和行星科学方面杰出的图书馆，藏书 29 000 册，杂志 315 种，丛书 490 种，地图 6 000 幅。该馆反映出了该院在地质学、地球物理、行星物理和海洋学方面的实力。

（5）罗奇图书馆

该馆主要为建筑与计划学院服务，近些年来发展很快。建筑系不仅设有传统的课程，还学照相、摄制影片、建筑技术、建筑史、理论，批评等；城市研究和计划系也提供环境设计、发展中国家和地区计划、社会政策、公共系统、数据处理等课程，因此，对图书资料的要求很广泛。该馆现藏有 126 000 张幻灯片，42 000 张照片，4 000 幅地图，76 000 册图书和 27 000 本小册子。还有 600 种杂志和 560 种丛书。

（6）杜威图书馆

主要收藏政治科学、国际关系研究、经济学，以及心理学、社会学方面的资料，约 40 万册（件）。其特藏是美国、联合国和兰德公司的文献。有 1 800 种杂志和 3 200 种丛书。

（7）航空和宇航图书馆

在古根海姆航室实验室，是巴克工程图书馆在此空间中心的一个阅览室，藏有 26 000 册图书、69 000 件 NASA 技术报告、240 种丛书、180 种杂志、142 000 张缩微胶片卡。

（8）音乐图书馆

多年来都是学生休息听音乐或参加演奏会的地方。该馆藏书 6 000 册，乐谱 10 000 份，唱片 60 000 张。设有许多有高保真度设备的隔音室，学生可在其中独自收听唱片、录音等。

（9）学生中心图书馆

每天 24 小时每周 7 天开放，是读者最多的图书馆。藏书 33 000 册，还有许多供随意阅读的参考书和期刊等。

（10）档案馆

由于该院偏重有关当代和未来的资料，忽略了历史资料，所以直到 1960 年才建立档案馆。馆长是工业史专家哈特利（E. N. Hartly）。现收藏有历史价值的图书 15 000 多册，杂志和小册子多种。该馆还是全院学位论文正式版本的收藏所，现已超过 36 000 篇。

（11）善本馆

收藏该院校友捐赠的具有历史价值的科技善本书，如伽利略的《两种世界体系》和潘恩的《常识》等，现约有 2 万册。还有自 1665 年创刊号起的《伦敦皇家学会哲学会报》、早期航空史、电气史、磁学史、造船、航海史、海洋工程等方面的藏书。

（原载《图书馆工作》，1978（2）：43~48）

一种新的情报基础——数据网络

由于以计算机为中心的现代化情报技术的发展，在20世纪50年代实现了自动化情报检索，60年代实现了高效率的回溯检索，70年代又实现了数据库的联机检索系统。科技情报工作的技术革新提高了科技情报工作的效率，从而大大促进了科学技术的发展。

数据库的联机检索系统，或数据通讯服务，是以计算机和通讯技术为主要手段进行数据处理。过去20年，计算机领域和通讯领域的技术革新都是惊人的。微处理机大大降低了计算机系统的成本和体积——情报系统用它来建设中小型数据库，用作联机检索系统的职能终端，能更迅速、更便宜、更方便地处理数据；通讯卫星的利用则使高效率、大容量的远距离传输成为可能——网络与网络、终端与网络之间的远距离连接将更多地利用通讯卫星，利用它可以每秒几百万次的速度在同一网络中传输声音、图像和数据。

在这样的基础上，最近两年，数据网络取得了相当大的进展。

各种私营数据网络已投入使用，正在美国、加拿大、日本和许多西欧国家提供服务。许多大型多国公司已经营国际数据网络供内部使用。SWIFT（现有500多户欧洲和美国银行参加的一家私营金融业国际网络）已在1977年底开始工作。

在欧洲，许多国家的邮政、电话和电报（PTT）管理局正筹划公用数据网络。例如，法国的Transpac系统已于1978年底开始工作。斯堪的纳维亚的北欧公用数据网络将于1980年开始工作。西班牙的国家数据网络已有6 000多个终端在工作。欧洲经济共同体建立的、由欧洲许多PTT合伙经办的欧洲联机情报检索网（Euronet），将于1979年开始工作，最初将限于交流和检索科技情报，但不久将扩大也承担其他数据通讯业务。

在美国，卫星商业系统（Satellite Business Systems，国际商用机器公司、通讯卫星公司和艾特纳人寿保险公司的一项联合冒险事业）正在积极实施其发展计划，预定1981年开始工作。

在日本，为国内提供电信服务的日本电话电报公用公司（NTT）计划不久开始经营全国公用数据网络；日本的国际邮递局（KDD）计划使其VENUS系统到1979年投入使用。离京都不远的城市东生驹正在进行一项使用计算机、纤维光学传输和家庭终端，利用多波段通信技术的有趣的、大规模的实验。

这些数据网络大都为国家一级的。事实上还不存在国际公用数据网络。目前已存在的，即已向订户开放的国际数据网络都是私用的：SWIFT银行业系统、SITA（200多条航空线使用的航线通讯系统）以及各种国际商业服务机构网（Telenet、Tymnet、Cybernet、通用电气公司的MARC Ⅲ等）。

对于不需要很快存取，或不需要精确传输的用户，使用普通电话线系统和电视机就足够了。因此，正努力将改装的电视机作为便宜的终端，通过现有的电话设施，同计算机化的数据库连接起来。欧洲已有此类试验计划，如英国，到1979年，伦敦、伯明翰、曼彻斯特和爱丁堡的居民将能够预订被称为Prestel或Viewdata的新的服务。订户利用特别改装的电视机作为接收机，加上简单的电话线就能在两秒钟左右存取电话局计算机存储的25万“页”中的任何一“页”。“信息提供者”将能从安置在他自己办公室的打字机把信息输入计算机，从而使各页的内容都像他希望的那样经常地反映最新情况。可提供的消息包括最新的市场行情、运动记录、火车和飞机时刻表、天气预报、餐馆一览表、最新头条新闻等。以后，订户将能向计算机提问和回话，“聪明的终端”——有存储器的微型计算机——将使用户在家中或办公室处理资料。类似的系统将安装在法国、日本、加拿大等。

预计随着通讯卫星的利用，数据传输和处理将扩大到全球范围。在卫星覆盖的范围内，在任何地方，甚至边远地区，都可提供连接设备，而不需要等待装设专门的电讯线路。这些网络可使用户利用安置在世界各地各种主机（公用的和私用的）处的数据库。借助于这样的通讯系统和计算机系统，人类共同存储和信息处理的能力将大大提高。

在计算机和通讯系统的3个要素——传统的电子数据处理、计算机网络和微处理机中，很明显，后两个因素在20世纪80年代会带来重要的经济和社会变化。

计算机—通讯网络在建立、运行和维持中将提供许多工作机会，在许多情况下将需要非常复杂的软件。将出现“数据贸易”，产生一种新的商人——

“情报企业家”。这些企业家购买和出售的情报产品的寿命大都极短，很快就会过时。因此，就必须经常使有关的数据库现代化，而这一过程是很花费人力的。将出现新的职业——情报搜集者、处理者和分配者。在用户方面，一些新的工作也将是必不可少的——统计者、经济学者、计量经济学者，他们的作用是解释和改编数据。

另一个变化是需要成批生产和成批利用微处理机所引起的。由于它们是高效率、自动生产的，因此价格非常低廉。强有力的逻辑将可用来从事一直是人类做的许多事情，而花钱很少。一些欧洲国家担心普遍使用微处理机将使越来越多的工人过剩，但是美国不怎么担心，一个美国权威说：“集成电路块就像电力，制造它们的工作较少，利用它们的工作很多”。实现了电子自动化，才有真正的机会减少日常性工作，加强创造性工作。

发展计算机—通讯系统可能对世界“情报”或“数据贸易”有重要影响。虽然至少到80年代中，数据通讯的主要市场可能在西方发达国家中发展，但发展中国家在数据通讯方面（集中在使用电讯卫星方面）快速增长也不是不可能的。迄今为止，大多数第三世界国家一直追随第一世界（西方）或第二世界（东方）国家的发展模式，即经济发展建立在不断增加的能源消耗上。考虑到世界能源有限，应选择一种较少依赖能源的发展策略。经营电信系统不需要许多能源。许多研究报告指出，某些现代化电信形式，如电话会议、电视教育、电子邮递等具有代替消耗能源的物理运输的潜力。显然，电信系统必定提高生产率，从而有助于经济增长。如果一些第三世界国家在80年代优先在民用电信系统投资，建立可与发达国家相比的电信系统，它们就会有可在国内、国际使用数据通讯的能力。如果完全公开地或免费地利用发达国家的数据库，那么对于这些国家，特别是在科技领域和教育系统，好处是显而易见的。

不过，如发展中国家建立数据网后，只利用发达国家的数据库，而这些数据库与它们的问题大半无关，就会浪费珍贵的计算机—通讯系统。为避免这种浪费，似乎应建立与它们的需要特别有关的数据库。这种数据库可能需由它们自己建立、经营和分配。这样做的结果是：数据处理分散在世界各地；发达国家包含最新技术现状情报的数据库或主计算机，将与那些把特别有关的情报传送给发展中国家的系统和设置在发展中国家的系统共存。

目前越来越清楚，发展中国家和发达国家之间的关系是互相依赖的。这一观念必须也扩大到情报领域。希望在未来的年代里将形成均衡的“数据伙伴关系”。

参考文献

[1] Data Networks：New information infrastructure. OECD Observer，1978 Nov. No95

（原载《情报科学》，1980（1)：75~77）

访美观感

(1) 谈出访体会　论业界发展

——与我国著名信息管理学家孟广均先生的访谈录

本刊记者：见到您很高兴，我刊开办了一个访谈专栏，把您列为访谈对象之一，现正好可实施此计划。

孟广均：您是副馆长兼主编，亲自采访，我深感荣幸。《图书馆理论与实践》越办越好，我很欣赏。既蒙“错爱”，那就恭敬不如从命，为这一专栏做点贡献吧！

本刊记者：大家很关心您的近况，想知道你在忙些什么，能否由此开始？

孟广均：好！谢谢。因工作需要，我在“超期服役”，还未退，仍在岗。我多年来天天总是有干不完的事，天天都紧张得很，好在已习惯了。作为“博导”，要带博士生；作为《图书情报工作》的主编，要审核每期刊物；作为一项国家自然科学基金课题组的组长，正忙于组稿催稿；作为我中心学位委员会委员，要参加一些研究生的毕业答辩和审查毕业生学位论文的质量等；还要完成国家一些委员会（如国务院学位委、基金委等）交办的事；在2001年又有幸被中国科学院研究生院聘为教授，被云南大学、安徽大学、吉首大学聘为兼职教授、客座教授，得做些教学、咨询等工作；北京大学信息管理系和我中心让给博士生做学科前沿讲座，得准备一番；科学出版社计划让我们将《信息资源管理导论》一书修订再版，得做大量准备工作；中国科技信息研究所和科技文献出版社计划出一套《当代情报学前沿》丛书，邀我当编委，已开了会，该做的事也不少；其他还有，就不一一说了。

本刊记者：看起来您真够忙的，不过您的身体、精神还不错，但也要注意劳逸结合。咱们谈话无统一题目，无固定格式，敞开谈，随便点，好吗？您刚才说特约为台湾刊物编辑一期专辑，能否就先围绕着刊物的事谈谈？

孟广均：这个动议不错。台湾世新大学图书馆馆长赖鼎铭教授主编的《资讯传播与图书馆学》期刊聘我为该刊顾问委员会委员，2001 年初约我客座编辑一期“情报学”专号。我从美国、韩国、中国大陆和台湾地区组织了 10 余篇中、英文稿子，正陆续发给该刊。他们这一开放做法对我们很有启发。我们的《图书情报工作》也在不断进行改革、开放、创新，例如增加篇幅，今年从 96 页增至 128 页，但增页不加价；加强读者欢迎的“专题”栏目，组织 6 组专题文章，直击大学关注的热点问题；考虑征求协办单位，发调查表广泛征求读者意见等等。既然是先谈刊物方面的事，我想再谈点国际图书情报刊物的发展动向。2001 年 8 月我有幸被单位领导派去美国参加第二次中美图书馆合作会议和 67 届 IFLA 大会，我想我应该参加 IFLA 大会的图书情报期刊圆桌会（RTLISJ）的常务委员会会议和公开讨论会，没想到它是会前会，未赶上，但我专门去要了点资料。这次圆桌会的公开讨论会（欢迎任何人参加）的主题是：图书情报学期刊如何创造知识（How LIS journals create Knowledge），主要发言者有：美国密苏里—哥伦比亚大学情报学与学习技术学院副教授 J. M. Budd 博士：“期刊和学科知识的形成”；新西兰惠灵顿维多利亚大学传播与信息管理学院讲师 D. G. Dorner 博士：“澳大利亚图书情报学期刊的知识创造：内容分析”；英国 MCB 大学出版社总编辑 E. Breen：“知识时代的图书情报学期刊”；还有一些书面论文；英国 M. B. Line 教授的“图书馆界是否太内向了——审视图书情报学期刊的内容”；以色列 D. Rabina 博士的“以色列图书情报学期刊如何满足图书情报高级人员的信息需求”；美国匹兹堡大学情报科学学院 L. Hogan 博士的“生物医学书目数据库的知识发现”；印度 M. M. Raza 讲师的“印度一些优秀图书情报学期刊的内容分析和实用性”；美国加州大学图书馆副馆长、《参考服务评论》主编 I. Rockman 博士的“图书情报学期刊对事业发展的积极作用”；瑞典 I. Wormell 的“国际期刊的国际性：科学期刊的特色和国际影响的情报计量分析”等。从中可看出国际同行在关注些什么问题，怎样多角度地、深入地利用定量定性方法调查分析，而且都认为图书情报学期刊也在创造知识，这些对我们的启发也是很大的。

本刊记者是：您刚才提到您最近去了美国，能否就此谈谈您的观感、体会？

孟广均：最近几年因公、因私去我国台港地区（开会）、韩国（应邀作学术报告）、澳大利亚（探亲），特别是 2001 年去美国，我都把参观图书馆作为主要活动，边看边与国内图书馆比较，感触确实不少。我发现我们有很多不足之处，但也有很多优越之处。可谈的内容太多，这里就根据您的问题谈一些主要观感吧！

目前就我所看到的图书馆，几乎全是“混合式”的图书馆，既无一所纯粹的传统的图书馆（我意即只搞文献资源建设和文献服务），也无一所纯粹的数字图书馆（我意即只搞数字化的信息资源建设和信息服务）。在混合式的图书馆中，印本文献资源和电子信息资源建设并存，其相应的服务也并存。目前海外图书馆界在谈论发展整合系统（集成系统），就是力求将现有的各种媒体、作业、服务和信息技术合而为一的整合系统（集成系统）。将各种媒体、作业、服务整合在同一界面上，提供菜单式选择，可使用户（包括工作人员）非常方便地利用这些资源。

我认为图书馆的主要工作一是资源建设（包括采集、加工），二是提供服务。

我刚才说传统图书馆搞文献资源建设和文献服务。文献资源主要指印本资料（书、刊、科技报告、会议文献、专利、标准……），印本资料现在还是激增，而不是下降。国外一些专家认为由于技术问题、经费问题、知识产权问题、安全问题、合理利用问题、效益问题、标准规范问题、人才问题、用户的习惯问题等种种因素的制约，今后相当长的时期，从全球范围看，文献资源仍占主导地位，至少在比例上与电子信息资源不相上下。这次了解到，洛杉矶图书馆印本资料约 1900 万册，而电子图书才 100 万册。在文献服务方面，行之有效的服务项目一如既往仍然存在，如借阅、馆际互借、参考咨询、文献检索、用户教育……今后只要文献资源存在，文献服务也还会存在。

我刚才说数字图书馆搞数字化信息资源建设和信息服务。在网络时代，信息资源主要是各种联机资料库，其他还有电子工具书、个人或机构的主页和网址、软件、用户讨论小组、电子布告板、FTP 等。图书馆采集来以后要进行加工，把这部分资源也纳入到目录检索体系中，这实际上就是建库——“生产货物”。这是我们这个学科专业最大的优势，是不易被其他学科专业取代的。在国外，我看多数图书馆主要是利用大数据公司、网络公司、大图书馆建的数据库，如一些地区的中小型图书馆根本不购买服务器，只设联机终端，通过联网利用 Ohiolink 上的资源（约 900 多万条书目记录、47 种电子文献数据库，Elsevier 出版的 1100 多种学术期刊的电子版全文……）。买也很便宜、合算。国内外不少图书馆都买了 ISI 的“Web of Science”、OCLC 的 BioOne 等。“Web of Science”以 ISI 著名的三大引文索引数据库（SCI、SSCI、A & HCI）为核心，并可链接其他学术信息资源（学术会议录、专利、生物科学信息、化学反应/化合物信息、图书馆馆藏信息系统、文献信息管理系统等），形成一个既集中又开放的学术信息资源整合平台。至于信息服务，目前海外图书馆从事着多方位、多层次的信息服务，例如信息检索服务（组建集成化的检索系统，提供统一的检索平台，用户通过一个界面可选择利用不同的检索系统：图书馆公共目录查询、地区性或全国性联合目录、自建数据库检索、远程数据库联机系统、光盘网络系统检索、万维网检索系统等）、互动式信息服务（网上文献预约、网上参考咨询、网上文献采购申请、网上馆际互借等）、网上定题服务（网上期刊目次通报服务、网上定制服务、网上通报服务、网上文档服务等）、辅助用户服务（图书馆新闻公告、用户意见箱、FAQ［常见问题预设问答］、网上用户教育）等。

我发现在我参观过的图书馆中，都是很明显地一边提供传统的文献服务，一边提供现代化的信息服务，结合得很好，一切都井然有序，非常和谐，用户满意之情溢于言表。

本刊记者：您能具体举个图书馆的例子说明这两者是怎样有机结合的吗？

孟广均：可以。别人在报刊上介绍了很多大馆的情况，我举个市区馆的例子吧！纽约市皇后区图书馆的商业与科学技术部门，既收藏印本企业名录，如企业排名录、公司家族名录、主要国际企业名录、纽约市企业名录、全国少数民族企业名录等，提供有关工业、产品、行业统计等资料，又可上网利用联机数据库提供商业与投资、经济、劳工、税务、电脑、公关、市场推销与广告、合并与购并等信息。令人惊讶的是，所提供的文献服务、信息服务基本是免费的（复印、代发传真、电子邮件、超期、专题课题检索等要收费）。整个皇后区的中心馆和 62 个分馆为大小公司提供的各种商务信息都是免费的，更不用说为普通公众了。而且几乎是全天候的，除夏季每周 6 天外，都是每周 7 天提供服务，回答问题最长一般也在 24 小时之内答复，网站 24 小时开通。馆藏利用率高，1999～2000 年度流通书刊高达 1 750 万册次。为儿童、老人、残疾人等弱势群体的服务项目很多。皇后区图书馆一年还举办各种活动 1 000 多次，包括讲座、展览、培训（有许多课程，如互联网、电脑基础、文字处理、书目检索等，再如为移民办的英语班……全部由志愿者免费讲授）、音乐会、舞蹈歌剧表演、诗朗诵、讲故事……千方百计吸引读者，传播知识，弘扬文化，大兴文明之风。这样也还相应地扩大了图书馆的影响，提升了图书馆在社会中的地位和作用。

说到这里应提一下它的“财力资源”，1999 年度它的经费达 8 200 万美元，其中政府拨款 6 490 万（联邦政府 160 万，州政府 630 万，市政府 5 700 万），其余则来自私人、公司等的捐赠和收费（1999 年度美国国会图书馆是 3.97 亿）。还应该提一下它的“人力资源”，它共拥有工作人员 1 800 多人，在全职的 1 000 人中，硕士以上人员 379 人。中心馆 3 位副馆长分管分馆；财务、采购、信息系统；计划和发展。馆长直接管技术服务部、公众服务部、人事部。馆长之上有图书馆委员会，委员由区长提名。还可提一下它的“物力资源”，也不说大的设施、设备了，就连台灯、风扇、自动削笔机、饮水机、休闲沙发、复印机、打印机、传真机、上网接口、IP 卡电话间、小卖部、咖啡屋……都很齐全，体现了人文关怀精神，真让人觉得如在家一样方便、舒适。

我很欣赏我所参观过的图书馆仍然坚持优质高效、精细严实地搞好文献和信息服务的做法，它们中有搞数字图书馆研究项目的，但大多数没搞“一窝蜂”。我认为数字图书馆技术会使现实“混合型”图书馆的文献和信息服务更上一层楼，而不会使它们消亡。可以设想一下，如果数字图书馆技术会导致那么繁荣昌盛、备受青睐的纽约市皇后区图书馆消亡，人们会答应吗？多年前鼓吹“无纸社会”的专家面对纸印书仍然激增的现实不是也改口了吗？（令人起敬！）现实混合型图书馆的生命力是强大的，不会轻易退出历史舞台的，因为它兼有传统图书馆和数字图书馆的精华要素。我相信，纯粹的数字图书馆在不久的将来会出现（有的图书馆现在就声称“建成数字图书馆”了），但起码在 50 年内多数还会是“混合型”图书馆。

本刊记者：您还搞教学、科研，所以本来还想请您谈谈别的观感，或科学教育、学科建设方面的问题，但时间不短了，听说您还要熬夜审读稿件……

孟广均：对这两个题目我其实也很感兴趣，时间关系就长话短说。总体上，我还是写了几篇有关这两方面的小文登在了刊物上。此次在美国第二次中美图书馆合作会议上有幸作为中方 4 位大会发言者之一宣读了“中国科学院图书馆研究生教育 20 年”一文，其英文版已被台刊《资讯传播与图书馆学》2001 年秋那一期刊登。另一篇与初景利教授合写的《情报学的研究现状与发展趋向》也将刊登在今年该刊上。

谢谢你们的采访。向你们和贵刊读者致敬！

（张欣毅为宁夏图书馆研究馆员、副馆长兼《图书馆理论与实践》主编）

（原载《图书馆理论与实践》2002（3）：3~5）

(2) 体笔双健　耕读人生

——访中国科学院文献情报中心孟广均教授

(节　选)

韩淑举（本刊编辑）：孟老师：您好！谢谢您能接受我们的采访。您是我国著名的图书馆学家和情报学家。一个人的成才与他成长的环境有密切的关系，您能否给我们介绍一下您青少年时期的生活和学习情况？

孟：你们的真诚使我感动，恭敬不如从命，就支持一把你们的工作吧！谈不上“著名”，顶多算“资深”（这是个普通名词），资格老些而已，因为算起来至今在这个专业领域做了50多年了，所以武汉大学、南京大学让参加会时给戴个“资深”“专家”的帽子。你们准备的问题，每问都直击关键点，真让我佩服，但有点大，几乎每条都可独立成章，让我感到诚惶诚恐，怕让大家失望。我就尽力而为吧！（下略去四个问答）

韩：20世纪80年代您曾经在美国罗莎里大学图书馆学情报学研究院做访问学者，当时美国图书馆给您印象最深的是什么？对您回国后的研究有什么影响？

孟：是的，20世纪80年代我曾在美国芝加哥郊区的罗莎里大学（Rosary College，有人译为玫瑰园大学，现在已改为Dominican University，多米尼克大学）图书馆与情报学研究生院做访问学者。该研究院是这所精致华美的私立教会大学的品牌之一，当时以公共图书馆馆长为主要培养目标，研究生毕业后多去竞争公共图书馆馆长的职位，没想到现在竟成立了知识管理研究中心，还开始培养博士生，真是不可同日而语，这是后话了。

在研究生院院长Dr. Richard Li（美籍华人图书馆员协会首任会长李志钟

教授）的关照下，我在该院可免费听教授讲课，与教授们交流请教，参加师生研讨，参加一些学术会议，利用学校的图书馆搜集资料、研读，撰写文章，访问芝加哥和附近几个州不同类型的图书馆等，同时作为自费公派者可依法每周在图书馆（校图书馆和Oak Park区公共图书馆）打工（做过分类编目和借阅服务）20小时来维持生活（主要是吃住）。这样的好处是，既在研究生院学习了理论知识，又在基层图书馆进行了业务实践，感触较深，收获较大。（年过8旬的李教授每年都来华讲学，我们至今仍保持着联系。他除给博士班讲课外，还担任美国的一中会会长，为祖国的统一事业奋斗，这也激励着我在还算健康时不能只图自己安享晚年）

以前在科图能经常看到大量外文图书馆学刊物，对美国图书馆界的情况有些书本知识，有所了解，但到美国实地一看，还是感到吃惊，真是百闻不如一见！现在大家所见所闻、甚至亲历亲为的很多，已不觉新鲜了，这里只遵嘱从三个方面简单谈谈当初的印象吧。

（1）免费服务，方便舒适。20世纪80年代初到那里的图书馆特别是公共图书馆一看，很多事都觉得新鲜，例如：

①开馆时长。许多馆都坚持全年开馆，节假日也不闭馆，一般不少于14小时，有些馆甚至每天24小时（无人看守）。

②手续简便。入门、阅览不需要证件，不需要跟馆员说一句话，只有借书时才跟他们打交道。

③开架借阅。这在国内当时还颇有争议，但在那里已成定论，除部分珍藏外，几乎全部实行开架，甚至干脆就把书库与阅览室合而为一，实现读者与图书的零距离。看到读者连唱片、影带等都可直接翻动，真是羡慕得很。

④免费借阅。公共图书馆早就实行免费借阅书刊和视听资料了，我是非美国公民，但只要审查我留的电话和地址无误，就发给借阅证，可免费借阅了。

⑤新书陈列。新到馆的书刊在两个月内全部公开陈列，一律不出借，但可预约，这样做是为绝大多数读者考虑。

⑥借不限量。当时在芝加哥的中国城图书馆借书不限量，只要能在规定的时间内还回，借多少书刊都行。逾期则要罚款，但完全是象征性的，因为太微不足道了。

⑦还不限地。还书时只需将书刊放到任何分馆、社区馆的还书箱里即可，

不用办注销手续。

⑧求知自由。古今中外不同立场、观点，不同国家、地区，不同党派、人物等等的书刊都公开陈列，都可自由借阅，当时让我颇感惊奇，也真大开眼界了。

⑨多元服务。图书馆特别是公共图书馆，还提供多样化的文化教育服务，如举办各种报告会、讲座，举办专题展览，放映电影、录像，为儿童、老人、残疾人等弱势群体提供个性化的服务项目（讲故事，开音乐会、舞蹈、戏剧表演），为新移民办英语班等，而且都是志愿者的义务行为，即免费的。

⑩便民为本。我看到的不同类型的图书馆特别是公共图书馆几乎都是人满为患。因为便民，所以大家就把图书馆当成了家，根据自己的情况尽可能地甚至整天地利用它，可参加不同的文化教育活动，可在阅读区安静地阅读，可在专门的研究室研讨，可在小卖部小憩等，真是随心所欲，各取所需。

（2）注重细节，追求完美。当时不管在 Oak Park 公共图书馆做读者服务工作，还是在该大学图书馆做分类编目工作，都亲身感受到美国同行在工作上是非常严谨，非常较真的，真可说是一丝不苟，追求完美。透过他们对细节的极端重视就可看出来。

这里只举两个例子吧。

①当时我利用夜晚曾翻译、整理出一篇“图书馆工作项目分析”作为访美调研报告，分为之一、之二、之三在《图书情报工作动态》（内部刊物）1985 年连载。主要介绍，美国一家社会与教育研究发展公司从伊利诺斯州具有代表性的 18 个图书馆中 116 位工作人员所从事的工作仔细分析出 1 615 个工作项目，然后经过审查评定，编成了一个工作项目一览表（Task List）。该表分为 8 大类：馆藏发展、馆藏组织、馆藏准备与维护、馆藏存储与检查、流通、馆藏宣传与利用、管理、人员发展，各大类之下按专业人员、技术人员、事务人员三类人员，根据时间或工作程序列出所需完成的工作项目。例如，做馆藏发展的专业人员应完成 8 项具体任务，技术人员 7 项，事务人员 9 项，各项下面又细分了若干更具体的工作项目。这对于馆内工作的分配、人员的雇用、预算的确定、员工的教育、工作的标准和成绩的评价等是很有助益的。本想在这里再进一步列出一个大类（如馆藏发展）下面一类人员（如专业人员）的具体任务，让大家看看他们是如何重视细节，追求完美的，但限于篇幅就从略了。

②为了真正做到“一切为了读者”，他们非常重视、经常进行读者调查。他们主要了解和研究：读者是些什么人？读者的信息需求是什么？读者对本馆的图书情报服务满意吗？例如第三个问题，包括满意的原因是什么、对图书馆资料不满的原因是什么（所需资料未入藏、所需资料借出、缺乏基础资料、资料太基础、缺乏专深资料、资料太专深等）、对图书馆服务不满的原因是什么（图书馆人多、拥挤、嘈杂，馆员帮不了忙，馆员服务态度差，图书馆规章制度太多、太严等）。这些内容现在看来可能“传统”了些，但基本精神还是应该肯定，可以参考的。

（3）依法办馆，科学管理。去美国之前就知道美国1848年就有了世界上第一部公共图书馆法，1956年有了美国第一部国家级图书馆法——《图书馆服务法》（Library Services Act）等业内“大法”，此次亲临其境，又领教了基层图书馆的各种规章制度，包括像上面提到的有种标准化意味的工作项目细则等，感到美国图书馆的所有工作都大有法可依，小有章可循，一切都井井有条，井然有序，各类专业人员、技术人员、事务人员人人有职有责有权，只要各司其职，各尽所责，各用其权就行了，因此我看那里的馆长很少去抓那些纷冗繁杂的日常事务性工作，而是集中主要精力做“开源”、“游说”、参会、研究等要事，从而实现了“最少的管理是最好的管理”。

有件事是我一直难忘的。我到美国不久，就接到中国社科院李慎之副院长的信，希望我回国后去美国研究所图书馆工作，我当时真是有种受宠若惊之感，想不到身居高位的他会知道我这么个人微位卑之人，觉得他真是位“伯乐”、“贵人”，出我意外地要助我实现效法当年自忠中学刘锡九先生办好一所小型专门图书馆的秘密心愿，于是很快表示愿意，并开始以此为目标做准备。例如，牺牲了外出旅游、休假等时间，较系统地学习了美国图书馆在图书馆职能、组织、规章制度、经费、工资、规划、人员管理与培训、业务管理等方面的先进经验。我发现这一切都是科学的、合理的、完善的，因此每个图书馆都显得很成熟、很稳定，不像我们以前总是处于动荡之中，总是稳定不下来。例如，他们分权有序，授权有章，用权有度。他们的制度健全，行为规范，还有监督机制。他们有年计划、月计划、周计划，严格执行，定时检查。他们很少开会，每周一次例会也就是半个小时左右。他们工作时严肃认真，工余时友好联谊，等等。遗憾的是单位几次都不批准我在界内流动，我的私愿也就不了了之。（现在还保留有李故副院长一份真迹）

至于问到对我的影响，总的说，通过这次实地进修，大大开阔了眼界，增加了新知，活跃了思想，对后来的研究、教学、编刊等确实有很多助益，具体从回答您下面几个问题中，也可看出对我的影响是比较深远的，也是显而易见的。(下略去五个问答)

(韩淑举为山东图书馆研究馆员、《山东图书馆学刊》常务副主编)

(原载《山东图书馆学刊》2011（6）：1~16)

事业调研

世界图书馆大事年表
(1800~1986)

说　明

本资料译自日本图书馆协会1977年出版的《图书馆手册》第4版的第8章年表B（A为日本篇）。编者高桥重臣按年排列了1800~1976年近180年世界各国图书馆界的许多重要事实，对了解19世纪以来图书馆发展的概况有一定参考价值。但编者侧重欧美各国，取材上存在良莠不齐，编排详略不等等不足。为便查检，择日本篇中之重要事件，缀于各相关年之末。1977~1986年为孟广均自编。

1800　（美）美国国会图书馆成立（1802年开馆）

1801　（意）波伦尼亚公共图书馆成立

1802　（匈）国立塞千尼图书馆（布达佩斯）成立／（美）费城法律协会图书馆成立

1803　（美）为了用C. 宾厄姆捐赠的图书设立图书馆，索尔兹伯里（康涅狄格州）决定由市的经费支出（宾厄姆青年图书馆1807年开馆）／（德）根据帝国代理首脑决议，征集教会、修道院的图书，收藏在慕尼黑等图书馆／（法）凡尔赛市立图书馆成立／（比）布鲁塞尔和列日市立图书馆成立

1804　（意）以卡洛斯三世创立（1734年）的文库为基础的那波利国立图书馆开馆

1805　（法）国立图书馆发布用复本交换其他馆的图书，尽量使藏书完整的法令

1806　（德）M. 施雷廷格（1772~1851）成为巴伐利亚皇家图书馆（慕尼黑）的图书馆长（1823~44：副馆长）

1807　（美）波士顿雅典娜神庙图书馆成立

1808　（德）施雷廷格《图书馆学教科书大全》第1卷出版（第2卷：1829）/（奥）国立图书馆获得国内出版物的纳本权/（法）里昂市立图书馆成立

1809　（法）鲁昂市立图书馆成立

1810　（阿根廷）布宜诺斯艾利斯公共图书馆成立（1884年改组为国立图书馆）/（巴西）流亡里约热内卢的葡萄牙摄政王设立宫廷文库（1822年改组为国立图书馆）/（法）J. C. 布律内（1780~1867）《书商和图书爱好者手册》出版。

1811　（挪）奥斯陆大学图书馆成立，1814年后兼为国立图书馆/（葡）埃乌拉公共图书馆、档案馆成立/（德）F. A. 艾伯特《公开的图书馆》出版/（美）波士顿马萨诸塞综合医院病员图书室成立

1813　（智）国立图书馆（圣地亚哥）成立

1814　（俄）叶卡德琳娜二世创设的皇室文库作为帝国图书馆公开（1932年改称萨尔蒂柯夫一谢德林图书馆）/（美）国会图书馆被英军烧毁

1815　（荷）王室图书馆成为国立图书馆（海牙）/（意）里卡尔迪亚纳图书馆（佛罗伦萨）成立/（美）国会图书馆购入前总统杰斐逊（1743~1826）的藏书重建

1816　（乌拉圭）以J. M. P. 加斯特利亚诺的藏书、住宅、遗产设立一所公开的图书馆（蒙得维的亚，1838作为国立图书馆公开）/（美）印第安纳州确定设立县立图书馆的法令/哈佛大学设立医学图书馆

1817　（捷）波希米亚的特洛尼斯公共图书馆成立/（英）苏格兰哈丁顿市长S·布朗提议创建的流动图书馆开始活动/（德）由马尔堡大学倡议的学术图书馆相互利用协会成立/（美）哈佛大学设立法律图书馆

1818　（英）下院图书馆成立/（法）上院图书馆成立/（美）通过设立新罕布什尔州立图书馆的法令/纽约州立图书馆（奥尔巴尼）设立/康涅狄格州布里斯托尔的机械学图书馆成立/（南非）南非图书馆（开普敦）成立

1819　（德）达姆施塔特侯爵图书馆成为黑森州立图书馆

1820　（美）波士顿、纽约商业图书馆协会成立/波士顿机匠、艺徒图书馆成立/（德）艾伯特《图书馆员教育》第2版出版

1821 （秘鲁）国立图书馆（利马）成立（1822 年开馆）/（法）国立古籍学校（巴黎）成立

1823 （英）格拉斯哥机械学会成立 / 利物浦机匠、艺徒图书馆成立

1826 （英）上院图书馆成立 /（德）H. 卢德维希（1781～1836）《至15 世纪止书目综合目录》出版

1827 （美）纽约州长 D. W. 克林顿向州立法院提出在学校设置小型图书馆的提案 /（法）N. M. A. 瓦泰马雷（1792～1864）开始从事图书馆复本的国际交换事业

1828 （希）作为国立博物馆一部分的国立图书馆成立（埃吉纳，1834 年由于迁都移到雅典）/（英）伦敦市政厅图书馆重建

1829 （乌克兰）敖德萨市立图书馆成立（乌克兰独立后成为国立图书馆，1957 年基辅地方公共图书馆成为国立图书馆）/（丹麦）C. 莫尔贝希《公开图书馆》出版

1831 （英）A. 帕尼茨（1797～1879）作为不列颠博物馆的图书馆长入馆 /（德）柏林大学图书馆成立

1832 （法）市立图书馆改由公众教育部管辖 /（南）贝尔格莱德塞尔维亚国立图书馆成立

1833 （委）国立图书馆（加拉加斯）成立 /（美）新罕布什尔州彼得博罗市设立街道免费图书馆 /（德）萨克森州格罗·森海因市立图书馆成立/（葡）波尔图市立公共图书馆成立

1834 （德）F. A. 艾伯特去世（1791～1834）/（法）《藏书家通报》创刊（1858 年改为《藏书家与图书馆员通报》）

1835 （美）纽约州确立为在学校区设立图书馆认可课税的法令

1836 （西）以王宫文库（1712 年设立）为基础的国立图书馆（马德里）成立 /（葡）以王宫文库（1796 年设立）为基础的国立图书馆（里斯本）成立 /（印）加尔各答公共图书馆成立（1948 年成为国立图书馆）/（玻）国立图书馆（苏克雷）成立 /（美）军医总署图书馆成立（1922 年为军医图书馆，1956 年又成为国立医学图书馆 NLM）

1837 （比）王室图书馆（布鲁塞尔）成立

1839 （法）公共图书馆改组法令公布 /（德）K. 普罗伊斯克提出设立大众图书馆的议案 /（英）E. 爱德华兹（1812～1886）到不列颠博物馆版本

部工作

1840 （美）国会图书馆由于加入 A. 瓦泰马雷的国际交换组织，被同意有交换复本书的权利，并获得国际交换用的政府出版物（50 部）等／（德）泽拉菲姆《图书馆学杂志》创刊（1870 年停刊）

1841 （英）帕尼茨在 E. 爱德华兹等协助下编制的 91 条目录规则出版／在 T. 卡莱尔（1795～1881）等协助下设立会员制的伦敦图书馆／（法）L. A. C. 埃塞《图书馆管理》出版／（德）《图书馆学文献通报》创刊

1846 （美）史密森学会及其图书馆（华盛顿）成立

1847 （法）医学科学院图书馆（巴黎）成立／（美）波士顿市接受巴黎寄赠的图书，市议会向州立法部提出为设立免费公开图书馆而征税的申请书（1848 年认可）／（美）C. C. 朱厄特（1816～1868）到史密森学会图书馆就任馆长

1848 （美）W. F. 普尔（1821～1819）《杂志主体索引》出版（第 2 卷《杂志文献索引》1853 年出版）

1849 （英）下院设立 W. 尤尔特（1798～1869）为主席的公共图书馆委员会

1850 （英）批准尤尔特提议的公共图书馆法／（德）柏林设立了 4 所大众图书馆

1851 （英）爱德华兹就任曼彻斯特图书馆（1852 年开馆）馆长（1858 年退职）

1852 （英）曼彻斯特、利物浦公共图书馆开馆，帕尼茨和 S. 斯默克设计的圆形阅览室得到不列颠博物馆理事会的认可（1854 年开工）／（美）波士顿公共图书馆成立（1854 年开馆）／C. C. 朱厄特依据帕尼茨的规则编制的《39 条目录规则》出版／（意）佩鲁贾市立图书馆成立

1853 （英）宣布公共图书馆法也适用于爱尔兰、苏格兰／（美）召开图书馆员会议（纽约）／（澳）维多利亚州立图书馆（墨尔本）成立

1854 （美）纽约阿斯特图书馆开馆，首任馆长为作家 W·欧文（1783～1859）

1855 （美）C. C. 朱厄特到波士顿公共图书馆负责目录工作，开始使用卡片

1856 （英）A. 帕尼茨就任大英博物馆馆长（1866 年退任）／（德）J.

佩措尔特（1812~1891）《图书馆学入门》出版／（美）W. F. 普尔就任波士顿雅典娜神庙图书馆馆长

1857 （英）不列颠博物馆圆形阅览室完成，开馆/曼彻斯特、利物浦公共图书馆设置分馆，利物浦馆还备置了盲文图书／（墨）国立图书馆（墨西哥市）成立

1858 （美）C. C. 朱厄特就任波士顿公共图书馆馆长／C. A. 卡特（1837~1903）入哈佛大学神学院学习，作为学生兼图书馆员进入图书馆界

1859 （英）E. 爱德华兹《图书馆论文集》出版／（美）W. J. 里斯《公共图书馆手册》出版

1860 （美）农业部图书馆成立（1960 年起为国立农业图书馆）

1861 （意）国立佛罗伦萨图书馆成立（1885 年起为国立中央图书馆）普拉托市成立意大利最早的民众图书馆／（英）曼彻斯特公共图书馆设置儿童部／（美）哈佛大学初次设置读者用的卡片目录

1862 （俄）鲁米扬采夫博物馆图书馆公开（1925：列宁国立图书馆）／（法）公布所有公立学校都应设置图书馆的法令

1864 （法）国立图书馆根据 H. 拉布鲁斯特（1801~1875）的设计重建大阅览室、书库工程开工，1868 完工／（德）巴伐利亚州公布图书馆员资格和培训规程／（美）A. R. 斯波福德（1825~1908）就任国会图书馆馆长

1865 （英）伯明翰公共图书馆开始对儿童借书／（美）圣路易斯、底特律公共图书馆成立／（意）那波利大学开图书馆学课

1866 （美）史密森学会约 4 万册图书移交国会图书馆／（德）J. 佩措尔特《书目汇编》出版

1867 （意）通过了由于废除修道院（1866）而得到图书的单位有义务将这些书提供使用的法律／（美）波士顿公共图书馆《图书馆通报》创刊

1868 （美）C. A. 克特就任波士顿雅典娜神庙图书馆馆长（1893 年退任）／波士顿公共图书馆接收赠送的盲文图书，开始为盲人服务

1869 （美）克利夫兰公共图书馆成立

1870 （埃）国立图书馆（开罗）成立／（美）纽约伦诺克斯图书馆成立/W. T. 哈里斯（1835~1909）分类表发表

1871 （法）斯特拉斯堡国家和大学图书馆成立／（美）波士顿公共图书馆在东波士顿设置分馆/辛辛那提公共图书馆（馆长为 W. F. 普尔）实行

星期日开馆制

1872 （法）公布有关大学图书馆学生的图书馆负担金制度化的法令／（德）国会图书馆成立／（美）洛杉矶公共图书馆开馆/芝加哥公共图书馆成立（1873年开馆）／波士顿公共图书馆开始使用印刷卡片目录／（日）文部省书籍馆开馆（1880年改称东京图书馆，1897年改称帝国图书馆，1917年改称国立图书馆）

1873 （美）W. F. 普尔就任芝加哥公共图书馆长／阿默斯特学院认可使用M. 杜威（1851~1931）的十进分类法

1874 （美）依据C. A. 克特的辞典体的《波士顿雅典娜神庙图书馆目录1807~1871》（5卷）开始发行（1882年出齐）／（德）F. 罗尔曼（1846~1904）《作为德国大学教育的图书馆学》（英译《图书馆学概要》1876年）出版

1876 （意）罗马国立中央图书馆成立／（美）美国图书馆协会组成，第一次大会召开（费城）／《美国的公共图书馆》出版（包括C. A. 克特的《辞典式目录规则》）／M. 杜威《十进分类法》出版／《美国图书馆杂志》（后改名《图书馆杂志》）创刊/伍斯特公共图书馆（馆长为S. S. 格林）开展参考业务

1877 国际图书馆员会议首次召开（伦敦）／（英）英国图书馆协会组成／（爱）国立图书馆（都柏林）成立

1878 （保）国立图书馆（索菲亚）成立

1879 （危）国立图书馆（危地马拉市）成立/（美）C. A. 克特发表《展开式分类法》／罗得岛帕塔基特免费图书馆实行开架制／《医学索引》创刊／（英）A. 卡内基为邓费姆莱恩图书馆建设捐赠8 000镑/A. 帕尼茨（1797~1879）去世

1881 （英）不列颠博物馆开始出版藏书目录（1900年完成，95卷）／（美）A. 卡内基提出将图书馆捐赠给匹兹堡（1890年接受，1895年开馆）

1882 （英）国立盲人外借图书馆成立（后为国立盲人图书馆）/从诺丁汉公共图书馆系统中独立的儿童图书馆成立／（美）巴尔的摩伊诺克·普拉特免费图书馆成立／布鲁克林公共图书馆设立音乐图书室／费城盲人免费流通图书馆成立（1899年与费城免费图书馆合并）

1883 （美）美图书馆协会《著者书名简易目录规则》发表/M. 杜威就

任哥伦比亚大学图书馆第一任馆长／密执安大学开目录学课程／（加）多伦多公共图书馆成立

1884 （美）哥伦比亚大学决定设立图书馆学校，该大学图书馆设置参考部／（德）《图书馆学文摘》创刊

1885 （英）图书馆协会开始确定馆员资格的试验／（美）纽约市儿童专用图书馆设立

1886 （德）哥丁根大学图书馆馆长 K. 齐亚茨科（1842~1903）研究整理出目录规则（1890 年英译《Eclectic-Card Catalog Rules》出版）／K. 齐亚茨科在哥丁根大学开图书馆学讲座／（英）E. 爱德华兹去世（1812~1886）／（美）M. 杜威提议 3″×5″卡片为标准卡片

1887 （美）哥伦比亚大学图书馆管理学校开学（校长为 M. 杜威）／国会图书馆建筑开工（1897 年完工）（收存 300 万册）／芝加哥纽贝里图书馆成立（馆长为 W. F. 普尔，1893 年开馆，主题分类制）／纽瓦克公共图书馆成立（1889 年开馆）

1888 （美）M. 杜威当选纽约州立大学理事会秘书长兼州立图书馆馆长

1889 （美）M. 杜威辞去哥伦比亚大学职务，哥伦比亚大学图书馆学校关闭／纽约州立图书馆学校开学（校长为 M. 杜威）（1926 年并入哥伦比亚大学）／学院和研究图书馆协会组成／（英）《图书馆》创刊

1890 （美）马萨诸塞州图书馆委员会成立／克利夫兰公共图书馆（W. H. 布雷特 1846~1918 为馆长）全馆实行开架制／（德）A. 格雷泽尔（1849~1917）《图书馆学概要》出版

1891 （美）费城免费公共图书馆得到卡内基的援助后成立（1894 年开馆）／C. A. 克特《展开分类法》出版（1891~1893，2 卷）／（德）C. 威廉（1859~1938）在法兰克福大学图书馆开始编制图书馆联合目录

1892 （英）书目学会组成（伦敦）／（德）柏林皇家图书馆《新书快报》开始刊行（1945 年停刊）

1893 （英）图书馆协会首次召开夏季讲习会／（德）柏林皇家图书馆开始同各大学图书馆互借／柏林图书馆学校设立／制定录用（普鲁士）学术图书馆员试行法令／（法）制定图书馆员资格许可证／（美）世界图书馆会议召开／纽约州立图书馆（馆长为 M. 杜威）巡回文库开始

1894 （英）克拉肯韦尔公共图书馆（J. D. 布朗 1862~1914 为馆长）

采用开架制／（德）莱比锡盲人图书馆成立／（美）约翰·克里勒图书馆（芝加哥）成立（1897年开馆）／波士顿公共图书馆本馆完工／丹佛公共图书馆设置儿童部／W. F. 普尔（1821~1894）去世

1895 （瑞士）国立图书馆（伯尔尼）开馆／（德）《普鲁士图书馆总目录》开始编纂（1931年开始出版，第9卷起改名为《德国总目录》至14卷停刊）／（比）国际书目协会创立（布鲁塞尔）／（美）阿斯特图书馆、伦诺克斯图书馆、蒂尔登·特拉斯特图书馆合并而成的纽约公共图书馆成立／美国图书馆协会《辞典式目录用标题表》出版

1896 （美）芝加哥公共图书馆、纽贝里·克里勒图书馆就藏书专门化的范围达成协议／《公共图书馆》创刊

1897 （卢）雅典娜神庙图书馆（1815年设立）成为国立图书馆／（丹）国立图书馆（奥尔胡斯）成立（1902年开馆）／（英）第二次国际图书馆员会议召开（伦敦）／（德）第一次德国学术图书馆员大会召开／（法）《国立图书馆藏书目录》开始刊行／（美）国会图书馆本馆完工，设置了盲人读书室／（英）J. D. 布朗《图书馆调整分类法》发表（1898年出版）／（美）J. 温泽（1831~1897）去世（1868~1877：波士顿公共图书馆馆长，1877~1897：哈佛大学图书馆馆长）／（日）公布帝国图书馆官制及馆长、司书长、司书任命文件

1898 （美）医学图书馆协会组成／布鲁克林公共图书馆（纽约）成立／《累积图书索引》创刊／《图书馆界》创刊

1899 （英）曼彻斯特约翰·赖兰兹图书馆成立／（德）《普鲁士图书馆字顺目录规则》出版（1908年第2版）／（美）H. 普特南（1861~1955）就任国会图书馆馆长（1939年退职）／匹兹堡卡内基图书馆西区分馆开始定期举办讲故事会／布法罗公共图书馆（1897年开馆）开始定期举办讲故事会／（英）《图书馆协会记录》创刊

1900 （德）德国学术图书馆员协会组成／（法）国际图书馆员会议召开（巴黎）

1901 （古）国立图书馆成立（哈瓦那）／（美）国会图书馆开始印刷卡片目录服务、图书馆际互借服务／国会图书馆分类法发表／匹兹堡卡内基图书馆培养儿童图书馆员的图书馆学校开学（1916年改名为卡内基图书馆学校，1962年改名为匹兹堡大学图书馆学校）／（英）J. W. 克拉克《图书的

保护》出版

1902 （美）国会图书馆开始向委托馆分发印刷卡片目录／哈佛大学校长C. W. 埃利奥特（1834~1926）提出成立“不常用图书”的保存图书馆的意见／J. C. 达纳（1856~1909）就任纽瓦克公共图书馆馆长／纽瓦克式出借法开始实行／A. B. 克罗格（1909年逝世）《参考书学习利用指南》出版（3~6版：I. G. 马奇编，7~8版：C. M. 温切尔编《参考书指南》）／（德）A. 格雷泽尔《图书馆学手册》出版／（中）M. E. 韦棣华女士在武昌设立文华公书林（图书馆）（1910年向公众开放，1920年创办图书馆学专业）

1903 （英）J. D. 布朗《图书馆管理手册》出版／（美）C. A. 克特（1837~1903）去世／（德）K. 齐亚茨科（1842~1903）去世

1904 （美）美图书馆协会《目录：大众图书馆的8 000册藏书》（由纽约州立图书馆和国会图书馆合编，M. 杜威主编）出版／国会批准图书馆为盲人服务免邮税／（爱）爱尔兰图书馆协会组成

1905 （泰）国立图书馆（原皇家图书馆）公开（曼谷）／（丹）丹麦大众图书馆协会组成／（瑞典）图书馆法公布，国家开始对公共图书馆补助／（德）巴伐利亚州立图书馆（慕尼黑）设置图书馆员课程／（美）马里兰州华盛顿县的免费图书馆（黑格斯敦）开始使用马车图书馆／M. 杜威辞去纽约州立图书馆长、图书馆学校校长职务／（比）国际十进分类法出版（1927年：UDC）

1906 （法）图书馆员协会组成／（英）J. D. 布朗《主题分类法》出版／（美）美国法律图书馆协会组成

1907 （英）威尔士国立图书馆成立（1909年开馆）／（比）比利时图书馆员、档案馆员协会组成／（德）实行柏林市立图书馆成为中央图书馆的中央图书馆制度／（美）《美国图书馆协会通报》创刊／《国际期刊索引》创刊

1908 （英）苏格兰图书馆协会组成／（美）英美目录规则完成，美国书馆协会《著者和书名款目编目规则》出版

1909 （美）专门图书馆协会组成／（德）《普鲁士图书馆字顺目录规则》第2版出版／普鲁士国立图书馆本馆完工，开始颁发印刷卡片／（中）公布关于设立公立图书馆的法令，决定在北京设立国立图书馆／（美）国会图书馆标题表出版

1910　(中) 京师图书馆开馆 (1931 年〔应为 1928 年——原书编者〕更名国立北京图书馆) / (芬) 图书馆协会组成 / (新西兰) 图书馆协会组成 / (比) 国际图书馆员会议召开 (布鲁塞尔)

1911　(美) 纽约公共图书馆本馆完工 / (法) 维勒班大学图书馆设立录音文库 / (德) 普鲁士图书馆长会议决议印刷刊行总目录 (由于战争爆发未实现) / (日) 文部省《图书馆图书标准目录》出版

1912　(德) 德国图书馆 (莱比锡) 成立 (1913 年开馆) / (荷) 荷兰图书馆员协会组成

1913　(挪) 挪威图书馆协会组成 / (法) 国立图书馆 (巴黎) 成立图书馆之友会 / (美) 克利夫兰公共图书馆 (W. H. 布雷特 1846~1918; 1884~1918 为馆长) 本馆完工, 全馆按主题分类开架

1914　(德) 莱比锡图书馆附设培养公共图书馆员的图书馆学校 / (美) W. S. 梅里尔《分类规定》(誊写版) 发表 (初版 1928 年) /《威尔逊图书馆通报》创刊 / (英) J. D. 布朗 (1862~1914) 去世 / (中) 公布图书馆法令, 奖励设立通俗图书馆 / (瑞典) 图书馆协会组成 / (美) 美国学校图书馆员协会组成 / 美国图书馆学校协会组成 / 哈佛大学怀德纳图书馆开馆 (书库内设置运书工具)

1916　(英) 中央学生图书馆 (伦敦) 成立 (1931 年: 国立中央图书馆) / (美) P. 巴特勒 (1886~1953) 在纽贝里图书馆就职 (1931~1953: 芝加哥大学图书馆学校) / M. 曼《儿童图书字典式目录用标题表》出版

1917　(波) 波兰图书馆协会组成 / (苏) 列宁对圣彼得堡公共图书馆的任务作了指示 / (德) A. 格雷泽尔 (1849~1917) 去世 / (苏) 克鲁普斯卡娅图书馆学校 (列宁格勒) 设立 / (丹) 丹麦图书馆学校 (哥本哈根) 设立 / (中) 毛泽东在北京大学图书馆工作 / (英) W. C. B. 塞耶斯《分类法入门》出版 / (美) W. H. 布雷特 (1846~1918) 去世 (克利夫兰图书馆馆长)

1918　(日) 东京大学开设图书馆学讲座 / 田中敬《图书馆教育》出版

1919　(英) 改订公共图书馆法 (取消课税制的限制) / 伦敦的大学学院图书馆学校开学 / 国际联盟图书馆 (伦敦) 设立 (1920 年迁到日内瓦) / (捷) 公共图书馆法公布 / (美) 亨廷顿图书馆 (加利福尼亚州圣马力诺) 成立 / 纽约公共图书馆开始对青年服务 / A. 卡内基 (1835~1919) 去世 (卡

内基财团到1923年为止援建了1 677个图书馆）

1920 （比）比利时图书馆法公布／（丹）丹麦公共图书馆法公布／（捷）国立图书馆学校（布拉格）开学／〔苏）发布图书馆事业中央集权化的法令（列宁）／（美）克利夫兰公共图书馆设置青年室／（中）M. E. 韦棣华女士于武昌文华大学设立图书馆学校（本科）

1921 （苏）国立外文图书馆（莫斯科）成立／（黎）国立图书馆（贝鲁特）成立

1922 （阿尔巴尼亚）国立图书馆（地拉那）成立／（德）德国民众图书馆协会组成／（希）Gennadius图书馆（雅典）成立

1923 （菲）菲律宾图书馆协会组成／（美）《图书馆工作训练》即所谓《威廉森报告》出版／（德）G. 施奈德《1876~1906年目录学手册》出版

1924 （英）任命公共图书馆调查委员会（F. G. 凯尼恩1863~1952为主席，1909~1930为不列颠博物馆馆长）／专门图书馆和情报机构协会（ASLIB）组成／（德）德国图书馆公布互借法令／（美）美国图书馆协会教育局（BEL）被授权成为批准成立图书馆学校的机构／P. 摩尔根图书馆（纽约）公开／《霍恩图书杂志》创刊／（法）在美国图书馆协会协助下在巴黎设立图书馆学校（1929年停办）／在纽约儿童图书馆委员会的帮助下在巴黎设立“快乐一时”图书馆

1925 （苏）鲁米扬采夫博物馆改称列宁国立图书馆／（英）苏格兰律师会将图书馆捐赠成立国立苏格兰图书馆／（美）美图书馆协会确定图书馆学校标准／美图书馆协会和全国教育协会确定初等学校图书馆标准／克利夫兰公共图书馆本馆完工（全馆按主题分类开架，设青年室）／（德）A. 黑塞尔《图书馆史》出版／（中）杜定友《世界图书分类法》出版／（日）间宫不二雄《图书馆辞典》出版

1926 （捷）国际图书馆员和书籍爱好者会议召开（布拉格，IFLA组织）／（美）纽约州立图书馆学校和纽约公共图书馆附属图书馆学校改组为哥伦比亚大学图书馆服务学校／芝加哥大学设立图书馆研究生院／密执安大学设立图书馆学系／洛杉矶公共图书馆本馆完工（按主题分类）／M. E. 西尔斯《小型图书馆标题表》出版／（英）W. C. B. 塞耶斯《图书馆员分类手册》出版／（中）王云五《中外图书统一分类法》出版／（日）今泽慈海《图书馆的理论与实际》出版

1927 （中）公布图书馆条令／（英）凯尼恩委员会报告《关于公共图书馆的报告》出版／（澳）作为澳大利亚联邦国会图书馆一部分的联邦国立图书馆成立／（美）《美国和加拿大图书馆期刊联合目录》出版

1928 （芬）芬兰公共图书馆法分布／（波）波兰国立图书馆（华沙）成立（1935 年开馆）／（爱）爱尔兰图书馆协会改组／（德）柏林大学设立图书馆学研究所（所长为 F. 米尔考，1859~1934）

1929 （意）世界图书馆学和目录学会议召开，设立国际图书馆和目录委员会（罗马和威尼斯）／（美）在马里兰州普鲁维登斯设立共同保存图书馆／J. C. 达纳（1856~1929）去世（1902 年起为纽瓦克图书馆馆长）／（日）森清《日本十进分类法》出版

1930 （意）意大利图书馆协会组成／（美）J. I. 怀尔《参考业务》出版

1931 （瑞士）瑞士国立图书馆（伯尔尼）新馆完成／（美）通过普拉特—斯穆特法，国会图书馆开始作为为盲人服务的国立图书馆／《图书馆季刊》创刊／（德）《普鲁士图书馆总目录》开始发行（9 卷起为《德国总目录》，至 14 卷停）／F. 米尔考《图书馆学手册》开始发行（2 卷：1933，3 卷：1942）／《书目索引》出版（1952 年联合国教科文组织出版）／（印）S. R. 阮冈纳赞（1892~1972）《图书馆学五法则》出版

1932 （苏）列宁格勒图书馆改称萨尔蒂柯夫—谢德林图书馆／（美）福尔杰·莎士比亚图书馆（华盛顿）开馆／（墨）墨西哥图书馆员协会组成

1933 （英）国立中央图书馆（伦敦）开馆／（印）全印图书馆协会组成／S. R. 阮冈纳赞《冒号分类法》出版／（美）伊诺克·普拉特免费图书馆（巴尔的摩）完工／P. 巴特勒《图书馆学引论》出版

1934 （英）曼彻斯特中央图书馆开馆／（德）F. 米尔考（1859~1934）去世（1921~1926：普鲁士图书馆馆长）

1935 国际图书馆会议召开（马德里）／（挪）挪威图书馆法公布／（匈）匈牙利图书馆员协会组成／（美）H. E. 布利斯（1870~1955）《书目分类体系》出版

1936 （英）不列颠博物馆《印本书编目规则》修订版出版（初版：1920 年）

1937 （伊朗）国立图书馆（德黑兰）成立／（澳）澳大利亚图书馆协

会组成

1938 （比）FID 从国际书目学会分离独立／（美）威尔逊公司开始印刷卡片业务

1939 （哥）国立图书馆（波哥大）成立／（美）美国图书馆协会批准图书馆宪章（1967 年停）／《学院和研究图书馆》创刊／（英）T. D. N. 贝斯特曼《世界书目的书目》2 卷 1939~1940 出版

1940 （美）美图书馆协会设立求知自由委员会／H. E. 布利斯（1870~1955）《书目分类法》4 卷 1940~1953 出版

1941 （美）新英格兰保存图书馆成立／克利夫兰公共图书馆对家庭闭塞儿童的访问服务开始／（英）不列颠博物馆遭德军轰炸，损失图书 25 万册

1942 （美）在法明顿召开的由国会图书馆主持的馆长协商会议管理委员会通过法明顿计划／《国会图书馆目录》167 卷 1942~1946 年出版

1943 （美）图书馆协会《图书馆用语汇编》出版／P. 巴特勒编《图书馆的参考职能》出版

1944 （美）图书馆协会《公共图书馆的战后标准》出版／（埃塞俄比亚）国立图书馆（亚的斯亚贝巴）成立

1945 （奥）王室图书馆改称奥地利国立图书馆／（韩国）“朝鲜图书馆协会”组成（1955 年改组为“韩国图书馆协会”）／（英）《文献杂志》创刊／（美）A. E. 博斯特威克（1860~1945）去世

1946 （韩国）汉城“中央国立图书馆”成立（1923~1945 为朝鲜总督府图书馆）／（西德）法兰克福德国图书馆成立／（土）土耳其国立图书馆（安卡拉）成立／（奥）奥地利图书馆员协会组成／（埃及）埃及档案馆、图书馆协会组成／（秘）秘鲁图书馆员协会组成

1947 （爱）爱尔兰图书馆法公布／（西德）西德图书馆成立（1964 年改称柏林国立普鲁士文化图书馆）／（法）《联合国教科文组织图书馆通报》创刊

1948 （朝鲜）朝鲜国立图书馆（平壤）成立（原平壤府立图书馆）／（印）马德拉斯州公共图书馆法公布／印度国立图书馆（加尔各答）成立（1835 年起为加尔各答市立，1903 年起为印度帝国图书馆）／（美）图书馆协会图书馆宪章改订／美国图书馆协会《全国公共图书馆服务计划》出版／美国法明顿计划实施（1972 年终结）／美国中西部图书馆际中心（MILC，芝加

哥）成立／（日）设国立国会图书馆／战后第一次全国图书馆大会举行

1949 （法）联合国教科文组织通过公共图书馆宣言／联合国教科文组织国际科学文摘会议召开（巴黎）／（英）《英国全国书目》开始编纂（1950年周刊版创刊）／（西德）德国大众图书馆协会改组／国际青年图书馆（慕尼黑）开馆／（西）图书馆员、档案馆员协会组成／（哥斯达黎加）图书馆员协会组成／（牙买加）图书馆协会组成／（美）图书馆协会、国会图书馆目录规则出版／哈佛大学拉蒙特图书馆（院系学生专用）开馆／J. H. 谢拉《公共图书馆的基础》出版

1950 （法）联合国教科文组织书目服务改进会议召开（巴黎）／（英）《图书馆学文摘》创刊／（德）H. 博哈塔《国际书目的书目》出版／（瑞士）L. N. 马尔克莱《书目工作资料》出版／（丹）《图书馆评论与国际图书馆协会联合会通讯》创刊／（日）公布图书馆法／“ビブロス”创刊

1951 （韩国）“韩国国会图书馆”（汉城）成立／（印）在联合国教科文组织的协助下成立德里公共图书馆／（法）国际音乐图书馆协会组成／（美）改订图书馆学校认可标准／美国学校图书馆工作者协会改组／C. M. 温切尔《参考书指南》第7版出版

1952 （缅）仰光国立图书馆成立／（以）图书馆协会组成／（中）《中国人民大学图书馆图书分类法》出版／（印尼）雅加达图书馆学校开学／（美）《图书馆趋向》创刊／《学校图书馆》创刊

1953 （奥）国际图书馆和目录委员会改称IFLA／（加）加拿大国立图书馆（渥太华）成立／（阿根廷）图书馆员协会组成／（美）美国图书馆协会发表自由阅读的声明／S. 卢贝茨基《编目规则和原则》出版／M. 陶伯《图书馆中的技术服务》出版／（法）联合国教科文组织《图书馆用语集》出版

1954 （中）台湾“国立中央图书馆”（台北）成立／（印尼）图书馆、档案馆、文献协会组成／（泰）图书馆协会组成／（西德）柏林美国纪念图书馆成立／《图书馆学和目录学杂志》创刊

1955 国际图书馆会议召开（布鲁塞尔）／（比）国际农业图书馆工作者和文献工作者协会组成／国际技术大学图书馆协会（IATUL）组成／（土）安卡拉大学开设图书馆学科／（罗）国立中央图书馆（布加勒斯特）成立／（美）H. 普特南（1861～1955）去世（1899～1939年：国会图书馆馆长）

1956 （美）图书馆服务法公布／国立医学图书馆（NLM）（马里兰州贝塞斯达）成立／美国图书馆协会《公共图书馆服务：评价指南》出版／（匈）匈牙利图书馆法公布／（尼泊尔）国立图书馆（加德满都）成立／（突）国立图书馆（突尼斯）成立／（罗）罗马尼亚图书馆员协会组成／（委）委内瑞拉图书馆员协会组成／（丹）丹麦图书馆学校法公布／（以）希伯来大学图书馆学校（耶路撒冷）开学／（阿根廷）国立图书馆学校（布宜诺斯艾利斯）成立

1957 （哥）哥伦比亚图书馆员协会组成／（巴基斯坦）图书馆员协会组成／（美）《图书馆资源和技术服务》创刊

1958 （英）罗伯茨委员会报告《英国、威尔士公共图书馆服务组织》出版／（美）国防教育法公布／S. 卢贝茨基《目录规则》出版／（缅）图书馆协会组成／（新加坡）国立图书馆成立／（马来亚）图书馆协会组成／（中国香港）图书馆协会组成／（中）《中国科学院图书馆图书分类法》出版／刘国钧《中国书史简编》出版

1959 （捷）全国图书馆组织法公布／（越）国立图书馆（西贡）成立／（老挝）国立图书馆（万象）成立

1960 （美）国立农业图书馆成立／（阿尔及利亚）国立图书馆（阿尔及尔）成立／（几内亚）国立图书馆（克纳克里）成立／（英）W. C. B. 塞耶斯（1881～1960）去世／（美）C. B. 乔克尔（1882～1960）去世／（苏）《苏联学术图书馆分类法》开始刊行

1961 （澳）澳大利亚国立图书馆（堪培拉）与国会图书馆分离／（法）国际图书馆协会联合会目录原则国际会议（ICCP）开会（巴黎）（1963年：报告出版）／（美）联合国图书馆（纽约）改称哈马舍尔德图书馆／美国图书馆协会图书馆宪章（1939，1948）改订／国会图书馆 MARC 计划开始准备／（中）台湾大学设立图书馆学系

1962 （英）全国科技外借图书馆（NLL）成立／《英格兰和威尔士公共图书馆服务标准》出版／（芬）芬兰图书馆法公布

1963 （韩国）“韩国图书馆法”公布／（美）图书馆和自动化会议开会（弗吉尼亚州沃伦顿）（1964年：会议录《图书馆和自动化》出版）／国会图书馆《自动化和国会图书馆》出版／国会图书馆设置数据处理室／（法）国立高等图书馆学校（巴黎）设立／（沙特阿拉伯）国立图书馆（利雅得）

成立

1964 （美）MEDLARS服务开始／图书馆服务和建设法公布／国会图书馆引进计算机／（英）公共图书馆和博物馆法通过（1965年起生效）／(丹）丹麦图书馆法公布／丹麦图书馆协会《丹麦公共图书馆工作简易化》出版／（东德）东德图书馆协会（DVB）组成／（伊朗）公共图书馆法公布

1965 （美）高等教育法、初等和中等教育法、医学图书馆援助法公布／中西部图书馆际中心改称研究图书馆中心（CRL）

1966 （英）国立中央图书馆新馆完工／（美）图书馆服务、建筑法改订／全国图书馆顾问委员会设立／全国采购编目计划NPAC（即Shared Cataloging Program）开始实施／国会图书馆MARC的试验计划开始／（西德）西德全国书目编纂机械化（1971年：改为MARC II和有交换性的款式）／（新西兰）国立图书馆（惠灵顿）成立

1967 （法）国际学术会议联合会（LCSU）和联合国教科文组织设立了以世界科学技术情报系统（UNISIST）为目标的协作委员会，第一次会议召开(巴黎）／（加）新国立图书馆（渥太华）开馆／国际首都市图书馆协会(INTAMEL）开会（多伦多）／（英）图书馆委员会《帕里报告书》出版／《图书馆史》创刊／（美）《英美编目条例、北美版本》出版／俄亥俄学院图书馆中心（OCLC）成立（1971年：开始工作）

1968 （美）国会图书馆MARC Ⅱ款式出版／《全国联合目录：1956年前·出版事项》开始刊行

1969 （英）国立图书馆调查委员会《丹顿报告书》出版／（美）国会图书馆MARC分发服务开始

1970 （韩国）“韩国图书馆学会”设立／（美）图书馆和情报学全国评议会设立

1971 （英）ISBD方案发表（IFLA利物浦大会）／（挪）挪威公共、学校图书馆法公布／（马来西亚）马来西亚国立图书馆（吉隆坡）成立

1972 （美）法明顿计划结束／（英）不列颠图书馆法通过／国际学校图书馆协会第一次大会召开（伦敦）／（美）在研究图书馆中心设立全国期刊外借图书馆（芝加哥）／（印）S. R. 阮冈纳赞（1892~1972）去世

1973 IFLA《公共图书馆标准》出版／（英）大英博物馆图书馆等改组，不列颠图书馆开始活动／《视听图书馆员》(Audio-Visual Librarian）创刊

1974 ISBD（M）《国际标准书目著录》标准第1版出版／联合国教科文组织文献工作者、图书馆员和档案馆员培养方法和课程协调审议会开会（巴黎）／（美）图书馆协会《求知自由手册》出版

1975 联合国教科文组织图书馆建筑国际会议召开（赫尔辛基等）

1976 （韩国）IFLA讨论会召开（汉城），题目：图书馆资料和国家的发展／（美）国会图书馆把接收的禁止发行的图书送还日本国立国会图书馆／C. 斯蒂尔：《世界主要图书馆》（Major Libraries of the World）出版

1977 （法）国立乔治·蓬皮杜艺术与文化中心的公共情报图书馆开馆，除一部分视听资料外全部开架，打算办成法国视听资料中心／UNESCO的科技数据委员会成立了世界数据参考中心／许多国家实施UNESCO倡导的情报总规划，建立全国情报与图书馆系统／（比）庆祝IFLA成立50周年大会在布鲁塞尔召开，题目为“图书馆为人人所用”／（乌干达）坎帕拉创办模范少年图书馆／（美）国会图书馆建立网络技术设计组，使该馆与计算机化目录组织结合，形成全国性网络

1978 （捷）国际图联第44次大会在捷克马丁市举行，主题为“出版物的普遍收集和利用”／（日）日本国立国会图书馆（东京）为庆祝成立30周年，举行国际科学讨论会，主题为“图书馆协作网”／（英）英国不列颠图书馆新馆舍（伦敦）动工（全部面积约20万平方米，40%建于地下，可藏书2500万册，设读者座位3 500个，总建筑费约合人民币5亿元）／（西德）西德图书馆研究所（柏林）成立（所长：亨特·拜尔斯多夫）／西伯林建立国立普鲁士文化图书馆（花费10亿多马克）

1979 （中）《中国图书馆图书分类法》编辑委员会成立／中国图书馆学会成立大会和第一次全国科学讨论会在山西太原举行。会刊《图书馆学通讯》创刊／（丹）国际图联第45次大会在丹麦哥本哈根举行，议题为“图书馆法”／（法）《联合国教科文组织图书馆通报》改名为《联合国教科文组织情报科学、图书馆学和档案管理杂志》／欧洲情报网络（EURONET）建立／（美）美国总统吉米·卡特在白宫召开的美国图书馆和情报工作会议上发表书面演说／《英美编目条例》第二版出版／《杜威十进分类法》第19版出版（初版：1876）／鲍克公司《乌利希国际期刊指南》（1977～1978）出版，收录了全世界图书馆学、情报学期刊共885种（未包括中国）

1980 （中）中国成立全国文献工作标准化技术委员会／（菲）国际图

联第46次大会首次在一个发展中国家——菲律宾的马尼拉召开／（美）美国国会图书馆决定从1981年起停止使用卡片目录，改用联机检索／2 200个图书馆分享俄亥俄大学图书馆中心公司合作联机网的大约700万条编目记录／美国图书馆协会认可的加上“情报学”一词的图书馆学院已达34%（1970年为10%）／（英）英、加、澳三家国立图书馆和美国国会图书馆为互相交换MARC磁带，共同决定改用英美编目条例（第2版）和《杜威十进分类法》（第19版）／（墨）墨西哥国立图书馆新馆舍建成／（中）文化部决定设置图书馆事业管理局／中国科学院设置出版图书情报委员会／中国图书馆学家刘国钧逝世（1899～1980）／中国版本目录学家赵万里逝世（1905～1980）／中国科学院图书馆编《图书情报工作》（双月刊）出版（1975～1979：图书馆工作）

1981 （西德）中国新中国成立以来第一次派出代表团正式参加国际图联会议（第47次大会在民主德国莱比锡）／（美）许多图书馆向联机采购编目系统发展，微型计算机应用成了重要试验项目／（中）全国670个高校图书馆统计，藏书达2亿册，工作人员17 000多人／全国19个高等学校设有图书馆学和科技情报专业／北京大学、武汉大学两校图书馆学系合编的《图书馆学基础》出版

1982 （西德）公共图书馆向读者收取借书费／（英）472个图书馆关闭，许多大学图书馆购书量减少40%／（法）UNESCO在巴黎召开出版物普遍可得会议／（美）联邦教育部公布调查报告，1982年美国图书馆从业人员为307 600人／（中）文化部制定1983～2000年中国公共图书馆事业发展规划／北京图书馆建馆70周年纪念

1983 （加）IFLA在蒙特利尔召开年会／（中）北京图书馆新馆工程奠基

1984 （美）高等学校图书馆馆藏超过12亿种／（中）中山大学正式设置图书馆学系／武汉大学建立图书情报学院

1985 （美）纽约公共图书馆开始将其1 000万张卡片目录转换成书本式和联机式目录／伊利诺大学的联机目录系统投入使用，可迅速检索该大学和伊利诺州其他25个图书馆的藏书／公共图书馆大量出借盒式录像带／据统计美国共有图书馆103 774个／IFLA第51次大会在芝加哥召开／（中）全国正规图书馆教育办学点47个，其中大学本科25个，专科13个，中专和职业

高中9个，教学人员共760人 / 中国社会科学院文献情报中心成立 / 中国科学院图书馆改名为中国科学院文献情报中心 /《中国图书馆图书分类法》和《汉语主题词表》获国家科技进步奖 / 中央宣传部和文化部在京联合召开全国图书馆工作会议，与会代表共207名，会议回顾了全国图书馆事业发展的历程，讨论了文化部提出的"关于加强和改进图书馆工作的意见"，提出了图书馆要为"四化"、"四有"服务 / 文化部、教育部、中国科学院和中央广播电视大学联合举办的电大图书馆学专业在各省、市、自治区开办的教学班先后举行开学典礼

1986 （英）因经费不足，不列颠图书馆制定了战略性计划以消除复本和浪费，为此将该馆分为人文、社会科学和科学技术两个主要单位，还设立了国家图书保护办公室内，有一段时间用于保护图书的经费多于采购图书经费 / （美）许多图书馆开始使用密集光盘——只读存储器 / 洛杉矶公共图书馆发生大火，烧毁40万册，另100多万册受损 / 加利福尼亚圣何塞公共图书馆创办硅谷情报中心，是对社区工业界服务的一个创举 / 设有图书馆媒介中心的公立初、中等学校从1978年的85%增长到1986年的93% / （中）上海交通大学包兆龙图书馆开馆 / 北京图书馆在UNESCO资助下在北京召开UAP国内学术讨论会 / 中国科学院科技情报研究会成立 / 中国社会科学院科学情报学会成立 / 为纪念李小缘诞辰90周年召开李小缘学术讨论会 / 全国共有公共图书馆2 406个 / （日）IFLA第52次大会在东京召开

（原载《外国图书馆学名著选读》. 北京：北京大学出版社，1988：397～420；《世界图书馆事业资料汇编》. 北京：书目文献出版社，1990：346～348）

欧洲图书馆事业

欧洲图书馆事业 （librarianship in Europe）

简史 欧洲最早的图书馆可追溯到古希腊庇西特拉图、波利克拉泰斯、欧里庇得斯、柏拉图、亚里士多德等僭主、学者和作家的私人图书馆。古罗马人征服希腊等国后，接受希腊文化，形成古代罗马文化，罗马一些统帅、贵族、富豪和学者成了著名的藏书家，拥有私人图书馆。凯撒大帝首先建议兴建公共图书馆，但直到他死后的公元前39～前27年间才建成罗马第一个图书馆，收藏希腊文和拉丁文资料。以后的400年间历代罗马皇帝都按传统兴建一些图书馆。据《罗马指南》记载，至4世纪初，仅罗马一地就有28所公共图书馆，馆长大都由学者担任。4世纪，康斯坦丁大帝在拜占庭建立的帝国图书馆是基督教的文献中心，在保存希腊和罗马文献方面起了重要作用。后来罗马帝国受到蛮族的侵略，许多图书馆遭受战争的破坏和劫掠，有些毁于大火和其他灾害。

中世纪初，主要由于意大利、法国、英国等国僧侣以及后来教会和修道院的艰苦创业，图书馆事业有了发展。文艺复兴时期最杰出的图书馆是王侯、教会和私人的图书馆，修道院图书馆在某种程度上起了公共图书馆的作用。欧洲的国立、省立和市立图书馆大都是在君主政体的支持下，在学者专家的积极参与和领导下，在皇家豪门富室藏书的基础上发展起来的，包括著名的法国国家图书馆和英国不列颠博物院图书馆等。13世纪始建的大学图书馆和修道院图书馆一直是研究学问的主要中心。13世纪起，私人藏书也有了较大的发展。17～18世纪的显著特点是富裕的人们普遍热心于收藏图书，国立图书馆和大学图书馆也大力扩充藏书，18世纪欧洲还盛行流通图书馆和收费图书馆。19世纪，一项意义重大的发展是按G. W. 莱布尼兹的原则管理的德国格丁根大学图书馆，推动了图书馆管理和服务的改革；图书馆努力收集各门学科的文献，编制良好的目录，尽可能为所有人提供利用等。19世纪中叶，由地方当局用公款建立图书馆的思想被普遍接受，在为大众服务方面甚至扩大到提供演讲、文艺演出、艺术展览等条件。19 世纪欧洲的参考咨询、文献检索等情报服务工作开始发展起来，中叶以后，图书流通管理逐步实行了机械化，末叶时，英国图书馆协会与美国图书馆协会一起在制定标准和实现协作方面做出了榜样。1837 年 A. 帕尼齐为不列颠博物院图书馆制定的编目条例、1907 年《英美编目条例》的发表和 19 世纪末的《普鲁士规则》等，对全世界的图书馆都有较大影响。20 世纪 20 年代后欧洲图书馆开始有成文的采购方针，30 年代起又逐步实现了国际交换和全国图书联合目录计划。

第二次世界大战后，欧洲图书馆普遍面临空间匮乏、人力不足、资金困难的局面，只得采用各种权宜之计，如分散藏书、设立储存图书馆等。随着社会经济的重建，图书馆事业也开始迅速发展，但最初处于无计划状态，后来人们逐渐认识到必须依靠立法，实现各级政府间的合作才能使图书馆工作合理化。苏联和东欧各国先后颁布了图书馆法。苏联图书馆系统的结构模式和方针政策都由中央决定；图书馆管理局的主要职责是全面协调各类型图书馆的工作，颁布各种图书馆工作条例；各图书馆系统的代表组成的咨询机构协助图书馆管理局工作。捷克斯洛伐克、匈牙利、罗马尼亚、保加利亚、波兰、南斯拉夫等东欧国家图书馆法规定各图书馆必须充分发挥应有的作用，参加各种图书馆网，实行集中管理，加强馆际合作与协调，组成全国图书馆系统等。西欧国家也普遍制定了图书馆法、公共图书馆法、大学图书馆法等，规定政府和有关部门应给予图书馆事业以资助，出版物须免费缴送某些图书馆，建立领导和监督体制，制定各种服务标准等，从而保证了图书馆事业持续、稳定的发展。从 20 世纪 60 年代起，欧洲国家逐步将新技术应用于图书馆，促进了服务观念和服务方式的现代化，文献加工、存储和检索的自动化，以及协调合作的网络化等。欧洲图书馆的总体水平是比较高的。

东欧图书馆事业 第二次世界大战后，东欧各国（不包括苏联）新政府成立后都给予图书馆以组织、物质和工作方法上的帮助与政治上的指导，积极进行图书馆的重建工作。幸免于难和损失惨重的图书馆都积极恢复，增加馆藏，重新开放。波兰 1946 年即发布了图书馆条例。50~60 年代各国都制定了图书馆法。1951 年罗马尼亚通过改进图书馆工作措施的法令。1952 年和 1956 年匈牙利通过发展和调整图书馆事业的法令。1955 年和 1957 年保加利亚通过促进图书馆事业的法令。1959 年捷克斯洛伐克通过建立统一图书馆组织的法令。1968 年民主德国颁布图书馆法。60~70 年代普遍加强了图书馆网的建设、情报工作和图书馆自动化等。1970年保加利亚政府通过建立统一图书馆网的决议。捷克斯洛伐克也采取许多措施建立全国图书馆网，特别重视薄弱环节农村图书馆网的建设。原民主德国以地区图书馆网和专业图书馆网为基础形成全国统一的图书馆系统。1973年保加利亚政府通过建立全国科技情报组织的决议后，国家图书馆积极参与了全国科技情报系统的建立。民主德国各学科的专业图书馆中一般都有一个情报文献中心。东欧各国一贯积极开展国际合作，从50年代起即定期或不定期召开目录学、图书馆教育、科学方法研究、国家图书馆馆长等国际会议。二次大战后的40多年来东欧国家图书馆事业的共同特点是：强调图书馆是社会主义事业的一个组成部分；图书馆工作的基本方针由党和政府规定；图书馆事业实行有计划的发展；国家在经费、干部配备、立法等方面给予保证；重视图书馆网的建设。各国也有自己的特点，如波兰特别重视民族文化遗产的收集、整理；南斯拉夫不制定全国统一的图书馆法，而由各共和国分别制定；民主德国特别重视书目编制工作等。

匈牙利国立塞千尼图书馆

国家图书馆 东欧国家的国家图书馆一般都是全国性文献收藏中心、研究图书馆中心、书目中心、图书馆学理论方法研究中心、出版物交换中心、馆际互借中心、版本图书馆等，甚至还起中心博物馆和档案馆的作用（如保加利亚国家图书馆等）。著名的有民主德国的德意志图书馆、东柏林德国国家图书馆（1946年建立，1988年藏书为700万册）、罗马尼亚国立中央图书馆（1955年建立，20世纪80年代中藏书为780万册（件）），匈牙利国立塞千尼图书馆（1802 年建立，1983 年藏书为 629 万册）等。捷克斯洛伐克本着民族平等的原则建立了两个国家图书馆，其中捷克图书馆最早可溯源到 1348 年，20 世纪 80 年代初藏书为 519 万册。南斯拉夫实行联邦制，6 个共和国各有 1 个国家图书馆。

波兰的杰洛纳-古拉市立图书馆——C. K. 诺尔维德公共教育图书馆

公共图书馆 东欧国家的公共图书馆一般都是各州、市、县等行政当局建立并免费为广大群众服务的图书馆，强调重视政治思想教育，普及科学文化知识，一般也是该地区的书目、情报和馆际互借服务中心。如捷克斯洛伐克布拉格市公共图书馆网包括 个中心馆、10 个区馆和 62 个分馆，分别为成人、青年和儿童服务。保加利亚图书馆事业的一大特点是设有已具有 100 多年历史的人民读书室，遍布全国各地，近年又以它为主体发展成包括各种文艺活动的群众文化活动中心。一些国家（如罗马尼亚、匈牙利、保加利亚等）把工会图书馆作为公共图书馆的一部分，其主要职能也是进行政治思想教育，普及科学文化知识。

高校图书馆 东欧大学图书馆一般都是全国图书馆系统的重要组成部分，为科学研究和高等教育服务。波兰 1984 年有 90 所高校图书馆，藏书 3 300 万册。最重要的是克拉科夫大学图书馆，1364 年建立，藏书 236 万册（1984 年），1800 年前波兰出版物最齐全；其次是华沙大学图书馆，1817 年建立，藏书 200 万册（1984 年）。捷克斯洛伐克共有 73 个高校图书馆，藏书 1 365 万册，布拉格查理大学图书馆的历史可追溯到 1348 年，1370 年即编制了书目。罗马尼亚 20 世纪 80 年代初有 43 所高校图书馆，其中由教育部拨款建立的 3 所中央大学即布加勒斯特大学（1891 年建立）、克鲁日—纳波卡大学

罗马尼亚布加勒斯特大学中心图书馆

（1872 年建立）和雅西大学（1640 年建立）的图书馆为中心图书馆，在全国大学的书刊采购、国际交换和书目编制的协调协作方面起主导作用。民主德国最古老的 7 所大学图书馆藏书都较丰富，如柏林洪堡大学图书馆于 1831 年建立，20 世纪 80 年代初藏书 410 万册，卡尔·马克思大学图书馆 1543 年建立，20 世纪 80 年代初藏书 330 万册。

专门图书馆 东欧国家普遍都设有藏书丰富的科学院图书馆。罗马尼亚科学院图书馆是两个国家图书馆之一，也是研究历史、政治、经济、文化和科学的文献中心，1867 年成立，原为人文社科文献中心，1948 年后也收藏科技文献，1984 年时藏书 880 万册（件）。此外还有中型的中央教育图书馆、全国情报和文献研究所、中央医学图书馆、中央农林科学院图书馆等。匈牙利科学院图书馆（1826 年建立）管理 51 个研究所图书馆，全国技术情报中心和图书馆（1883 年建立）协调 800 多个工业公司和研究所的图书馆，农业和食品部情报中心协调 148 个图书馆，全国医学情报所和图书馆协调 197 个图书馆。保加利亚最重要的专门图书馆是科学院图书馆（包括 1 个总馆和 40 个分馆）、中央农业图书馆和中央技术图书馆，3 馆各领导 1 个网络。民主德国有 6 个科学院图书馆（包括科学院、教育科学院、建筑科学院、农业科学院等），共有 300 万册藏书，其中科学院有 1 个总馆和 70 个研究所分馆，共藏书 170 万册；专业图书馆网特别发达，如 400 多个医院、医学研究中心和教育中心的图书馆与情报所组成专门网络进行合作，科学院图书馆与高校图书馆一起形成科学研究和教学服务的专门网络等。

匈牙利自然科学图书馆的阅览室

图书馆学教育和协会 捷克斯洛伐克1919年开始提供正规教育，布拉格查理大学文学院设有情报学与图书馆学系，布拉迪斯拉发卡曼纽斯大学文学院设有图书馆与情报学系，另外还有这方面的中等专业学校。匈牙利布达佩斯的洛龙德·艾厄特沃什大学1949年以来即提供4年全日制和6年函授教育。保加利亚索菲亚大学、国家图书馆和全国图书馆员学院等3个单位开办正规教育，前两者还可授予博士学位。

波兰图书馆协会1917年成立。匈牙利图书馆协会1935年成立。罗马尼亚图书馆员协会1957年成立。民主德国图书馆协会1964年成立。斯洛伐克图书馆员和情报工作者协会1968年建立，80年代初有2 400多名会员。南斯拉夫有5个主要图书馆员协会。只有保加利亚虽有成立协会的计划，但到1985年尚未成立。

原民主德国有3个科学方法研究中心：文化部的中央图书馆学研究所、高等与技术教育部的科学图书馆与文献工作研究所方法中心和总工会的工会图书馆中心馆。捷克斯洛伐克有图书馆学、情报学刊物18种。

西欧图书馆事业 第二次世界大战后，西欧各国都重建了图书馆，特别是高校和研究图书馆。各国都制定了图书馆法，并由于现代技术普及，图书馆事业普遍发展迅速。20世纪60年代初开始普遍实行开架制，在大学建立集中化图书馆系统，发展缩微型资料、视听型资料，引进电子计算机技术，提供情报服务等。西欧各国图书馆自动化发展很快，它们吸取美国的经验，普

比利时皇家图书馆

遍以书目记录自动化为突破口，实现了文献检索自动化，发展了流通、编目、采购自动化系统，70年代起又逐步形成图书馆自动化网络。1977年英国建立了不列颠图书馆自动情报服务系统（BLAISE），1978年欧洲经济共同体在此基础上建立了欧洲联机情报网络（EURONET）。这些可使图书馆利用社会不断生产的大量数据库，补充各馆的文献情报资源。法国在欧洲第一个建成"特兰斯巴克"全国数据传输网络，兼可传送声音和图像，并在此基础上发展成可视电话、电视会议、电缆电视、电子邮政、远距离复制等，使图书馆的情报工作高度现代化（见英国图书馆事业、法国图书馆事业）。

国家图书馆 西欧的国家图书馆藏书范围普遍比较广泛，只有个别图书馆（如瑞士国家图书馆）致力于收藏本国和外国有关本国的出版物。著名的除英国不列颠图书馆、法国国家图书馆外，还有西班牙国家图书馆（1712年建立，原为皇家图书馆，1836年成为国家图书馆，1984年收藏图书300多万册、现刊1.5万种，人文科学文献占突出地位，特别是西班牙文化）、比利时皇家图书馆（1837年建立，可溯源到15世纪，也是全国科技文献中心、美国研究中心和非洲研究中心等，1984年收藏图书336万多册、现刊2.6万种）、奥地利国家图书馆（1575年即有首任专职馆长，逐步发展成德语世界最大的图书馆，这一地位一直保持到19世纪，1982年收藏印本书243万册，奥地利图书馆协会、文献保护研究所、奥地利图书馆、文献和情报研究所、国家书目中心等均设于该馆）等。联邦德国除建有国家图书馆外，1959 年后还仿照美国建立了 4 个国立中央专业图书馆。

公共图书馆 西欧的公共图书馆较少收藏外文书，馆藏中文艺作品较多。重视为儿童服务。荷兰有公共图书馆 414 所，读者需每年交费（18 岁以下的免费）。奥地利公共图书馆包括市馆、教会图书馆、工会图书馆等，1982 年有 799 所（共 2118 个服务点），藏书共 604 多万册。西班牙已建成公共图书馆系统，在 48 个省会各设一个中心图书馆，在其他城市设立分馆，全国共 1 200 多个，组成协作网络。比利时重要的公共图书馆都设有专门的部门，如唱片部、载体中心、图片中心，甚至玩具部等，还专门设立了全国公共图书馆中心，研究公共图书馆的问题，并提供一些集中化的服务。法国有 1 000 多个市立图书馆。藏书 4 500 多万册，仅巴黎市图书馆即 300 万册，每个市民每年文献支出 39.41 法郎。还专门成立了省立外借图书馆，到 20 世纪 80 年代中期有 94 个，为 2 400 万人服务；每个外借图书馆都有汽车图书馆，1982 年共 300 个，工作人员达 1 124 人，其中 550 名为专业图书馆员，全年外借 3 400 多万册。

高校图书馆 西欧高校图书馆一般都利用现代图书馆技术和开展联机服务。法国 1984 年有 61 所大学图书馆，其中 14 所为大学校际图书馆，为一个城市内两个以上大学服务；1962 年以来大学图书馆一般分为开架和闭架两部分，还分为为大学生学习和只为研究利用两个等级。荷兰有 13 个大学图书馆，著名的为莱顿大学图书馆（1575 年建立），格罗宁大学图书馆（1614 年建立）、乌得勒支大学图书馆（1636 年建立）、阿姆斯特丹市立大学图书馆（1877 年建立）等，大学图书馆占全国馆际互借的 40%。奥地利 20 个大学 868 个院系都有图书馆，最大的是维也纳大学图书馆（1365 年建立），1983 年藏书近 415 万册。比利时 6 所大学学术图书馆藏书都较丰富，1816 年建立的列日大学中心图书馆 80 年代初收藏图书 170 万册，现刊 4 700 种；1817 年建立的根特大学图书馆收藏图书 200 万册，现刊 5 900 种；1425 年建立的卢万天主教大学 1968 年分为德、法两个独立大学，分别藏书 100 万册和 130 万册。爱尔兰都柏林的三一学院图书馆是世界上著名的大学图书馆之一，建于 1601 年，收藏了大量珍贵文献。

专门图书馆 荷兰专门图书馆包括 4 类：学会和科学机构图书馆（如荷

兰皇家科学院图书馆，1808年建立，主要收藏生物、医学文献）、省市图书馆（收藏地方史等研究资料）、职业学院图书馆（80年代中有312所）、狭义的专门图书馆（80年代中包括13个中央部图书馆、263个政府机构图书馆、130个工商业图书馆、112个基金会与协会图书馆、90个医院图书馆、26个博物院图书馆、38个宗教图书馆等，占全国馆际互借的32%）。西班牙最重要的是科学研究高级评议联合会的图书馆系统，包括两个总馆和50个科技、人文科学中心图书馆，藏书共150万册。法国有许多公立、私立或公私合营企业的科技图书馆，私立的多称文献中心。比利时以研究机构的藏书组织得最好，如比利时皇家自然科学研究院（藏书80万册）等。

图书馆学教育和协会 法国的里昂、巴黎、格勒诺布尔和利尔大学提供硕士、博士学位教育。联邦德国科隆大学设有图书馆学硕士学位（4年）和博士学位（至少再学2年）教育。荷兰阿姆斯特丹大学提供研究生教育，另有6所图书馆和文献学院提供大学教育。西班牙马德里大学、巴塞罗那市立大学、格拉那达大学、马德里书目与文献研究学院等提供专业教育。奥地利至今尚无高等专业教育。

联邦德国有德国图书馆联合会（1971年设立，由6个大的图书馆协会组成）和德国图书馆协会等。法国有5个专业组织。奥地利图书馆协会1896年成立，比利时档案工作者和图书馆员协会1907年成立，荷兰图书馆协会1912年成立，历史都较悠久。西班牙只有一个1949年成立的综合性的档案、图书馆和考古工作者协会，1985年有近1 500名会员。

北欧图书馆事业 北欧国家将图书馆事业看作社会福利事业和文化教育事业的一部分，在财政上大力支持，重视图书馆立法，人民文化、生活水平高，因此图书馆事业很发达。北欧专门图书馆受德国的影响，公共图书馆则从美英接受了许多先进经验，如开架借阅制，编制字典式目录，简化出借手续，服务工作伸展到医院、军队、家庭、监狱、残疾人中，设立独立的儿童图书馆，大型公共图书馆设儿童部等。图书馆一般藏书都较丰富，图书馆员素质好，服务优良，建筑美观，馆舍充裕。北欧图书馆在20世纪60年代即开始应用计算机发展流通、编目、采购系统。1974年建成北欧数据通信网络（SCANNET）。80年代中期起致力于公共图书馆与研究图书馆统一联网，实施标准化，发展全文检索、专家系统。北欧图书馆很重视合作协调，70年代初即签订协议，北欧任何一国召开图书馆年会，其他国家都派代表参加。每4

年召开一次各类有关图书馆馆长会议，讨论管理等问题。瑞典哥德堡有一所北欧高级图书馆员学院，每2年举办一次高级班。著名的斯塔的曼计划是北欧国家研究图书馆协调合作采集、收藏外文书刊的计划，即采购北欧以外的书刊时按学科，地区、语种分工负责采购。1977年建立的北欧科学情报与研究图书馆委员会（NORDINFO）负责北欧情报与文献工作的合作协调。北欧图书馆的主要问题是缺乏图书馆专业人员。

图家图书馆 瑞典有两个国家图书馆，一是1661年建立的皇家图书馆，20世纪80年代中藏书200多万册（均为人文、社会科学文献），并负责编制国家书目和外文图书联合目录，书目工作已实现自动化；二是1666年建立的隆德大学图书馆，1978年成立国立外借图书馆，是瑞典最大的图书馆，藏书架总长9.4万米。丹麦的国家图书馆为皇家图书馆，是北欧最大的图书馆，可溯源到16世纪初，17世纪起才作为国家图书馆。它与哥本哈根大学在图书采购上进行分工，重点收藏人文、神学和社会科学文献、有许多特藏（如善本、民俗学、犹太图书等），80年代初藏书250万册。芬兰国家图书馆是古老

赫尔辛基大学图书馆的目录厅

的赫尔辛基大学图书馆，1640年建立，承担国家图书馆和研究图书馆的双重

都柏林三一学院图书馆的长厅

职责，1983年总藏书238万册，特藏为斯拉夫文学文献。挪威国家图书馆的职能由奥斯陆皇家大学图书馆履行，该馆建于1812年，是全国书目、馆际互借中心，1982年藏书400多万册，占全国研究级文献的40%。冰岛国家图书馆于1818年建立，1982年藏书近37万册，侧重人文科学，1970年议会通过法案，责成该馆与冰岛大学合作，并建设统一的馆舍。

公共图书馆 丹麦1982年有281个公共图书馆，藏书3 186万册。1920年通过第一部公共图书馆法，1983年进行了修订。该法律规定设立州公共图书馆督察处，负责分配全州的图书馆经费和监督图书馆法的实施，对促进公共图书馆系统的统一发展起了重要作用。瑞典1982年有407个公共图书馆，4 751个服务点，藏书4 140万册；斯德哥尔摩公共图书馆为65万居民服务，有 47 个分馆和 4 个汽车图书馆，工作人员有 620 人，其中 227 人为图书馆专业人员。芬兰 1928 年即公布了公共图书馆法，1962 年第二个公共图书馆法规定建立地区中心图书馆，作为馆际互借中心，主要为公共图书馆向研究与大学图书馆借书。从 20 世纪 60 年代起小型公共图书馆逐渐被图书车取代，因此公共图书馆的数量逐渐下降，1960 年为 4 007 个，1970 年为 2 903 个，而家庭借书数量则逐年增加，1960 年为 1530 万册，1970 年为 3 240 万册。芬兰还有图书艇专为岩礁岛地区送书。公共图书馆还承担文化中心的职能，组织音乐会、展览、木偶剧演出等。挪威 1935~1971 年多次修订图书馆法，1984 年有 454 所公共图书馆，1 395 个服务点，藏书 1 650 万册。挪威也专有图书船为渔民服务。

高校图书馆　丹麦哥本哈根大学图书馆成立于 1482 年，1861 年前一直是丹麦的国家图书馆，现为全国自然科学和医学文献的收藏中心，1943 年起皇家图书馆馆长同时兼任该校图书馆馆长；另一重要的大学图书馆是 1902 年建立的奥尔胡斯大学图书馆，该馆也是奥尔胡斯州立图书馆，为该校和奥尔胡斯地区其他高校服务。瑞典除隆德大学图书馆外，最大的是 1620 年建立的乌普萨拉大学图书馆，书架总长达 9 万米。芬兰共有 23 所高校图书馆，除赫尔辛基大学图书馆外，著名的还有图尔库大学图书馆（1983 年藏书 136 万册）、赫尔辛基技术大学图书馆等。挪威除皇家大学图书馆外，著名的还有卑尔根大学图书馆（1825 年建立）。冰岛高校图书馆主要是 1940 年建立的冰岛大学图书馆，1983 年藏书 23 万册，侧重冰岛学和火山学。

专门图书馆　芬兰专门图书馆大多数是小型的，多提供情报服务，最大的是 1872 年建立的国会图书馆，1983 年藏书近 47 万册。丹麦约有 300 个，较大的有学生联合会图书馆（1821 年建立，1983 年藏书 20 万册）、妇女读者协会图书馆（藏书 20 万册）、丹麦议会图书馆（1848 年建立，藏书 10 万册）等。挪威专门图书馆藏书从 5 000 册到数万册不等，突出的有皇家科学院图书馆、议会图书馆、诺贝尔图书馆、中央统计局图书馆等。瑞典主要有议会图书馆（1847 年建立，1983 年藏书排架 1.3 万米）、皇家科学研究院图书馆（1739 年建立，藏书 50 万册、期刊 5 000 种）、皇家技术研究院图书馆（1826 年建立，藏书 30 万册、期刊 5 000 种）、皇家音乐研究院图书馆（1771 年建立，收藏文献 100 万件）等。

图书馆学教育和协会　丹麦哥本哈根皇家图书馆学院 1956 年重建，提供

4年制图书馆学基本课程，1974年在奥尔堡设立了分院。瑞典布罗斯图书馆学院1972年建立，培养公共和研究图书馆馆员，每年招生240人，学制2年。挪威图书馆和情报学院为大学3年制，并培训在职人员。芬兰坦佩雷大学社会科学系提供图书馆和情报学硕士、博士学位。

芬兰有图书馆协会（1910年建立）、研究图书馆协会（1929年建立）、文献工作协会（1948年建立）等。丹麦图书馆协会是全国最老的和主要的图书馆组织，各县都有分会。此外还有研究图书馆协会、图书馆员联盟（为工会组织）、科技情报和文献工作学会等。瑞典图书馆协会1915年建立，1982年有个人会员1 500人；专门图书馆员协会1936年建立，1982年有个人会员1 300人。挪威图书馆协会1913年建立，1983年有个人会员2 800人，机构会员600个；专门图书馆协会1948年建立，1984年有个人会员750人。冰岛图书馆员协会1960年建立，有300名会员。

南欧图书馆事业 南欧主要国家意大利1861年统一前因反抗外来侵略，争取全国统一，无暇顾及图书馆的建设。统一后原各小国的中央图书馆、大学图书馆等都划归国有，图书馆事业开始置于国家的统一管理之下，因此才有所发展，但缺乏立法、规划和改革。希腊也因长期受外族统治，处于四分五裂状态，所以图书馆到19世纪末才开始发展，但大都集中在雅典；第二次世界大战后着重发展大学和研究图书馆，除大城市外，大部分地区仍无公共图书馆。从总体上看，南欧图书馆事业落后于欧洲其他地区。

国家图书馆 意大利有8个国立图书馆，其中佛罗伦萨和罗马两地的国立中央图书馆，行使国家图书馆的职能。另6个图书馆主要收集本地区的出版物（见意大利国家图书馆）。这8个图书馆均由教育部管理，其中大部分虽为大学图书馆，但不受大学管辖。希腊国家图书馆1829年建立于埃吉纳，1834年移至雅典，1842年与雅典大学合并，1867年正式成为国家图书馆，20世纪80年代中藏书200万册，缺少采购外国文献的资金。马耳他国家图书馆1985年藏书36万册，1974年前也是马耳他唯一的公共图书馆，1983年起开始编制国家书目。

公共图书馆 意大利直接由国家管理的公共图书馆有47个，称为国立公共图书馆，主要为专家学者利用。省级公共图书馆最突出的是博洛尼亚省图书馆联合体，包括32所图书馆、21个阅览室，除传统服务外，还举办音乐会、美术展览、报告会等，藏书18万册、现刊430种。博洛尼亚市图书馆不属于该联合体，包括 1 个中心馆和 16 个分馆，藏书 130 万册、现刊 215 种。市级图书馆最突出的是米兰公共图书馆，包括 1 个中心馆和 33 个分馆。意大利公共图书馆经费、馆员、藏书均较少，开馆时间短，虽有建立地区图书馆的计划，但迄今未建立实质性的系统或网络。希腊公共图书馆受不同部门领导，缺乏资金、工作人员和馆舍，有些大城市如雅典的中心公共图书馆还没有分馆。

大学图书馆 意大利最大的大学中心图书馆是佛罗伦萨大学中心图书馆，该校还有 40 多个图书馆。其他大学如巴勒莫大学有 100 多个图书馆，罗马大学有 120 个，多为院系、研究所图书馆，很少有中心馆。从总体来说，意大利大学图书馆服务质量不高，主要因为馆员不足和资金缺乏。希腊有 13 所高校图书馆，这些图书馆构成希腊图书馆事业的主体。1926 年建立的萨洛尼卡大学中心图书馆藏书 100 多万册，其他大学藏书大都分散在数十个甚至上百个院系、研究所，中心馆很少。希腊的大学图书馆藏书分散，书目工作组织不力，缺乏受过正规培训的工作人员。马耳他主要的大学图书馆是马耳他大学图书馆，第二次世界大战后创建，设备较现代化，20 世纪 80 年代中藏书 25 万册。

专门图书馆 意大利专门图书馆类型多、数量多。有些收藏古籍善本较多，只供少数学者利用；还有一些是书目情报中心和文献机构，如佛罗伦萨法律文献研究所是意大利法律文献的总数据库，用户可通过电话获取情报资料。希腊议会图书馆是希腊第二大馆，1845 年建立，对外开放，还可部分外借，收藏本国报刊丰富，外文文献也比国家图书馆多，馆员须具有图书馆学学位，总之比国家图书馆符合现代化要求。希腊最重要的专门图书馆还有雅典的金纳迪乌斯图书馆（主要收藏希腊历史和文化特别是 1900 年以前的文献，20 世纪 80 年代中藏书 6 万册）、原子能研究中心的德谟克利特图书馆、国家研究基金会图书馆（实际上是全国科学期刊中心）等。阿陀斯山、巴特摩斯岛等修道院珍藏有极其宝贵的善本和手稿。

图书馆学教育和协会 意大利图书馆协会 1930 年建立，80 年代中有 1 300 名会员。希腊图书馆协会 1968 年建立。马耳他也有一个小型图书馆协会。意大利罗马大学、巴马大学有图书馆学系，但内容偏重古文书学、手稿古文本学、文字学、档案学等，未能提供充分适应图书馆现代化发展的人才。希腊至今无大学级图书馆学教育，获取正规图书馆教育的途径是赴美、英留学。马耳他无图书馆学正规教育，只有图书馆协会和马耳他大学联合组织的半脱产训练班提供基本技能培训。

（原载《中国大百科全书（图书馆学·情报学·档案学）》．北京：中国大百科全书出版社，1993：297～303）

加拿大图书馆事业

加拿大图书馆事业（librarianship in Canada） 加拿大地广人稀，各地区在语言、文化和经济等方面存在着差异，图书馆界在克服这些长期性困难，为全体居民提供服务方面作出了巨大的努力，尤其在发展地区图书馆和为北部地区土著民族服务方面显示了独创性。由于加拿大资源丰富，技术先进，人民生活水平较高，政府和人民愿意并能够慷慨地支持图书馆事业，加拿大的图书馆在馆舍、设备、技术方法和利用率等方面才能都位居世界前列。20世纪80年代中后期，一些图书馆试验应用以互相利用数据库为特点的TELIDON系统；史料缩微复制研究所通过复制和传播缩微形式的古典文献，保存加拿大的文化遗产；1983年生效的《信息自由法》使公众更便于利用政府的信息。加拿大图书馆最早受英、法文化的影响，后来则一直处于美国的强大影响之下，几乎在图书馆事业的各个领域都仿效美国同行。

国立图书馆 ①加拿大国家图书馆与档案馆。早在1883年加拿大首任总理约翰·麦克唐纳即支持建立国家图书馆，但直到1950年在自治领档案馆馆长凯伊·拉姆的指导下才设立了加拿大书目中心，开始编制国家书目和全国联合目录。1952年《国家图书馆法》通过后才正式成立国家图书馆，并由拉姆兼任首任馆长。开始时接收了国会图书馆的大量资料，后来依据出版物呈缴制度获得了大量本国新出版物的呈缴本，在制定了避免与其他图书馆不必要重复的采集计划后又获得了大量早期的和外国的出版物。1967年正式拥有永久性馆舍。1969年新《国家图书馆法》生效，增加了国家图书馆的职能，包括协调联邦政府所有图书馆的工作、在建立书目系统与服务网络方面起领导作用等。此后6年增加了14个部门和服务点，并对政府各图书馆、全国联合目录和自动化进行了广泛的研究。70年代末对该馆的作用、服务和目标等做了一次大规模的评议。加拿大图书馆协会等馆外机构指出，国家图书馆虽有很多进展，但对全国图书馆的直接服务太少，尚未成为人们期望的“加拿大图书馆的图书馆”。馆长认为主要任务应是利用计算机技术建立全国分散的书目网络，为此开发了自动化集成系统DOBIS（自治领书目系统），为书目数据交换制定了议定书，并进行了开放系统互联模型应用的实验。2004年6月加拿大国家档案馆与其合并，成为加拿大国家图书馆与档案馆，负责获取、保存加拿大文献遗产，并使其便于利用。经140年的积累，至2015年8月初，共收藏图书达2 000万册；政府和私人文本记录达24.1万线性米；建筑图纸、计划和地图300多万份；大约4.5百万兆字节电子格式的信息，包括可在线利用的数以万计的加拿大学位论文、期刊和图书；将近3 000万份摄影图像；9万多部电影；大约55万小时的音频和视频记录；42 500件艺术品；近55万件加拿大乐谱集；对加拿大文化、社会、经济和政治发展做出贡献的个人和集体的文本档案等。②国家科学图书馆。1924年为加拿大全国研究理事会图书馆，1959年与国家图书馆分工（国家图书馆致力于人文和社会科学文献的收藏），1967年成为法定的国家科学图书馆，主要收藏科技文献资料；在机读数据库检索的基础上开展的定题信息提供服务为订户廉价提供书目引文；通过全国各地的终端都可利用其配套的联机服务。1974年新馆舍建成时，全国研究理事会将该会的技术信息服务部门（长期为工业界提供咨询、信息和现场指导）与该馆合并，启用过加拿大科技信息研究所（CISTI）之名，但现名仍为国家科学图书馆。它自称拥有“全世界最全面的科学、技术、工程和医学收藏”，包括5万种连续出版物、80万册图书、200万份技术报告以及数据库等。③魁北克国立图书馆与档案馆。原为1968年建立的魁北克国立图书馆，负责收藏魁北克省和加拿大法语出版物，接收呈缴本和馈赠，出版近期出版物目录和魁北克期刊索引，编制魁北克所有重要图书馆的联合目录，提供参考、书目和馆际互借服务，进行国际交换，主要是与法国国家图书馆交换出版物。2006年，该馆与魁北克国立档案馆合并为魁北克国立图书馆与档案馆。有12个分馆，每年接待约250万来访者和650多万次虚拟访问。至2016年中，总馆有100多种报纸、1 300多种印本期刊、25万册书、魁北克政府出版物6万多种、超过61公里的文本文件、近8.6万种视听资料、1 800多万件图形资料，以及大量数字化报刊资料、电子报刊资料、缩微品形式的报刊资料等。

高等学校图书馆 1949年加拿大只有蒙特利尔的麦吉尔大学图书馆拥有50多万册藏书。20世纪60年代是高等学校发展的黄金时代，于是高校图书馆也得到了发展。从1961到1971年，全国高等学校的藏书从大约700万册

麦吉尔大学图书馆

增加到了 2 400 多万册。图书馆经费平均超过大学总预算的 7.5%，几乎是美国大型大学图书馆的两倍。各馆大都新建了壮观的馆舍，人员增加了二三倍，服务项目多样化，较早和广泛地利用了计算机。70 年代由于经费困难，到 1982 年时总藏书量只翻了一番，达到 4 900 万册。为克服困难，各馆开始谋求在采购、编目和借阅等方面进行合作。原为多伦多大学图书馆一部分的多伦多大学图书馆自动化系统（UTLAS）到 80 年代中期发展成为独立机构，成为全国计算机编目产品与服务的主要提供者和非官方的全国书目网络。进入 21 世纪后多伦多大学图书馆、阿尔伯塔大学和不列颠哥伦比亚大学图书馆的发展较为突出。多伦多大学图书馆 3 个校区 44 个分馆，至 2016 年 4 月底共有 341 种语文 1 200 万册书、150 467 种期刊、几百万件各种格式的电子资源、约 300 万线性米的档案资料，仅主要收藏社会科学和人文研究资料的罗伯茨分馆每天即有多达 18 000 的访问者和每年数百万在线访问者，其目标是发展成为世界领先的研究图书馆之一。艾伯塔大学图书馆有 11 个分馆，至 2014 年中共有 1 000 万册图书、100 多万电子书、1 500 多个电子数据库，为加拿大第二大研究图书馆，仅次于多伦多大学图书馆，其法律图书馆为全加最大的法律图书馆。不列颠哥伦比亚大学图书馆有 21 个分馆，至 2013 年中共有 700 多万册图书、1 400 万电子书、229 000 种期刊、530 万件缩微品、89 万件地图视听资料图形资料，年到访者 400 多万次，大学网站访问者 600 多万次，出借 160 多万次，其亚洲研究图书馆为全加第一。

公共图书馆 公共图书馆在法律上分别由 10 个省和 2 个地方掌管，但在

多伦多公共图书馆（下载自网络）

安大略大学图书馆

20 世纪 60 年代以前政府对公共图书馆发展的参与和影响一直较小，无一省制定公共图书馆法，几乎都未颁布公共图书馆标准；大多数公共图书馆也未做出认真的努力加强规章制度；获得的资助也很少。20 世纪 60 年代公共图书馆有了较大的发展，1961~1971 年藏书增加了 63%，工作人员增加了 50%，经费增加了 100%，还兴建了许多新馆舍。1884 年建立的多伦多公共图书馆的新馆以其规模和设计吸引了全世界的注意，现拥有 100 个分馆、1 200 多万册（件）收藏单位，年存取利用 3 200 多万人次，2015 年预算接近 1.9 亿美元，已成为加拿大最大的公共图书馆系统。1906 年建立的渥太华公共图书馆是北美最大的双语（英、法）图书馆系统，有 33 个分馆、230 万存储单位。1869 年建立的温哥华公共图书馆为加拿大第三大公共图书馆，现有 22 个分馆，共收藏 2 600 万册图书、期刊和其他参考资料，2012 年预算为 4 300 多万美元。

专门图书馆 加拿大将法律、卫生、艺术、音乐、宗教、议会等图书馆都视为专门图书馆。虽然专门图书馆的历史最早可追溯到 1725 年，但据 1977 年的统计，75%的专门图书馆是第二次世界大战后建立的，约一半是 20 世纪 60 年代末建立的。大部分集中在政府、工业和金融的中心城市渥太华、多伦多和蒙特利尔。1982 年全国约有 1 700 所专门图书馆，其中大约一半图书馆的馆藏在 1 万册以下、全日工作人员仅 1 人，但这些“1 人图书馆”几乎都是由专业图书馆员管理的。80 年代初以后，上述 3 大中心城市以外的专门图书馆增多，自由图书馆员（无图书馆的职业图书馆员）也迅速增加，许多法律事务所雇用图书馆员，为专业图书馆员服务的图书馆协会相继成立。专门图书馆中最显赫的应属国会图书馆。建于 1876 年，在国家图书馆成立前为全国主要图书馆，是加拿大国会的信息存储库和研究资源。至 2016 年中馆藏超过 700 万出版单元，其中图书 60 多万册，书架长度逾 17 公里。研究性出版物向公众开放。工作人员约为 300 人。建筑华美，为加拿大重要的地标建筑之一，还出现在钞票上。

中小学校图书馆 第二次世界大战结束前，加拿大的中小学校以规定课程的教科书为中心，其图书馆的职能主要就是充当补充教学计划的学习室。到 20 世纪 50 年代特别是 60 年代，许多学校转为以“儿童为中心”，注重独立学习，图书馆也就成为学习实验室、独立学习的主要工具，收藏了许多视听资料，许多学校图书馆甚至改名为学习资源中心、教学资料中心等。同时省教育厅一般开始雇用督导员专门负责全省学校图书馆的计划监督。富裕地区甚至设“校区图书馆员”，负责对本地区各校图书馆的咨询、协调和集中的技术服务工作。但到 1978~1979 年度只有 85.5%的中小学校有图书馆，其中只有 8.7%的全日制工作人员为具有学位的专业图书馆员，有的设有高度现代化的视听中心，而有的只是教室后面的“书袋图书馆”，发展极不平衡。这种情况至今仍存在，有关专家都为“几十年来一直在衰落”的问题——许多学校消减经费、取消图书馆员甚至关闭图书馆的“危机”疾呼，宣传学校图书馆对学校教育、培养学生的作用；用多年的研究证明“由称职的图书馆员管理设施良好的图书馆会促进学生的学习”、“全职图书馆员对学生有帮助”、

“学校图书馆对学生的成就有影响”；还呼吁有关当局制定学校图书馆标准等。

图书馆学教育 同图书馆仿照美国模式一样，加拿大图书馆学教育也效法美国。麦吉尔大学1904年设立第一所图书馆学院，随后相继建立图书馆与信息研究院系的有多伦多大学（1937）、不列颠哥伦比亚大学（1961）、蒙特利尔大学（1961）、西安大略大学（1968）、艾伯塔大学（1968）、达尔豪谢大学（1969）和渥太华大学（2007）等8所，它们都得到美国图书馆协会认可委员会的认可。这8所院系一般都提供图书馆学学士学位，以此作为第一专业学位。20世纪70年代初相继将第一专业学位提高到图书馆学硕士学位，多伦多大学和西安大略大学的图书馆和情报学院还设置了博士学位，逐渐发展成两所大型图书馆与情报学学院。现在多伦多大学信息学院（iSchool）设有交互式数字媒体文学士、博物馆研究硕士、信息硕士、信息研究哲学博士等学位。西安大略大学信息与媒体研究学院学位教育项目较多，相关的有图书馆与信息研究硕士、图书馆与信息研究哲学博士、健康信息研究硕士、健康信息研究哲学博士等。不列颠哥伦比亚大学图书馆、档案与信息研究学院也属iSchool，设有档案研究硕士、图书馆与信息研究硕士、档案研究和图书馆与信息研究双硕士等学位。麦吉尔大学信息研究学院设有信息研究硕士、信息研究博士学位和数字档案管理、信息架构、信息与知识管理、图书馆与信息研究4个研究生文凭。艾伯塔大学图书馆与信息学院属教育学部，主要提供图书馆与信息研究硕士学位（包括在校和在线学习），还与其他院系合作办一些学位项目。

图书馆协会 截至2016年4月底，加拿大共有109个图书馆协会，最早的是1900年建立的安大略图书馆协会和1911年建立的不列颠哥伦比亚图书馆协会。其中地区、公共、城市等图书馆协会约30个，专门图书馆协会共32个，高等院校图书馆协会9个，学校图书馆协会3个。加拿大图书馆协会直到1946年才建立，被认为是“加拿大图书馆界的全国性声音”，1982年时有个人会员4 000人，机构会员1 000个，但到2016年1月，协会声称有924个成员，却未说明是个人成员还是包括机构成员在内的所有成员，由于执委会几年来都未能处理好成员数下降、财务困难等问题，经全体成员于2016年1月投票决定解散。

（原载《中国大百科全书（图书馆学·情报学·档案学）》. 北京：中国大百科全书出版社，1993：202~203. 2016年7月做了更新）

拉丁美洲图书馆事业

拉丁美洲图书馆事业 (librarianship in Latin America) 拉丁美洲的图书馆长期以来都只是保管图书的场所。馆藏主要来源是赠送和交换，偶尔为读者的需要选购一些图书资料。在有2亿居民的拉丁美洲，20世纪80年代初，所有图书馆的藏书大约只有2 500万册。公共服务主要是提供馆内闭架阅览服务，参考咨询、开架阅览、图书外借等服务都开展得很有限。由于合作编目和集中编目开展较少，目录格式不统一，妨碍了联合目录的编制。由于规定图书馆主管人员对遗失图书负经济责任，图书保管成了图书馆的首要任务。第二次世界大战后，随着工业的发展和文化的进步，拉丁美洲出现了一些文献中心，这些新型图书馆的负责人大都毕业于美国的图书馆学院，他们仿照美国图书馆管理的观念和方式进行管理，因此在书目工作标准化、合作与集中编目、网络建设、公共服务以至发展机读目录、建立数据库和情报系统等方面都有了很大的发展。尤其是专门图书馆和大学图书馆，在国际组织和各种基金会的赞助下进步更为显著。

国家图书馆 拉丁美洲大多数国家的国家图书馆是在所在国家独立时在原来总督藏书的基础上改组建立的。在立法中一般都规定有向公众开放的原则。许多国家图书馆收藏珍贵的历史资料，但由于政府经费有限，对研究工作极其重要的新资料和参考工具则很少，馆藏的发展主要靠国际交换和接受呈缴本，图书馆服务无法大力改进，许多职能无法充分履行。较著名的国家图书馆如巴西和秘鲁国家图书馆等，收藏丰富，在收集全国出版物、编制国家书目和开展国际交换等方面比较突出。巴西的国家图书馆前身为1810年葡萄牙摄政王设立的宫廷文库，1878年正式改组为国立里约热内卢图书馆。1983年馆藏为400多万册（件）。该馆已建立计算机检索系统，设置了图书缩微工作室和裱装工作室，开展了计算机编目和报纸缩微化等工作。秘鲁的国家图书馆于1821年建立，1982年馆藏为260万册（件）。智利国家图书馆于1813年智利独立后建立，1982年馆藏为400万册（件）。墨西哥有两个国立图书馆，墨西哥国立图书馆建立于 1867 年，1982 年馆藏 150 万册（件）。1944 年又成立了墨西哥国立期刊图书馆。20 世纪 80 年代中期已建成容纳这两个馆的新馆舍。

墨西哥国立图书馆大阅览厅

大学图书馆 总的说在组织和服务方面仅次于专门图书馆。第二次世界大战后在大学城兴建新校舍的热潮中，出现了一批设计良好的图书馆，它们普遍接受了美国图书馆协会制定的、美洲国家会议修改通过的最低标准，加强了集中化管理、馆藏建设和公共服务，开展了联合目录编制和馆际互借工作。有些国家还建立了图书馆网，如 20 世纪 80 年代初阿根廷 26 个大学近 200 个图书馆组成了全国大学图书馆网。以馆藏、服务和建筑闻名的有巴西的巴西利亚大学图书馆（建于 1962 年）、圣保罗大学图书馆（80 年代初有 50 万册图书、7 000 多种期刊，一天 23 小时对外开放）、智利大学图书馆（1738 年建立，由 64 个自治图书馆组成）、天主教大学图书馆、波多黎各大学图书馆（1905 年建立，总馆藏书 380 万册，11 个校园中每个至少有 1 个图书馆，主校园有 20 个图书馆）、墨西哥国立自治大学图书馆（其中心图书馆以建筑具有特色而著名）和哥伦比亚大学图书馆等。但普遍缺乏财力、人力，工作人员薪金低，社会地位差。

专门图书馆 是拉丁美洲各类图书馆中最受重视的类型。20 世纪 80 年代，主要为科学、工业、商业和金融业服务的各种文献和情报中心不断增加，其基本任务是开展参考咨询服务和藏书利用，包括编制文摘、书目等。医学和农业图书馆由于得到外界的财政和技术援助，发展较快。专门图书馆注重加强技术手段的现代化，主要是电子计算机在情报存储、检索和传递中的应用。较著名的有墨西哥国立农业图书馆、阿根廷国立农业技术学院图书馆、巴西农学院图书馆、布宜诺斯艾利斯大学、智利大学和墨西哥国立自治大学的医学图书馆。

公共图书馆 由于各国的经济和文化发展不同，政府支持的程度也不尽相同，拉丁美洲的公共图书馆未能形成长期、稳定、持续发展的局面，总的来说极不发达。一般规模不大，不少仅相当于阅览室。近些年不少国家开始重视发展公共图书馆事业。秘鲁用征收珠宝特别税的收入资助全国公共图书馆的发展。巴拿马的公共图书馆一直得到国家图书馆的指导和支持。委内瑞拉和哥伦比亚等国公共图书馆不仅得到国家图书馆的支持，还得到银行的资助。墨西哥尽管经济困难，仍大力发展公共图书馆。1982 年约为 370 个，1985 年 12 月即达 1 022 个。古巴还建立了包括国家图书馆、省图书馆、市图书馆和分馆的全国公共图书馆网。1977 年巴西也在联合国教科文组织的资助下创建全国公共图书馆系统，以改进大城市以外地区的图书馆服务。拉丁美洲最著名的公共图书馆是巴西公共图书馆的楷模圣保罗市立图书馆（其创办人卢迪亚·克罗兹·德·赞巴基后来曾任联合国图书馆馆长）及其所属的儿童图书馆系统，均以服务、馆藏和建筑闻名。

中小学校图书馆 拉丁美洲的中小学图书馆数量很少，如 1982 年智利有 9 848 所学校，只有 634 所设有图书馆。80 年代中期，秘鲁在美洲国家组织的技术援助下开始建设全国地区教育图书馆系统，计划在全国设立 8 个地区中心，为师生提供图书馆服务，第一个中心已在利马建成。委内瑞拉的银行也在支持进行类似的中小学校图书馆集中系统的实验。在哥伦比亚，公共图书馆加强了对中小学校的服务。

情报系统和网络 拉丁美洲最早出现的情报系统是为全国科技服务的系统，阿根廷、玻利维亚、巴西、智利、哥伦比亚、哥斯达黎加、古巴、牙买加、墨西哥、秘鲁、乌拉圭、委内瑞拉等一般都是建立全国情报活动的核心机构，负责加强全国情报基础结构，进行专业培训，引进和发展情报加工与传递的新方法，实行业务工作标准化，进行情报学研究等。如智利政府在全国科技情报委员会下设立了全国情报和文献中心（CENID），在它主持下建立的全国情报系统包括技术调研所、医学生物子系统、农林子系统、远距离通信子系统、海洋生物子系统、采矿冶金子系统、智利大学计算机存储与检索设施等。哥伦比亚全国情报系统包括全国档案系统、哥伦比亚学校图书馆网、大学图书馆网、公共图书馆网等，其职能是协调、技术与财政支持、国际合作和基础服务。古巴政府建立了科技文献情报研究所作为发展全国情报系统的中心，该所的任务是保证获取国外科技和农业期刊文献，并出版各领域的文摘杂志等。总的说，许多国家的情报系统虽已建立，但尚未充分发挥作用，处于停滞不前的阶段。

图书馆学教育 拉丁美洲的图书馆学教育始于20世纪30年代中期。80年代初有67所常设的图书馆学院，其中51所设在大学。巴西有31所，其他的则分散在大约18个国家中。巴西31所中还有5所培养图书馆学硕士，其中米纳斯吉拉斯大学图书馆学院的本科为3年制，研究生为2年制，师资雄厚，水平较高。哥伦比亚有3所大学设图书馆与情报学院，其中设在麦德林的安蒂奥基亚大学的美洲国家间图书馆学院是得到美国洛克菲勒基金会的资助于1958年建立的，1971年成为美洲国家组织的多国培训中心。墨西哥有6所大学培养图书馆学学士，墨西哥城即有两所，一所侧重管理，一所侧重技术加工。墨西哥瓜纳华托大学还培养图书馆学和情报学硕士。波多黎各大学设有图书馆学学士和硕士学位。

专业协会 拉丁美洲的多数国家都有全国和地方图书馆员或专门图书馆员协会。厄瓜多尔（1944年）、墨西哥（1954年）、哥伦比亚（1958年）、巴西（1959年）先后建立了图书馆员协会联合会。这些协会以及地区性协会如国际文献联合会拉丁美洲委员会、拉丁美洲农业图书馆协会等，对该地区图书馆事业的发展起了良好的促进作用。

（原载《中国大百科全书（图书馆学·情报学·档案学）》．北京：中国大百科全书出版社，1993：238~239）

大洋洲图书馆事业

大洋洲图书馆事业 （librarianship in Oceania）大洋洲主要包括澳大利亚、新西兰、斐济和巴布亚新几内亚等国家。这些国家的正式语文均为英语，图书馆事业深受英国居民文化传统的影响。

第二次世界大战后，澳、新两国都制定了图书馆法，规定政府应支持图书馆，从而促进了图书馆事业的发展。澳大利亚国家图书馆 1902 年建于堪培拉，到 1988 年底收藏各种文献 939 万册（件），有工作人员 668 人，编辑出版《澳大利亚国家书目》、《澳大利亚政府出版物目录》、《澳大利亚地图》和《澳大利亚公共事务情报服务》（APAIS，澳大利亚期刊论文分类索引），提供集中编目服务（澳大利亚目录卡片服务和澳大利亚机读目录记录服务），主持全国联机资源共享网络“澳大利亚书目网络”（ABN），并与联邦政府卫生部共同主持澳大利亚的联机医学文献分析和检索系统服务等。新西兰国家图书馆 1966 年建于惠灵顿，到 1979 年底收藏各种文献 480 万册（件），有工作人员 366 人，编辑出版《新西兰全国总书目》，其地区服务部为公共图书馆和其他机构提供外借、情报服务和技术辅导，其学校图书馆服务部为中小学校提供咨询和外借服务。1982 年主持建立的新西兰书目网提供全国馆藏和出版物数据库服务。斐济 1962 年在国家社会福利部下设立斐济图书馆局，管理主要城市规划区的公共图书馆事务和两辆流动书车，并开展邮寄借书服务（1 000 个用户）和“书箱计划”（90 个服务点）。巴布亚新几内亚 1975 年在首都莫尔斯比港建立了全国图书馆局。到 1978 年已将公共图书馆局、学校图书馆局、国立影片图书馆和国家档案馆并入该局。

澳大利亚各州立图书馆在政府的资助下发展很快，其中南威尔士和维多利亚的州立图书馆最负盛名。澳大利亚政府通过对州立图书馆的管理实现对全国图书馆的领导。到 1982 年已有公共图书馆 350 个，但仍然显得不足。新西兰只有奥克兰、惠灵顿、克赖斯特彻奇和达尼丁 4 个大城市的公共图书馆是公共图书馆业务发展的中心，其服务可与英国或北美城市的公共图书馆的

悉尼大学费希尔图书馆

服务相媲美。

澳大利亚有19所大学图书馆，最古老和最大的大学图书馆是1851年建

澳大利亚国家图书馆新馆

立的悉尼大学图书馆，1982年拥有300万册藏书。1982年全国共有53所学院图书馆，最大的为南澳大利亚高等教育学院图书馆，1982年藏书71.4万册。新西兰的6所大学图书馆和33所学院图书馆，馆藏总量到1979年超过380万册。斐济唯一的大学图书馆南太平洋大学图书馆是全国最大的图书馆，1986年拥有图书22万册、现刊8 605种。巴布亚新几内亚有两个大学图书馆，其中巴布亚新几内亚大学图书馆总馆为全国最大的图书馆，1986年藏书30万册。两馆均接受呈缴本。

在图书馆学专业教育方面，澳大利亚新南威尔士大学在1961年建立了大洋洲第一个图书馆学院，到1982年澳大利亚共有2所大学和17所学院设有图书馆学专业，大部分设置学士和硕士学位。新西兰惠灵顿大学也设置这两种学位。

澳大利亚联邦政府1981年建立了政府的咨询机构澳大利亚图书馆和情报理事会（ALIC），成员包括国家图书馆馆长、7个州立图书馆馆长、联邦政府教育与青年事务部和科技部的代表等。澳大利亚和新西兰两国的图书馆协会分别建于1937年和1910年。斐济图书馆协会成立于1972年。巴布亚新几内亚图书馆协会于1974年建立，其前身为1967年建立的澳大利亚图书馆协会在该国的一个分会。

（原载《中国大百科全书（图书馆学·情报学·档案学）》. 北京：中国大百科全书出版社，1993：40~41）

世界国家图书馆发端探略

1 关于国家图书馆

全世界100多个国家都有一个或几个由国家资源维持的国家（国立）图书馆。它们一般都在首都，主要依靠中央政府财政的支持，致力于搜集和保存本国的文献，并根据相关法令享有接收本国所有出版物呈缴本的权利；其中大部分还根据本国的需要和可能的条件，有选择地搜集和保存一些其他国家的重要文献。由于它们都拥有宏大的硬件规模和优越的地理位置，再加上素质较为全面的馆员，因此都是本国的顶级图书馆。

相应地，它们也有作为国家图书馆应该承担的义务。从有关资料看，外国国家图书馆共有的基本职能就是：保存本国的全部出版物；提供全国总书目；指导出版物的国际交换；为公众提供图书馆服务。有条件的还有一些延伸的职能，比如指导和推动全国图书馆事业与图书馆学研究的发展。

对国外这类图书馆，个人一直认为译作国立图书馆比较合适。国立与省立、邦立、州立、府立、市立、县立、郡立、区立、镇立、私立等可为系列。如需突出或强调是居于首位的图书馆，则可称其为国立中央图书馆。不过这里姑且从众，一般也以国家图书馆称之。

2 著名的国家图书馆

国外最著名的国立图书馆有法国巴黎国家图书馆、英国不列颠图书馆、美国国会图书馆和俄罗斯国家图书馆。它们和中国国家图书馆一起被认为是世界最大的5座图书馆。本文只对外国国家图书馆的发端做些探讨。

（1）法国巴黎国家图书馆

法国巴黎国家图书馆是由法国皇家图书馆发展起来的。皇家图书馆的起源可追溯到13世纪。圣路易九世曾在巴黎的圣夏佩尔寺院收藏了教父们的许多著作，自己阅读，同时也借给他人；曾下令编纂附有绘画插图的《圣经》

和旧约诗篇，促进书籍出版业；让百科全书编纂者樊尚协助建立藏书。到14世纪，查理五世从前代继承了藏书，自己又购买了许多书籍，约在1367年将所藏973卷写本移至卢佛尔宫，让其宠臣马莱负责管理（马莱组织编制的藏书财产目录被认为是法国最早的图书馆藏书目录）；当时的学者曾评论此宝库“是一所极好的图书馆，收藏有优秀作家编著的最有价值的各门学科图书，这些书都抄写得很优美，装帧得很华丽”。1461～1483年在位的路易十一世通过征用的办法，将一些写本和图书集中起来。一般认为，皇家图书馆是在这些年代建立的。1495年，查理八世出征意大利，把那不勒斯国王的图书馆的一部分藏书带回法国，1500年，路易十二又把意大利贵族斯福尔查丰富的私人图书馆的藏书作为战利品带回法国，都并入了皇家图书馆。如今它已拥有建筑面积36万平方米和馆藏1 130万册（件）①，成为世界上最大的、最现代化的图书馆之一。

（2）英国不列颠图书馆

英国建立国家图书馆的路径与法国不同。英国在16世纪宗教改革时就把教会图书馆毁坏殆尽，失去利用修道院图书馆的藏书建立国家图书馆的机会；英国的皇家图书馆大多在主人死后就逐渐散失，历代英王又很少有人关心图书馆，因此英国就没有一所藏书可观的皇家图书馆作为建立国家图书馆的基础。英国的国家图书馆最早只能追溯到1753年。英国议会下院于1753年6月7日批准建立不列颠博物馆，此后一直到1973年，不列颠博物馆（过去海内外常译为大英博物馆）就被作为英国的国家图书馆。1753年时的馆藏主要是由斯隆的珍藏、哈利家族的私人图书馆和柯顿家族的私人图书馆组成的。1972年，英国议会通过“关于建立不列颠图书馆”的法令，1973年7月，根据该法令，英国正式成立了由博物院的图书馆、国立科学技术外借图书馆、国立科学与发明参考图书馆、国立中央图书馆和英国国家书目公司等单位组成的英国国家图书馆——不列颠图书馆。随后加入的还有科技信息局、印度事务局图书档案馆、不列颠录音资料馆等。现在它的馆藏靠合并号称已达1.5亿册（件）②，是世界最大的图书馆之一。

（3）美国国会图书馆

设在美国华盛顿特区的美国国会图书馆是世界上最大的国家图书馆。它

① 王世伟．世界著名城市图书馆述略［M］．上海：上海科学技术文献出版社，2006

② http//www. bl. uk/aboutus［2007-12-10］

发端于美国建国之时。新政府自1776年起利用的是纽约和费城的一些图书馆，独立战争时的议会和后来的国会曾有少量藏书，但在迁都华盛顿之前，还没有设立图书馆的意向。1800年，国会专门列出购书经费，1802年，在新建的国会大厦中专门开辟了一室放置藏书，总统还指派了众院一位秘书兼任首任馆长，是为发端。遗憾的是，1814年，这所收藏3 000册图书的图书馆，随着英军入侵，与被焚的国会大厦同归于尽。1815年，杰斐逊总统将自己珍藏的6 487册图书出售给国会图书馆，奠定了该馆的馆藏基础。1870年起，根据版权法，凡美国出版的书籍都必须向国会图书馆缴送2册。1897年，国会图书馆迁入杰斐逊大楼。1938年和1981年又相继扩建了亚当斯大楼和麦迪逊大楼。现已被公认是拥有32万平方米馆舍和1.34亿册（件）馆藏的世界最大的图书馆①。

（4）俄罗斯国家图书馆

俄罗斯国家图书馆的起源可追溯到19世纪60年代，是由著名国务活动家鲁勉采夫伯爵的私人藏书发展起来的，开始称为鲁勉采夫博物馆。1862年，该博物馆由圣彼得堡迁往莫斯科，被命名为莫斯科公共博物馆暨鲁勉采夫博物馆，并开始接收呈缴本。1924年1月改名为俄罗斯列宁图书馆。1925年正式定名为苏联国家列宁图书馆。苏联解体后，1992年根据俄国总统“关于建立俄罗斯国家图书馆”的命令，在苏联国家列宁图书馆的基础上建立了俄罗斯国家图书馆。现馆藏已达约3 450万册（件）②，仅次于美国国会图书馆，是世界第二大图书馆。

3 其他重要的国家图书馆

（1）亚洲

亚洲至少有25个国家有国家图书馆，基础雄厚的除中国国家图书馆外，还有日本东京的国立国会图书馆和以色列耶路撒冷的犹太国家和大学图书馆。日本国会图书馆有两个源流，一是1890年建立的帝国议会的贵族院众议院图书馆，二是1872年建立的隶属于文部省的帝国图书馆。帝国图书馆经历了书籍馆（1872年）、东京书籍馆（1875年）、东京府书籍馆（1877年）、东京图书馆（1880年）至帝国图书馆（1897年）的变迁。直到1946年日本政府才

① http://www.loc.gov/about/facts.html [2007-12-10]

② http://gjj.cc/zongHe/TuShuGuan/nlr_ru.html [2007-12-10]

决定仿照美国国会图书馆建立日本国会图书馆。1948 年 2 月，日本国立国会图书馆法和国立国会图书馆建筑委员会法颁布实施，首任馆长也经任命上任，国立国会图书馆才于 1948 年 6 月正式成立。

耶路撒冷的犹太国家和大学图书馆建于 1892 年，拥有以色列国家图书馆、国家犹太民族图书馆和希伯莱大学中心图书馆三重身份。

印度设在加尔各答的国家图书馆的前身是 1836 年建立的公共图书馆（由业主资助）。19 世纪下半叶，印度总督试图把该馆与帝国图书馆合并为国家图书馆，但未实现。直到 1903 年才正式合并为新的帝国图书馆，1948 年改名为国家图书馆（但仍具有公共图书馆的作用）。印度的政治和宗教领袖甘地为该馆题词“努力吧！用全人类的文化充实这里，并向所有的人敞开大门”被镌刻在门前。

新加坡国家图书馆是在 1882 年彩票销售机构捐助的图书馆的基础上发展起来的，经历了从学校图书馆（小学到学院）到收费图书馆（新加坡图书馆），最后成为一个具有公共图书馆职能的国家图书馆的发展过程。1960 年 11 月，在来福士图书馆与博物馆的图书馆部分的基础上建成的新馆被命名为国家图书馆。马来西亚国家图书馆建于 1972 年。印度尼西亚 1980 年由成立于 1778 年的国立博物馆图书馆、历史政治与社会学图书馆、雅加达省立图书馆和图书馆发展部的书目与保存本组合并为国家图书馆，1989 年又与图书馆中心合并，并收编了 26 所省立图书馆成为现在的国家图书馆。菲律宾国家图书馆可上溯到 1891 年成立的菲律宾博物馆图书馆，1928 年才分别成立了国家博物馆和国家图书馆。斯里兰卡国家图书馆成立于 1990 年，其现代意义上的第一所国家级图书馆是 1870 年建立的锡兰东方图书馆，1877 年成为国家博物馆的一部分。缅甸国家图书馆是 1952 年在仰光伯纳德免费图书馆的基础上建立的。泰国国家图书馆是 1905 年由 3 所老皇室图书馆合并而成的，1932 年改为现名。韩国的国立中央图书馆 1945 年建于汉城，当时名为国立图书馆，其前身是 1923 年日本侵略者建立的朝鲜总督府图书馆，1963 年改为现名，也是具有公共图书馆作用的国家图书馆。朝鲜国家图书馆为人民大学习堂，其前身是 1945 年建立的平壤市立图书馆，再上溯则为日本占领时的平壤府图书馆，1982 年改为现名。越南国家图书馆的前身是法国殖民者 1917 年在河内成立的印度支那图书馆中心，1919 年成为中央图书馆，1945 年改为现名。万象的老挝国家图书馆包括国家博物馆和国家档案馆，原是成立于 1957 年的版本图书馆和政府文献收藏馆。

伊朗国家图书馆是1939年在原来公共图书馆的基础上建立的，随后购买了数家私人图书馆，包括许多波斯手稿，伊斯兰革命后巴列维图书馆并入，1983年后德黑兰图书加工中心也并入，一直缺乏的专业馆员才加入到国家图书馆。沙特阿拉伯法赫德国王国家图书馆成立于1989年。土耳其国家图书馆建于1948年。叙利亚阿萨德国家图书馆成立于1984年。黎巴嫩国家图书馆是1938年以菲立普·塔拉兹的私人藏书为基础建立市立图书馆而后发展起来的。约旦1990年在国家文化与青年部下成立了国家图书馆、国家文献中心和皇家文化中心3个机构。伊拉克国家图书馆1929年成立于巴格达，当时是公共图书馆，1961年国家图书馆法通过后命名为马克塔布·阿尔-瓦塔尼亚。

（2）欧洲

欧洲除前面提到的以外，还有许多历史悠久、藏书丰富的国家图书馆。德国在第二次世界大战前以邦立和省立图书馆闻名，没有公认的国家图书馆。德国统一后，1992年1月1日，原设在东柏林的国家图书馆和原设在西柏林的国立普鲁士文化遗产图书馆合并成为柏林国立普鲁士文化基金会图书馆。两馆的前身为普鲁士国家图书馆，其历史可追溯到1661年勃兰登堡选帝侯弗里德里希·威廉建立的私人的选帝侯图书馆。1707年该馆易名为皇家图书馆，1919年改名为普鲁士国家图书馆。现已成为拥有1 000万册（件）馆藏的欧洲最大的图书馆之一。奥地利国家图书馆可说是奥皇马克西米连一世奠基的。他在位时于1493年建立了霍夫图书馆，随后又并入两所图书馆——维也纳大学图书馆（建于1364年）和维也纳镇图书馆（建于1466年）。后世许多皇族图书馆，包括奥皇利奥波德的藏书也都陆续并入。该馆因藏有许多珍贵资料而闻名于世。1918年奥地利共和国成立，该馆于1920年改称国家图书馆。目前它是世界上收藏纸草纸文献最多的图书馆，古地球仪收藏也是世界第一。波兰是在第一次世界大战结束取得独立地位后，于1928年在华沙正式建立国家图书馆的，其基本藏书是1795年被俄国掠走的部分书籍，1921年要回的部分扎卢斯基伯爵的私人藏书和19世纪波兰流亡者在国外收集的书籍。设在布拉格的捷克国家图书馆是由1348年建立的查理学院图书馆、独立于该大学总馆的法律和医学图书馆、耶稣会图书馆等合并而成的。斯洛伐克国家图书馆1863年建于马丁。匈牙利国家图书馆是1802年在谢杰尼伯爵私人藏书的基础上在布达佩斯建立的。瑞士国家图书馆是1895年建立的，主要收集1848年以后的瑞士出版物和国外有关瑞士的论著。

意大利统一的历史进程是先定都于佛罗伦萨，后占领罗马，于是产生了两个国家图书馆——佛罗伦萨的中央国立图书馆和罗马的中央国立图书馆。还有米兰、那布勒斯、巴勒莫、都灵和威尼斯5个图书馆因曾是小国的国立图书馆，现也冠有国立图书馆的名称，但前两者还有“中央”字眼以示区别。佛罗伦萨的中央国立图书馆的起源可追溯到18世纪初，1747年，以自学成才的学者马利亚贝基的藏书为基础成立了马利亚贝基图书馆，1861年意大利统一后，它与塔斯卡尼公爵图书馆合并，成为国立图书馆，现是意大利最大的图书馆，收藏意大利文书籍和有关意大利的外文著作。罗马的中央国立图书馆是维克多·艾曼努尔二世占领罗马之后，于1876年作为第二个中央图书馆建立的，重点收藏外国文献。梵蒂冈图书馆是罗马教皇设立的图书馆，其历史可追溯到中世纪教皇的藏书。以图书收藏家和图书馆专家闻名的帕伦图契里于1447年当上教皇，这在教廷史上是罕见的。他可说是该馆的奠基人。他打破了中世纪修道院图书馆的常规，利用权力和财力广泛收集古典文献和世俗作品。后几经变迁，终于成为天主教会近似中央图书馆的机构。该图书馆的借阅证可兼作进入梵蒂冈教皇国的入境证。设在马德里的西班牙国家图书馆的前身是1712年由菲力普五世建立的皇家图书馆。设在里斯本的葡萄牙国家图书馆是1796年建立的，其藏书大部分来自修道院。

爱尔兰国家图书馆是在1731年建立的皇家都柏林社团图书馆的基础上发展起来的，1877年政府买下该馆，1890年建成新馆。1798年在海牙建立的皇家图书馆现为荷兰国家图书馆，其前身为国王威廉五世的私人图书馆，1798年由法国人支配的政府接收并向民众开放。比利时国家图书馆是1837年在布鲁塞尔建立的阿尔伯特一世皇家图书馆，其藏书由布尔戈尼公爵家族的图书馆、学者胡尔坦的私人图书馆和布鲁塞尔市图书馆的藏书组成。

1640年成立的芬兰国立赫尔辛基大学图书馆同时起着芬兰国家图书馆的作用。瑞典16世纪中叶国王格斯道佛在斯德哥尔摩创办的皇家图书馆事实上起着国家图书馆的作用，后世多代国王都将私人藏书并入该馆。1811年建立的奥斯陆大学图书馆同时又是挪威国家图书馆，1947年起还兼作全国医学中心图书馆。丹麦的皇家图书馆约建于17世纪50年代，以人文社会科学书籍为主，现是斯堪的纳维亚最大的图书馆。

塞尔维亚国家图书馆成立于1832年，原为贝尔格莱德市图书馆，19世纪

50年代取名为国家图书馆。在布加勒斯特的罗马尼亚科学院图书馆，很早以前就被认为是罗马尼亚的国家图书馆，但其真正的国家图书馆是1955年才建立的。保加利亚国家图书馆是在国家独立后的当年即1878年建立的。希腊国家图书馆是1842年由1834年迁往雅典的原纳法兰公共图书馆和雅典国立大学图书馆合并迁入大学新馆舍后，于1867年正式更名为国家图书馆的，但仍在大学内，直到1903年才有自己的新馆舍。

（3）其他洲

在北美，加拿大早在1883年首任总理约翰·麦克唐纳时期即支持建立国家图书馆，但直到1950年在加拿大自治领档案馆馆长凯伊·拉姆的指导下才设立了加拿大书目中心，1952年国家图书馆法通过后才于1953年正式成立国家图书馆，并由拉姆兼任首任馆长。1967年拥有永久性馆舍，主要收藏人文社会科学文献。1969年颁布的新国家图书馆法增加了国家图书馆的职能，人们期望它成为“加拿大图书馆的图书馆”。2004年6月，加拿大国家档案馆与其合并为加拿大国家图书馆与档案馆。这里还应该提及，该馆成立前，建于1792年的国会图书馆是加拿大的主要图书馆，现主要为国会提供服务；1924年起曾先后名为加拿大全国研究理事会图书馆、国立科学图书馆的加拿大科技情报研究所与国家图书馆分工，主要收藏科技文献。

中南美洲大多数国家图书馆是所在国独立时在原总督府藏书的基础上改组建立的。历史较久、规模较大的有：巴西国家图书馆的前身为1810年葡萄牙摄政王设立的宫廷文库，1878年改组为国立里约热内卢图书馆。阿根廷国家图书馆的前身是1810年建立的布宜诺斯艾利斯公共图书馆，1884年根据议会法令更名为国家图书馆。智利国家图书馆于1813年智利独立后建立。秘鲁国家图书馆建立于1821年。墨西哥有两个国家图书馆，墨西哥国家图书馆建立于1867年，1944年又建立了墨西哥国家期刊图书馆，它们都隶属于墨西哥大学的书目研究中心。古巴国家图书馆建于1901年，是一所通俗的、非研究性图书馆，甚至收藏儿童读物。

非洲最大的国家图书馆是开罗的埃及国家图书馆，1870年仿照欧洲大型图书馆建造，其历史可追溯到大约建于公元前297年的亚历山大图书馆，在当时是世界最大的图书馆之一，后不幸被毁。阿尔及利亚和突尼斯的国家图书馆分别建于1835年和1885年。南非国家图书馆建于1818年。非洲不少国家的领导人认为不一定要花费大量资金建立专门的国家图书馆，而应将履行其职能所需的具体任务和资金分配给现有的合适的图书馆，如苏丹的喀士穆大学中心图书馆就行使国家图书馆的职能。

澳大利亚国家图书馆是1960年根据立法正式建立的，其前身为1902年建立的澳大利亚联邦议会图书馆。新西兰国家图书馆正式建于1965年，是由1920年成立的亚历山大·特恩布尔图书馆、议会图书馆和图书馆服务处合并而成的，它们是3个独立但合作的单位，其中议会图书馆建于1856年，现除为议会服务外，还履行国家图书馆的一些职能。

4 结束语

限于篇幅，简略地说，从各国国家图书馆的建立和发展可以看出：

（1）国家图书馆的建立和发展是所在国的综合国力，即经济、政治、文化、教育等事业发展状况的反映。正如有的学者说的：在不同的历史阶段，最强盛的国家建立了最好的图书馆。不说古代强国亚述、“希腊化”时代的国家和拜占庭帝国等，就说如今的联合国5个常任理事国都分别拥有着世界最大的国家图书馆之一。

（2）国家图书馆的建立和发展也是所在国政府当局和当政领袖人物理念、胆识与素养的反映。例如，许多后来成为国家图书馆组成部分的王朝图书馆、教堂图书馆等都是君主、国王、教廷等创立的，其中如法国的路易九世、查理五世、路易十一世、查理八世等都为辉煌的法国国家图书馆做出了奠基性的贡献。被认为是患有不可理喻的“藏书癖”的帕伦图契里罕见地当上了教皇尼古拉五世，更促使梵蒂冈图书馆成为当时最好的图书馆之一。

（3）国家图书馆的建立和发展还是各国社会、文化多样性的反映。各国家图书馆的源起有私人书库、皇家书库、王侯书库、教会书库、教育机构图书馆等；形态有专设的国家图书馆、为立法机关服务的图书馆被认作国家图书馆、大型公共图书馆充当国家图书馆、国立大学图书馆兼做国家图书馆等。但它们都有着悠久的历史，拥有令人肃然起敬的人类文化遗产，是保存和维护各民族传统和现实文化产品的圣殿。

（4）所有国家图书馆的宗旨是共同的。许多国家图书馆开宗明义地说：国家图书馆收集和保存本国的文献遗产（documentary heritage），并使其可为所有人利用。这类遗产包括出版物、档案记录、录音和视听资料、照片、图片、电子文献等。它们的馆藏积累途径包括捐献、遗赠、没收、军事征服、法定缴纳、购买等，其中法定缴纳是一种重要特权，几乎所有国家图书馆根据各国有关法令都享有接收本国一切出版物呈缴本的权利。能够通过各种途径收集全国的各种出版物，并为所有人服务，该是多么光荣和崇高的任务啊！

（5）人类的文化知识应为世界人民共享。各国的国家图书馆连接起来就形成了全世界的知识中心网络——各国的世界之窗；各个国家图书馆则是全世界各国的知识中心——世界的各国之窗。现在各国国家图书馆都在搞“记忆”，集中起来就是世界的全部“记忆”啊！

参考文献

[1] 中国大百科全书（图书馆学·情报学·档案学）[M]. 北京：中国大百科全书出版社，1993

[2] 袁咏秋，李家乔主编. 外国图书馆学名著选读 [M]. 北京：北京大学出版社，1988

[3] 杨威理. 西方图书馆史 [M]. 北京：商务印书馆，1988

[4] Elmer D. Johnson. 尹定国译. 西洋图书馆史 [M]. 台北：学生书局，1983

[5] 王世伟. 世界著名城市图书馆述略 [M]. 上海：上海科学技术文献出版社，2006

[6] Encyclopedia Britannica. [M]. 15ed. Chicago：Encyclopedia Britannica. Inc. 1974

[7] Encyclopedia Americana [M]. Conn.：Grolier，1997

[8] National Library and Archives Canada [OL]. [2007-11-09] hup：//www. collectionscanada. gc. ca/about us

[9] The Jewish National and University Library [OL]. [2007-11-11] http：//jnul. huji. ac. il/eng/history. html

注：因占用篇幅太大，所有外文名称（馆名、人名、地名等）从略，参考文献中的部分网络文献未一一列出。

（原载《国家图书馆学刊》，2008（1）：16~20）

美国全国图书馆和情报科学委员会

美国全国图书馆和情报科学委员会 （National Commission on Libraries and Information Science，NCLIS） 美国常设的、独立的联邦政府行政机构。1970年由国会通过立法建立，总部设在华盛顿。主要职责是：为实现国会提出的要向全国人民提供足够的、适合其需要的图书馆和情报服务的任务，从全国整体的角度出发，制定全面的计划，并将这些计划推荐给国会、总统、州和地方政府。委员会被授权进行必要的调查、分析和为此而开展研究、发展活动，举行意见听取会；同时被要求每年提交工作报告。该委员会由15名委员组成，其中14名由总统任命（需征求参议院意见），另一名为美国国会图书馆馆长。委员中必须有5名专职图书馆或情报专家。委员任期1~5年不等。1971年尼克松总统任命了第一批委员。第一任主席为美国学会理事会主席F. H. 伯克哈特博士。

委员会确立的两个重要的和密切相关的主要目标是：满足所有情报用户和所有图书馆的需求，达到所有人平等地利用图书馆和情报服务的目标。为了实现上述目标，委员会确定的主要调查研究任务是：①关于情报用户的情报需求问题，如分别对老年人、农业工作者、生物医学工作者、商业人员、儿童、创作和表演艺术工作者、少数民族、失业者、边远地区居民、家庭妇女、专门机构、劳工、残疾人、科学技术工作者、社会服务人员、青年等各类用户群的情报需求进行分析研究，提出满足他们需求的方式方法。②关于现有图书馆和情报服务充足与否的问题，如委员会对美国国会图书馆的工作和它在全国是否起了中心作用进行了调查分析，对建立全国书目和资源中心以及全国书目和资源中心系统以确保用户获取所需情报的问题进行了分析研究，分别提出了多项建议。③关于资助各类型图书馆的问题，如委员会建议联邦政府资助大型公共和私立图书馆建立具有全国重要性的馆藏和服务、资助对少数民族和其他弱势群体读者提供图书馆服务、资助黑人学院的图书馆、资助建立全国外借图书馆所需的大部分款项、资助国会图书馆扩大对全国的服务、资助有助于改进服务工作的技术研究等。④关于引进新技术和将其用于文献（包括声像资料）的存储、检索、复制、传播和保存等问题。⑤关于雇员的选择、培训、委派和继续教育问题。⑥关于图书馆和情报服务的州内、州际网络的发展问题，包括馆藏发展、书目加工和检索、参考咨询等。

该委员会在广泛进行调查研究后于1975年提出了“全国图书馆和情报工作计划”。该计划提出的具体目标为：①确保所有地方社区都有基本的、足够的图书馆和情报服务。②向特殊的用户提供足够的特殊的服务。③加强各州现有的图书馆资源和系统。④发展完成全国计划所必需的人力资源。⑤协调联邦现有的各项图书馆和情报计划。⑥使私立机构成为开展全国计划中更为积极的合作者。⑦设计、发展和运营全国图书馆和情报服务网络。

该委员会还建议总统和国会召开“图书馆和情报工作白宫会议”（WHCLIS），得到采纳后负责该会议的组织工作。1979年11月召开了第一次白宫会议，1991年7月召开了第二次。白宫会议的目的是使公众重视图书馆和情报中心对社会的贡献，研究目前资源和服务的不公正问题和设计未来的发展方向。

该委员会在美国图书馆和情报界的作用日益重要，从每年的年报中都可看出它所做的大量工作，例如在1989年即做了如下工作：①筹备1991年第二次“图书馆和情报工作白宫会议”，包括为会前活动分配近500万美元的经费；组织有30位成员的白宫会议顾问委员会（总统指定10人，参、众两院各5人，该委员会8人，国会图书馆馆长，教育部部长）；制定代表入选标准，起草会议的宗旨说明，制定预算计划，出版通讯等。②公布了第一次根据整套共同数据项目编制的45个州公共图书馆机读形式的统计表。③做出了新的努力解决为美国印第安人提供图书馆和情报服务的问题。④与美国学校图书馆员协会共同主持召开“信息启蒙教育”会议，提出了对美国学校儿童教育的改进意见。⑤召开了一些会议研究有关全国情报政策的问题等。

（原载《中国大百科全书（图书馆学·情报学·档案学）》．北京：中国大百科全书出版社，1993：272~273）

美国国家医学图书馆

美国国家医学图书馆 （National Library of Medicine，NLM）美国的三大国立图书馆之一，是医学、药理学、医药生物学与医药化学专业情报中心，也是世界上最大的研究图书馆之一。隶属于美国卫生与公众服务部的国立卫生研究院，位于马里兰州贝塞斯达。前身是1836年建立的陆军军医总署图书馆。1865~1895年在J. 比林斯领导下，该馆馆藏从1 800册发展到11.7万册图书、19.2万册小册子。1879年创办了具有开创意义的、迄今仍在出版的《医学索引》。该馆在军方主管120年后于1956年根据国会的一项法令改为现名，成为全国性医学图书馆。1964年建立了医学文献分析与检索系统（MEDLARS），并首次利用它编制《医学索引》和用照相排版机排版。1971年将MEDLARS扩展为联机系统，即联机医学文献分析和检索系统（MEDLINE）。成员单位由开始时的25个发展到1986年的5 000多个。

该馆全面收藏基础医学与临床医学和生物学等核心学科的文献，兼收普通化学、物理、心理学和仪器制造等学科的文献。1988年馆藏为350万册(件)，其中图书95万册，此外还包括期刊、声像资料、手稿、画片、照片、缩微平片等。每年定期收到各国期刊近2.4万种，新增图书2万册。卡片目录从1986年起被取消，读者可利用联机系统查阅馆藏目录。阅览室对外开放。1957年起个人不能直接外借资料。该馆行使“图书馆的图书馆”职能，只提供馆际外借（图书和声像资料可借原件，期刊论文只予复印）。除查找文献、借阅服务外，服务工作还包括编制书目、核实引文、定题情报提供服务、解答咨询、利用声像资料提供情报服务等。

该馆除创建、开发联机数据库外，还在医学情报传播中发挥了重大作用。1965 年美国国会通过的《医学图书馆资助法》促成了地区医学图书馆网的建立。该网络包括 11 个地区医学图书馆、125 个资源图书馆（主要在医学院校）、4 000 多个基层卫生科学图书馆（医院等卫生机构与组织），国立医学图书馆每年资助网络成员约 200 万次的馆际互借活动经费。并设立了资源奖（资助各单位建设基本馆藏，开展新的服务项目或改进服务工作）、研究奖、培训奖、出版奖、特殊科研项目奖等。1967 年该馆根据总统科学顾问委员会的建议制定了毒理学情报规划，旨在建立毒理学数据库，除提供书目联机检索服务外，还建立了一些事实数据库并提供事实数据服务。1968 年该馆根据国会的议案建立了李斯特·希尔国立生物医学交流中心，以探索利用先进的计算机和通讯技术改进生物医学情报的组织、传播和利用，包括采用光盘技术、研究文献的电子存储和检索、开发“专家系统”等。1985 年开始实施统一医学语言系统的长远规划，以解决发展和利用计算机医学情报系统的最大障碍——缺乏标准的词汇表、专门术语和定义等。为了迎接 2000 年，该馆还成立了 5 个专家咨询小组，研究今后如何通过自动化情报系统加强医疗工作，如何加速生物医学科学的新发现，如何利用情报技术辅助医学专业教育与培训，如何保存珍贵的医学学术遗产等。

该馆主要出版物有《医学索引》、《国家医学图书馆近期目录》、《国家医学图书馆分类法》等。

（原载《中国大百科全书（图书馆学·情报学·档案学）》. 北京：中国大百科全书出版社，1993：271~272）

纽约公共图书馆

纽约公共图书馆 （New York Public Library）美国最大的公共图书馆系统。1895年由阿斯特图书馆、伦诺克斯图书馆和蒂尔登信托财产合并而成。1901年纽约市政府经反复论证后决定在曼哈顿、布朗克斯和史泰登岛3个区各设一个为分馆提供集中服务的分馆中心，并建立分馆系统，进而又建立了该馆的研究图书馆系统，为州内外用户提供优质学术服务，从而使该馆成为了一个由多个图书馆组成的复合体系。该馆由董事会领导，纽约市长、审计官和市议会主席为当然成员，日常工作由馆长主持。

截至2015年9月底，该馆共有92个分馆，包括非外借学术研究图书馆4个和3个行政区可外借的分馆88个，所有馆均可为访问者免费利用。全部馆藏为5 300万出版单元（包括书、录像带、地图等），为世界第四大图书馆。2014~2015年到馆者达1 800万人，在线利用数百万次，流通2 300万出版单元。全年开展免费活动项目67 000个，面向所有人，从儿童到老年人，参与者达140万。净资产为13亿5 700万美元。员工为3 150人。

研究图书馆系统 该馆4个研究图书馆组成其研究图书馆系统，是世界主要研究图书馆之一，也是世界最大的向公众提供阅览服务的图书馆，主要阅览室都配备电脑可存取馆藏和互联网，还配备有笔记本电脑的对接设施。共收藏约4 450万出版单元。人文与社会科学图书馆为该馆研究图书馆系统的核心，分为6部分：综合研究与人文科学（包括总研究部、舆图部、美国史部、方志和家谱部），犹太、东方与斯拉夫部，经济与公共事务部，科技研究中心，特藏部（包括米丽亚姆和艾尔克·华莱士艺术、图画和照片部，伯格英美文学藏书，珍本和手稿部，斯宾塞藏书），缩微品部。科学、工业与商业图书馆收藏约200万册书和6万种刊，是美国最大的专门负责科学与商业的公共图书馆，专利文献和天文学、物理、工程、军事、舰船科学等学科文献比较丰富，还有全美最齐全的食品资料，包括烹调书、菜谱、菜单等。另两个为斯科姆伯格黑人文化研究中心和纽约表演艺术公共图书馆。经费主要靠各方（个人和机构）捐助。

流通分馆系统 该馆通过可外借的 88 个分馆系统体现其为公共流通性图书馆，除分馆中心外，都星罗棋布地分设在 3 个行政区的街区中，至 2015 年中，曼哈顿有 40 个分馆，布朗克斯有 35 个分馆，史泰登有 13 个分馆。全系统到 2015 年 9 月底共收藏 840 多万出版单元，除图书、期刊外，还有录音带、影片、录像带、地图、图片、乐谱、剪辑资料等。除提供流通、参考咨询、技术和计算机服务等一般图书馆服务外，还为儿童、青年、成人、少数民族、文盲、移民、残疾人、失业者等提供专门服务。经费主要由纽约市和纽约州政府资助。

纽约另两大区布鲁克林区和昆斯区各有独立的公共图书馆系统，布鲁克林公共图书馆有 58 个分馆，昆斯公共图书馆有 63 个分馆，二者与纽约公共图书馆构成纽约三大公共图书馆系统，共同为纽约服务。

该馆网站提供对图书馆目录、在线收藏和订购的数据库的检索，也有关于图书馆免费活动、展览、电脑课程和移民英语课程等方面的信息。两个联机目录 LED（检索流通馆藏）和 CATNYP（检索研究馆藏）可使用户查找馆藏的书、期刊和其他资料。LED 系统可使持卡者借阅任何分馆的书，持卡者还可在家免费利用数据库中的报刊等和链接一些外部资源。馆藏数字资源到 2015 年中已超过 1 PB 字节。

该馆出版有《纽约公共图书馆通讯》和《科技新书》等刊物。

（原载《中国大百科全书（图书馆学·情报学·档案学）》. 北京：中国大百科全书出版社，1993：295~296. 2016 年 7 月做了更新）

研究图书馆中心

研究图书馆中心 （Center for Research Libraries, CRL）美国合作存储和采集文献资料的非营利机构。前身为1949年在卡内基基金会75万美元的资助下美国中西部地区10所大学在芝加哥成立的“中西部馆际中心”（MILC）。开始时它只是成员馆非常用资料的共同储存馆和这些资料的馆际互借中心，可使各图书馆避免采购非常用资料，而在一旦需要时可借用它们。20世纪50年代后期，中西部馆际中心开始在全国发挥作用，免费向任何图书馆出借资料，这些图书馆中有三分之一以上不是成员馆。1961年取消成员馆的地理限制后，成员馆遍布全国各地。1965年改名为研究图书馆中心，由于还接纳了加拿大和墨西哥几个图书馆以及中国香港大学图书馆作为成员，实际上已成为一个国际性组织。到2016年成员馆已达250个。

从1956年起至今，在美国国家科学基金会的资助下，持续采集世界各地和美国各州的报纸约1.6万种，持续采集100多个国家的政府出版物，现有几十万份；广泛收藏科学、技术和工程方面一般图书馆不收藏的期刊等，还可通过资源伙伴关系延伸利用5万多种期刊；广泛收藏历史和农业经济方面的期刊、人口普查数据和历史专著等，还可通过资源伙伴关系延伸利用美国农业信息网络和农业网络信息中心的资源。已拥有数百万页的文件档案。除已有丰富的连续出版物馆藏外，每年还订购北美图书馆极少收藏的7 000多种连续出版物。除已有约80万份学位论文外，每年还收购5 000份非美国、非加拿大的博士学位论文。此外还有成员馆呈缴的各种资料和接受馈赠。1970年起还与不列颠图书馆文献供应中心建立了联系，以不列颠图书馆丰富的资源弥补其馆藏期刊等资源的不足。从地区范围看，收藏重点为非洲、拉丁美洲、东亚、南亚和东南亚。

现在该中心努力帮助成员馆扩大在线存取主要资源，这些努力包括持续将馆藏数字化，与出版商协商让成员馆以优惠的价格获得本地的电子资源等。

该中心设有董事会，义务任期3年，下设执行委员会、预算与财务委员会、收藏与服务政策委员会、电子资源战略顾问、会员资格委员会、提名委员会和人力资源与薪酬委员会。该中心被认为是大规模合作收藏和采集的成功范例。

(原载《中国大百科全书（图书馆学·情报学·档案学）》. 北京：中国大百科全书出版社，1993：524. 2016年7月做了更新)

研究图书馆组织

研究图书馆组织 （Research Libraries Group，RLG）美国研究图书馆的合作组织，1974年由美国最有声望的哥伦比亚大学图书馆、哈佛大学图书馆、耶鲁大学图书馆和纽约公共图书馆发起成立，主要任务是研究解决研究图书馆面临的共同性问题，包括馆藏的发展与管理、资源共享、馆藏维护和书目控制等，以对付日益加剧的因经费缺乏而带来的威胁。此举被认为开辟了合作发展馆藏的新纪元。随着斯坦福大学图书馆的加入，1978年RLG采用斯坦福大学的大型图书馆目录自动化作业分时系统（BALLOTS）引进计算机编目和检索，后将其改名为研究图书馆情报网络（RLIN）。尽管1978年哈佛大学图书馆退出，到80年代中期RLG还是发展到拥有29个成员馆和25个预备成员馆与特殊成员馆，它们大部分为著名的大学图书馆和研究图书馆，资料丰富精深。RLG由成员馆各一名代表组成的董事会进行管理。主要经费来源为会费、RLIN服务费、基金会的赠款（成立时接受了梅隆基金会75万美元的赠款，约占前3年预算的40%）和借款等。

1979年纽约公共图书馆的D. H. 斯塔姆和斯坦福大学图书馆的P. H. 臭希尔在担任RLG馆藏管理和发展委员会正副主任委员时，提出馆藏发展“大纲”的构想，确定了“合作发展馆藏”的观念，把文献合作采集活动大大向前推进一步。1982年RLG有26个成员馆参与“大纲”的馆藏分析工作，后扩大为34个成员馆，80年代末更发展成美国和加拿大研究图书馆协会发起并主持、得到该协会117个成员馆赞助的“北美馆藏代码一览计划”（NCIP）。此计划以“大纲”为基础，打算对研究图书馆协会所有成员馆的馆藏进行分析评价。

研究图书馆组织大纲 是各成员馆各领域现有馆藏情况（ECS）和近期采集重点（CCI）的概述和一览。它用共同框架（以《美国国会图书馆分类法》为基础）和表示馆藏采集级别及语言范围的代码来描述成员馆馆藏。表示采集级别的标准代码采用阿拉伯数字，其含义如下：

0　不入藏：该馆不收藏此领域。

1　最低级：对某个学科领域基本上只选择其非常基础的著作。

2　基础知识级：该馆藏包含最新的一般资料，这些资料是用来介绍、定义一个学科和指出从别处可得到的各种有关信息的，包括词典、百科全书、重要著作的精选版本、历史概观、书目、手册、一些主要期刊等。

3　教学支持级：该馆藏足以支持大学生和大多数研究生的教学或持续进行的独立学习，即足以提供为有限目的或一般目的所需的一个学科的知识(强度低于研究级)，包括该学科的基本专著、较重要作者的著作全集、次要作者的著作选集、有代表性的期刊、参考工具和书目工具等。

4　研究级：该馆藏包括撰写学位论文和独立研究所需的主要的、已出版的原始资料，即包含研究报告、新发现、科学实验结果和对研究人员有用的其他信息等资料，如所有重要的参考书、专著、期刊、文摘和索引等。

5　全面级：该馆藏为一个图书馆力图收集的、一个明确限定领域中所有可利用语文的、一切记录知识的重要作品（出版物、手稿、其他形式）。此级的采集强度是维持一种“专藏”，目标是完整性。

语言范围代码为：

E　主要为英文资料。

F　除英文资料外，还选收部分外文资料，主要是欧洲语文资料。

W　广泛选收所有相关语文的资料。

Y　主要是一种外文资料。

例如，某馆某学科领域的ECS为4W，此即表示其馆藏为研究级馆藏，收集所有相关语文的资料，该领域的CCI为3E表示近期重点采集教学支持级资料，以英文为主。如此可一览而知各馆各学科资料的概况。

研究图书馆组织还发起了一项协调合作进行回溯转换的计划，即将传统的卡片式或书本式目录记录转换成机读形式。这样可大大减少重复劳动。到20世纪80年代中期已有10多个成员馆开始了此项工作。

(原载《中国大百科全书（图书馆学·情报学·档案学）》．北京：中国大百科全书出版社，1993：524~525)

哈佛大学图书馆

哈佛大学图书馆 （Harvard University Library） 美国历史最悠久、规模最大的大学图书馆，也是世界上最大的大学图书馆。1636 年建立于马萨诸塞州的剑桥市。前身为哈佛学院图书馆，以 J. 哈佛 1638 年去世后遗留下来的半数房屋和 400 册藏书为基础建立的。最初几乎仅依靠赠书，发展比较缓慢。1723 年仅收藏 3 500 册图书。1764 年藏书增加到 5 000 册时哈佛大楼遭受火灾，大部分藏书被毁，仅存 404 册图书。1800 年藏书达 1.3 万册。1841 年首次有专用馆舍，即仿照英国剑桥英王学院礼拜堂设计的戈尔大楼。1877 年和 1895 年又两次扩建。1915 年威德纳图书馆开放。1942 年主要收藏珍本和手稿的霍顿图书馆开放，随后新英格兰保存本图书馆、拉蒙特本科生图书馆、普西图书馆等相继建成开放。经过 350 多年的收集，到 1987~1988 年已发展成为拥有 96 个图书馆、1 030 名工作人员、1 200 多万册图书、10 万多种期刊、400 多万件缩微品的举世闻名的图书馆群。它们大部分设在剑桥和波士顿的哈佛校园内，有的还远在华盛顿和意大利的佛罗伦萨。

威德纳图书馆是哈佛最大的社会科学和人文科学研究图书馆，收藏国内外历史、经济、语言、文学等文献，仅图书即有 345 万册。主楼设有哈佛所有图书馆的馆藏卡片目录，以及 1977 年以来用电子计算机编制的目录和缩微平片目录。

成立于 1949 年的拉蒙特图书馆是世界上第一个本科生专用图书馆，同希尔斯和卡博特科学图书馆一起专为本科生提供各种服务。拉蒙特图书馆的缩微型珍藏最具特色，有英美早期图书和戏剧脚本、总统文件、政党文件、报纸缩微品、期刊缩微品等。

哈佛-燕京图书馆以丰富的东亚文献收藏闻名于世，规模仅次于美国国会图书馆的东亚文献馆藏。1928 年建立，首任馆长为裘开明。建馆时只有中文书 4 000 多册、日文书 1 000 多册，到 1982 年时已有中文书 36 万多册、日文书 16 万多册，其他东亚文字和有关东亚的西文书 9 万多册。此外还有缩微胶卷、缩微平片、拓片、照片、小册子等。汉语藏书中，现有中国古籍 4 673

H. E. 威德纳图书馆

种，44 993 册、中国地方志 4 000 种、丛书 1 500 种。所藏《永乐大典》2 册、《四库全书》2 册、宋版书 16 种、元版书 38 种、明版本 1 275 种为中国以外的孤本。目录有卡片式和书本式。各文种均有著者、书名、主题和排架目录。分类采用裘开明的《汉和图书分类法》，此分类法集四库分类和现代分类的特点于一身，为北美的东亚图书馆沿用至今。

其他重要的图书馆还有科学中心图书馆、S. 摩尔和 F. W. 希尔图书馆、安多弗-哈佛神学院图书馆、康特威医学图书馆、贝克商业管理图书馆（有 1850 年前克雷斯商业经济史藏书和班克罗夫特南海泡沫藏书等著名藏书）、顿巴敦橡胶园研究图书馆（主要收藏拜占庭史和文化资料）、埃达·库恩·洛布音乐图书馆、戈登·麦凯工程和应用物理图书馆、弗朗西斯·洛布设计研究院图书馆、法学院图书馆、约翰·肯尼迪行政管理学院图书馆、地质科学图书馆、比较动物学博物馆图书馆、生物实验所图书馆、化学图书馆、物理学研究图书馆、心理学研究图书馆、社会关系图书馆、妇女史图书馆、美术图书馆等。大多数图书馆都对本校 2 万名师生和校外研究人员实行开架借阅。

特藏包括许多著名人物如培根、拜伦、塞万提斯、乔叟、但丁、狄更斯、高尔斯华绥、海涅、林肯、莫里哀、蒙田、拿破仑、卢梭、席勒、莎士比亚、雪莱、萨克雷和托洛茨基等人的文献。

到 1988 年尚未实现全部目录的计算机化和联机化，80 年代后期积极从事机读目录的编制工作，并参与美国国会图书馆的合作编目项目。（另一合作者为闻毅声）

（原载《中国大百科全书（图书馆学·情报学·档案学）》. 北京：中国大百科全书出版社，1993：174）

专门图书馆

专门图书馆 （special library） 收集和组织专门领域（某一领域或数领域）的文献，主要为特定读者服务的图书馆。一般按其从属机构的类别分为机关图书馆（包括立法机关和政府机关等）、研究机构图书馆、公司企业图书馆、事业单位图书馆、军事单位图书馆、大众传播图书馆、群众团体图书馆、医院图书馆、宗教图书馆等。专门图书馆与资料中心、情报中心性质相近。

专门图书馆的基本任务是：作为所服务机构的主要资料来源，收集、组织、保管、利用并传播与该机构业务有关的各种资料，为所需者提供服务。专门图书馆的主要特点是：①读者主要为所服务机构的工作人员，对象固定，人数一般不多，需求相对稳定。②在文献收集方面主要是为配合所服务机构业务的发展，收集该机构的出版物和该机构业务参考所需的最基本的、经常使用的和有潜在使用价值的文献。③在文献整理方面对普通资料实行粗分类和简单编目，对专门资料实行细分和详细著录。④服务针对性强，多提供主动服务，情报服务是其主要方面。一般提供两种基本的情报服务，一是参考和研究服务，包括从答复简单的咨询问题，到通过承担复杂的研究工作和文献查找，以书目、备忘录或报告等形式提供情报信息。二是近期通报服务，包括发送现期期刊，编制新书通报、专题文摘或题录，定题情报提供（SDI）等。专门图书馆的情报服务有 3 个级别：初级情报服务包括回答咨询问题、将用户指向适宜的情报源、提供简单的近期通报服务（如发送现期期刊）；中级情报服务包括提供文献查找、编制书目、选择和传送研究资料、提供近期通报服务（如编制新书通报）；高级情报服务包括将情报综合成书面形式、编制评论性书目、进行评价性的和全面的文献查找、提供更复杂的近期通报服务（如定题情报提供服务）。专门图书馆通常根据用户需求提供不同级别的服务，在机会和条件许可时提供高级情报服务。⑤因一般设在所属机构的建筑物内，空间有限，需经常进行藏书剔旧，控制藏书增长。⑥图书馆员除具有图书馆专业知识外，还需要有所属机构的专门业务知识，人员通常数量有限，一般都是一专多能。

19世纪末在美国，随着工商业的大发展，政府部门的规模和管辖权的扩大以及许多专业学、协会的成立，最先出现了立法参考方面的专门图书馆，其次是工商财政机构的专门图书馆。1909年美国成立专门图书馆协会(SLA)。在第一次和第二次世界大战期间以及战后，由于对科学技术研究需求的迅速增加，研究机构在数量和规模上的飞跃发展，科技图书馆也有了更大的发展。自20世纪50年代末以来，虽做过许多努力对专门图书馆进行调查统计，但由于专门图书馆的定义不清、类型多样，许多小型专门图书馆未参与图书馆界的活动等原因，未能收集到精确的统计资料。《美国图书馆名录》(1989年第42版）报道了美国近9 950个和加拿大1 231个专门图书馆，包括不附属于高等院校的法律、医学、政府和宗教等方面的图书馆。《专门图书馆和情报中心名录》（1983年第8版）列出了1.6万个专门图书馆，包括美国和加拿大附属于公共、高校图书馆的专门图书馆。

法国、德国和英国等工业化国家的专门图书馆大都是在20世纪的前几十年建立的，1924年英国专门图书馆和情报机构协会（Aslib）成立。随着各国工业化和科学技术研究的发展以及各国专门图书馆的大量建立，1976年国际图书馆协会和机构联合会（IFLA）将所设专门图书馆组升格为专门图书馆部(包括行政图书馆、艺术图书馆、生物医学图书馆、地理地图图书馆、科学技术图书馆和社会科学图书馆等6个组)。

中国在19世纪中叶开始出现教会图书馆（如上海徐家汇天主堂藏书楼），20世纪陆续出现了机关图书馆（如教育部图书馆)、社团图书馆（如上海总商会图书馆)、研究机构图书馆（如中央研究院所属各研究所的图书馆、上海自然科学研究所图书馆）等。1949年后专门图书馆是发展最快的图书馆类型，门类多，数量大，分布广，藏书专。据1983年不完全统计，仅中型以上的研究机构图书馆即超过4 000所。较重要的有中国科学院文献情报中心、中国社会科学院文献信息中心、中国农业科学院图书馆、中国医学科学院图书馆、全国地质图书馆等。由于中国的专门图书馆各归所属母系统领导，管理分散，尚未形成全国性专门图书馆网络（仅北京市有中央国家机关和科研系统图书馆学会)。

（原载《中国大百科全书（图书馆学·情报学·档案学）》. 北京：中国大百科全书出版社，1993：616~617)

图书馆学教育

图书馆学教育 (library science education) 包括学历教育和在职教育(或继续教育) 两方面。

学历教育 图书馆专业人员的培养最早是从学徒制(即师傅带学徒)开始的。随着图书馆事业的发展，一些较大的图书馆开设训练班，进行较有计划的培训。受训人结业后或留在训练班所在馆或到其他图书馆工作。1650年，曾任英国皇家图书馆馆长的J. 杜里在《新式图书馆的管理者》一书中正式提出了图书馆职业和教育问题。他认为图书馆员是学问的向导和文化的传播者，应具有高深的学问。德国图书馆学家M. 施雷廷格的《图书馆学综合性试用教科书》(1808) 和F. A. 艾伯特的《图书馆员的教育》(1820) 两书都提出了图书馆专门教育和训练问题。1874年德国一所大学图书馆馆长费·罗尔曼在《关于图书馆整理学和德国大学图书馆的专门研究》一文中指出必须开办大学图书馆教育，并提出了一项为期3年的大学图书馆教育计划。在这些思想的影响下，1886年德国格丁根大学首次开设图书馆学课程，著名图书馆学家、该校图书馆馆长K. F. O. 齐亚茨科被任命为图书馆学教授。所授课程侧重于目录学、古文书学等文献研究方面，以培养研究图书馆馆员为主，学术性较强。

世界上最早的正规图书馆学校是1887年1月由美国著名图书馆学家、哥伦比亚大学图书馆馆长M. 杜威创立的哥伦比亚大学图书馆管理学院。杜威早在1879年就曾撰文强调图书馆工作是一种独立的职业，应建立专门的图书馆学校。该校当时有兼职教师7名，第一批学生有20名，其中17名女生。科目侧重于图书馆经营、图书保管、书目、分类法、目录著录、参考咨询和图书馆管理，以培养公共图书馆馆员为主，技术性较强。

1923年，曾任美国专门图书馆协会主席的C. C. 威廉逊在其研究报告《图书馆业务训练》中建议图书馆学院应分清图书馆事务工作和专业工作，并且只教授后者；这些学院应设在大学；应为这些学院及其师生提供更多的资助；学制应为两年，一年学习综合原理，一年学习专门业务；应采用全国证书制；学院应得到认可。报告发表后美国图书馆协会在1924年正式设立了图书馆学教育委员会（后改为认可委员会），在1925年制定了美国图书馆学院标准（后于1933、1951、1972年修订），并对所有的学院进行审核。20世纪50年代初，美国开始实行图书馆学硕士学位为第一专业学位制，一般是大学毕业生才有资格进入图书馆学院攻读硕士和博士学位。世界最早设置图书馆学博士学位的是美国芝加哥大学图书馆学研究院（1928）。60年代是美国图书馆学教育的兴旺时期，学校数、学生数、资金等都大大增加，不少社区大学创办了图书馆技术人员教育，还出现了6年制的硕士后教育计划。由于情报学的兴起，70年代以后大约三分之二的学院在校名中增加了“情报学”或“情报研究”字样，或用其直接取代较为传统的“图书馆学”、“图书馆服务”等。1985年10月经美国图书馆协会认可委员会认可的大学图书馆学情报学研究院有56所，其中兼授博士学位的有21所。

英国直到1919年才在伦敦大学设立图书馆学院，到1986年共有17所图书馆学院。课程中既有学术性较强的科目，也有专门技术科目。80年代英国开始改变传统的图书馆学教学，例如里兹大学设图书馆学文学士和情报学科学学士，谢菲尔德大学将图书馆学院改为情报研究系，斯特拉斯克莱德图书馆学学院则成了斯特拉斯克莱德大学商学院情报系。

在苏联，图书馆学家Л. Б. 哈芙金娜于1913年首次在莫斯科的沙尼雅夫斯基大学开设图书馆学课程。此后苏联相继建立了莫斯科国立莫洛托夫图书馆学院（1930年）、国立哈尔科夫图书馆学院（1935年）和列宁格勒国立克鲁普斯卡娅图书馆学院（1941年）。这3所学院都设有图书馆学系、目录学系和少年儿童图书馆学系，学制均为4年。80年代中期苏联有各种图书馆学校170多所，其中139所是中等专业学校，占总数的80%，在高等院校设图书馆专业教育点的有28个，设硕士教育点的有5个。

印度著名图书馆学家S. R. 阮冈纳赞在1929年创办了印度第一所正规的图书馆学院。1981年印度共有图书馆学院42所，其中可授予硕士和博士学位的各为9所。

1920年3月中国武昌文华大学设立图书科，开始了正规图书馆学专业教育。80年代，中国图书馆学和情报学专业教育有了较大的发展（见中国图书馆学教育）。

在教育体制方面，美国和加拿大以硕士学位教育为基本形式，学生为取得学士学位者，学制大多为1年；此外还有学制为1~3年的博士学位教育和4年制的大学本科教育。英国以大学本科为主，大多提供2~4年制学士学位教育，许多学校也设硕士学位。还有一些学校则专门提供硕士和博士学位教育。苏联图书馆学教育以培养中级图书馆工作人员的中等教育为主；高等教育培养高级图书馆员。中国图书馆学历教育已初步形成3个级别5个层次的体系，即研究生教育（包括博士与硕士两个层次，博士点现有北京大学和武汉大学；硕士为2~3年制）、大学教育（包括4~5年制的本科与2~3年制的专科两个层次）和中等专科教育，以大学本科为主。

在课程设置方面，20世纪70年代中以后许多国家（包括中国）总的特点是都改变了过去侧重教授采访、分类、编目、参考咨询等传统技术方法的状况，增加了计算机应用、情报服务等课程，朝着图书馆学情报学教育综合化和现代化的方向发展。美国的图书馆学课程设置由各校自己确定，必修课一般包括图书馆学情报学基础、图书馆资料的书目控制、情报资源的组织、图书馆服务、图书馆管理、图书馆和情报系统、计算机导论、研究方法等；选修课包括图书馆业务（编目、藏书建设、读者服务、声像资料服务等）、情报系统（分析和设计、计算机语言等）、情报服务（联机检索等）、图书馆和情报基础数学、各类型图书馆和资料、历史研究（图书馆史、公共传播史等）、印刷出版、图书保护等。《ALA世界图书馆和情报工作百科全书》中归纳美国图书馆学院的核心课程为：①图书馆和社会，包括交流、图书馆在交流过程中的作用、情报机构的社会作用、交流载体形式等。②图书馆服务和资料，包括图书馆服务的机械化、资料类型、藏书类型、图书馆和用户类型、采选的原则和方法、采选工具、藏书利用、目录著录、主题分析和标引、情报查找、参考服务、自动化检索等。③研究，包括问题鉴定、研究方法、设计、数据收集和处理、研究成果交流。④管理，包括计划、组织、人员配备、指导、控制；系统分析；效率测定；馆际合作。

英国拉夫巴勒大学图书馆和情报研究系主任哈瓦德-威廉斯教授在1985年国际图书馆和情报学教育会议上，介绍了英国以1974年联合国教育、科学和文化组织一份文件归纳的核心课程为蓝本所提出的新的核心课程，包括：①基础，如社会中的图书馆、图书馆法、图书馆与图书馆教育史、用户研究、研究方法。②资料，如各种载体、参考源、书目工具、书史。③方法，如标引、内容分析、读者服务、知识组织、参考程序、系统分析、保管与修补。④管理，如行政、人事、系统组织和计划、计算机和复制技术等。

日本图书馆情报大学的学生在进行实习和毕业设计

日本图书馆情报大学4年制本科课程分必修课和选修课两大类，共134个学分。必修课包括：专业科目A（图书馆情报学概论、情报载体论、情报系统论等19门）、体育和外语，共53个学分。选修课包括：基础科目A（人文、社会、自然科学总论等19门）、基础科目B（语言学、经营工程学、情报工程学等21门）和专业科目B（计量目录学、情报系统利用论、出版技术论等66门），共81个学分。2年制研究生须从图书馆情报基础论、情报构成论、情报社会关系论、情报载体论、情报认识论、图书馆情报组织论、情报仪器利用论和情报检索论8类科目中任选1类，再辅以其他类科目，需达到30个学分。

随着信息服务业的发展，一些专家建议图书馆学情报学教育应适应诸如信息资源管理、数据库设计、信息市场和销售、知识工程、决策支持系统、电子出版等新兴领域对人才的需求。

在职教育 图书馆员在受过从事图书馆和情报服务所必需的预备教育之后，对以前所获得的知识、技能和观念不断更新的学习过程，通常又称为继续教育。它可使工作人员在不断变化的环境中了解新的思想、观点，掌握新的知识、技能，为成为不断出现的新兴领域的专家作准备。提供继续教育的主要机构有：①图书馆协会，它通常都把继续教育确定为首要职责之一。②专业学校，在逐渐认识到支持毕业生的毕生事业是应尽的职责后，也提供各种继续教育机会，这样做也有助于改善学校的经济状况。③图书馆，许多大中型图书馆往往被赋予向本地区、本系统图书馆工作人员提供继续教育的任务。它们通常与图书馆协会、学校合作开展在职教育。④政府部门，管理图书馆事业的职能部门往往通过有关法规或直接资助促进在职教育，有的还组织各种长期或短期的培训。许多国际组织都意识到继续教育的价值，积极参与继续教育活动。影响最大的是联合国教科文组织和国际文献联合会，它们都经常组织国际会议，举办短期培训班，提供师资、出版物和给予指导等。继续教育方式目前主要是专题研讨会、研习班、讲座、函授、电话会议、录像资料等。一些欧美国家正大力开发无时间、地点限制的传授系统，如通过卫星的单视道双声道远距离会议、软件包系列、录像-录音带等。

在中国，在职教育主要是为已经从事图书馆和情报服务，但未受过必要的预备教育或专业培训的图书馆工作人员提供的补课性预备教育，这通常称为成人教育或业余教育。教育方式主要有：①脱产在大学、干部学院进修1~2年，取得结业证书。②业余参加夜校或成人教育学校，在1~3年内完成预定的图书馆专业课、文化基础课或外语课学习计划，取得中等专科学校、大学专科文凭或专业证书。③函授班或函授学校（3年制专科或5年制本科），主要是自学，兼有辅导课，毕业获大学专科或大学本科文凭。④几个月或1个月以下的短期训练班，对象可以是非图书馆专业毕业者、领导人员等。

（原载《中国大百科全书（图书馆学·情报学·档案学）》. 北京：中国大百科全书出版社，1993：436~438）

国外图书馆与情报学教育：调研与思考

1 世界各国图书馆学情报学教学单位数

我们中国从事图书馆学情报学（library and information science，以下简称LIS）教学的工作者至少应宏观地对全世界LIS教学的基本情况，首先是教学单位数有个大概的了解。为此这里先介绍一下世界各国LIS教学单位数。

1.1 教学单位数

笔者从3个来源得到了不同的数字。这3个来源是：

（1）中国潘燕桃、程焕文主编的《世界图书馆学教育进展》一书，2004年北京图书馆出版社出版。

（2）丹麦皇家图书馆与情报学学院（Royal School of Library & Information Science Copenhagen）图书馆建立和维护的全世界从事LIS教学的大学院系网站 http：//www. dbdk/dbi/internet/namerica. htm.

（3）英国谢菲尔德大学信息研究学系的荣誉教授托马斯·丹尼尔·威尔逊建立和维护的全世界从事信息研究、信息管理、信息系统等教学的大学院系网站 www. shef. ac. uk/is/ publications/worldlist/ wlist99. html

下面按大洲和国家将3个不同来源的数字列表如下（见表）：

表 世界各国 LIS 教学单位数

来源 国家	中国	丹麦	英国
亚洲	55	38	58
中国(大陆)	22		1
(台湾地区)	11	1	8
(香港地区)		2	
阿曼			1
巴基斯坦	1	1	1
印度	3	2	22
伊朗		1	
以色列	3	3	4
日本	5	4	6
韩国	2	14	1
黎巴嫩	2	3	2
马来西亚	1	1	1
沙特阿拉伯			1
斯里兰卡	1	1	1
新加坡	1	1	1
泰国			4
土耳其	3	3	4
非洲	7	9	21
博茨瓦纳			1
肯尼亚			2
摩洛哥	1	1	
纳米比亚			1
尼日利亚			2
塞内加尔	1	1	
南非	5	7	12
坦桑尼亚			1
乌干达			1
津巴布韦			1

续表

来源 国家	中国	丹麦	英国
欧洲	114	116	194
奥地利	4	4	7
比利时	4	4	4
波斯尼亚和黑塞哥维那			1
克罗地亚	1	1	2
捷克	3	4	5
丹麦	1	1	1
爱沙尼亚	1	1	1
芬兰	5	6	4
法国	12	12	19
德国	19	19	17
英国	14	15	57
希腊		1	4
荷兰	3	4	4
匈牙利	4	5	5
冰岛	1	1	1
爱尔兰	1	1	2
意大利	2	2	5
拉脱维亚	1	1	1
立陶宛	1	1	2
挪威	2	3	3
波兰	8	8	9
葡萄牙	5	1	6
俄罗斯	2	2	3
斯洛伐克	1	1	1
斯洛文尼亚			1
西班牙	12	10	16
瑞典	5	6	5
瑞士	2	2	4
乌克兰			2

续表

国家 \ 来源	中国	丹麦	英国
大洋洲	10	11	32
澳大利亚（含塔斯马尼亚）	9	10	23
新西兰	1	1	9
北美洲	67	59	145
加拿大	7	7	12
墨西哥	2	2	6
美国	58	50	127
南美洲	18	18	43
阿根廷	6	6	7
巴西	4	4	26
智利			1
哥伦比亚	1	1	2
哥斯达黎加	1	1	1
古巴	1	1	1
秘鲁	2	2	2
波多黎各	2	2	2
乌拉圭			
委内瑞拉	1	1	1

1.2 简要分析

（1）第 1 个来源亚洲 55 个，非洲 7 个，欧洲 114 个，大洋洲 10 个，北美洲 67 个，南美洲 18 个，共 271 个。第 2 个来源亚洲 38 个，非洲 9 个，欧洲 116 个，大洋洲 11 个，北美洲 59 个，南美洲 18 个，共 251 个。第 3 个来源亚洲 58 个，非洲 21 个，欧洲 194 个，大洋洲 32 个，北美洲 145 个，南美洲 43 个，共 493 个。从中可以看出：

①3 个来源数字一样的，当属准确的数字。

②3 个来源数字差不多的，当属较为准确的数字。

③数字差得很多的，主要原因有 3 个：

- 不仅国内业界对 LIS、信息管理（IM）、信息研究（IS）等的内涵发展、学科界限感到困惑，国外业界也存在这个问题。例如第2个来源，在收录范围方面总体上还是比较严格的，但也收录了一个名为University of Southern California Information Sciences Institute（ISI）的院系，经查ISI是国际知名的高级计算机与通信技术的研究开发中心，不应属于LIS范围。有时网站建立者也不得不在个别学系名称后加注，如在University of Tokyo, Department of Information Science后注上：在英美属计算机系。第3个来源的网站建立者甚至将与information有关的包括IM、IS、信息系统等 几乎都收录了进来，太过宽泛，混淆了LIS与计算机科学技术的界限。

● 变化是绝对的，不仅数字是动态的（可以说是经常变动的），就连院系名称、学位计划也常有变化。例如2004年还是School of Library and Information Studies，2005年就变成了School of Information Studies；2004年还是Department of Broadcasting, Librarianship and Educational Technology，2005年就变成了Department of Librarianship, Educational Technology and Distance Instruction。后面还会提到。学位计划（program）、学位（degree）名称的变动就更多了，几乎每年都会有取消的或改动的，也会出现新增的。

● 网站建立者未能更全面、深入地调研，最明显的是对中国。第2个来源中，中国大陆、中国台湾、中国香港的数字分别为0、1、2；第3个来源分别为1、8、0。如不懂中文，可请教中国留学生、访问学者（遗憾的是中国业界也未能用英文详细介绍），说明他们的功夫还不到家（不好说是歧视）。

（2）编印方面不够严谨。例如学校名简化甚至遗漏，直接列出其院系名称，Rutgers School of……应为Rutgers, The State University of New Jersey下的School of……；Pratt School of……应为Pratt Institute School of……。有的相反列出了校名漏了院系名称，如College of St. Catherine下应有Graduate School of Library and Information Science，却未列出。有时在均为全称的名单中突然出现缩写的院系名，如University of Arizona, SLS，经查应为School of Library Science。还常出现一些不应有的错误，如院系名中应为Information Management and Systems，被写成Information and Management Systems。The Catholic University of America下原为School of Library and Information，经查少了一个Science，应为School of Library and Information Science。

（3）不管怎样，客观地说，这3个来源大体上反映了目前国际业界的发展趋势。在这3个来源中，第1个来源和第2个来源很明显都是将我们的学科定位于 LIS 的，前者 271 个，后者 251 个，主要是因为后者缺中国大陆的数字；第 3 个来源则是对本学科的“大力拓展”，将 LIS 向信息领域延伸，在其共 493 个的长长列表中（英文），library 一词必须仔细搜查才能找到，很明显 LIS 是被边缘化，甚至逐渐被融化了。

2 院系名称

此部分和下面几部分只能在“面”的基础上选有代表性的“点”做些比较分析研究了。笔者从美洲、欧洲、大洋洲和亚洲各选了一个大家公认的 LIS 先进国家——美国、英国、澳大利亚和日本作为重点，鉴于美国在全球的影响力，又将其作为重点中的重点。

2.1 美国

对于相关数据、资料的搜集，最简便的办法是直接利用第 2 个来源，但笔者坚持用第一手资料，花了很多时间和精力将其与美国图书馆协会（ALA）认可的院系逐一进行排比。以 2005 年 6 月 30 日为界调研后发现，第 2 个来源中美国的 50 个院系，有 5 个未在 ALA 的名单中出现，估计是由于其专业方向已不属于 LIS 范围，如 School of Information Management and Systems，University of California—Berkeley；Information Systems Department，University of Maryland—Baltimore County 等，还有的与他校合作只列出一个，如 Graduate School of LIS，College of St. Catherine—st. Paul，Minnesota 与 Dominican University 合作，只列出了后者。而至 2005 年 6 月 30 日止 ALA 认可的现有的院系为 48 所，其中有 3 所在第 2 个来源中是明显被遗漏了，它们是：Clarion University of Pennsylvania，University of Denver 和 City University of New York.

2006 年 2 月 8 日在数次易稿最终定稿前又在网上全面进行了一次调研，发现 ALA 认可的 48 所院系中，又有 6 所出现了变化，所以下面的列表是经几次修订、调整，以 2006 年 2 月 8 日的资料为准编制的。

最重要的是，此次发现，ALA 自己列出的认可名单中有重大遗漏甚至错误，即在其认可的教育计划的一览表（Historical List of Accredited Programs）中列出了 1 所 Indiana University，即 School of LIS，Indiana University，而在其 LIS 名录（LIS Directory）中却列出了两所 Indiana University，而且这两所的简介完全一样，等于是重复列出。所幸此次笔者未到此为止，按其一览表和名录认定只 1 所，而是抱着怀疑的态度又继续进入 Indiana 州调研，最后终于发现还应是两所，即 Bloomington 1 所，Indianapolis（与 Purdue University 联合）1 所，这两所各有多种教育计划，且均经 ALA 认可。如此它应将其作为两所统计，就像它将 University of Wisconsin（在 Madison 和 Milwaukee 各 1 所）作为两所统计，将 University of North Carolina（在 Chapel-Hill 和 Greensboro 各 1 所）作为两所统计一样啊！这就是说，这次的发现揭示出：ALA 在其一览表中少列了 1 所，在其名录中虽列出了两所，但却重复地介绍了 1 所，遗漏了 1 所的资料。不严谨之处真是不少！这样一来，可认定，以 2006 年 2 月 8 日为界，美国经 ALA 认可的现有 LIS 院系应为 49 所（除去也由 ALA 认可的加拿大和波多黎各的）。为此又做了一番修订。

下面以院系名为准，按 3 大类——既有 Library 也有 Information 字眼的、只有 Library 字眼的和只有 Information 字眼的——列出这 49 个院系的名单，凡有上属机构的也尽量列出：

（1）既有 Library 也有 Information 字眼的，这类又可细分为：

①LIS（Library and Information Science 和 Library and Information Sciences）

Sch. of LIS, the Catholic University of America（Washington DC）

GS. of LIS, Dominican University（Illinois）

Sch. of LIS, Indiana University —Bloomington（Indiana）

Sch. of LIS, Indiana University —Indianapolis（Indiana）

Sch. of LIS, Kent State University（Ohio）

Sch. of LIS, Louisiana State University（Louisiana）

Dept. of LIS, School of Communication, Information & Library Studies, Rutgers, The State University of New Jersey（New Jersey）

Sch. of LIS, San Jose State University（California）

GS. of LIS, Simons College（Massachusetts）

Div. of LIS, College of Liberal Arts & Sciences, St. John's University（New York）

Prog. of LIS, University of Denver（Colorado）

Prog. of LIS, College of Natural Sciences, University of Hawaii（Hawaii）

GS. of LIS, University of Illinois —Urbana-Champaign（Illinois）

Sch. of LIS, University of Iowa（Iowa）

Sch. of LIS, University of Kentucky（Kentucky）

Sch. of LIS, College of Information & Computer Science, University of Long Island (New York)

Sch. of LIS, University of South Carolina (South Carolina)

Sch. of LIS, College of Arts & Sciences, University of South Florida (Florida)

Sch. of LIS, University of Southern Mississippi (Mississippi)

Prog. of LIS, Wayne State University (Michigan)

Sch. of LISciences, North Carolina Central University (North Carolina)

Sch. of LISciences, University of North Texas (Texas)

② LI Studies (Library and Information Studies)

GS. for LIStudies, the Div. of Social Sciences, Queens College, City University of New York (New York)

Dept. of LIStudies, School of Informatics, State University of New York —Buffalo (New York)

Sch. of LIStudies, Texas Woman's University (Texas)

Sch. of LIStudies, College of Communication & Information Sciences, University of Alabama (Alabama)

Dept. of LIStudies, School of Education, University of North Carolina — Greensboro (North Carolina)

Sch. of LIStudies, College of Arts & Sciences, University of Oklahoma (Oklahoma)

Dept. of LIStudies. School of Information Sciences, University of Pittsburgh (Pennsylvania)

GS. of LIStudies, University of Rhode Island (Rhode Island)

Sch. of LIStudies, College of Letters & Sciences, University of Wisconsin—Madison (Wisconsin)

③ ILS (Information and Library Science)

Sch. of ILS, Pratt Institute (New York)

Dept. of ILS, School of Communication, Information & Library Science, Southern Connecticut State University (Connecticut)

Sch. of ILS, University of North Carolina—Chapel-Hill (North Carolina)

④ LIMagt. (Library and Information Management)

Sch. of LIMagt, Emporia State University (Kansas)

⑤ IR & LS (Information Resources and Library Science)

Sch. of IR & LS, College of Social & Behavioral Sciences, University of Arizona (Arizona)

(2) 只有 Library 字眼的

Dep. of Library Science, College of Education & Human Services, Clarion University of Pennsylvania (Pennsylvania)

(3) 只有 Information 字眼，又可细分为：

① 只有 Information 字眼：

College of Information, Florida State University (Florida)

Sch. of Information, University of Michigan (Michigan)

Sch. of Information, University of Texas—Austin (Texas)

Sch. of Information, University of Washington (Washington)（它是 Information School）

② Information Studies

Sch. of Information Studies, Syracuse University (New York)

Dept. of Information Studies, GS. of Education & Information Studies, University of California— Los Angeles

College of Information Studies, University of Maryland (Maryland)

Sch. of Information Studies, University of Wisconsin—Milwaukee (Wisconsin)

③ Information Science 和 Information Science 与其他字眼连用

Sch. of Information Sciences, College of Communication & Information, University of Tennessee (Tennessee)

Sch. of Information Science & Learning Technologies, University of Missouri—Columbia (Missouri)

Sch. of Information Science & Policy, State University of New York—Albany (New York)

College of Information Science & Technology, Drexel University —Philladelphia (Pennsylvania)

简要分析

从上述经反复核查、调研后归纳的结果可以看出：

（1）院系名称中既有 library 也有 information 字眼的共 36 所，占全部 49 所的 73.4%。即超过三分之二。如再对这 36 所进行细分，则 “library & information science（或 sciences）” 有 22 所，library & information studies” 有 9 所，information 在前即 “information & library science” 有 3 所，另外 “library & information management”、“information resources & library science” 各 1 所。

（2）49 所院系中，37 所院系名称中仍有 library 字眼，占 75.5%。

（3）院系名称中已无 library 字眼只有 information 字眼的有 12 所，占全部 49 所的 24.5%。如再对这 12 所进行细分，只有 information 的有 4 所，“information studies” 有 4 所，“information science 和 information science 与其他字眼连用的” 有 4 所，各占三分之一。

2.2 英国

笔者于 2005 年 6 月直接对英国 Charted Institute of Library and Information Professionals 认可的 courses 进行调研，发现共有 17 所。前述第 1 个来源中是 14 所，第 2 个来源中是 15 所，都有缺漏，这里补上。

下面列出这 17 所院系的名称：

1. Dept. of Applied Social Sciences, London Metropolitan University (London)

2. Sch. of Business Information, Faculty of Business & Law, Liverpool John Moores University (Liverpool)

3. Sch. of Computing, Napier University (Edinburgh)

4. Dept. of Computing, Faculty of Professional Studies, Thames Valley University (London)

5. Faculty of Computing, Engineering and Mathematics Sciences, University of the West England (Bristol)

6. Grad. Sch. of Informatics, Department of Computer & Information Sciences, Faculty of Science, University of Strathclyde (Glasgow)

7. Div. of Information & Communication Studies, School of Informatics, Engineering and Technology, Northumbria University (New Castle)

8. Dept. of Information & Communications, Manchester Metropolitan University (Manchester)

9. Sch. of Information Management, Leeds Metropolitan University (Leeds)

10. Dept. of Information Management, School of Information & Media, The

Robert Gordon University (Aberdeen)

11. Sch. of Information Management, University of Brighton (Brighton)

12. Dept. of Information Science, The City University (London)

13. Dept. of Information Science, Faculty of Science, Loughborough University (Loughborough)

14. Sch. of Information Studies, University of Central England (Birmingham)

15. Dept. of Information Studies, The University of Sheffield (Sheffield)

16. Dept. of Information Studies, University of Wales (Aberystwyth)

17. Sch. of Library, Archive & Information Studies, University of College London (London)

简要分析

从上述经调研归纳的结果可以看出：

(1) 只有 1 所——伦敦大学学院——有 library 字眼，其余的已全无 library 字眼，连著名的老牌威尔士大学的情报与图书馆研究学院也去掉了 library，而都有 information 字眼。

(2) 17 所院系中，以信息管理、情报科学（将 informatics 也列入其中）、信息研究命名的各有 3 所；有 3 所名称中有“计算”或“计算机”的字眼；有 2 所是信息与通信的组合；1 所是“商务咨询”；1 所是应用社会科学；1 所是图情档的组合。

(3) 3 所名称有“计算”字眼的院系中，有 1 所即伦敦的 Thames Valley University 在 CILIP 的名单里未列出院系名，只列了 1 种信息管理学位计划，经仔细查找才发现其在 Faculty of Professional Studies 的 Department of Computing 下有多达 14 种信息管理的学位计划，因此该学院系名称应列入有“计算”字眼的院系中。

2.3　澳大利亚

澳大利亚 LIS 院系在第 1、2 个来源中分别为 9 所和 10 所，第 3 个来源为 23 所，笔者在 2005 年查对澳大利亚图书馆与情报协会（Australian Library & Information Association, ALIA）认可的图书馆学课程（实为 LIS 课程），发现有 12 个院系，分布在 11 所大学中，因 Queensland University of Technology 有 2 个学院（在不同的校区）。2006 年 9 月终稿前又随机查了一下 ALIA 认可名单，发现只有 11 个院系分布在 10 所大学了，即少了 University of New South

Wales, School of Information Systems, Technology & Management，进一步追查，发现它改向澳大利亚计算机学会（Australian Computer Society）申请认可了。3 个来源中都有 University of Canberra，而 ALIA 名单中却没有，这里不予计入。名单中有的 Charles Darwin University 和 University of South Australia 3 个来源都缺漏了，University of Tasmania 2 个来源缺漏。

下面列出这 11 所院系的名称：

1. Sch. of Business Information Technology, Business Portfolio, Royal Melbourne Institute of Technology (Melbourne)

2. Sch. of Communication, Information and New Media, Division of Education, Arts and Social Sciences, University of South Australia (Magill)

3. Sch. of Computer & Information Science, Faculty of Computing, Health & Science, Edith Cowan University (Perth)

4. Sch. of Information Systems, Queensland University of Technology (Brisbane)

5. Sch. of Information Management & Systems, Faculty of Information Technology, Monash University (Berwick)

6. Sch. of Information Studies, Faculty of Science and Agriculture, Charles Sturt University (Wagga)

7. Sch. of Information Systems, Faculty of Commerce, University of Tasmania (Hobart)

8. Sch. of Information Systems, Faculty of Information Technology, Queensland University of Technology (Brisbane)

9. Faculty of Law, Business & Arts, School of Creative Arts & Humanities, Charles Darwin University (Darwin)

10. Dep. of Media & Information, Faculty of Media, Society & Culture, Curtin University of Technology (Perth)

11. Dep. of Media Arts, Communication & Information, Faculty of Humanities & Social Sciences, University of Technology, Sydney (Sydney)

简要分析：

（1）这 11 个院系已全无 library 字眼，而都有 information 字眼。只有 2 所名称一样——School of Information Systems，其余的各不相同。除 1 所是信息研究 1 所是情报科学与计算机的组合外，都是信息与管理、媒体、技术、通信、商务等融合的名称。

（2）为了有助于大家深入了解，尽量把上属单位列了出来。从中可以看出，普遍是 Faculty 高于 School，但也有相反的；Faculty 之下一般设 School，但也有设 Department 的；只有 1 所学校的 School 之上不是 Faculty 而是 Portfolio。不管怎样，与中国的做法相同，自上而下还是学部—学院—学系，只是用字不一样罢了。

（3）还有一点应予指出：Charles Sturt University 的 Faculty of Science & Agriculture 之下设了一些学院，除了上面介绍的 School of Information Studies 外，还有 School of Information Technology 和 School of Environmental & Information Sciences 等。虽然都有 Information，甚至 Information Science 字眼，但前者实际上是计算机科学，后者为环境管理方面的，自然不在 ALIA 的名单之内。这就告诉我们，不能只从字眼上看。

（4）新南威尔士大学信息系统、技术与管理学院原来自认属于 LIS 领域，向 ALIA 申请认可，现在自认已转向，侧重信息科技与系统，改向计算机学会申请认可，说明它们对学科界线划分得清楚，能确认 LIS 的特定领域。

2.4 日本

从日本图书馆协会、日本图书馆学会、日本图书馆与情报学学会等都未能查到有关认可的资料。前述第 1 个来源中只有 Surugadai University（骏河台大学）、Keio University（庆应義塾大学）和 Tsukuba University（筑波大学）3 所大学。第 2 个来源只有 Keio University、Surugadai University、University of LIS（图书馆情报大学，2002 年并入筑波大学。此来源资料较旧）和 University of Toyko（东京大学）4 所大学。第 3 个来源有 6 所大学，除上面提到的 4 所大学外，还有 Kansai University（关西大学）和 Mie University（三重大学）。

笔者先以这 6 所大学为基础逐一进行了查对，发现三重大学无院系，甚至无专业，只在人文学院中开了几门课，不应计入。2006 年 6 月在中山大学参加海峡两岸图书馆资讯学术研讨会时从留学日本多年的中山大学邹永利博士的“关于日本图书情报学教改项目 LIPER 的观察与思考”一文中发现上述 3 个来源都未提到爱知淑德大学、鹤见大学和中央大学。在与邹博士的电邮交流中又得知了他未予确认的另外两个线索——京都大学和东洋大学。经反复查对这 3 校网页，笔者确认都应计入。这样可以认为 10 所大学可属 LIS 范畴。下面列出这 10 所大学的有关院系的名称，基本上都按原文列出（日本一直称

information 为情报。用片假名拼音的均译为中文，如文献、媒体、传播、系统等。有英文名的也尽量列出）。

1 爱知淑德大学（Aichi Shukutoku University）
文学部图书馆情报学科（Department of LIS）
大学院文学研究科图书馆情报学专攻

2 中央大学（Chuo University）文学部人文社会学系社会情报学专攻

3 关西大学（Kansai University）
综合情报学部社会情报系统系
大学院综合情报学研究科

4 庆应義塾大学（Keio University）文学部/大学院文学研究科图书馆·情报学专攻

5 京都大学（Kyoto University）
大学院教育学研究科图书馆情报学研究室
大学院情报学研究科社会情报学专攻

6 骏河台大学（Surugadai University）大学院文化情报研究科（Graduate School of Cultural Information Resources）文化情报学专攻

7 东京大学（Tokyo University）
教育学部教育行政学科教育行政学专攻（有 LIS 教育方向）
大学院教育学研究科生涯教育计划学科（有 LIS 研究方向）
大学院情报学环·学际情报学府
文学部·大学院人文社会学研究科文化资源学研究专攻（有文献学）

8 东洋大学（Toyo University）社会学部媒体与传播学科

9 筑波大学（Tsukuba University）
图书馆情报专门学群（School of LIS）
大学院图书馆情报媒体研究科（Graduate School of Library, Information & Media Studies）

10 鹤见大学（Tsurumi University）文学部文献学科

简要分析：

（1）从中可以看出，在 10 所大学中，院系或专业名称上出现“图书馆”字眼的只有 4 所大学，且都与“情报”连在一起构成 LIS。出现“情报”字眼的有 8 所大学，其中 3 所用的是“社会情报学”，还有用“综合情报学”、

“文化情报学”、“情报学环”等的。1所大学用的是“媒体”与“传播”，1所大学用的是“文献”。

（2）在日本LIS学科独立为学院的只有筑波大学，独立为系的只有4所。大部分分别被纳入文学部（有4所大学）、教育学部（2所）、社会学部（1所）等。

（3）看来在日本LIS是个不稳定的学科，总在变动。作者调研期间多次查阅骏河台大学的“文化情报研究科”突然变为“现代情报文化研究科”了，下属的“专攻”（专业），原有的“知识情报专攻”没有了，出现了“法情报文化专攻”（上面暂仍用原来的）。筑波大学最近也通告2007年4月起欲将“图书馆情报专门学群”改为“情报学群”（School of Informatics），下设情报科学类、情报媒体创成学类、知识情报·图书馆学类3个系级组织。“图书馆学”的地位更不美妙了。

（4）日本大学自己做的英文简介与日文有较大出入，易被误导。如关西大学的英文介绍中Faculty of Letters（文学部）下设“Department of Library Science”和“Department of Information Processing”，但日文介绍未提这2个系，而是在文学部的“系际课程”（Course of Interdepartment）中“人文情报”部分提到有4位图书馆情报学教授和助理教授提供有关课程。京都大学的英文介绍中提到“School of Education”下的“Division of Lifelong & Continuing Education”又设2个sub－division，一个是“Lifelong Education”，一个是“LIS”，可是日文都未如此介绍。（而且还出现了Graduate School of Education、Faculty of Education和School of Education 3个不同的名称，可又未讲清楚它们之间的关系。）

（5）第3个来源在东京大学下列出了Department of Information Science，但编者自己都认为应属计算机系，他将其列入只是因为其“界限令人困惑”，经查确实应属于计算机领域。东京大学还有Graduate School of Information Science & Technology，下有数理情报学、知能机械情报学、创造情报学、电子情报学、系统情报学等学系，笔者认为都不属于LIS范围。再仔细调查发现其“大学院情报学环·学际情报学府”所设的3个专业方向的共通选修课目中有图书馆情报学、情报经济学、情报政策、情报法学、情报数据库、自然语言处理等，笔者认为比较起来倒可将其列入此范围。

3 教育计划

作为院系必有 program，此字美籍华人学者一般译为“学位科目”，在国内一般译为“计划”，经一再斟酌，决定用“教育计划”。经调研发现，世界各国各大学的 program 真是五花八门，各有千秋。笔者只能从美、英、澳、日中选一些有代表性的案例来说明。

3.1 美国（以下前 9 所院系在 LIS 综合排名中列前 15 位内）

（1）University of Illinois—Urbana-Champaign，Graduate School of LIS

ALA（美国图书馆协会）的《LIS Directory》（LIS 手册）中介绍：

理学硕士（Master of Science）

哲学博士

学校图书馆媒体教育计划

硕士后证书

主要是联机并提供一些面授的必修课程

该校网页中介绍：

理学硕士

生物情报学理学硕士（MS in Bioinformatics）

图书馆情报专家证书教育计划（K-12 Library Information Specialist Certification Program）

高级研究证书（Certificate of Advanced Study，CAS）

数字图书馆 CAS

哲学博士

联机研究生教育

大学本科选修（Undergraduate Minor）

继续教育

在校学者教育计划（Scholars-in-Residence Program）

（2）University of North Carolina—Chapel-Hill，School of Information and Library Science

ALA 的《LIS Directory》中介绍：

图书馆学理学硕士

情报学理学硕士

哲学博士

情报学理学士

学校图书馆媒体教育计划

硕士后证书

远程教育（主要是面授并提供联机选修课程）

该校网页中介绍：

本科教育计划

主修—信息学理学士

选修—信息系统

研究生教育计划

硕士学位

情报学理学硕士

图书馆学理学硕士

与其他院系联合的双学位

专门化证书

哲学博士学位

高级研究证书

研究生选修—LIS 选修

继续教育

远程教育

本地进修（On-Site Workshops）

国际教育计划

网上教育（Web-Based Education）

（3）Syracuse University, School of Information Studies

信息管理与技术理学士

图书馆学硕士

信息资源管理理学硕士（MSC in IRM）

信息资源管理理学硕士：政府专门化（MSC in IRM：Specialization in Government）

通信与网络管理理学硕士（MSC in Communication & Network Management）

信息传递博士学位（Doctorate in Information Transfer）

(4) University of Michigan, School of Information

ALA 的《LIS Directory》中介绍:

情报学理学硕士

哲学博士

学校图书馆媒体教育计划

该校网页中介绍:

档案与记录管理(应是硕士学位—自注)

信息经济、管理与政策(IEMP)(应是硕士学位—自注)

图书馆与信息服务(LIS)包括学校图书馆媒体证书

定制的情报学理学硕士学位(Tailored MSI Degree)

哲学博士

(5) Indiana University, School of LIS

情报学硕士

图书馆学硕士

情报学哲学博士

联合学位教育计划(Joint Degree)

(6) Florida State University, College of Information

信息技术理学士

理学硕士、文学硕士(Master's Degrees: MS & MA)(5 个研究方向:信息构建、青年信息需求、信息政策与管理、信息技术管理、知识管理)

学校图书馆媒体专家证书

专家教育计划(硕士后)[Specialists (Post-Master's)]

法学博士/图书馆与情报学理学硕士联合学位 [Juris Doctor/MS in LIS (Joint Degree)]

哲学博士

博物馆研究证书(Museum Studies Certificate)

(7) Simmons College, Graduate School of LIS

图书馆与情报学理学硕士

文学博士(Doctor of Arts)

档案/历史双学位(理学硕士/文学硕士) [Dual Degrees in Archives/History (MS/MA)]

学校图书馆媒体专家教育计划

硕博连读教育计划（理学硕士/文学博士）（Double Degree Program: Master of Science/Doctor of Arts）

(8) State University of New York—Albany, School of Information Science & Policy

文学士/图书馆学硕士或理学士/图书馆学硕士教育计划（Combined BA/MLS or BS/MLS Program）

图书馆学硕士

情报学理学硕士

情报科学与政策高级研究证书

文学硕士/图书馆学硕士双学位教育计划（MA/MLS Dual Degrees Program）

情报学哲学博士

(9) University of North Texas, School of Library and Information Sciences

图书馆与情报学理学士

图书馆与情报学理学硕士

与历史系联合的硕士学位（Joint Masters Degree in association with the Department of History）

情报科学交叉学科哲学博士教育计划（Interdisciplinary PhD Program in Information Science）

(10) Catholic University of America, School of LIS

图书馆学理学硕士

联合学位教育计划（Joint Degree Programs）如文学硕士（历史、英语、宗教研究、音乐学）/MSLS 联合学位教育计划、理学硕士（生物）/MSLS 联合学位教育计划等

硕士后研究和证书班（Postmaster's Study & Certificate）

(11) Emporia State University, School of Library & Information Management

图书馆学硕士

图书馆与信息管理哲学博士（PhD in LIM）

(12) Louisiana State University, School of LIS

图书馆与情报学硕士

图书馆与情报学高级研究证书班
学校图书馆证书
图书馆与情报学/系统科学联合学位
档案学家双学位（Archivists Dual Degree）
远程教育

简要分析

（1）美国 LIS 院系的教育计划在美国图书馆协会的《ALA 手册》中都是按规范的项目列出的，各校在网上的介绍则较详细。

（2）美国 LIS 院系的教育计划主流仍是：
理学士、文学士；
理学硕士、文学硕士；还有图书馆学硕士、情报学理学硕士等；
哲学博士；还有文学博士、信息传递博士等。

（3）但还有其他学位教育计划，如学硕连读、硕博连读、硕士后研究、双学位、合作学位教育计划、校外学位教育计划等。

（4）一般都有继续教育计划，如高级研究证书、硕士后研究、在校学者教育计划等，结束后获证书或文凭。

（5）一般都有全日制、PT（部分时间、业余）制。

（6）一般都有远程教育计划。

（7）图书馆学、情报学、档案学整合化趋势很明显。
后面还有专门调研部分。

3.2 英国

（1）Loughborough University, Department of Information Science
图书馆与信息管理（文学士，荣誉）（全日）
信息管理与计算（理学士，荣誉）（全日）
信息管理与商业研究（理学士，荣誉）（全日）
信息与图书馆管理（文学硕士/理学硕士）
信息与知识管理（理学硕士）
电子出版（理学硕士）

（2）Northumbria University, Division of Information & Communication Studies
信息与通信管理（理学士—荣誉）（全日、部分时间）
图书馆管理（文学硕士/理学硕士，全日、部分时间或远程学习）

记录管理（理学士，远程学习）

情报研究（文学硕士/理学硕士）（后经验课程—post experience course）

国际信息研究（文学硕士/理学硕士，远程学习）（后经验课程）

web 信息管理（理学硕士，远程学习）

(3) The Robert Gordon University, Department of Information Management

信息管理（文学士，荣誉）（部分时间）

情报与图书馆学（文学士，荣誉）（全日）

电子信息管理（研究生文凭/理学硕士）（全日、部分时间，还有远程学习）

信息分析（研究生文凭/理学硕士）（全日、部分时间，还有远程学习）

情报与图书馆研究（研究生文凭/理学硕士）（全日、部分时间，还有远程学习）

知识管理（研究生文凭/理学硕士）（部分时间）

(4) University of Brighton , School of Information Management

图书馆与情报学（文学士，荣誉）

信息管理（文学士，荣誉）

通信与媒体研究（文学士，荣誉）

通信与数字媒体（文学士，荣誉）

情报研究（文学硕士）（研究生证书，研究生文凭）

信息与通信（文学硕士）（研究生证书，研究生文凭）

信息与媒体研究（哲学博士，哲学硕士）

(5) University of Sheffield, Department of Information Studies

情报学（理学士）

图书馆学（文学硕士）

信息管理（理学硕士）

信息系统（理学硕士）

图书馆与信息管理（文学硕士/研究生文凭）

化学情报学（理学硕士）

卫生情报学（理学硕士/研究生文凭）

信息技术管理学（理学硕士/研究生文凭）

哲学硕士

哲学博士

(6) University of Strathclyde, Department of Computer & Information Sciences

信息管理（理学士/研究生文凭）

情报与图书馆研究（理学硕士/研究生文凭）

计算机与 Internet 技术（理学硕士/研究生文凭）

数字图书馆（理学硕士/研究生文凭）

(7) University of Wales, Department of Information Studies

情报与图书馆学（经济学理学士，荣誉，还有远程学习）

信息管理（经济学理学士，荣誉）

历史与档案研究（文学士，荣誉）

信息系统管理（经济学理学士，荣誉）

情报与图书馆研究（经济学理学硕士/文凭，还有远程学习）

档案管理（经济学理学硕士/文凭，还有远程学习）

记录管理（经济学理学硕士/文凭，还有远程学习）

信息系统（经济学理学硕士）

信息管理（经济学理学硕士/文凭）

哲学硕士（全日、部分时间）

哲学博士（全日、部分时间）

卫生信息管理（经济学理学硕士/文凭，远程学习）

图书馆与信息服务管理（经济学理学硕士/文凭，远程学习）

简要分析

(1) 概括地说，英国大部分 LIS 院系提供本科与硕士学位教育计划，少数只提供硕士学位教育计划，1 所只提供本科教育计划。

(2) 图书馆学一般是文学硕士，情报研究一般是理学硕士。

(3) 一般学校除提供课程学位外，还提供研究学位—哲学硕士和哲学博士。通过哲学硕士教育获得哲学硕士学位者才可读哲学博士学位。

(4) 可以明显看出，各校都鼓励跨学科选择专业课程，鼓励同时选修两门学科，如数学与媒体研究。

(5) 图书馆学、情报学、档案学教育整合化的趋势也是显而易见的。

3.3 澳大利亚

澳大利亚图书馆与情报协会（ALIA）认可的 11 个院系和图书馆学教育计

划分布在10所大学中，因数量不多，这里都予介绍。

（1）Charles Darwin University, Faculty of Law, Business and Arts

信息与知识管理（研究生文凭）

（2）Charles Sturt University, School of Information Studies（见后课程设置部分）

（3）Curtin University of Technology, Department of Media and Information

图书馆学和公司信息管理（文学士）

情报与图书馆研究（研究生文凭）

信息管理硕士（图书馆学）

在该系上属的情报研究学院的网上介绍中则较详细，除上述3种经ALIA认可的计划外，其他的都是相近相邻的计划，为便于大家了解，这里将其作为一例列出：

本科教育计划

　　图书馆学和公司信息管理（文学士）

研究生证书

　　情报与图书馆研究（研究生证书）

　　知识管理（研究生证书）

　　记录管理（研究生证书）

研究生文凭

　　情报与图书馆研究（研究生文凭）

　　记录管理与档案（研究生文凭）

课程硕士

　　信息管理硕士（这里未出现 librarianship 字眼）

研究学位

　　硕士研究

　　博士研究

（4）Edith Cowan University, School of Computer and Information Science

通信与信息技术（理学士）/图书馆技术（理学士）

信息服务（理学研究生文凭—Graduate Diploma of Science）

信息服务硕士

（5）Monash University, Faculty of Information Technology

信息管理与系统（硕士）

信息与知识管理（研究生文凭）

（6）Queensland University of Technology, School of Information Systems

信息管理（硕士）

（7）Queensland University of Technology, School of Cultural & Language Studies in Education

学习创新硕士（Master of Learning Innovation—Teacher Librarianship）

（8）Royal Melbourne Institute of Technology, School of Business Information Technology

信息与知识管理（商学士）

信息管理（研究生文凭）

信息技术（商学硕士）—信息管理小组

（9）University of South Australia, School of Communication, Information and New Media

情报研究（研究生文凭）

（10）University of Tasmania, School of Information Systems

信息管理（研究生文凭）

（11）University of Technology, Sydney, Faculty of Humanitics and Social Sciences

信息管理（研究生文凭）

知识管理（研究生文凭）

信息与知识管理（文学硕士）

上面已提到，新南威尔士大学信息系统、技术与管理学院现在改向澳大利亚计算机学会（Australian Computer Society）申请认可了，为了对这个刚刚离开 LIS 领域的老“同道”有所了解，这里也将其教育计划列出供参阅。

University of New South Wales, School of Information Systems, Technology & Management

本科教育计划：（——2004）

信息系统（商学士）

信息系统与管理（商学士）（合作教育计划）

信息系统（理学士）

商业信息技术（理学士）（合作教育计划）

荣誉教育计划

研究生教育计划（——2006）

信息系统（信息系统硕士）

信息系统（商学硕士）

信息管理（商学硕士）

研究生研究计划

哲学博士（信息系统、信息技术、信息管理 3 个领域）

哲学硕士（信息系统、信息技术、信息管理 3 个领域）

简要分析

（1）一般主要都有文、理学士学位、文、理硕士学位（课程硕士或研究硕士）教育计划，但不少在学士、硕士前加上其他学科专业名称，如商学士、教育硕士、商业硕士（Master of Commerce）、商务硕士（Master of Business）、信息管理硕士、学习创新硕士等。

（2）有些还有哲学博士学位和专业博士学位教育计划，但 ALIA 认可名单中无博士教育计划。

（3）一般都有文凭、证书教育计划。澳大利亚 13 所大学经 ALIA 认可的图书馆技术员课程（ALIA-Recognised Library Technician Courses）都提供 Diploma of Library and Information Services（图书馆与信息服务文凭），作为图书馆技术员准入资格证书。

（4）学习形式也分全日制和业余学习制。

（5）有的经 ALIA 认可的教育计划如 Queensland University of Technology 的学习创新硕士教育计划看似不属于 LIS 范围，但因属于教师图书馆学（teacher librarianship），且经 ALIA 认可，故被列入。可以说这本身就是一种创新吧！

（6）有些 ALIA 2006 年认可名单中未列入的大学，如 University of New South Wales，也有信息管理类的学士、硕士、博士教育计划，但该校现未再申请 ALIA 认可，而是随着信息科技与系统一起向计算机学会申请认可。

3.4 日本

（1）关西大学

综合情报学部

学士—综合情报

大学院综合情报学研究科

博士课程前期课程（修士课程）

社会情报学专攻

知识情报学专攻

博士课程后期课程

综合情报学专攻

（2）骏河台大学

大学院现代情报文化研究科

文化情报学专攻

文本管理

映像音响情报

图书馆管理

观光情报管理

法情报文学专攻

文化情报学部

文化情报学科

观光情报

图书馆情报媒体

艺术与档案

媒体情报学科

映像音响媒体

情报设计

都有研究生教育计划和证书教育计划。

（3）筑波大学图书馆情报专门学群：

学士—图书馆情报管理

图书馆情报处理

大学院图书馆媒体研究科

情报媒体社会

情报媒体管理

情报媒体系统

情报媒体开发

博士课程前期课程（2年），博士课程后期课程（3年）。

简要分析

（1）未查到有关全国性认可LIS教育计划的资料。

（2）各校的介绍都较简略。一般也都是设学士、博士课程前期课程即硕士学位、博士课程后期课程即博士学位的教育计划。

（3）看来一般都是分两大块，一块是大学本科攻学士学位，一块是研究科，攻硕士、博士学位。

（4）这里都按日本的做法称information为情报。

4 课程设置

课程设置与学校的教育计划密不可分，这里只能从美、英、澳、日4国中各选一有代表性的，学士生（本科生）、硕士生、博士生教育齐全的学校做较详细的调研。

4.1 美国

美国Rutgers新泽西州立大学是1766年成立的，现在是美国最大的州立大学之一，拥有34 000多名本科生，13 000多名研究生。其Communication，Information & Library Studies（CILS）学院是美国位于前10名的LIS学院。

其教育计划有：

本科：传播、IT与情报学、新闻学与媒体

研究生：MCIS（传播与情报研究硕士）、MLIS（LIS硕士）、PhD

继续教育：专业发展研究（pd Studies）

本科教育：如前面所述，美国高校LIS以研究生教育为主，有些有undergraduate教育的也是为研究生教育做准备的短期教育。这里介绍一下与LIS相近的信息技术与情报学的本科教育概况。在一年级或二年级先学2门必修课：IT与情报学、传播、信息系统与处理导论或媒体系统与处理导论，然后学4门必修课：社会情报学、计算机概念导论、面向对象的程序设计、技术组织管理。选修课有：电子信息检索与评估、人机交互、IT在研究中的应用、电子环境中的领导、web设计、信息可视化、数据库技术、网络与互联网技术、性别与技术、信息政策、政治与权力、电子商务、IT经济学、高级程序设计、IT与学习、实习、独立研究、专题（special topics，无说明）。

硕士（Master of LIS）学位教育：围绕6个主题组织课程，每个主题都有1门“打头课”、“主打课”（lead course）、2门以上的中心课（central course）和若干门专业课（specialization course）。学生在导师指导下根据兴趣和职业制定学习计划。要获得MLIS学位必须修完12门课取得36个学分。

人机交互：主打课　人的信息行为
　　中心课　研究方法、以用户为中心的信息服务与系统设计
　　专业课　界面设计，信息、媒体与课程，口头讲述传统，青少年服务，延伸服务设计，用户指导

信息组织：主打课　信息组织
　　中心课　用于信息检索的知识表现（knowledge representation）、编目与分类、为信息展示与发现（display and discovery）的分类
　　专业课　未提供

信息存取：主打课　查寻原理
　　中心课　查寻策略、参考源与服务
　　专业课　藏书发展与管理、专著与档案、记录管理、竞争情报、政府信息资源、科技信息资源、商业与经济信息资源、人文与社科信息资源（很快将分为两门课）、卫生服务信息资源、法律信息资源、儿童资料、青年资料、成人阅读兴趣

信息系统：主打课　用于图书馆和情报机构的IT
　　中心课　信息检索、自动与网络系统、数字图书馆
　　专业课　信息可视化与表现、多媒体生产、图书馆与档案馆资料保存、数据库、设计与管理、网络信息、管理信息系统

管理：　主打课　图书馆与情报中心管理
　　中心课　领导理论与实践、组织中的知识管理
　　专业课　图书馆与情报机构的财务管理、教育媒体中心管理、媒体中心管理、信息经济学

信息与社会：主打课　知识结构与信息职业
　　中心课　社会情报学、信息政策

专业课 儿童图画书中的性别与文化、个人学习、实地经验

必修的非学分课有：让学生入学时必须了解的“图书馆与信息职业导论”、让学生至少参加3次请来的专家关于“图书馆与情报研究”的学术报告。

博士学位教育：该CILS学院2005年有48位教师和108名在学学生。

研究领域有3个：传播过程、图书馆与情报研究和媒体研究。这里重点介绍图书馆与情报研究。

学生必须在导师的指导下（1）完成6门核心必修课：博士论坛、信息与传播过程、研究基础、定性研究方法、定量研究方法、近期研究论题、研究实习（独立学习）。除博士论坛为0学分外，各为3学分，共18学分。另外，在学习定量研究方法一门课之前需先学习统计学（3学分，但不计入）。（2）完成本学科两个方面的课程学习：①图书馆与情报研究方面：必修课2门，包括情报研究研讨（Seminar in Information Studies）、人的信息行为，各3学分，还从下面4门课中选2门：信息检索理论、用于信息检索的知识表现、信息系统的实验与评估、信息政策与技术，各3学分。以上至少取得12学分。②侧重于图书馆学的课程，从3门课中选2门：信息政策与技术、信息组织管理的高级概念、图书馆学中的理论与问题，各3学分。从中至少取得6学分。这两个方面共18学分。（3）学位论文，24学分。（4）硕士课程最多24个学分（可在其他院校取得）。以上共计84学分，可在注册入学7年内完成。

简要分析

（1）不仅Rutgers大学，一般都设有必修课、选修课，都采用学分制。

（2）本科教育除必修课、选修课外，还有实习、独立研究、专题，各占3学分。硕士教育除修完若干门课取得必需的学分外，还有必修的非学分课，包括入学时的导论课、参加若干次专家学术报告会等。博士教育包括通过核心必修课、专业课程、学位论文，加上硕士阶段的必需学分达到所要求的学分才可获得博士学位。

（3）美国LIS教育以硕士学位教育为主，其硕士学位教育基本上是为学生今后从事LIS职业提供坚实的基础，因此如Rutgers大学的硕士学位教育围绕6个实用性很强的主题组织课程，学生入学时还必须学习“图书馆与信息

职业导论”等，都是因为目标明确，针对性就强。

(4) 其博士教育可在注册入学7年内完成，这反映了它们的务实精神，因为博士生一般都是在职学习，为保证质量就根据个人的不同情况灵活地确定学习的时间。

4.2 英国

英国Sheffield大学的历史可回溯到1828年，它是英国最主要的大学之一，是许多学科的世界级研究中心，是教学评估分最高者之一，现有来自116个国家和地区的25 000名学生，教职工约有6 000人。其情报研究（Information Studies）系的前身是1963年建立的图书馆学研究生院（Postgraduate School of Librarianship），它现是英国同类院系中的佼佼者之一，尤以研究闻名于世，其教学质量也被评为优秀，从而吸引了大量资助。其教育计划有：

本科学位教育计划

理学士　　信息管理

文学士　　会计与财务管理/信息管理

文学士　　商务管理/信息管理

职业准备研究生教育计划

文学硕士　图书馆学

理学硕士　信息管理

理学硕士　信息系统

理学硕士　化学情报学

职业发展研究生教育计划

文学硕士/研究生文凭/研究生证书　图书馆学

理学硕士/研究生文凭/研究生证书　信息管理

理学硕士/研究生文凭/研究生证书　信息系统

理学硕士/研究生文凭/研究生证书　化学情报学

通过研究获得的哲学硕士、哲学博士学位

其理学士即本科信息管理教育：3学年制，360学分，平均每年120学分。如2005级：

第1学年核心单元为3门课各20学分共60学分：信息管理概论、组织中的信息与传播网络、信息素质。另60学分为非限定单元即自选单元，可从校内其他院系选修课程，如对外语感兴趣，可从学校的现代化语言教学中心提供的法语、德语、西班牙语、意大利语等选修。

第2学年核心单元为4门课各20学分共80学分：学习组织中的信息管理、信息查寻与检索（Information Searching and Retrieval）、数据库设计、信息系统建模。

第3学年核心单元为为4门课各20学分共80学分：项目方法与准备（Project Methods & Preperation）、信息管理项目、信息管理与战略、信息系统与信息社会。

第2或第3学年规定的单元为40学分，可从下列课程中选修2门：商务信息、数字多媒体、数字经济中的信息管理、可用网站设计（Designing Usable Websites）、卫生保健信息（Healthcare Information）。

第3学年自选单元为40学分，如还可从规定的课中选，或进一步提高某门外语。

硕士学位教育：为了与信息管理理学士教育做比较，这里也介绍一下信息管理理学硕士教育的概况：120学分的核心单元包括组织中的信息管理、信息查寻与检索、信息系统建模、组织管理与信息系统、研究方法与学位论文准备，各15学分，加上学位论文45学分。还需从下列经认可的单元中选读60学分：信息系统项目管理、电子企业与电子商务、电子政务信息、教育情报学、青少年图书馆服务、信息素质研究、商务信息、数据库设计、信息存储与检索、人力资源管理、公共图书馆、高校图书馆、卫生保健信息、人机交互与用户界面设计、电子出版，各15学分。两块总共180学分。

为便于大家了解图书馆学硕士教育的情况，也对其图书馆学文学硕士（MA Librarianship）做一简介：135学分的核心单元包括信息查寻与检索，管理概念，人力资源管理，图书馆、信息与社会，信息资源与信息素质，研究方法与学位论文准备，各15学分，共90学分，加上学位论文45学分。还需从经认可的单元中选读15学分：青少年图书馆服务、公共图书馆、高校与研究图书馆，各15学分。然后还得从下列经认可的单元中选读30学分：基本上与上述信息管理理学硕士的认可单元相同，只是没有信息系统项目管理，另外人力资源管理已作为核心单元的内容，这里就不出现了。

博士学位教育：该校哲学博士学位是通过研究获得的。该系设立了两个研究组：计算综合情报研究组（Computational Informatics Research Group）和图书馆与信息管理研究组（Lib & Information Management Research Group）。前者下面又分化学情报学、信息检索、信息系统与数据库3个小组；后者下面目前又分图书馆管理与公共政策、教育综合情报学、卫生综合情报学3个小组。2005年这两个小组都提供Mphil（哲学硕士）和PhD（哲学博士）学位，分别有25个和16个研究项目。目前有30多名学生，来自英国和10余个国家与地区（中国台湾），还有不少访问学者。

简要分析

（1）本科课程包括核心单元必修课和选修课，如Sheffield大学情报研究系第一学年有3门必修课60学分，还有自选课60学分可从校内其他院系选修，如从现代语言教学中心选修外语。

（2）硕士课程也包括必修课、选修课，还需做学位论文。硕士课程中都设有研究方法和论文准备课。

（3）博士学位教育是通过研究获得的，为哲学博士学位。

4.3 澳大利亚

澳大利亚Charles Sturt大学是澳大利亚最大的公立大学之一、已有100多年教育经验的资深大学之一。在4个校区学习或通过远程教育学习的学生有36 000多名。该校是澳大利亚最大的远程教育提供者。曾被评为全澳最佳大学。该校的Information Studies学院有3个专业，其学位教育情况如下：

教师图书馆学（Teacher Librarianship）已有20余年学位教育经验，1982年起全为远程教育方式。

课程硕士：教育硕士（TL）、应用科学硕士（TL）

研究生证书：应用科学研究生证书（信息素质）、应用科学研究生证书（教师图书馆学）

研究生文凭：教育研究生文凭（TL）

研究生学位：哲学硕士、哲学博士

图书馆与信息管理　已有30年学位教育经验，1980年起全为远程教育方式。

学士：应用科学学士（图书馆与信息管理）

应用科学学士（图书馆与信息管理）香港教育计划

文学士（图书馆与情报学）毛里求斯教育计划

课程硕士：应用科学硕士（Library & Information Management）、信息构建硕士（Information Architecture）

研究生证书：信息素质、视听档案管理、图书馆学/信息管理

研究生文凭：应用科学研究生文凭（Library & Information Management）、信息构建研究生文凭

研究学位：哲学硕士、哲学博士、信息管理博士

IT（信息技术）

学士：IT 学士、商务学士/IT 学士、IT 学士（荣誉）

研究生文凭：应用科学研究生文凭（IT）、IT 研究生文凭

课程硕士：IT 硕士、信息系统安全硕士、系统开发硕士、信息系统硕士、网络与系统管理硕士

现在以其图书馆与信息管理专业的文学士（LIS）为例介绍其本科教育。目前它是与毛里求斯大学合作提供文学士（LIS）教育。已在毛大修完 88 学分，包括 5 门图书馆学必修课、3 门图书馆学选修课和 3 门非图书馆学主修课，获得毛大情报与图书馆研究文凭（Dip. in Information & Library Studies）的，通过远程教育方式再在 Charles Sturt 大学完成 6 门图书馆学必修主课、1 门图书馆学选修课和 3 门实践课，然后在毛大修完 5 门非图书馆学主修课，再获得 104 学分，即总共完成 192 学分才可获得两校共同颁发的 LIS 文学士学位。

一般学习期限为业余学习 3 年，6 个学期。第 1 学期（7~11 月）现代图书馆管理，第 2 学期（1~6 月）信息查找，第 3 学期（7~11 月）信息社会，第 4 学期（1~6 月）信息资源提供，第 5 学期（7~11 月）图书馆中的 IT，第 6 学期（1~6 月）图书馆绩效评估。

图书馆学选修课有图书馆管理问题、信息资源保存、高级信息检索、信息高速公路、研究与评价和教师图书馆工作导论。非图书馆学主修课包括 IT 导论、交流技巧、了解社会、印度洋研究导论和工作场所心理学。实践课包括专业学习参访（至少 3 个图书馆，2 学分）、2 周专业定岗实习（4 学分）、至少 30 小时的专业活动（学术会议、研讨会、研习班等，2 学分）。

另外，每学年初和最后 1 年的 1 月由 Charles Sturt 大学的教师在毛大举办 5 天的学习会，介绍学校、学院、课程、远程教育等与学习有关的情况，以及

即将开讲的两门课的情况。

现以其应用科学硕士（Library & Information Management）为例介绍其硕士教育。凡取得任何学科的学士学位或同等学历者均可接受硕士教育。该应用科学硕士教育包括两个阶段，可通过3~6年业余学习完成。第1阶段2年（4学期）64学分，完成后可获得应用科学研究生文凭（Library & Information Management）。第2阶段1年（2学期）32学分，读完这3年（6个学期）共96学分者可获得应用科学硕士（Library & Information Management）学位。全为远程教育。

第1阶段：第1学期（秋季）信息内容查找、信息社会导论、专业学习参访，第2学期（春季）信息资源著录与分析、信息资源提供、专业学习参访，第3学期（秋季）情报机构管理、专业经验、1门选修课，第4学期（春季）联机信息环境、专业经验、1门选修课。

规定的选修课有：

秋季学期：信息素质、信息组织、图书馆员研究评估（Research Evaluation for Librarians）、数据库管理系统、信息高速公路。

春季学期：信息源与服务、图书馆中的IT、近期关于图书馆有效管理的论题（Current Topics in Effective Library Management）、出版与发行、绩效评估、公共图书馆中的青少年服务、高级信息检索、青少年文学趋势、信息高速公路。

选择在此结束学业者可获得应用科学（Library & Information Management）研究生文凭。

第2阶段：第5学期2门选修课，第6学期情报研究阅读、1门选修课。

规定的选修课有：

秋季学期：图书馆员研究评估、战略信息管理、信息人员管理、工商业信息服务

春季学期：绩效评估、高级信息检索、青少年文学趋势、电信管理。

博士学位教育：其哲学博士学位教育目前主要有4个研究方向：IT、信息管理、图书馆学、教师图书馆学（Teacher Librarianship）。在澳大利亚国内需全日学习3年，在国外需通过远程教育学习6年，学习方式包括课程学习、

研究和做学位论文。网页上未列出具体课程。

这里愿特地提供这样一种最新进展：该校认为本学科从业者一般都不大愿意通过3年全日学习研究获取哲学博士学位，而欢迎通过部分时间的学习研究获取职业博士学位（professional doctorate），而2005年7月以前，澳大利亚在图书馆学、信息管理和相关领域如记录管理、档案管理等，都没有提供职业博士学位教育。为此Charles Sturt大学从2005年7月起提供一个新的博士学位教育—信息管理博士（Doctor of Information Management）教育。需通过远程教育学习4门必修课—情报科学的调研方法（Methods of Enquiry in the Information Sciences）、情报科学高级研究项目管理（Advanced Research Project Management in the Information Sciences）、项目建议情报科学（Project Proposal Information Sciences）和情报科学的职业展望（Professional Perspectives in the Information Sciences），各16学分，共64学分。需进行应用研究，最终写出学位论文或专业代表作（professional portfolio），获取128学分。学研期限为6年（部分时间）。

简要分析

（1）这里是以澳大利亚Charles Sturt大学Information Studies系为案例介绍的。其本科教育包括必修课、选修课和实践课。实践课包括专业学习参访（至少3个图书馆，2学分）、2周专业定岗实习（4学分）和至少30小时的专业活动（学术会议、研讨会、研习班等，2学分）。这说明他们是很重视书本知识与实践知识相结合的。

（2）硕士学位教育分为两个阶段，第一阶段课程学习除全日制外，还可通过3~6年业余时间完成，完成后可获研究生文凭，第二阶段1年，为做论文阶段，完成后可获硕士学位。从中可看出一是学习时间的灵活性，二是文凭的灵活性，都体现了求实、务实的精神。

（3）博士学位教育在国内全日学习需3年，业余学习6年。学习方式包括课程学习、研究和做学位论文。他们提出的职业博士学位教育是对哲学博士学位教育的补充，因为他们认为LIS学科是应用性强的学科，提供职业博士学位教育更符合从业者的需要和职业的需要。

4.4　日本

日本庆应義塾大学是1858年建立的历史最悠久的私立大学，一直保持着一流的教学和研究水平，与早稻田大学并称为日本的“私学双雄”。其文学部在美国图书馆学会和洛克菲勒基金会的支持下于1951年设立的图书馆学院被认为是日本第一所正式的图书馆学院。1967年设置了日本第一个图书馆学硕士学位教育，1975年设置了日本第一个图书馆学博士学位教育。现在其图书馆·情报学专攻的课程设置情况大致如下：

本科教育：其专业课程在第2年开始，结构为：

（1）必修课：第2学年由该系提供，包括图书馆·情报学研究（LIS research）、研讨：图书馆·情报学、毕业论文，共22学分。

（2）指定的选修课：①上述3门主课每一课的必修课。②每一门主课的选修课，共26学分。

（3）选修课：其他院系提供的专业课，共24学分。

具体地说，第2学年所有学生必须研修以下作为LIS基础的必修课：LIS基础、情报服务：基础1 & 2、情报媒体：基础1 & 2、情报检索：基础1 & 2、原文教科书（英文教科书）阅读。

第3学年每个学生从3门主课中选定一门，学习此门主课的必修课：

（1）图书馆课（library course）：图书馆学概论、图书馆管理、交流史、图书馆资料、记录资料组织、参考服务、图书馆工作实习、图书馆管理与服务1~4。

（2）情报媒体课：情报媒体导论1 & 2、情报认识论基础（Basics of Epistemology of Information）、情报媒体结构与分析1 & 2、情报媒体专门课1~4。

（3）情报检索课：情报检索导论1 & 2、情报检索系统、情报查找行为、IT、数据库查找、情报检索研究、自然语言处理基础、图像处理基础。

其他选修课：儿童图书馆资料、书目1 & 2。以上每门课都有简介，这里可简要介绍一下书目1和书目2的内容，前者为中日文古籍的分析、著录与保管（Analysis, description & preservation of Japanese & Chinese classical books），后者为西文图书的分析与评论书目（Analytical & critical bibliography of western books）。

硕士学位教育：学制为2年，完成课时达到至少32学分，并提交硕士学位论文者方可获得硕士学位。课程由情报系统、情报媒体和情报检索与处理3个主要单元组成。

具体包括：情报科学技术：高级1~4；情报科学技术：研讨，1 & 2；情报媒体：高级，1~4；情报媒体：高级，研讨，1 & 2（Information Media，Advanced，Seminar，1&2）；情报检索：高级，1-4；情报检索：高级，研讨，1 & 2；情报系统：高级，1~4；情报系统：高级，研讨，1 & 2；研究方法1 & 2；情报结构1 & 2。

哲学博士学位教育：学制为3年，在导师指导下完成课时每年至少达到4学分，并按时完成学位论文者，方可获得PhD学位。课程有：情报科学专门研究，1~4；情报媒体专门研究，1~4；情报检索专门研究，1~4；情报系统专门研究1~4。有意思的是情报科学专门研究是指导学生研究情报科学（information science）方面的专题。情报系统专门研究则是指导学生研究图书馆学（library science）方面的专题。

简要分析

（1）日本的LIS教育以庆应義塾大学为例，本科从第2学年开始的专业课程由必修课、指定的选修课和选修课3部分组成。必修课包括LIS研究、LIS研讨和毕业论文3大块。这3大块都是基于LIS的根基的，包括LIS基础、情报服务、情报媒体和情报检索，这些显然都是所有LIS从业者所必须具备的基础知识。英文教科书阅读也作为必修课是很明智的，好处很多。第3学年开始等于要选主攻方向了，从图书馆、情报媒体、情报检索3个专业方向中选定1个，侧重学习此专业方向的必修课。选修课也是必须学习的，因有24个学分，此类课等于拓宽知识面和增加技能。

（2）以庆应義塾大学为例的硕士教育同其他国家一样，也是包括课程和论文两大部分。其2005年的硕士课程由情报系统、情报媒体、情报检索与处理3个单元组成，与本科不同之处是都加上了“高级”，更加深化了。

（3）以庆应義塾大学为例的博士教育也包括课程和论文两大部分。其课程还是围绕情报系统、情报媒体和情报检索，但已属于博士生层次的“专门研究”，更加专深了。

5 结语：简要归纳与思考

5.1 学科领域

美国LIS教育协会发布的LIS研究领域分类表包括的8大领域90个主题，可被视为本事业/学科的专门研究领域，据此可大体确定本学科建设范围和事业建设范围。这个领域是我们特有的，不可被替代的，也是“永生不灭”——只要有人类存在、社会存在，我们这个领域就是不可或缺的，绝不能少的。因此我们这个领域是大有用武之地的，足够一切有识之士纵横驰骋了。因此到别的领域“移民”或让这个领域“殖民地化”都是缺乏远见的。

5.2 职业教育

从上条也可确定，LIS 是一门实践性、应用性很强的学科，国外 LIS 教育的培养目标非常明确，主要就是培养技术、技能型应用人才，即处理各种资讯、资料、数据、记录的技术人才和管理人才，想方设法让学生多掌握各种有关技能和相关知识，而不是以理论研究为主的学术型人才。许多大学就是以培养出大批优秀的高层次的 LIS 技能型人才而受到社会欢迎和重视的。说 LIS 教育主要是职业教育丝毫无损它在学科之林中的重要地位。因此，写论文（包括学位论文）追求大、玄、空不是应有的方向。

5.3 院系名称

国外向 LIS 认可机构申请认可兴办 LIS 教育的大学院系，在名称上全由学校自主决定，因此情况很不一样。总的来说：

①美国全部 49 所 LIS 院系名称中，37 所仍有 library 字眼，占 75.5%；既有 library 也有 information 字眼的共 36 所，占 73.4%，都超过三分之二。已无 library 字眼的有 12 所，占 24.5%。上属机构五花八门，包括教育、人文、社会、科学、自然科学、通信、计算机科学等学院。

②英国 17 所 LIS 院系名称中，只有 1 所有 library 字眼，其余 16 所已全无 library 字眼，但都有 information 字眼。名称相同的是信息管理、情报科学、情报研究，各有 3 所。信息与计算或计算机组合的有 3 所，与通信组合的有 2 所。上属机构有商务与法律、计算机、工程技术、科学等学院。

③澳大利亚 11 个 LIS 院系名称中已全无 library 字眼，而都有 information 字眼。只有 2 所名称一样——information systems。除 1 所是情报研究外，都是信息与管理、媒体、技术、计算机、通信、商务等融合的名称。上属机构也是包括人文社科、教育、商务、信息技术、科学等学院。

④日本 10 所 LIS 院系名称中，有“情报”字眼的有 8 所，1 所用的是“媒体与传播”，1 所用的是“文献”。有“图书馆”字眼的只有 4 所，且都与“情报”连在一起，构成 LIS。独立为学院的只 1 所。大部分被纳入文学部、教育学部、社会学部。

● 看来院系名称可自主确定，但最好选择能体现本学科基本特性、自己的特色和能彰显未来的名称，因为不管怎么说，从整体来看，从名称中也可看出一些发展趋势的。

● 在本课题报告中列出的英国7所主要院系，虽名称中已全无library字眼，但都有图书馆学、图书馆管理方面的教育计划。其他国家也大体如此。看来保住学科和有关教育计划比院系名称更重要，但在这里更愿说，保住总的LIS学科领域比其中一个学科更重要，而保住LIS学科领域不一定体现在保住目前的图书馆、情报与档案管理名称上。当今我国LIS领域的精英们能不能一起考虑一个能反映本学科基本特性的一级学科名称？有了一级学科保住二级学科就问题不大了。

5.4 教育计划

这里愿再归纳一下国外LIS教育计划的一般情况：

①学位教育计划

本科教育计划（如理学士、文学士、信息系统与管理商学士、商业信息系统理学士等）

研究生教育计划（如图书馆学硕士、情报学理学硕士、IRM理学硕士、IRM理学硕士：政府专门化、信息管理商学硕士等）

研究生研究计划（哲学硕士、哲学博士）。

②其他学位教育计划

学硕连读、硕博士连读、双学位、合作学位教育计划、校外学位教育计划等。

③继续教育计划

高级研究证书、硕士后研究、在校学生教育计划、访问学者等。

④远程教育计划

给人印象较深的是：

● 大学有关院系的教育计划只要自认属于LIS学科范围，向LIS认可机构（如ALA、CILIP、ALIA等）申请，经审议认可，即可启动LIS教育计划。如自愿转向，可向其他有关学协会申请认可，如澳大利亚University of New South Wales的信息系统、技术与管理学院2005年还申请ALIA认可，2006年即转向计算机学会申请认可了。

● 都有全日制和PT（部分时间、业余）制。业余进修博士学位可长达

7年。

● 图书馆学、情报学、档案学整合化趋势很明显。

● 有的学校根据社会需求——许多从业者不愿或缺乏条件通过3年全日制学习研究获PhD学位，而欢迎通过6年PT获职业博士学位（professional doctorate），开始提供职业博士学位教育，学生最终通过应有研究写出学位论文或专业代表作（professional portfolio）。

● 从中可看出课外LIS教育计划的特点是：多样、灵活、务实。从整体看齐全，从个体看灵活，充分体现了务实的个性化和人文精神。僵化的教育计划是不可取，也不受欢迎的。

5.5 学位教育

这里愿专门强调一下，国外不是只有学位教育。许多人根据自己的实际情况选择PT读2年硕士课程后获研究生文凭或专家证书，而不再做理论研究做学位论文获取硕士学位。许多已获硕士学位者根据自己的实际情况，或是选择PT读2年博士课程后获硕士后文凭或专家证书，而不再做理论研究做学位论文获博士学位，或是为迎接新的挑战而深入研修某一领域的新知——如DL、KM、IA等，结束后获专家或高级研究证书。这些都是职业准入性质的，都能得到用人单位的认可。这样做可以说是为多数人提供了进修机会，因为通过研究和做学位论文获取PhD或其他博士学位的，终归是少数。另外，有的做理论研究是勉强而为的，不太令人信服，不如拿个专家证书硬气。

5.6 课程设置

归纳一下国外LIS课程设置大致的情况是：

①本科教育——必修课、选修课（指定的、自选的）、实践课（专业学习参访——至少3个图书馆、专业定岗实习——2周、专业活动——包括学术会议、研讨会、研习班等，至少30小时）。

②硕士教育——必修课、必修非学分课（包括入学时的LIS职业导论课、参加若干次专家学术报告会等）。

③博士教育——必修课、专业课程、学位论文。

给人印象较深的是：

● 有的学校本科设信息媒体、信息检索与处理等课程板块，硕士阶段都加上“高级”，更加深化，博士阶段则成为“专门研究”。

● 有的国家LIS教育一般以硕士学位教育为主，基本上为学生今后从事

LIS职业提供坚实的基础，有的学校学生入学时就必须学习“图书馆与情报职业导论”。

● 有的学校LIS硕士教育围绕6个主题组织课程，每个主题都有一门主打课（lead course）、2门以上中心课（central course）和若干门专业课（specialization course）。6门主打课就是核心课，代表了本学科的主体知识结构。

● 有的学校必修课中有“英文教科书阅读”，既学了业务也学了外语。

● 有些学生眼高手低，毕业后连分类、编目、标引、做文摘都做不好，是不是在一定程度上反映了学校在书本知识与实践知识结合上有点问题？

5.7 师资队伍

概括起来，国外LIS师资队伍一般包括：

教学人员

全职教师（教授、副教授、助理教授、讲师）

本校教师在本院系任教

兼职教师

研究教师

荣誉退休教师（教授、副教授）

行政人员

顾问

给人印象较深的是：从美国综合排名前10名的院系来看：

● 教授多于副教授的有6所，4所反之。

● 男教师多于女教师的也有6所，3所相等，1所女多于男（女8，男3）。

● 全职教师人数在20人以下、20~40人之间的各有4所，41人以上的有2所。最多的46人，最少的仅11人。

● 除材料未反映的外，这些院系正副教授共143人，除2人为硕士外，均为博士。

● 这10所院系中有8所都设有Emeritus Faculty，他们自己人说，人们把他们这些退休教授还当做一种“资源”、“宝”，很受感动。威斯康辛大学麦迪逊校区图书馆与情报研究学院有11位全职教师，却有10位荣誉教授。

5.8 院系排名

不仅从综合的角度评议排名，还有从专业的角度评议排名（档案与保存、信息系统、音乐图书馆学、学校图书馆媒体、青少年服务等)，即充分肯定特色办院系。评议排名分5档：杰出的（distinguished)、强劲的（strong)、优秀的（good)、令人满意的（adequate）和处于边缘的（marginal)。我们的评估分为6档，指标不太明确。还有，参与评估的不仅应有专家，有授权点的院系负责人互相了解情况，最好也都参加评议。

5.9 就业前途

国外许多有识之士都指出，信息社会最需要的人才就是能够处理各种巨量的资讯、资料、数据、记录的人才，也就是我们所归属的这个学科所应承担的崇高而艰巨的任务。许多大学如 Rutgers, The State University of New Jersey 提出的 LIS 方面的教育任务就是“可为政府机构（中央情报局、劳工部、国家档案馆、国家科学基金会、全国电信与信息管理局、小型企业管理局、美国之音等)、私营与非营利机构（广告业、计算机公司、社区组织、图书馆、咨询公司、教育机构、娱乐公司、卫生组织、医院、投资公司、劳工联盟、管理/顾问公司、制造公司、媒体公司、报社、专业协会、非营利组织、公关公司、出版公司、无线电台、研究机构、电信公司、电视台等）培养高层次人才”。学校如此细致认真地广做宣传，让社会全面了解；学生都是自愿报考，毕业后自愿从事天地如此广阔的相关工作，因此就业形势良好，总是处于平稳发展中。看来，广为宣传很必要，放眼未来很重要。用不着自我“作贱”，还是多一些自信吧！

5.10 还需调研

越调研越觉得做得还很不够，除了还需要更深入地调研上述论题外，还有不少值得调研的论题有待进一步调研，例如，美国为什么没有“去图书馆”化，日、韩为什么没有“去情报”化？为什么美国 LIS 学科教育与职业一直处于良性互动的状态？为什么人家的 LIS 毕业生几乎都愿从事与本专业有关的工作而不是改行？为什么美国历史上曾经办过图书馆学硕士点的3个图书馆（卡内基亚特兰大图书馆、洛杉矶公共图书馆、纽约公共图书馆）只办了几年就继续不下去了呢？……

参考文献

[1] 潘燕桃，程焕文. 世界图书馆学教育进展. 北京：北京图书馆出版社，2004

[2] LIS Studies—Library Schools, Universities and Departments. http：//www. db. dk/dbi/

internet (2005-6-21)

[3] World List of Departments and Schools of Information Studies, Information Management, Information Systems, etc. http://informationr. net/WL (2005-6-21)

[4] Courses accredited by CILIP (Charted Institute of Library and Information Professionals). http://www. cilip. org. uk (2005-6-30)

[5] Library and Information Sciences Graduate Programs. http://programs. gradschools. com (2005-6-21); http://www. gradschools. com/listings

[6] Accredited Library and Information Studies Masters Programs from 1925 through Present. http://www. ala. org/ala/accreditation (2005-6-30)

[7] ALIA-Recognised Librarianship Courses. http://www. alia. org. au/education/courses/librarianship. html (2005-6-30) (2006-4-4)

[8] LIS Research Areas Classification Scheme. http://www. alise. org/research_ class_ guide. html (2005-5-11)

[9] 各校网页，如

△Graduate School of LIS, University of Illinois at Urbana-Champaigh. http://www. lis. uiuc. edu (2006-3-20)

△School of Information and Library Science, University of North Carolina at Chapel-Hill. Http://sils. /unc. edu (2006-3-20)

△School of Communication, Information and Library Studies, Rutgers State University. http://www. scils. rutgers. edu (2005-6-19)

△Department of Information Studies, University of Sheffield. http://www. shef. ac. uk (2005-6-20)

△Department of Information Studies, University of Wales Aberystwyth. http://www. dil. aber. ac. uk (2005-7-4)

△School of Information Studies, Charles Sturt University. http://www. csu. edu. au (2005-7-4)

△School of Library and Information Science, Keio University. http://www. slis. keio. ac. jp (2005-6-20)

（原载《吉首大学学报》，2008（1）：160~170，（3）：158~164，69）

美国图书馆协会期刊系列：调查与分析

活在当下信息时代，能够在广袤无垠的网络世界里信马由缰，真是人生一大快事！9月里的一天，键盘一点，闯进了ALA（American Library Association）这个1876年成立的、世界历史最悠久、规模最庞大的美国图书馆协会。发现它现在大约竟拥有11个部门、19个圆桌会、17个办公室、51个州分会和6个地区分会等。作为一个老期刊编辑，很自然地就想了解一下这个庞大组织究竟编辑出版了多少刊物。最近《山东图书馆学刊》热诚地约我做了一个访谈，我在其中谈到过去个人一直像许多人一样，努力要求自己按照法拉第说的，要Work，Finish，Publish（努力、完成、出版），即勤奋工作、做出成绩、发表成果。个人应该如此，学术性组织机构不也应该如此吗？窃以为，刊物的编辑出版状况，在一定意义上反映了它的工作业绩和研究成果的状况。

从ALA主页的“periodicals”（期刊）项下查找到该协会出版的期刊的一览表，发现列出了70种期刊。但其中没有包括各州和地区分会的出版物，认为是一大缺陷，于是又从该协会的“state and regional chapters”（州与地区分会）项下一个一个地查找其51个州分会和6个地区分会的网站，从中再查找有否出版期刊。结果是42个州分会出版有55种，5个地区分会出版有5种。

这个查找过程是相当费时费力的，因为很多主页菜单中没有“publications”、“journals”、“magazines”、“newsletter”等，只能从估计可能包含这些关键词的相关栏目中发掘。例如，《New York Library Association Bulletin》（纽约图书馆协会通报）被放在“news and events”（新闻与事件）栏目中，《North Carolina Libraries》（北卡罗来纳图书馆）被放在“professional development”（职业发展）栏目中，《West Virginia Libraries：the Newsletter of the West Virginia Library Association》（西弗吉尼亚图书馆：西弗吉尼亚图书馆协会通

讯）被放在“communication”（交流）栏目下。

按说，该协会列出了70种，这里加上州分会和地区分会的60种，共为130种，就应该这样确定下来了。但在逐一对美国图书馆协会总部及其下属所有组织机构的100多个主页进行了搜索后，发现似有遗漏，觉得有些组织机构的一些期刊也应列入，例如，Map and Geography Round Table（MAGERT）（地图与地理圆桌会）的《Coordinates》、Reference and User Services Association（RUSA）（参考与用户服务协会）下的Business Reference and Services Section（BRASS）（企业参考与服务部）的《BRASS Notes》（BRASS摘记）等。

这样，最后整理出下面这份共计144种的一览表。本来对每种期刊的简介都做了摘译，由于所占篇幅太大，这里只能略去了。

下面先将此次通过调研加工整理的、我们认为资料性较强、有一定参考价值的美国图书馆协会期刊一览表作为主要内容之一放在前面（从中可以看出有哪些组织机构编辑出版有哪些刊物），然后在此基础上做些简要归纳和分析。

American Library Association（**ALA**）美国图书馆协会

- ***American Libraries***（美国图书馆）
- ***American Libraries Direct***（***AL Direct***）（美国图书馆向导）电子通讯版
- ***Booklist***（书目）
- ***Booklist Online***（*Booklist*联机版）包括4种：***REaD Alert***，***Booklist Online Exclusives***，***Booklist's Quick Tips for Schools & Libraries***，***Booklist Online Video Review***
- ***Book Links***：***Connecting Books，Libraries，and Classrooms***（图书链接：将图书、图书馆和课堂连接起来）
- **ALA TechSource**（ALA技术源）：通过*Library Technology Reports*，*Smart Libraries Newsletter*和*ALA TechSource Blog*提供图书馆整合各种技术的信息：
  - ***Library Technology Reports***（图书馆技术报道）
  - ***Smart Libraries Newsletter***（智慧图书馆通讯）原为*Library Systems Newsletter*
  - ***ALA TechSource Online***（ALA技术源联机）
  - ***ALA TechSource Inclusive***（ALA技术源包容）

Reference Books Bulletin（参考书通报）刊载于 *Booklist*

Guide to Reference（参考指南）

RDA（***Resource Description and Access***）***Toolkit***（资源描述与存取）工具包

Cognotes ALA 联络员 Paul Graller 负责，为会议服务。与 ALA 仲冬会议联合每年出版 5 期，与 ALA 年会联合每年出版 6 期

部门（Divisions）

1 American Association of School Librarians（AASL）美国学校图书馆员协会

AASL Hotlinks（AASL 友情链接）

***Knowledge Quest*（*KQ*）**（知识探索）

***School Library Media Research*（*SLMR*）**（学校图书馆媒体研究）

2 Association for Library Collections & Technical Services（**ALCTS**）图书馆馆藏与技术服务协会

ALCTS Newsletter Online（***ANO***）（ALCTS 联机通讯）

***Library Resources & Technical Services*（*LRTS*）**（图书馆资源与技术服务）

3 Association for Library Service to Children（**ALSC**）图书馆儿童服务协会

ALSConnect（ALSC 联通）

Children and Libraries*：*The Journal of the Association for Library Service to Children（儿童与图书馆：儿童图书馆服务协会会刊）

Children's Programming Monthly（儿童编程月刊）

4 Association of College and Research Libraries（**ACRL**）学院与研究图书馆协会

CHOICE*：*Current Reviews for Academic Libraries（选择：高校图书馆最新评论）

Choice Reviews Online（选择评论联机）（有 5 个电子通讯：Editors' Picks，Hot Topics，ShelfLife，Forthcoming Titles，Internet Resources）

***College & Research Libraries*（*C&RL*）**（学院与研究图书馆）

***College & Research Libraries News*（*C&RL News*）**（学院与研究图书馆新闻）

○African American Studies Librarians Section（AFAS）非裔美国人研究图书馆员部

AFAS（African American Studies Librarians Section）Newsletter（AFAS通讯）

○Anthropology and Sociology Section（ANSS）人类学与社会学部

ANSS（Anthropology and Sociology Section）Currents（ANSS趋势）

○Arts Section（Arts）艺术部

Arts Newsletter（艺术通讯）

○Asian African and Middle East Section（AAMES）亚非与中东部

AAMES（Asian African and Middle East Section）Newsletter（AAMES通讯）

○College Libraries Section（CLS）学院图书馆部

CLS Newsletter（CLS通讯）

○Community and Junior College Libraries Section（CJCLS）社区与初级学院图书馆部

CJCLS Newsletter（CJCLS通讯）

○Distance Learning Section（DLS）远距学习部

DLS Newsletter（DLS通讯）

○Education and Behavioral Sciences Section（EBSS）教育与行为科学部

EBSS Newsletter（EBSS通讯）

○Instruction Section（IS）指导部

Instruction Section Newsletter（指导部通讯）

○Law and Political Science Section（LPSS）法律与政治科学部

LPSS（Law and Political Science Section）News（法律与政治科学部新闻）

○Literatures in English Section（LES）英语文献部

Biblio-Notes（书目-注释）

○Rare Books and Manuscripts Section（RBMS）珍本与手稿部

RBM：A Journal of Rare Books，Manuscripts，and Cultural Heritage（珍本与手稿：珍本、手稿与文化遗产杂志）原为*Rare Books and Manuscripts Librarianship*（*RBML*）

RBMS*（*Rare Books and Manuscripts Section*）*Newsletter（珍本与手稿部通讯）

○Science and Technology Section（STS）科学技术部

STS Signal（STS 讯息）

○Slavic and East European Section（SEES）斯拉夫与东欧部

Slavic and East European Section Newsletter（斯拉夫与东欧部通讯）

○University Libraries Section（ULS）大学图书馆部

ULS Universe（ULS 领域）博客。原为 *ULS Universe* 印本通讯

○Western European Studies Section（WESS）西欧研究部

WESS*（*Western European Studies Section*）*Newsletter（西欧研究部通讯）

○Women's Studies Section（WSS）妇女研究部

Women's Studies Section Newsletter（妇女研究部通讯）

5 Association of Library Trustees, Advocates, Friends and Foundations（ALTAFF）图书馆理事、拥戴者、朋友和基金会协会

The Voice for America's Libraries（美国图书馆之声）　原为 Association for Library Trustees and Advocates（ALTA）（图书馆理事与拥戴者协会）的 *The Voice*

6 Association of Specialized and Cooperative Library Agencies（ASCLA）专门与合作图书馆代理机构协会

Interface　（连线）

7 Library & Information Technology Association（LITA）图书馆与信息技术协会

***Information Technology and Libraries*（*ITAL*）**（信息技术与图书馆）原为 *Journal of Library Automation*（*JOLA*）

ITALica Blog（信息技术与图书馆博客）

LITA*（*Library & Information Technology Association*）*Newsletter（图书馆与信息技术协会通讯）　2000 年停刊

TER*: *Technology Electronic Reviews（TER 技术电子评论）2007 年停刊

8 Library Leadership and Management Association（LLAMA）图书馆领导与管理协会

LEADS from LLAMA（LLAMA 要闻）　博客，原为印本 *LEADS from LA-*

MA，后为联机通讯

***Library Leadership & Management*（*LL&M Online Quarterly Magazine*）**（图书馆领导与管理）原为 *Library Administration & Management*（*LA&M*）

9 Public Library Association（PLA）公共图书馆协会

Public Libraries（公共图书馆）

10 Reference and User Services Association（RUSA）参考与用户服务协会

***Reference & User Services Quarterly*（*RUSQ*）**（参考与用户服务季刊）

RUSA Update（参考与用户服务协会最新信息）原为 *RUSA Update* 印本通讯（截止到2001年2卷4期）和正式期刊的印本插页

Business Reference and Services Section（BRASS）企业参考与服务部

BRASS Notes（BRASS 摘记）

BRASS Business Reference in Public Libraries Committee 公共图书馆企业参考委员会

***Public Libraries Briefcase*（*Web Column*）**（公共图书馆公文包）（网站专栏）

BRASS Business Reference in Academic Libraries Committee BRASS 高校图书馆企业参考委员会

***Academic BRASS*（*Web Newsletter*）**（高校 BRASS）（网络通讯）

11 Young Adult Library Services Association（YALSA）青年图书馆服务协会

Journal of Research on Libraries and Young Adults（图书馆与青年研究会报）

YALSA E-News（YALSA 电子新闻）原名 *YAttitudes*

***Young Adult Library Services*（*YALS*）**（青年图书馆服务）

圆桌会（Round Tables）

1 Ethnic and Multicultural Information Exchange Round Table（EMIERT）种族与多元文化信息交流圆桌会

The EMIE*（*Ethnic and Multicultural Information Exchange*）*Bulletin（EMIE 通报）

2 Federal and Armed Forces Libraries Round Table（FAFLRT）联邦与武装力量图书馆圆桌会

Federal Librarian（联邦图书馆员）

3 Gay, Lesbian, Bisexual, and Transgender Round Table（GLBTRT）男同性恋者、同性爱女性、两性爱者与变性人圆桌会

GLBTRT Newsletter（GLBTRT通讯）

4 Government Documents Round Table（GODORT）政府文件圆桌会

Documents to the People（DttP）（对民文件）

5 Intellectual Freedom Round Table（IFRT）求知自由圆桌会

IFRT Report（IFRT报告）

6 International Relations Round Table（IRRT）国际关系圆桌会

International Leads（国际要闻）

7 Learning Round Table 学习圆桌会

LearningExchange: The Newsletter of the Learning Round Table of the American Library Association（学习交流：美国图书馆协会学习圆桌会通讯）原名为Continuing Library Education Network and Exchange Round Table（CLENERT）（图书馆继续教育网络与交流圆桌会）的*CLENExchange*

8 Library History Round Table（LHRT）图书馆史圆桌会

Library History Round Table Newsletter（图书馆史圆桌会通讯）

9 Library Instruction Round Table（LIRT）图书馆指导圆桌会

LIRT（Library Instruction Round Table）News（图书馆指导圆桌会新闻）

10 Library Support Staff Interests Round Table（LSSIRT）图书馆支持人员利益圆桌会

LSSIRT（Library Support Staff Interests Round Table）Newsletter（图书馆支持人员利益圆桌会通讯）

11 Map and Geography Round Table（MAGERT）地图与地理圆桌会

base line（基线）

Coordinates（坐标）联机期刊

12 New Members Round Table（NMRT）新成员圆桌会

Endnotes: The Journal of the New Members Round Table（尾注：新成员圆桌会志）

NMRT（New Members Round Table）Footnotes（新成员圆桌会脚注）

13 Social Responsibilities Round Table（SRRT）社会责任圆桌会

SRRT（Social Responsibilities Round Table）Newsletter（社会责任圆桌会通讯）

Women in Libraries **Wiki**（图书馆中的妇女）维基 社会责任圆桌会 Feminist Task Force（FTF）（女权主义者特别工作组）出版。原为 *Women in Libraries*（图书馆中的妇女）印本通讯

14 Staff Organizations Round Table（SORT）职员组织圆桌会

SORT（Staff Organizations Round Table）Bulletin（职员组织圆桌会通报）

办公室（Offices）

1 **Office for Accreditation** 认证办公室

PRISM（人事档案管理信息系统）

2 Office for Diversity（OFD）多样性办公室

Versed（精通）现暂停

3 Office for Intellectual Freedom（OIF）求知自由办公室

Newsletter on Intellectual Freedom（求知自由通讯）

Freedom to Read Foundation News（自由阅读基金会新闻） 自由阅读基金会（FRTF）与 ALA 有密切的交流合作关系；其秘书处设于 Office for Intellectual Freedom（OIF）（求知自由办公室）

4 ALA Washington Office 美国图书馆协会华盛顿办公室

District Dispatch Blog（地区新闻报道 博客）原为 *ALA Washington Office Newsline*（*ALAWON*）

相关组织（Related Organization）

American Library Association-Allied Professional Association（ALA-APA）美国图书馆协会-同盟专业协会

Library Worklife: HR E-News for Today's Leaders（图书馆工作期限：为今日领导人提供的人力资源电子新闻）

州分会（State Chapters）

1 Alabama Library Association 阿拉巴马图书馆协会

Alabama Librarian （阿拉巴马图书馆员）

***ALLA Communicator*（*Newsletter*）**（阿拉巴马图书馆协会交流者）（通讯）

2 Arizona Library Association 亚利桑那图书馆协会

Newsletter （通讯）

3 California Library Association 加利福尼亚图书馆协会

The CLArion （加利福尼亚图书馆协会通讯）

4 Colorado Association of Libraries 科罗拉多图书馆协会

Colorado Libraries （科罗拉多图书馆）

5 Connecticut Library Association 康涅狄格图书馆协会

Connecticut Libraries （康涅狄格图书馆）

CLA Today （康涅狄格图书馆协会今日）

6 Delaware Library Association 特拉华图书馆协会

DLA Bulletin （特拉华图书馆协会通报）

7 District of Columbia Library Association 华盛顿特区图书馆协会

The Capitol Librarian Newsletter （首都图书馆员通讯）

8 Florida Library Association 佛罗里达图书馆协会

***Florida Libraries*（*Journal of the FLA*）**（佛罗里达图书馆）（佛罗里达图书馆协会会刊）

9 Georgia Library Association 佐治亚图书馆协会

***Georgia Library Quarterly*（*Journal*）**（佐治亚图书馆季刊）（会刊）

10 Idaho Library Association 爱达荷图书馆协会

Idaho Librarian （爱达荷图书馆员）

11 Illinois Library Association 伊利诺斯图书馆协会

ILA E-Newsletter （伊利诺斯图书馆协会电子通讯）

ILA Reporter （伊利诺斯图书馆协会通讯员）

***12* Indiana Library Federation** 印第安纳图书馆协会

Focus on Indiana Libraries （关注印第安纳图书馆）

Indiana Libraries （印第安纳图书馆）

13 Kansas Library Association 堪萨斯图书馆协会

***KLA Connects*（*the Newsletter of KLA*）**（堪萨斯图书馆协会链接）（堪萨

斯图书馆协会通讯）

14 Kentucky Library Association 肯塔基图书馆协会

Kentucky Libraries（肯塔基图书馆）

In-Focus（E-Newsletter）（关注）（电子通讯）

15 Louisiana Library Association 路易斯安那图书馆协会

Louisiana Libraries（路易斯安那图书馆）

Newsletter（通讯）

16 Maine Library Association 缅因图书馆协会

MLA-to-Z（Quarterly Newsletter）（缅因图书馆协会季讯）

17 Maryland Library Association 马里兰图书馆协会

The CRAB（马里兰图书馆协会会刊）

18 Massachusetts Library Association 马塞诸塞图书馆协会

Bay State Libraries（Newsletter of MLA）（海湾州图书馆）（马塞诸塞图书馆协会通讯）

19 Minnesota Library Association 明尼苏达图书馆协会

MLA Roundup（明尼苏达图书馆协会摘记）

20 Mississippi Library Association 密西西比图书馆协会

Mississippi Libraries（密西西比图书馆）

21 Missouri Library Association 密苏里图书馆协会

The MOINFO（Newsletter）（密苏里资讯）（通讯）

22 Montana Library Association 蒙大拿图书馆协会

Montana Library Focus（MLA Newsletter）（蒙大拿图书馆焦点）（蒙大拿图书馆协会通讯）

23 Nebraska Library Association 内布拉斯加图书馆协会

Nebraska Library Association Quarterly（内布拉斯加图书馆协会季刊）

24 New Hampshire Library Association 新罕布什尔图书馆协会

NHLA Newsletter（新罕布什尔图书馆协会通讯）

25 New Jersey Library Association 新泽西图书馆协会

New Jersey Library Association Newsletter（新泽西图书馆协会通讯）

26 New Mexico Library Association 新墨西哥图书馆协会

New Mexico Library Association Newsletter（新墨西哥图书馆协会通讯）

27 New York Library Association 纽约图书馆协会

NYLA Bulletin（纽约图书馆协会通报）

○Government Information Round Table（GIRT）政府信息圆桌会

Documents to the People of the State of New York（annual newsletter）（对纽约州人民文件）（年度通讯）

28 North Carolina Library Association 北卡罗来纳图书馆协会

North Carolina Libraries（北卡罗来纳图书馆）

29 Ohio Library Council 俄亥俄图书馆理事会

Access（*E-Newsletter of OLC*）（存取）（俄亥俄图书馆协会电子通讯）

30 Oklahoma Library Association 俄克拉何马图书馆协会

Oklahoma Librarian（俄克拉何马图书馆员）

31 Oregon Library Association 俄勒冈图书馆协会

OLA Hotline（俄勒冈图书馆协会热线）

OLA Quarterly（俄勒冈图书馆协会季刊）

32 Pennsylvania Library Association 宾夕法尼亚图书馆协会

PaLA bulletin（宾夕法尼亚图书馆协会通报）

33 Rhode Island Library Association 罗得岛图书馆协会

RILA Bulletin（罗得岛图书馆协会通报）

34 Tennessee Library Association 田纳西图书馆协会

Tennessee Libraries（田纳西图书馆）

TLA Newsletter（田纳西图书馆协会通讯）

35 Texas Library Association 得克萨斯图书馆协会

Texas Library Journal（得克萨斯图书馆会刊）

TLA Cast（*Online Newsletter*）（得克萨斯图书馆协会一瞥）（联机通讯）

Texline（特克斯莱恩）（得克萨斯图书馆协会电子立法问题通讯）

36 Utah Library Association 犹他图书馆协会

ULA Newsletter（犹他图书馆协会通讯）

37 Vermont Library Association 佛蒙特图书馆协会

VLA News（佛蒙特图书馆协会新闻）

38 Virginia Library Association 弗吉尼亚图书馆协会

Virginia Libraries（弗吉尼亚图书馆）

39 Washington Library Association 华盛顿图书馆协会

***Alki* (*print journal*)** (Alki) (印本期刊)

***Connect* (*WLA E-News*)** (链接) (华盛顿图书馆协会电子新闻)

40 West Virginia Library Association 西弗吉尼亚图书馆协会

West Virginia Libraries: The Newsletter of WVLA (西弗吉尼亚图书馆：西弗吉尼亚图书馆协会通讯)

41 Wisconsin Library Association 威斯康星图书馆协会

E-News Archives (电子新闻档案)

WLA Newsletter (威斯康星图书馆协会通讯)

42 Wyoming Library Association 怀俄明图书馆协会

Wyoming Library Roundup (怀俄明图书馆摘记)

***The Outrider* (*newsletter*)** (先驱者) (通讯)

地区分会 (Regional chapters)

1 **Mountain Plains Library Association (MPLA)** 山区平原图书馆协会

(Arizona, Colorado, Kansas, Montana, Nebraska, New Mexico, Nevada, North Dakota, Oklahoma, South Dakota, Utah, and Wyoming)

MPLA Newsletter (*online*) (山区平原图书馆协会通讯) (联机)

2 **New England Library Association (NELA)** 新英格兰图书馆协会

(Connecticut, Maine, Massachusetts, New Hampshire, Rhode Island, Vermont)

NELA News (新英格兰图书馆协会新闻) (电子版)

3 **Pacific Northwest Library Association (PNLA)** 西北太平洋图书馆协会

(Alaska, Idaho, Montana, Oregon, Washington, Alberta Canada, British Columbia Canada)

PNLA Quarterly (*E-journal*) (西北太平洋图书馆协会季刊) (电子期刊)

4 **Southeastern Library Association (SELA)** 东南图书馆协会

(Alabama, Arkansas, Florida, Georgia, Kentucky, Louisiana, Mississippi, North Carolina, South Carolina, Tennessee, Virginia, West Virginia)

The Southeastern Librarian (东南图书馆员)

5 **Guam Library Association** 关岛图书馆协会

Guam Library Association News（关岛图书馆协会新闻）

简要归纳

种数统计

根据以上资料统计，美国图书馆协会系统共编辑出版了 144 种期刊，其中：

1 协会机关直接编辑出版的期刊有 13 种。

2 部门（divisions），事实上即二级协会，有 11 个，都编辑出版有期刊，共计 47 种。学院与研究图书馆协会最多，除直接编辑出版 4 种外，其下属 17 个部（sections）编辑出版了 18 种（珍本与手稿部 2 种）。

3 圆桌会（round tables），即协商会议，有 19 个，其中 14 个共编辑出版了 17 种期刊（地图与地理圆桌会等 3 个各有 2 种）。

4 办公室（offices）有 17 个，其中 4 个编辑出版了 5 种期刊（求知自由办公室 2 种，其中 1 种与自由阅读基金会合作）。

5 相关组织（related organization），这里只选择了 1 个编辑出版了期刊的组织，只有 1 种期刊。

6 州分会（state chapters）共 51 个，其中 42 个共编辑出版了 56 种期刊（29 个州分会各 1 种，12 个各 2 种，唯独得克萨斯图书馆协会 3 种）。

7 地区分会（regional chapters）6 个，其中 5 个各有 1 种。

简介事项

1　虽然每种刊物都有简单的介绍，但因为缺乏统一规范，各刊描述的情况不够全面、详细，除了刊名、主管单位、ISSN 号、主编之外，大概只有以下一些项目。我们对该协会期刊一览表所列 70 种期刊的这些项目也做了调查，由于许多期刊的简介都有缺项，这些不够完整、准确的数据（即总数都不到 70 种）就仅供参考吧——但应该不会影响总的状况。

（1）刊物性质，注明是 newsletter（通讯）的有 37 种，journal（会刊）14 种，publication（出版物）6 种，magazine（杂志）4 种，Bulletin（通报）3 种，report（报告）1 种。

（2）出版方式，注明是 electronically（电子版）的有 25 种，print and electronic edition（印本与电子版）7 种，print（印本）5 种，online（联机）3 种，web（网刊）3 种。

（3）刊期，2期/年18种，4期/年18种，6期/年9种，月刊5种，周刊3种，3期/年、3~4期/年、5期/年、8期/年、13期/年、年刊各1种，注明10个月是半月刊2个月是月刊的1种，还有只注明是published periodically（定期出版）的1种。

（4）发行方式，注明是非卖品的有26种，免费发送给所有成员作为会员应享有的权利之一，但同时也允许非会员订购的，20种，只能订购的8种，免费的3种。

（5）几乎每种刊物都提到：更多信息可在网上见该刊的主页。

（6）有58种都提到：提供绝大多数或全部刊期的联机档案。

（7）有2种注明成为了开放存取出版物。

（8）有2种注明可提供RSS订阅。

（9）有7种注明可在其网站看其blog。

2　42个州分会的56种期刊的简介也都有缺项，这里也仅将这些很不完整，只是“大概”的数据提供一个参考吧——也应该不会影响总的状况。

（1）刊物性质，注明是新闻通讯类的有36种，杂志会刊类13种。

（2）出版方式，注明是电子联机版的有35种，电子版与印本兼有的5种。

3　5个地区分会的5种期刊的数据也存在上述情况，也是仅供参考吧。

（1）刊物性质，注明是新闻通讯类的有3种，杂志会刊的1种，兼而有之的1种。

（2）出版方式，注明是电子联机版的有4种。

简要分析

1 众所周知，期刊是传播信息、知识，记录成果、业绩的重要工具，各行各业的有识之士都非常重视它的积极作用。在全世界我们这个图书馆与情报界，可以说，ALA（美国图书馆协会）及其所属组织机构在重视编辑出版期刊方面是很突出的，整个系统竟出版了144种期刊，仅一个Association of College and Research Libraries即出版了18种期刊，是很了不起的。顺便说一下，ALA系统除了编辑出版期刊外，还编辑出版了包括图书、手册、指南、年鉴、会议文献、数字出版物、统计资料、白皮书和报告等在内的其他出版物，更是令人敬佩！

但令人奇怪的是，连关岛图书馆协会都不定期地编辑出版了《Guam Library Association News》，而条件比它好的密歇根、内华达、南卡罗来纳等9州却未见到。

2 ALA系统编辑出版的刊物质量也是比较高的，不少都是引领学科发展、具有世界影响的著名期刊，例如《American Libraries》，《Booklist》，《College and Research Libraries》，《Information Technology and Libraries》，《Library Resources and Technical Services》，《Library Technology Reports》，《Public Libraries》，《Reference and User Services Quarterly》等。这140多种期刊内容涉及图书情报学科的方方面面，有的以学术性、技术性见长，有的突出报道性、检索性，有的以综述、评论为特色，颇有一种争奇斗艳的态势，大大充实了我们这个学科的信息和知识资源，给我们这个学科增添了光彩。

ALA系统的期刊中，newsletter类最多，说明非常重视资讯的交流。Journal类学术期刊相对少些，但因一般每期只精选几篇优质论文，所以质量较高。通讯类期刊远比学术类期刊为多，是一种正常现象！

3 应该承认，对于期刊的界定至今仍是一个学界尚未取得定论的问题，因此在世界业界的实践中往往是自行其是，很不一致；即使在ALA的期刊一览表中，也明显地存在这个问题。例如年刊之类，有些被作为期刊，有些则被作为其他出版物，《Slavic and East European Section Newsletter》是published annually，年刊，放在了期刊中，《Public Library Data Service Statistical Report》也是published annually，年刊，则放在了其他出版物中。我们只好理解为前者属通讯、报道类，放在期刊中，后者工具性强、参考性强，作为年鉴放在其他出版物中；其实严格地说，这两者之间还是有交叉的。

更让人困惑、不解的是，New York Library Association所属的Government Information Round Table编辑出版的《Documents to the People of the State of New York》也是annual newsletter，通讯年刊，却未被作为期刊！这是不是意味着不够严谨呢？(现已将其列入本文一览表中)

4 在ALA的期刊一览表中，对选择确定的期刊如何科学地进行“编目”似乎考虑得还不够全面，例如，对如何处理期刊易名的问题，就缺乏一个必要的规则。《Journal of Library Automation》一刊注明现已改名为《Information Technology and Libraries》，但此两刊都被列入一览表中。可是，其他许多期刊仅在简介中注明原刊名，而未被同时列入一览表中，如《Smart Libraries

Newsletter》只注明原为《Library Systems Newsletter》,《RBM：A Journal of Rare Books, Manuscripts, and Cultural Heritage》只注明原为《Rare Books and Manuscripts Librarianship》,《Library Leadership & Management》只注明原为《Library Administration & Management》等，都未被同时列入一览表中，很不规范。

为了统一规则，本文已将《Journal of Library Automation》作为原刊名注明在《Information Technology and Libraries》一刊中，经此处理后 ALA 一览表中原 70 种现应改为 69 种，但因加上上条提到的《Documents to the People of the State of New York》通讯年刊，故 144 种总数不变。

5 在上面的“简介事项”中已提到，因为 ALA 的期刊一览表缺乏统一规范，各刊著录、描述的项目多少不一，例如《Endnotes：The Journal of the New Members Round Table》只有短短的一行半，仅列出了刊名、主办机构和主编，信息量太小。严格地看，每一种期刊都有缺项，包括刊期、出版方式、发行方式等，缺得最多的是创刊年。如需知详，不得不再从各刊的订购资料或主页中查阅，很不方便。

看来若要更科学、细致地编制此类一览表，应该先设计一个包括所有应有项目的标准表格，并附上一个案例，以便使各刊提供的著录项目尽可能齐全。

6 随着互联网技术和网络传播的飞速发展，ALA 在期刊的出版方式方面有了根本性的变化，联机电子版类期刊（包括上面已提到各刊自注的电子、联机、web 等词）已大大超过了印本期刊。这当然与通讯类期刊较多有关系，此类期刊一般是在线发布、通过电子邮件发送等，很适于读者从网络查询、下载，极具及时性、便捷性、大容量、远程化等优点。它们不仅考虑到当下，还积累起来做成联机档案，一些机构愿以较低的价格购买此类数据库，何况时滞非常短，真不失为一种讲究性价比的好的馆藏发展策略。

学术类、技术类期刊以前都只以印本方式出版，现在很多都已是印本、联机版兼而有之的了，如此可发挥它们的不同特点，适应读者的不同需求。

7 在发行方面，许多刊物注明是免费发送给所有成员的，作为会员应享有的权利之一。但同时，也允许非会员订购。不过定价不同，很强调区别对待，美国订户的定价总是最低的，加拿大、墨西哥等美洲和西班牙邮政联盟国家稍高些，其他国家则最高。

有意思的是，许多刊物注明是非卖品，主要发送给成员，不提供订购。但也有不论是否成员都必须订购的，如《Library Technology Reports》、《Newsletter on Intellectual Freedom》、《Children's Programming Monthly》等（当然定价也有区别），看来是需要自负盈亏吧。

著录项目里没有发行份数，从许多刊物的主页也较难找到有关数据，但随机地看到了东南图书馆协会的《The Southeastern Librarian》（季刊）每期发行 1750 份，影响较大的《Information Technology and Libraries》（季刊）2010 年 1 月的发行数字是 4161 份，其中会员 3378 份，影响更大的《American Libraries》仅发送给约定的会员的即至少有 65 000 份，看来都还是颇有市场的。

参考文献

[1] ALA Periodicals. http：//www. ala. org/ala/aboutala/offices/publishing/productsandpublications/periodicals/periodicalscfm（2011-10-16）

[2] ALA Periodicals——List of the Periodicals published by the ALA（division and division sections, offices, and round tables, in alphabetical order）. http：//www. ala. org/ala/aboutala/offices/library/alaperiodicals/index. cfm（2011-10-18）

[3] ALA State and Regional Chapters. http：//www. ala. org/ala/mgrps/affiliates/chapters/state/stateregional. cfm（2011-10-24）

ALA 所属各组织机构和各刊的网站，约 140 多个，从略（组织机构名和刊名见一览表）（另一合作者为王月娥）

（原载《图书与情报》2012（3）：22~29，34）

附　录

其他与国外有关的文章：只列目录

图书情报工作发展动向. 科研管理资料选编. 中国科学院干部进修学院，1982

国外图书情报工作概况和我国图书情报工作中的几个问题. 现代化知识讲座，1980，(7)

当前国外图书馆学情报学研究现状与发展趋势. 全国哲学社科规划领导小组：图书馆、情报与文献学科调研报告. 1995

苏联的图书馆学研究. 国外图书馆学参考资料，1973，(2)：41~42

芬兰图书馆学研究的最新趋势. 国外图书馆学参考资料，1972，(1)

日本图书馆研究状况. 第47届国际图书馆协会联合会大会论文译文集. 中国科学院图书馆，1982

情报概念综述和我的看法. 科技情报工作，1981，(4)：23~25

关于情报概念、工程、信息业. 情报业务研究，1985，(1)：26~27

关于加强情报工作的思考. 图书情报工作动态，1986，(2)：8~11

英国技术情报问题讨论会纪要. 综合科技动态（情报工作分册），1965，(8)

对信息业几个问题的看法. 图书情报工作，1995，(1)：11~15

国外决策理论简介. 未来与发展，1981，(3)：67~72

一个著名的思想库和未来研究团体——罗马俱乐部. 未来研究参考资料，1979，(2)

世界未来学研究机构. 世界图书副刊，1980，(1)：1~2

图书馆的未来与发展. 北京日报，1987-04-24

美国图书馆学和情报学研究的计划和协调. 第47届国际图书馆协会联合会大会论文译文集. 中国科学院图书馆，1982

为进入二十一世纪做好准备. 未来与发展，1987，(1)：9~11
要为明天学习. 大学图书馆通讯，1984，(2)：10~11
对付明天——对个人行为的预测和决策. 未来与发展，1982，(2)：54~56，32
图书馆资源共享. 孟广均，张树华. 中国大百科全书（图书馆学·情报学·档案学). 北京：中国大百科全书出版社，1993：443
480号公法计划. 中国大百科全书（图书馆学·情报学·档案学). 北京：中国大百科全书出版社，1993：393
法明顿计划. 孟广均，毕于洁. 中国大百科全书（图书馆学·情报学·档案学). 北京：中国大百科全书出版社，1993：114
拉丁美洲合作采集计划. 中国大百科全书（图书馆学·情报学·档案学). 北京：中国大百科全书出版社，1993：238
新书刊介绍工作. 图书馆工作参考资料，1963，(26)：16~21
文献流通统计指标. 中国大百科全书（图书馆学·情报学·档案学). 北京：中国大百科全书出版社，1993：481~482
科技情报的传播方法和苏联的情报工作. 综合科技动态（情报工作分册)，1963，(3)
美国书本式索引编印技术现状. 综合科技动态（情报工作分册)，1964，(2)
马克思恩格斯全集科学版简介. 国外书讯，1978，(4)
《第三次浪潮》基本含义简介. 图书馆工作与研究，1984，(2)：48~49
有关国际组织、会议和出版物的文献. 图书馆工作参考资料，1964，(5)：30~32
美国国家标准局及其出版物. 图书馆工作参考资料，1963，(24)：22~26
介绍一种化学工具书. 图书馆工作参考资料，1966，(4)：35~39
查找激光资料的一个重要途径. 图书馆工作参考资料，1965，(5)：47~50
查找英文农业机具文献资料的途径. 图书馆工作参考资料，1963，(18)：24~38
苏联冶金文献分析. 综合科技动态（情报工作分册)，1963，(2)
美卡罗来纳人口中心及其出版物. 国外书讯，1976，(4)
图书馆技术的发展趋势. 国外图书馆学参考资料，1972，(1)
图书馆工作的自动化. 综合科技动态（情报工作分册)，1965，(7)

计算机和缩微影片的关系. 国外图书馆学参考资料，1973，(2)：29~31
物理条件（图书馆建筑的计划与设计). 图书馆建筑的计划与设计. 北京：书目文献出版社，1981
日本国会图书馆的新馆舍. 国外图书馆学参考资料，1972，(1)
科技图书馆的管理方式. 综合科技动态（情报工作分册)，1964，(3)
一些国家主要图书馆和情报机构概况. 中国科学院图书馆，1979
英国图书馆事业. 孟广均，杨仁娟. 中国大百科全书（图书馆学·情报学·档案学). 北京：中国大百科全书出版社，1993：535~537
西德图书馆简介. 图书馆工作，1976，(2/3)：58~59
梵蒂冈图书馆. 孟广均，石渤. 中国大百科全书（图书馆学·情报学·档案学). 北京：中国大百科全书出版社，1993：115~116
马来西亚和新加坡图书馆概况. . 图书馆工作，1976，(4)：50~51
美国国会图书馆. 刁维汉，孟广均. 中国大百科全书（图书馆学·情报学·档案学). 北京：中国大百科全书出版社，1993：268
美国国立农业图书馆. 孟广均，吴光伟. 中国大百科全书（图书馆学·情报学·档案学). 北京：中国大百科全书出版社，1993：271
牛津大学图书馆. 孟广均，杨仁娟. 中国大百科全书（图书馆学·情报学·档案学). 北京：中国大百科全书出版社，1993：295
伦敦大学图书馆. 杨仁娟，孟广均. 中国大百科全书（图书馆学·情报学·档案学). 北京：中国大百科全书出版社，1993：261
哥伦比亚大学图书馆. 孟广均，孙云畴. 中国大百科全书（图书馆学·情报学·档案学). 北京：中国大百科全书出版社，1993：129~130
国外主要农业图书馆及其出版物. 图书馆工作，1975（试刊号)：44~48
一些国际农业组织及其出版物、图书馆简介. 图书馆工作，1976，(1)：39~42
英国专门图书馆和情报机构协会. 中国大百科全书（图书馆学·情报学·档案学). 北京：中国大百科全书出版社，1993：538
苏联全国科技情报系统中的科技图书馆. 国外图书馆学参考资料，1973，(2)：39~40
苏联科学院社会科学基本图书馆. 国外图书馆学参考资料，1972，(1)
苏联国立公共科技图书馆工作和目录工作机械化的一些趋势. 国外图书馆学参

考资料，1973，(2)：17~18
服务于科学一百年. 国外图书馆学参考资料，1972，(1)
伊朗科学图书馆情报工作概况. 图书馆工作，1977，(2)：56~57
美国的科学情报交流处. 综合科技动态（情报工作分册)，1965，(5)
英国海洋生物学会的图书情报工作. 图书馆工作，1979，(1)：59~61
美国海运工业情报服务. 情报科学，1980，(2)：105
联合国教育、科学和文化组织. 中国大百科全书（图书馆学·情报学·档案学). 北京：中国大百科全书出版社，1993：250
对图书馆学教育几个问题的看法. 大学图书馆学报，1995，(1)：36~39
关于图书馆学博士生教育的随想录. 北京大学信息管理系编. 王重民先生百年诞辰纪念文集. 北京：北京图书馆出版社，2003
近期美国图书馆与资讯学教育——教育计划类型、地区分布、学校排名. 图书情报工作，2006（11)：6-11
美国图书馆学校一览表. 国外图书馆学参考资料，1973，(2)：43~44
关于图书馆学情报学期刊质量问题的探讨. 图书馆工作与研究，2003，（6)：2~4
普特南，G. H..（George Herbcrt Putnam 1861~1955). 中国大百科全书（图书馆学·情报学·档案学). 北京：中国大百科全书出版社，1993：307~308
温泽，J.（Justin Winsor 1831~1897). 中国大百科全书（图书馆学·情报学·档案学). 北京：中国大百科全书出版社，1993：457~458
朱厄特，C. C.（Charles Coffin Jewett 1816-1868). 中国大百科全书（图书馆学·情报学·档案学). 北京：中国大百科全书出版社，1993：611~612

合作但非孟广均执笔：只列目录

情报科学技术传统形成原因分析. 孟广均，汪冰.（台）资讯传播与图书馆学，1995，2（1)：71~77
信息技术的发展规律与发展趋势探略. 谢阳群，孟广均.（台）资讯传播与图书馆学，1996，3，(1)：25~32
论信息资源及其活动.（合作). 情报学进展（1996~1997 度评论). 兵器工业出版社，1997：75~99
从科学管理到信息资源管理（IRM）一一管理思想演化史的再认识.（合作)

图书情报知识，1997，(2)：2~7，17
西方图书馆学流派论评（一）（二）. 霍国庆，孟广均等. 图书情报工作，1998，(4)：3~9；(5)：1~5
关于情报科学若干基本问题的探讨（一）（二）. 汪冰，孟广均等. 图书情报工作，1998，(6)：1~6；1998，(7)：1~7，35
国内外电子图书馆试验述评. 孟广均，汪冰. 见：知识信息管理研究进展. 武汉：武汉大学出版社，1998：146~177
信息资源管理思想的升华. 霍国庆，孟广均等. 图书情报工作，2002，(4)：26-39
情报学的研究现状与发展趋势. 初景利，孟广均.（台）资讯传播与图书馆学，2002，8（3)：53~59

与国外有关的专书（刊）或含有此内容的书

国外图书馆学参考资料. 中国科学院图书馆，1972（第一辑），1973（第二辑）(主编)
图书情报工作概论. 中国科学院文献情报中心，1980，1982，1990（两位作者之一)
西德的情报文献工作（译著）. 北京：科学技术文献出版社，1980（译一部分并校译全书)
计算机化图书馆系统引论（译著）. 北京：书目文献出版社，1981（参与组织并校译全书)
图书馆学情报学译文集. 中国科学院文献情报中心，1981（主编)
国外图书情报工作. 中国科学院文献情报中心，1982~1992（主编)
馆藏图书馆学情报学著作提要. 中国科学院文献情报中心，1987（校译全书)
美国文献情报资源建设（译著）. 中国科学院文献情报中心，1988（组织并校译全书)
收费信息服务（译著）. 中国科学院文献情报中心，1989（组织并校译全书)
信息资源管理专辑.《国外图书情报工作》，1992（3)（两位主编之一)
信息技术与信息服务国际研究会论文集（B 集，英文）. 北京：中国社会科学出版社，1994（主编)
信息资源管理导论. 北京：科学出版社，1998（第一版），2003（第二版），

2008（第三版）（主编）
国外图书馆学情报学研究进展. 北京：科学出版社，1999（主编）
孟广均文选. 北京：科学出版社，2004（主编）
国外图书馆学情报学最新理论与实践研究. 北京：科学出版社，2009（主编）